歪瓜

一代禪師｜鈴木俊隆｜的平凡與不凡

CROOKED CUCUMBER

The Life and Zen Teaching of Shunryu Suzuki

David Chadwick
大衛·查德威克◎著

薛亞冬◎譯

謹獻給（祥岳）鈴木俊隆老師

及有情眾生，

「智慧尋找智慧。」

目錄

第二部・在美國 一九五九－一九七一

我是否自相矛盾？
對，我是那麼地自相矛盾，
（我廣大，我包羅萬象。）

——沃爾特．惠特曼，《我之歌》

前言

教法不是僵死的文字，不是刻板的說教，真正的教法隨時隨地都是活生生的。

一九六八年二月的一個夜晚，距離加利福尼亞的大索爾往內陸方向十英里左右，在塔薩加拉溫泉區的山野禪修中心，我和五十多位同修坐在一起，我們身穿黑袍，基本上都是年輕的美國人。屋裡沒點暖氣，煤油燈下，我們呼出的白氣在冬夜清晰可見。

在我們面前的是鈴木俊隆老師，第一位在西方建立佛教禪修道場的人。他剛剛結束講課，仍坐在講壇上，對大家說：「非常感謝諸位。」語調輕柔，充滿真摯的感激之情。他啜了口茶，清了清嗓子，環顧著我們說：「還有沒有什麼問題？」聲音不大，剛剛好蓋過屋外黑漆漆的夜色裡小溪奔流的水聲。

我雙手合十，躬身施了一禮，迎向他的目光。

「哈依？」他問，意思是「什麼。」

「鈴木老師，我聽您講課已經好幾年了，」我說道，「我真的好喜歡聽，您講的特別能啟發人心，而且我知道您說的其實既清楚又簡單。可是，老實說我就是一點都不懂啊。我喜歡聽您說，可我覺得我可以這樣聽上幾千年，還是什麼都不懂。您能不能把精華濃縮出來？用一句話概括出佛教？」

大家都笑起來，他也笑了。這問題是夠可笑的，我覺得沒人指望他會回答。他可不是個能讓你套住的人，他也不喜歡給弟子明確的答覆，讓我們繞進去。他老是說不要對佛教抱有任何「概念」。可是這次鈴木回答了。他看著我說：「一切都在變化。」然後轉向其他人：「還有沒有別的問題？」

鈴木俊隆是日本曹洞宗的僧人，一九五九年，他來到舊金山，為一小群僑居美國的日本人提供佛教服務。他奔赴美國時心中並沒有具體的計畫，只是懷著堅定的信念，他從自己的老師們那裡學到了佛教的精髓，他深信一定會有一部分西方人能像他一樣，深入佛教修行。他處世自有風格，如何對待植物、岩石、僧袍，怎麼行住坐臥，他展示出怎樣在這世間自在安詳。他待人亦有韻味，受其吸引，他說話人們會聽，他似乎尤其適合美國，天生適合用英語表達。

他的演講被精心編纂成《禪者的初心》一書，於一九七〇年出版，以十二種語言發行了一百多萬冊。這本書充分體現了鈴木的熱忱所在：與眾人一起永無止息的共同禪修。他既不期望身後被人紀念，也不需要有什麼東西以他的名字來命名，他只想將自己的所學傳遞給眾人，希望他們能夠在美國振興佛教，並且反哺日本。

自打愛默生、梭羅的先驗主義時代起，佛教觀念就開始滲入美國思想。一八九三年，世界宗教大會在芝加哥召開，會上釋宗演第一次向西方世界做了關於禪宗的演講，眾人為之矚目。他的弟子及翻譯鈴木大拙在哈佛和哥倫比亞大學教課，用英語出版了幾十本佛教書籍，廣為傳播，構築起瞭解東方文化的通衢大道。老有人將鈴木大拙和鈴木俊隆搞混，每當這樣的時候，鈴木俊隆總是會說：「錯啦，他是大鈴木，我是小鈴木。」

東海岸的佐佐木指月和西海岸的千崎如幻聚攏了第一批研習禪修的小團體。赫曼・赫塞、艾茲拉・龐德以及「垮掉的一代」作家們都有涉及佛教的著作，從紐約、舊金山的咖啡館到俄亥俄、德克薩斯的大學，各地都有人傳閱這些書籍。而才華橫溢的傳播大師艾倫．瓦茨更是燃起了一代人的激情，渴慕尋獲新思想的指引。

正是在這樣的背景下，鈴木俊隆踏上了美國的土地。之前，對西方人而言，禪宗仍止於紙上談兵，在智性興趣的範圍內，現在他們看到了活生生的禪者真人。鈴木俊隆帶來的是對每日例行坐禪的重視，是他所謂的「修行」：將坐禪擴大到每件事物中去。他對生命有清新的態度，他談論生活會讓人耳目一新，令人心生敬愛，他精力充沛，還擁有頗具感染力的幽默感，靈光乍現的頑皮勁。

鈴木十三歲出家當了和尚，從那時起他的師父玉潤祖溫就叫他「歪瓜」。歪瓜是沒用的廢物，農民們拿它來肥田，孩子們把它當球打著玩。祖溫對鈴木說他真為鈴木傷心，因為鈴木這輩子就別想收到什麼好弟子啦。很長的時間裡，祖溫的話好像真說對了。可是歪瓜後來去了美國，他一輩子的夢想終於在那兒實現了，他收了那麼多弟子，在他過世的時候，他的心願已經開花結果。在美國的十二年半深深地改變了鈴木的命運，也改變了很多人的命運。

一九九三年八月，一個星期二的下午，天氣溫和，我和鈴木俊隆的遺孀鈴木美津約好見面，距鈴木辭世已經快二十三年了。舊金山禪修中心是幢三層樓的紅磚建築，我踏上中央臺階向二樓走去，經過紀念鈴木俊隆的壁龕，裡面擺著幾乎真人大小的鈴木雕像，是由一位日本的老雕塑家用博利納斯拉貢出產的金柏木製作的。走過雕像時，我迅速地鞠了一躬，低聲咕噥道：「嗨，老師。再見，老師。」

鈴木美津先生是我敬愛的人，我們曾經來往密切，不過近年來見面不多。她馬上要搬回太平洋彼岸，長住日本了。我有點緊張，我找她有事要談，儘管時間並不充裕，我卻不想急匆匆的。我這次拜訪是希望得到她的祝福。

「大衛，進來啊。」她站在走廊盡頭的廚房門口，嗓音清脆甜美。我走進廚房，看到她顯得出奇地年輕，她已經七十九歲了啊。只見她慌忙伸手，作勢攔住我，一邊說：「不許抱。」還揉了揉自己的肋間。十五年前，我大概是表達愛意太澎湃了，估計把她抱得肋間一片烏青。於是我像日本人一樣微微躬身（沒把兩手互握），用日語問候。

她比我矮差不多一英尺，長著一張圓圓的娃娃臉，黑頭髮又直又長，只有幾星斑白。她身穿自製的寬鬆衣褲，上衣和褲子都是同樣的材質花色，褐色底子上淡藍色的菊花圖案。小小的廚房一如既往地擺滿了小東西，牆上掛滿藝術作品、相片，外加一份掛曆。我們家長裡短地寒暄了一陣，又談論了一會兒我寫的某本書，我開始進入此行的正題。

「有出版商表示他們對……他們建議我……是不是可以……呃……寫一下鈴木老師。搜集口述史，向人們搜集有關鈴木老師的回憶。」

「啊，謝謝你寫方丈桑。」她說道，把重音放在「謝謝」上面。她一直稱呼自己的丈夫為「方丈桑」，「方丈」是寺廟負責人，「桑」是用來稱呼人的敬語。

「那您認為我可以寫一本關於鈴木老師的書？」

「哦，是啊是啊，」她語氣肯定，「多寫點有趣的故事。」

「嗯……有趣的故事，當然了……不過不只是有趣的故事。也有嚴肅的故事、傷心的故事，所有故事，行嗎？」

「行啊，不過人們還是喜歡聽有趣的故事嘛。你主要還是要寫有趣的故事，那樣好，方丈桑就喜歡有趣的故事。看那樣的書大家都開心。」

「可能有人覺得我不適合寫這本書。」

她往後坐了坐，隔著桌子牢牢地看著我，說：「我現在說話，是鈴木老師的聲音通過我的嘴說出來的，他是這樣說的：『請你寫一本關於我的書，非常感謝你寫這本書。』這可是他的話，我是代他說的。」

我走的時候，她送給我一隻金屬做的綠青蛙，能握在掌心裡。「拿著這個，」她說，「這是方丈桑的，你要收下的話他會很高興的，他多喜歡青蛙啊。」她把「多」字拖得長長的。「我把東西都送人了。我要像一隻蟬一樣地回日本去，像蟬蛻去蟬衣一樣，我也什麼都不帶走。」

「我會去日本拜訪您，問您方丈桑的事。」

「別別別，」她斬釘截鐵地說，「我不想再說英語了，我把我那點可憐的英語也留在這。」

「那我就用我那可憐的日語和您說話。」我用可憐的日語說道。

「好啊，那就請來找我吧。可是你說日語的時候小聲點吧，你嗓門也太大了。」

「遵命。」我擠著嗓子說，一邊從她身旁走向門口，她不由自主地縮了下身子，我趕緊讓她放心，我不抱她。

她說：「記住，要多講有趣的故事啊。」頓了頓，她又說：「為什麼有人不想讓你寫方丈桑呢？」

「各種各樣的原因吧。您知道他自己是不願意人家寫他的，怎麼樣都無法避免誤讀。還有，您知道野圦老師二十多年前是怎麼說的嗎？」野圦是鈴木的同事，嚴格的傳統和尚，如今已是德高望重的老者。

「不知道啊，野圦桑是怎麼說的？」

「他說鈴木老師是本世紀最偉大的日本人，說沒體驗過他的三摩地境界的人根本不能寫他。」

「好啊，」她拍手說道，聲音裡滿是歡快，「這不就是第一個有趣的故事嗎？」

第一部

在日本 一九〇四－一九五九

第一章

童年 一九〇四－一九一六

如春花新綻，我們的心應該從過往的影子中解脫。

疾風掃過青翠的山崗，裹挾著驟雨甩到松岩寺門前，那是一座日本偏遠鄉村的寺廟。一九〇四年五月十八日，鈴木葉音就是在這樣的風雨之日誕下了一個男嬰。她的丈夫鈴木祖岳是寺裡的和尚，他為自己的長子起名俊隆，寓意美好傑出，這是個頗有佛教氣息的堂皇名字，充滿了望子成龍之意。

這年是龍年，明治三十七年，日本帝國和沙皇俄國正在中國滿洲的土地上廝殺。俊隆在小小的榻榻米房間裡初嘗人間滋味，此時父親祖岳正在松岩寺的正殿為又一名戰死沙場的年輕士兵主持葬禮。

通往松岩寺的路很陡峭，路兩邊成行的櫻花樹中夾雜著一叢叢竹子。這是一座有四百年歷史的小廟，坐落在土沢村的小山上，位於神奈川縣平塚市邊緣。寺廟中有墓地，是安放當地居民骨灰的陵園，歷代住持也埋葬在這裡，斑駁的墓碑已飽經歲月風霜。從墓地可以俯瞰整個相模灣，相模灣對著太平洋，東京灣在它的東北面。古代的政治及佛教中心鐮倉市在碧草藍天的地平線那端。蒼翠的群山環繞松岩寺，它恰好在新興工業城市橫濱的煙霾之外，人們從遠處就能看見它那齊整的稻草屋頂。

童年時的鈴木俊隆被大家叫做Toshitaka，這是他名字漢字的老式音讀，比起「俊隆」的讀法更隨意親切，平時大家昵稱他Toshi——小俊。小俊和他同母異父的哥哥嶼芳浪從小就在松岩寺周圍玩耍，一起長大，三歲的時候，妹妹渡利出生，六歲時他又有了另一個妹妹愛子。小俊個頭小小的，但很結實，好學，做事缺乏耐心，敏感善良，卻很容易發脾氣。他忘性極大，作業、本子、帽子、硬幣……不管是什麼，不是落在學校就是忘在家裡，總之是丟在自己不在的地方。

一九一〇年，小俊快六歲了，開始六年的小學義務教育。上學後他才發現他家真的不是一般的窮。

當時孩子們大都穿草履——一種稻草編的夾趾拖鞋，如果一隻鞋的鞋帶斷了，他們會把一雙鞋都扔掉。小俊就把人家扔的撿回來，把能穿的湊成雙。小俊父親不捨得花錢買理髮推子，就總是用剃刀把小俊的頭髮刮得光光的，和他自己一樣。學校裡其他男孩的頭髮也都推得短短的，可並不是光頭啊。

鈴木祖岳（法號「仏門」）長得精瘦，但身材勻稱，他年近五十方才得子。曹洞宗和尚娶妻的習俗是近幾十年才開始的，主要是世俗政權致力於消滅佛門勢力的結果。儘管曹洞宗還未明言准許和尚娶妻，這一習俗已在不知不覺中悄然成型。起初眷屬只能住在寺外，與和尚分開住宿，但從一九〇四年起，寺院開始接受眷屬同住。然而松岩寺沒有專供家屬居住的處所，小俊一家睡在佛堂裡，白天的時候佛堂用來做佛事，他們的家是和鄉親及廟眾們共用的。

寺廟的施主群被稱為「檀家」，松岩寺的檀家規模不大，也沒錢，它也沒大片廟產以獲取豐厚的稅收。祖岳和葉音只能想方設法開源節流，動足腦筋做活掙錢，也動足腦筋省錢。

葉音身材矮小，相貌平平，辛勤勞作讓她顯得堅毅，卻仍有一分溫柔未被艱難生活磨盡。她在一所職業學校教十幾歲的姑娘們縫紉課。她擅長縫紉，每天還看書學習到很晚，使自己成為更好的老師。慢慢地她有了好口碑，開始在寺廟裡開課，也有了很多學生。鈴木的雙親裡葉音是更嚴厲的那位，總是教導自己的孩子們要有良好的教養，在學校好好表現，要給來廟裡的客人留下好印象，別讓家族蒙羞。

一年中的各個佛節，人們都要到寺廟做法事，他們還要到廟裡辦喪事、求建議，以及各種鄉里的迎來送往。有人來找祖岳，葉音就上茶、端年糕。要是祖岳不在，她就得招待客人。此外她還要照顧孩子、做飯、清掃、洗衣，做種種電器時代前的繁重家務。

祖岳用鐵製的模子做蠟燭供寺廟使用。他總是會多做一些，等攢得足夠多了，就走上五英里拿到大磯町去賣。在回來的路上，他會撿路邊丟棄的菜葉裝到背包裡。祖岳這樣做與其說是因為窮，不如說那就是他的生活方式。五十多年後，他兒子回憶道：

「我父親的廟門前有條小河，許多爛菜爛果會從山上的上游漂下來，農民啊其他人啊都會把這些東西扔掉。這些玩意兒只能說像蔬菜，實際已經算不上蔬菜了啊！（眾人大笑）它們用來堆肥還行，吃可不行。但只要被我父親看到，他定會拿來煮了，說：『萬物皆有佛性。什麼都不能浪費！』他走到哪都不忘說食物多麼珍貴，可不能浪費。」

祖岳還養豬貼補家用，這對一個和尚來說有點驚世駭俗，不過總體而言日本佛教，尤其是曹洞宗並不以嚴格吃素著稱。一九七一年，鈴木俊隆在一次談話中這樣說到養豬：

「佛一直在幫助你。可我們總是拒絕佛的幫助。比如說，你時不時地要求一些特別的東西，這就意味著你拒絕接受已經給你的財富。你就像豬那樣。我小時候，父親因為家窮，養了不少豬。我餵豬的時候發現只有等我離開了，它們才肯死心去吃食。只要我還在那，它們就不會去吃，老追著我想看看有沒有更多的。我離開的時候得小心，不能走得太快，否則它們一陣亂踶，會把豬食桶都踩翻。我覺得你們也一模一樣，只會給自己帶來更多的問題，你們老在抓尋東西。可你們根本不需要去抓尋啊。你已經有很多了，你的問題總是那麼多，剛好夠你煩。你知道吧，這真是個神祕現象，神祕的生命。我們的問題都是正好那麼多，不多不少，總是那麼多。」

祖岳出生於距靜岡縣浜松市不遠的掛川市，他家是一個貧民家庭，家族歷代都以製作染布用的竹架為生。雖然祖岳是家中長子，他還是在十來歲時就出家做了和尚，跟隨曹洞宗的逆室祖順。祖岳將照顧家庭的責任留給了弟弟。他出家不是去享福的，而是出於虔誠堅定的信仰，因為在他出家的時候，明治時代（一八六八－一九一二）已經開始，舊秩序一掃而光，佛教也已失寵，不再受統治者青睞。

妻子嶼葉音是浜松市一個和尚的女兒，因為過於獨立，她和第一任丈夫離了婚，在世紀之交嫁給了鈴木祖岳。他們認識的時候，祖岳還在森町北邊不遠的藏雲院，那是座精美古老的寺廟，他從一八九一年四月起就在那裡當住持。

就在婚後不久，祖岳因廟產問題和寺廟長老們發生了爭執。一名管理寺廟事務的在家人沒和祖岳及長老們打招呼就賣掉了一塊地，此事引起了紛爭。祖岳處境尷尬，他覺得發生這樣不愉快的事自己是有責任的。迫於壓力，他辭去了住持一職，和妻子一起搬回了自己從前待的寒酸寺廟松岩寺，他和他的家庭從此在松岩寺一待就是二十六年，形同流放。

小俊出生前，祖岳在廟裡廟外栽下了梅子樹。芳浪和小俊這倆男孩要幫忙打理菜園，給樹木剪枝，照料寺廟周圍的植物，把路上的落葉清理乾淨，還要整理墓園的通道，墓石前總是堆滿了鮮花、燃剩的香和一杯杯祭獻的清酒。

小俊尤其喜歡幫父親整理擺弄廟裡花園中的石頭。他自然地親近石頭、河流、植物、甲蟲、蚯蚓和蝴蝶。黃昏時分，他喜歡坐在墓園矮矮的石頭圍牆上，背朝橡樹林，等著狐狸、狸貓、鹿和小鼠出動。晚上，他一邊給媽媽敲背，一邊告訴她和家人，自己準備在寺廟旁建一個動物園，他想讓下面城裡的火車通上山，這樣就會有許多人來看他的動物了。

春天，稻田裡灌了水，處處蛙鳴。放學回家的路上，孩子們追逐嬉鬧。有些男孩子喜歡捉住青蛙，把稻秸稈插進青蛙的肛門，朝裡面吹氣，一直把青蛙吹爆。小俊第一次見到他們這樣做時，肺都氣炸了，但他一點辦法也沒有，那些孩子都比他大。於是他想了個辦法，每天一放學就急忙衝出教室，一路狂奔，揮著一根長棍子敲打稻田田埂兩邊，一面大喊大叫，通知他的兩棲類朋友趕緊躲起來。

「我回來了！」每天晚上祖岳進門後放下包，都會恭敬地躬身施禮，一邊和大家打招呼。聽到他招呼的每個人也一定會回應道：「回來啦！」他的妻子和孩子們會到門口迎接。有時候他帶糖果回家，那是小俊最喜歡的，偶爾還會有其他驚喜，比如給女孩子們買的彩帶。

孩子們是多麼珍惜自己得到的每一樣零食、每一寸布料啊。冬天下大雪，父親會到學校去接他們；炎炎夏日的午後，祖岳在室外的大鐵缸裡灌滿水，讓孩子們玩耍。每當這樣的時候他們都歡喜極了。有的時候，父親會專門給小俊帶禮物。

袴是武士穿的一種類似裙子的著裝，學校有典禮活動時，男生需要穿袴。小俊的媽媽沒工夫給他做，每次學校有活動的時候，他都感覺自己和周圍的同學格格不入。一九一二年十二月，小俊碰上了他出生後最重大的歷史事件——明治天皇駕崩了，繼位天皇定年號大正，為慶祝新皇登基，學校會舉辦隆重的儀式。

儀式的前一晚，祖岳回家時給兒子帶了條嶄新的袴。小俊激動壞了，趕緊照他在學校看同學穿的樣子繫上了袴。祖岳說他帶子繫得不對，然後按自己的方式給兒子繫了個傳統的老式結，學校裡沒人這樣繫的。第二天，小俊一走出廟門就停下來重新繫袴帶。他正忙活著呢，聽到後頭有動靜，回頭一看，只見祖岳罵罵咧咧，揮著棍子朝著他衝來，小俊撒腿便跑。

小俊從小生長的環境充斥了各種儀式、傳統、習俗，這些東西為人生提供了穩定的框架。一年到頭廟裡、神社裡時時都有固定的禮儀、節日，家家戶戶都要按規矩慶祝。夏末有盂蘭盆節，是亡靈們回陽間遊蕩的日子，松岩寺會忙上一個星期。新年是俊隆特別熱愛的節日，直到晚年他還會興致勃勃地談起。

廟眾和鄉親們會在除夕夜敲鐘，祖岳主持招待，他會用渾厚的聲音朗誦他自己作的慶祝新年的漢文古詩。大家還會一起打年糕，孩子們和他們的父母輪流使槌，捶打放在掏空的木敦子裡黏糊糊的糯米糰，直到深夜。第二天，孩子們把年糕糰放在各條樹枝上，祖岳和葉音則將年糕擺成金字塔型，盛在紅色或黑色的漆器裡，放在主祭壇前。屋內繚繞著油燈和廚房柴火散發出的煙火味。

孩子們幫大人一起收拾起舊的飾品、小神龕、供品、紙燈籠和不要的寺廟檔案等，這是迎新掃除儀式。元旦當天，父母帶領他們把這些舊東西放到附近的神社，那裡各家各戶清出的舊物堆成了山。元月十四的夜裡，大家都聚到神社，燃起一堆篝火，將舊年的記憶一燒而光，然後就著火烤飯糰吃。

晚上睡覺的時候，葉音會給孩子們講民間故事，講流傳於日本、中國和印度的佛教傳說，更增添了節日氣氛。新年篝火臨近的時候，她會給孩子們講懲罰神的故事：新年裡，懲罰神會到家家戶戶查記錄，誰做了壞事他就會懲罰誰。不過現在他找不到任何證據啦，因為舊東西都被燒了，這樣人們就不會受到懲罰了。孩子們聽得睜大了雙眼。

「啊呀，太對不起了，」葉音假裝對著發火的懲罰神說：「我們把那些都燒了，您查不到了。今年我們一定規規矩矩。我們會小心的！明年您再來吧！」

小俊和兄妹們窩在被窩裡，聽媽媽講故事，有一個神話故事會讓小俊一次次地要媽媽再講一遍，那是日本家喻戶曉的英雄傳說。六十年後，他把故事講給他的弟子們聽，他們都是他的佛法之子。

「也許人們認為日本人十分剛硬，但這只是日本人性格的一個方面。日本人還有柔軟的一面。他們有佛教背景，長期以來他們被熏習得十分善良。我母親給我唱過一首歌，是關於英雄桃太郎的。一對老夫婦住在河邊，有一天老奶奶在河裡撿到一顆桃子，從裡面跳出了桃太郎。他孔武有力，同時也非常溫柔善良，他是日本民間理想的英雄形象。沒有柔軟的心，你不可能真的有力量。」

我在學校並不快樂，我更願意待在教室裡，而不是去操場玩。

祖岳知道小俊在學校裡日子不好過。每次剛給他刮過頭，其他男生就會去拍打他的頭皮捉弄他，嘲笑他是和尚的兒子。祖岳鄭重其事地讓小俊坐下，給他講「廢佛毀釋」，意思是「廢除佛法，毀滅釋迦牟尼」，是發生在明治時期的滅佛運動。

在祖岳出生的一八五八年前後，發生了馬修·佩里率船隻深入東京灣要求日本門戶開放的「黑船來航」事件，引起日本舉國上下的恐慌。從那之後僅僅幾年，日本的上層統治者全面改變了國策，決定按歐洲君主立憲模式將日本改造為現代工業化國家。他們需要一個新的、完全日本本土化的宗教來為建立新秩序服務。神道成為了不二之選，這是日本古老的神祕宗教，主張萬物有靈，無所不包。因此改良的神道應運而生，將天皇置於人類頂端，地位得到了前所未有的強化，成了活著的神。佛教的影響力驟然縮減。過去的一千三百年來，天皇是神道中掛名的首腦，同時也是佛教徒。現在，天皇在神道中的地位大大提升，他只代表了神道。以前佛教寺廟和神社和平共處，可是突然之間佛教成了外來的、卑劣的東西，受到極大的迫害。這是日本文化核心的一場災難。

然而，佛教的和尚們也不能說完全無辜。寺廟是幕府統治時期的治理機構，負責培養武士，教育貴族。和尚則是戶籍管理人員，如果有人想要調查一戶人家的底細，比如說，想知道某人是否是賤民，只要去寺廟查看記錄就行。因此佛教和舊制度的確血肉相連。明治維新時期的統治者宣稱舊有的種姓性質的階級制度必須廢除，社會應該平等，結果卻並未給社會帶來平等，只是權力的轉移罷了，和尚與寺廟承受了這樣的變化所帶來的衝擊。諷刺的是，在古代印度，佛教正是因反對種姓制度而興起，現在它在日本又成了種姓制度的代名詞。大片寺廟的土地劃歸神社。最糟糕的是一八六八年，暴徒們四處聚集，焚燒佛寺，打死和尚。直到今天，當年暴力滅佛時砸爛的佛像在各處墓地依然能夠見到。曹洞宗作為日本佛教最大宗派之一，一直以來與農民聯繫更密切，而不是貴族階層，儘管如此，也依然難逃此劫。

幾百年來，日本的佛教一直從屬於政治統治。整個江戶時代（一六〇〇－一八六七）和尚們都過著奢侈的日子。佛教的確需要清理內部門戶，而明治時代以暴烈的方式給了他們一個契機。它剝奪了和尚受人尊崇的社會地位，因此產生了一批真正堅定、高貴的和尚，他們虔心向佛，無懼一切艱難困苦。在小俊的童年時代，「廢佛毀釋」的餘波未息，父親的此番解釋告訴他佛教受人鄙視的前因後果，讓他明白為什麼他在學校會遭到同學的嘲弄。

父親還告訴過他一個故事，就發生在一座寺廟裡，離他之前所在森町的藏雲院不遠。這所寺廟的地界上有一座很大的神社。滅佛時寺廟的大門被燒，許多古老的塑像也被毀了，寺廟名下的地產轉到神社。一直以來，神社的住持和寺廟的住持都是同一個人，這時他收到官方命令，讓他在寺廟的位置上建一座澡堂。他建了，然後衙門的官員就去洗澡。當官員洗好澡準備離開的時候，這和尚就說了：「在佛教神社澡堂洗個澡是不是神清氣爽啊？我佛慈悲，為您準備了這麼殊勝的沐浴，我心中感動呢。」官員聽了忐忑不安，回來後沒一個星期，他的眼睛瞎了，大家都說是他辱佛的報應。他趕緊到油山的寺廟去，那裡有以治癒著稱的溫泉，他又是沐浴又是拜佛，求佛寬恕，保佑他的瞎眼能好起來。

我父親會時不時和我說這樣的故事。我那時年紀小，聽了以後印象非常深刻。我的朋友總是作弄我，我根本沒好日子過。有些在家人拿僧人和沙彌開玩笑，我討厭他們。那麼多的人都不拿佛教當回事。政府的政策是削弱佛教，獨尊神道，讓神道成為國教。我想就是在那樣的情況下我下決心要當一名和尚。但不是普通的和尚，我想當不一般的和尚，能告訴眾人什麼是佛法，什麼是真理。我想讓自己夠格傳法。我決意要成為一名好和尚。

小學裡有一位老師是小俊分外敬重的，他總是鼓勵小俊要堅強，不要沉溺在自憐自艾的感傷中。小俊的父親此時身邊沒有弟子，可是小俊對是否在父親這裡剃度出家猶豫不決。父親對小俊愛之深切，可是總顯得有些軟弱。他總是抱怨自己失去了屬於他的寺廟，說自己不該從那裡灰溜溜地出來。他對兒子也有些溺愛，小俊無法把他當老師對待。

我父親太愛護我了，所以在我心裡總感覺他是親人，有太多的情感，太多的愛。我在文法學校的老師總是告誡我要當心這些依戀。他總是說：「你應該堅強。」

俊隆在班上功課一直是最好的。他的老師說他應該成器，要有出息就不能懼怕困難，應該利用逆境來磨練自己。

他說在我們當地出不了人才，因為本地人不肯去東京努力求學，他們沒有勇氣背井離鄉。他說如果我們想要成功，就一定要離開神奈川縣。所以我決心離開。

十一歲時，小俊做了他人生最初的兩個關鍵決斷，第一是要成為一名僧人，第二是要離開神奈川。「當時我的雄心都是出於狹隘的自我成就，但我已經下定決心要離開家庭，追隨一名嚴格的老師。」佛教中盛行的說法是一人受戒，福及九世祖先，他深受影響。可是應當去哪裡出家、跟隨哪位老師呢？時間到了一九一六年的三月，他從小學畢業了。

基本上男孩子到這個時候就應該定下日後的職業方向了，該決定是去學生意當學徒，還是入軍校受訓，或者學別的行當，再或者跟父輩下地務農。很少有人再往上讀書了，他所在的地區尤其如此。小俊自然是子承父業，只是他在父母還沒想到的時候就決定離家學習，這頗不尋常，他甚至沒打算先從父親這裡開始，日後再出門進修。

正當小俊思量來思量去的時候，有一位訪客登門了，那是一位和尚，一年中總會來松岩寺好幾次拜訪祖岳。他是祖岳的弟子鈴木祖溫，法號玉潤，也是祖岳的養子。他剛剛成為藏雲院的住持，就是祖岳以前擁有的那座寺廟。他高大、堅毅，渾身洋溢著自信的光彩，在小俊眼裡，他是位器宇軒昂的叔叔。小俊對他傾慕不已。

我對他很熟悉，而且非常喜歡他。我請他帶我去他的寺廟，他聽了有些吃驚，不過他說他沒問題。我問父親是不是可以和他一起去靜岡縣，他同意了。於是我十三歲就來到了我師父的寺廟。

當時小俊實歲只有十一歲，快滿十二歲了。按戰前的演算法，人一出生就是一歲，過第一個新年就是兩歲，那樣算來他虛歲十三歲。

小俊覺得一切都是他自己做的主，但實際上他父母私底下斟酌了許久。雙親的想法其實和他沒有衝突，只是他們覺得為時過早了，孩子還太小，他們建議他等一年再去。但小俊想馬上就走，他說他父親祖岳自己也是幼年出家，跟隨師父修行的，他也想像父親一樣。

這一切發生得太快了，在他的妹妹們和同母兄長看來，小俊簡直噗地一下從家裡消失了。祖岳和葉音不想讓自己的餘生都在松岩寺度過。祖溫是祖岳的大弟子，他理所當然地會繼承師父以前擁有的藏雲院，如果小俊能跟好他，就有可能從祖溫的手裡繼承藏雲院，這樣祖岳和葉音就有稱心的地方告老了。如果在小俊離家前，祖岳先為他剃度，那祖溫使成了他的第二任師父，小俊就不屬於藏雲院直系，不能繼承寺廟了。再說祖岳也老了，帶不動弟子了。而且俗語說「愛子送千里」，父母當不成老師，孩子只有送出去才能有出息。於是十一歲的小俊跟著他的第一位師父玉潤祖溫出發了。

第二章

師父與弟子 一九一六－一九二三

師父和我一起在雨地裡走的時候，他會說：「別跑那麼快，哪裡都是雨。」

祖溫在森町下了火車，身後跟著年幼的小俊，個子那麼小，做了祖溫的新弟子。他們走過田野，向山上的寺廟走去。小俊背著行囊，爬上一段陡峭的石梯，邁進稻草苫頂古老高大的廟門。雖說他不過是從一座廟到了另一座廟，實際卻是走入了一個全新的環境，他的整個生活都改變了。他到的時候，寺廟裡正在舉行百日修行，剛至一半，有八名弟子和祖溫一起修行，其中有僧人也有沙彌。小俊是年齡最小的一個，除他之外廟裡沒有別的孩子，也沒有婦女。藏雲院雖算不上宏偉，比起松岩寺還是大多了，也像樣多了。有更多鋪了榻榻米和木頭地板的房間，一座寬敞的主殿，中央佛壇頗為精細，供著佛祖的雕像，四周的佛龕裡是其他菩薩的塑像，後面有建寺人的紀念堂，廟周圍有風景秀美的土地，不算遼闊，但有著精心照料的花園。小俊被帶到弟子們住的地方，他把行李放在黑鴉鴉的木頭櫃子裡，櫃子底層放著被褥。

小俊從來沒有試過這麼緊張的作息。每天清晨四點眾人起床坐禪，然後念誦經文，接下來弟子們要使出渾身力氣把寺院裡裡外外打掃乾淨，除塵、掃地，用濕抹布上上下下地擦拭木器。他們拿一塊毛巾在手裡，彎下腰跑來跑去地擦地板。即使在寒冬的清晨，他們身上也只穿著普通和服，內衣很單薄，不穿保暖的僧袍外套。早餐吃的是白米飯，配生雞蛋、味噌湯、魚和醃菜。早餐過後，一些家在本地的年輕弟子就去上學了，小俊一天都待在寺院裡幹活，晚上則是更長時間的坐禪。他必須學會雙盤蓮花坐姿，而不再用傳統的日本正坐——臀部跪坐在腳跟上。關於坐禪祖溫什麼都沒教他，就跟他說要坐著不動。

小俊沒有想家，因為藏雲院的生活實在太忙了，更因為他是那麼愛戴祖溫。推動他的不是佛法，對佛法他還只有懵懂、簡單的想法，真正激勵他的是祖溫本人。小俊滿心都是祖溫，全身心地服侍自己剛剛跟隨的師父，一如二十五年前祖溫對待師父祖岳。

一八九一年，祖岳當了藏雲院的住持，他向寺廟長老們請求找一名男孩做他的弟子，他們帶來了一名十四歲的孤兒。祖岳收養了這孩子，給他剃度，賜法號玉潤祖溫，還讓他跟自己姓鈴木。祖岳送祖溫去學校念書，世紀之交時，祖溫入東京的曹洞宗大學學習。

三年後，祖溫進入大名鼎鼎的修善寺修行，修善寺位於東京南邊的伊豆半島，是著名的僧侶培訓寺廟。祖溫追隨的是丘宗潭大師，他在祖溫入學曹洞宗大學時任校長。丘是眾所欽佩的學者，著有不少佛學著作。他強調坐禪實修，強調細細研讀佛教教典，尤其是律藏，須注重提供行為規範的戒律。丘繼承其師西有穆山的志願，推崇十三世紀日本曹洞宗的創始人永平道元，大力提倡研讀道元的代表作《正法眼藏》，掀起了道元著作的復興之風。道元禪師寫下了大量深刻的論述，當代普遍認為他的著作是對禪宗進行哲學闡述的頂峰之作。依據傳統，玉潤祖溫從他的第一位師父——給他剃度的鈴木祖岳那裡得傳法嗣，表示他在傳承中有了正式的位置，可以弘法了。不過他對佛法的學習以至於有成熟的見解，是在丘宗潭門下完成的。祖溫在修善寺茁壯成長，成為寺裡的主要知事僧。

一九一六年，祖溫離開修善寺，來到他早年修行的藏雲院做住持。這樣一來，儘管祖岳在十三年前就從那裡出來了，他好歹還是經由弟子祖溫將藏雲院守在了自己這一脈。祖溫是受稱讚的精明管理人。就在祖溫就任藏雲院住持後不久，他師父的兒子鈴木小俊來到此地，開始了新的生活。

祖溫儀態威嚴，令人敬畏。他的氣場無處不在，就算他人不在，威勢猶在。祖溫做到了祖岳做夢都想實現的事：在藏雲院裡說一不二。

祖溫身材高大魁梧，長久以來一直習練弓道。有一天，廟裡來了位客人，看到牆上掛著超大的弓，就向祖溫詢問。祖溫將弟子們都召集起來，說要來一場弓道演示。他取下又長又粗的硬弓，弓身比他的個子還高，讓小俊立起草靶。他凝神專注，猶如在佛龕前上香一般鄭重，搭箭上弓，沉著地將弦拉滿，手一放，箭離弦而去。他轉身要男孩子們試試手。有的男孩已經快二十了，身強力壯，但見他們一個個咬牙怒目，卻沒一人拉得開弓。客人也上來試了試，根本拉不動。演示結束。

祖溫對小俊的態度生硬粗暴，大部分時候對他不理不睬，不過因為小俊年紀還太小，祖溫有時也睜一隻眼閉一隻眼，不那麼嚴格。起床鐘敲響後，小俊爬不起床，對此沒人會責備他。他努力要按時起床，可實在太難了。一個又一個清晨，他在鐘響後再度沉睡過去，等再睜開雙眼，已經聽到佛堂那頭傳來誦經的聲音：「觀自在菩薩行深般若波羅密多時……」在松岩寺的時候，他早晨聽到過父親一個人在那誦經，也聽到過儀式上眾人一起誦經。

小俊到藏雲院後不久，已是老人的丘宗潭帶著跟隨他多年的親近弟子慧座也來到了寺院。祖溫恭恭敬敬地稱呼他們丘老師、慧座老師，「老師」是日本禪宗對德高和尚的尊稱。小俊看著師父和老師們在一起，儀態舉止肅然莊嚴，不禁感到自己已然置身於一直以來只是耳聞的神聖事業中。他此生的任務就是要成為他們那樣的人。

「我真幸運，能躋身於他們之中，受到他們的鼓勵，可是像他們那樣天天早晨那麼早起床，我做不到啊。」早起，是小俊到新寺廟後要做的第一門功課。時間一天天過去，沒人能代他早起。然而最終小俊找到了訣竅，那就是鐘聲一響，立刻跳出被窩，腦子裡連一個念頭都還來不及升起的時候就一躍而起。一旦掌握了這個祕訣，他就再也沒中止過實踐。這成了他一生的修行，他也不停地教導他人：「鐘一響，就起來！」

業力能夠轉化成誓願。

一九一七年五月十八日，小俊十三歲生日，他在這一天剃度出家，成了一名沙彌，他受了戒，發了皈依誓願，正式成為玉潤祖溫的弟子。他還得到了一套黑色僧袍，可以穿在和服外面，包括一件中式長袖僧服，一方袈裟，一領絡子。袈裟是一大塊長方形的布，由小的長方形布塊細心縫製的七條衣，是僧人的正式著裝，布塊象徵著稻田。絡子樣子像是圍裙，是不那麼正式的袈裟，用帶子掛在肩上，圍在胸前。祖溫為小俊起法號「祥岳」，吉祥的山峰，暗合他名字的意思，美好而高聳。他的師兄們稱他俊隆桑，而祖溫開始叫他「歪瓜」，這是他給自己這個奇奇怪怪的小弟子起的綽號。「歪瓜」成天迷迷糊糊，活在自己的理想中。

和祖溫一起生活可不容易。即便在冬天，他也不許大家穿「足袋」——一種可以配草履的襪子。少年俊隆一整天都光著腳在冰冷的木地板上跑來跑去地幹活。有的弟子一等祖溫看不見的時候，就踮起腳尖走路，這樣減少皮膚和地板接觸，多少能好受點。祖溫覺得俊隆來這裡跟他，純粹是為了以後能繼承他的位置，好給家裡掙座廟回去。祖岳是他的恩師，他沒話說，只好收下這小子，可如果俊隆帶著這樣的心思來學習，是不可能成為一名好和尚的。

另外，祖溫自己心裡對祖岳也存了不少怨懟。當初祖岳當師父的時候，也不是什麼循循善誘的老師，他對祖溫非常嚴厲。後來隨著年齡增長，祖岳日漸柔和，到小俊這裡他已經是慈愛的父親了。小俊愛他父親，祖溫卻在他面前不停地奚落挖苦祖岳，他只能聽著。祖溫說他小時候祖岳總是揍他的腦袋（當時這是很普遍的管教孩子的方式），說就是祖岳把他給打笨了。還說有一次自己做了淘氣的事，祖岳把他倒吊在廟門口。

祖溫讓俊隆去村裡上高小，卻不給他準備合適的衣服，他的和服都舊了，而且破破爛爛的。附近的一位婦女看不下去，用零碎布料給孩子做了件和服，可是兩邊袖子的花色不同。俊隆為自己的古怪模樣感到尷尬，上體育課的時候也不肯脫下外套，只說自己病了，不能運動。到冬天，他總是穿不暖。他在神奈川時家裡也窮得很，比不上其他同學，可至少那時媽媽總是讓他穿得齊齊整整的，從來不用遭受現在這樣的羞恥。藏雲院又不是窮到這個地步。這樣對他沒有別的原因，純粹就是考驗他的意志力。

> 我們總說：「光往蒲團上一坐，那不是禪。」禪師日常的一言一行，他的人格，他的精神才是禪。我自己的師父曾說：「一所道場，修行懶懶散散，到處邋裡邋遢，這樣的道場我是看不上的。」他非常地嚴格。睡覺就是睡覺，洗地板就洗得乾乾淨淨，這才是我們的禪。首先就是修行，修行之餘，才輪得上教義理。

俊隆沒有抱怨，也沒有要回家，他用行動來表明自己的誠意。他記住祖溫對日常修行的種種要求，認認真真地去做每一件事，尤其是做清潔。他發誓願，要把黑膩膩的廚房鍋子及檯面擦乾淨。弟子們都要在廚房做事，有些人懶洋洋地偷工減料。祖溫說道元禪師曾經為廚房工作寫下指導，強調人應該在廚房勞作中找到解脫。於是俊隆全力以赴地去刮擦長年煙薰火燎積下的每一塊油垢。

漸漸地，在擦洗鍋子上的污垢時我體會到了某種喜樂。我們每個人都應該像這樣發誓願，我們才能找到喜樂的心、柔善的心和大心。如果我們因自己的誓願而做清潔，就會發現自己不會對他人怨氣沖天，而是溫柔和善。這就是菩薩心。

這樣過了一段時間，小俊隆的認真讓祖溫有所軟化。雖說祖溫的態度依然粗暴蠻橫，對俊隆和他父親也仍是挑剔批評，但他開始認真對待俊隆了，俊隆跟隨他學習的動機也慢慢得到了尊重。

蜜月期結束了。現在祖溫不再把俊隆當個小玩意看待，對他的要求高了，要他聆聽教導中的每個意圖，要他超越自己一廂情願的理想主義。祖溫要俊隆明白，他們的相交相處是在佛法（教誨）的層面上的。

祖溫講過關於中國禪宗祖師藥山惟儼的故事，他說藥山對弟子們一再強調他不是個哲學家，不是學者，而是名禪師。他總是對弟子說：「不要謝我。」他的實際意思正好相反：你應該謝我！他這樣說是因為弟子們總是不把他當成禪師，總希望他扮演另一種角色，滿足自己另外的期許。

老師與弟子各自的人格及性情氣質交相激蕩，正是這樣的互動使得禪宗的以心傳心得以實現。對禪宗而言，老師與弟子的關係分外重要。當初我並不理解這點，但我師父扔給我的第一個問題就在這藥山惟儼的故事中。很長時間裡我都不會感謝我的師父。要信任你的師父，這真的很難。

修行應該牢記以無我為基礎。無我是很難理解的。如果你試圖無我，那已經是個自我的想法了。你只有什麼都不企圖，無我就在了。要是你跟著一位好老師修行，你自然就無法那麼自我。

男孩正在清理廟外的池塘，把淤泥從塘底挖出來。祖溫也在旁邊幹活。俊隆抓到了一條小金魚，發現魚身上掛了條小蟲子。他在學校課堂上認過這蟲子，於是他高高舉起金魚，指著上面的小蟲子對眾人高聲喊道：「這是水蚤！」聲音中透著得意。

「閉嘴！」祖溫大喝一聲。

俊隆不明白祖溫為什麼對他吼，然而多年以後，他對別人講這件事，告訴他們祖溫是多麼警覺，隨時會對任何自私現象迎頭痛擊。

以身作則，以此來激勵弟子是一種慈悲。在我得意洋洋自我賣弄時大喝一聲，是另一種慈悲，另一種善意。

祖溫沒有什麼教學體系，也不具體教什麼，弟子們經常一頭霧水，不知道要做什麼，怎麼做。鈴木說祖溫通常不開口，弟子們必須時刻留心他的一舉一動，自己從中學習。可是，如果祖溫怎麼做他們也依樣畫葫蘆地做，這又不行了。所以他們總是不知所措，非常緊張。鈴木說時間久了，他們都愛上祖溫破口大罵的聲音了，因為這樣的時候他至少告訴你該怎麼做了。學習怎麼在清理池塘的時候培養專注和無我，可能真得靠自己領悟，可是對一些更複雜具體的事務，比如怎麼做超度法事，祖溫也一樣閉口不言。

弟子們總是跟著祖溫一起去檀家的家裡舉辦法事。該如何誦經如何操辦，具體做法老是變來變去，何時敲鈴，何時敲木魚，何時鞠躬，怎麼鞠躬，所有這些分寸都變化無常，難以拿捏，孩子們實在把握不好。家屬們鄭重其事端坐跟前，祖溫會盯著俊隆如何敲鈴，然後當著家屬的面對他咆哮：「你在幹嘛？」一把奪過俊隆手上的小錘，自己敲給他看。真讓人難堪啊！不過至少這還讓俊隆明白自己該怎麼做。後來鈴木說通過這種方式，他學會了處變不驚，專注在問題上，兵來將擋水來土掩，有什麼問題解決什麼問題。

一個夏夜，他們做完這樣的一場法事，吃得飽飽的，手裡拿著檀家送的食品禮物回寺，孩子們和祖溫一起走在暮色的小徑上。走到廟門口，祖溫脫下腳上穿的足袋放到僧袍袖子裡，弟子們卻還穿著足袋。當他們走到林木茂盛的地方時，祖溫讓他們先走，因為現在正是腹蛇出沒的季節，腹蛇有毒，不過體型很小，足袋可以提供保護，既然他們都穿了足袋，就走在前頭吧。於是弟子們答應一聲「哈伊！」神氣活現地走在前面，覺得自己是英勇的小和尚。

等他們都進了廟裡，祖溫說：「小子們，怎麼不坐下？」他們都知道不對了，卻不明白到底哪裡錯了。「我知道你們都不機靈，」祖溫開口了，「就不曉得你們木到這種程度。我都不穿足袋了，你們還穿著幹嘛？你們應該長眼睛。」弟子們都很羞愧：按規矩，他們不能比師父穿得更正式。這種話裡有話的交流方式十分微妙，日後鈴木老師稱之為「學會聽話背後的話」。

祖溫身邊總備著些蛋糕啊小點心啊，用來招待臨時來訪的客人。小和尚們整天饑腸轆轆，自然一直偷吃糕點。祖溫不斷更新藏寶處，可他的小弟子們總能找到。有一次他把一罐白糖藏到廚房架子最高層，弟子們馬上注意到了，知道肯定是好吃的。他們把桌子拖過來，把短梯立在桌上，一個男孩爬上梯子，又一個男孩踩到他肩膀上，就這樣終於拿到了罐子。可是還沒等安全下地，他們就失去了平衡，摔了下來，罐子也跌得粉碎。祖溫氣得一頓臭罵。

又有一次，弟子們找到了一盒蛋糕，就切下一小條邊偷吃，想著祖溫不會發現的；接著切下一個角，又切下一個角；最後他們終於意識到，此事無論如何都會敗露的，乾脆把整個蛋糕都分掉了。像這樣的淘氣壞事，祖溫不會真對他們生氣，不過要是讓他知道有誰偷吃獨食，那就有他好看的了。

有一回祖溫把一顆大柿子放在米缸裡，好讓柿子快點熟。等過幾天一看，柿子沒了。他問俊隆是誰吃的，俊隆說不知道。後來祖溫找出偷吃的人，把那小賊打得唧哇亂叫，不是為他偷吃了柿子，而是竟然不分給眾人。俊隆真後悔，還不如說是自己偷的呢。

鈴木最喜歡說的一個故事是他在祖溫那裡當小沙彌時爛醃菜的事。這個故事頗具深意，這次不是有關自我心的，而是關於分別心。藏雲院一年到頭都吃自製的醃菜，尤其在蔬菜缺乏的冬天，吃得更多。他們用黃瓜、胡蘿蔔、茄子、捲心菜和大白蘿蔔做醃菜。有一批醃蘿蔔鹽放少了，結果壞掉了，弟子們告訴了祖溫。說到對食物的態度，祖溫和祖岳如出一轍，那是絕不能扔掉的。他命令道：「吃！」於是餐桌上，爛蘿蔔吃了一頓又一頓，隨著時間的推移情況更加惡化。眾人實在忍無可忍，一天晚上，在確定祖溫已經睡著了之後，俊隆夥同兩個共犯把醃蘿蔔偷偷地埋在花園裡了。

孩子們自以為得逞，心想終於擺脫了那些爛蘿蔔。可是幾天後的早晨，當他們坐在矮木桌前準備吃早飯時，祖溫給他們端上了一道特別的菜——爛蘿蔔竟然死而復生了！祖溫和他們一起吃。俊隆鼓足了勇氣，吃下第一口，然後又是一口。他發現，如果他什麼都不想，是可以吃下去的。他說，這是他第一次體驗到無分別的意識。

如果我們向我們的師父臣服，我們就會調動一切努力來控制自己的心，這樣我們可以在任何情況下存在，無論是尋常狀態還是非常狀態。

注意，醃菜傳奇還沒講完呢。孩子們後來想了個辦法，把醃蘿蔔煮了，看看是否能好一些。還真有用，這下能下嚥多了。祖溫聞到味道說：「這是什麼？你們這些傢伙肯定在煮好吃的！」他們一起把醃蘿蔔給吃了。祖溫從來不會讓孩子們做他自己做不到的事。

⁂

有時候，碰到一個刻薄寡恩的老師不是件壞事，因為你不會去攀緣他。

俊隆剛進藏雲院的時候，那裡有八名弟子跟著祖溫。第一年之後，只剩下四個。第二年剛過一半，連他們也走了。祖溫不是只對俊隆嚴厲，弟子們受不了他專橫跋扈的性格，也受不了缺吃少穿的苦，一個個都走了。現在只剩下俊隆和祖溫兩個人了。十四歲的俊隆有許多事情要做，學校的功課、做飯、打掃、去喪家做超度，幫忙廟裡的法事以及伺候祖溫和來訪的客人。夥伴們都走了之後，俊隆很孤單，不過他個人得到的關注也多了。有時候這也不是件讓人舒服的事，比如說，俊隆一直不太喜歡磕頭，要跪在地上，前額觸碰到蒲團，然後兩手掌攤開向上，他心有抵觸。祖溫注意到了，對他說從現在起，做完法事後不再只對佛祖磕三個頭，要磕九個頭。

有的時候，能和祖溫單獨在一起又是件愉快的事。他們有更多的時間一起在花園擺弄石頭。祖溫是個相當不錯的石匠。俊隆去修善寺辦事時，一名和尚帶他看寺裡的鐘樓，告訴他鐘樓的底座是祖溫年輕時砌的。和尚說一位石匠大師曾經仔細查看過這底座，斷言出自外行之手，因為它砌得太精確了。

只剩俊隆一人跟著祖溫，還有個不好的地方是現在無論他倆去哪，所有的東西都歸俊隆一個人拿了。一天，幾英里外另一座山谷裡有法事要做，祖溫打發俊隆背著一口小箱子和一袋經卷先行，他去村裡坐人力車去。半路上俊隆停下來歇腳，跑到小河邊玩起來，把青蛙捉了放，放了捉。他玩得不亦樂乎，忘記了時間，直到看見祖溫的人力車從路上經過，他趕緊抄近路翻過山，上氣不接下氣地趕到人家，後腳師父就來了。儀式結束後，又做了短短的講經，他們吃了頓豐盛的大餐，祖溫先回去了。俊隆收了人家的謝儀，把經卷留在那戶人家，心想回去的路上就輕鬆了。誰知女主人搬出一個裝滿西瓜的盒子，外加一顆南瓜，說：「天太熱了，帶點西瓜回去。」他只好道謝，扛著禮物跌跌撞撞地走回藏雲院。這樣的事情經常發生。

「我看見你在橋下玩了，」祖溫晃動著一根手指點著俊隆，「你這歪瓜，只顧玩得開心，我倒為你難過。你真是個笨蛋。」

俊隆和其他孩子一樣，也恨不得離開祖溫。但他不能就這樣回家。他父母當然巴不得兒子回到身邊，可他不會回去的。自從出家後他回家過幾次，他父親看到他儀態莊嚴，舉止得當，袴又繫得非常得體，打心裡為這個兒子感到驕傲。俊隆一點也沒有向父母訴苦，更沒有提要回家。

我師父總是叫我「你這歪瓜！」我心裡很清楚自己不機靈。我本來是最小的弟子，後來成了最大的弟子，因為那些好瓜們都跑了。也許他們太聰明了吧。不管怎麼說，我不聰明，所以就待住了。對學習佛法而言，我的愚笨倒是個優點。聰明人並不總有優勢，笨人有時候反佔便宜，因為他笨啊。說到底，沒有什麼聰明人笨人，都一樣。

「歪瓜，不許犯淫戒！」俊隆非常喜愛一隻古老的茶碗，祖溫看到了就這樣提醒他不要執迷於精美的器物。俊隆對工藝品和古董品味不俗，祖溫就老是用「淫戒」來提醒他。俊隆覺得很搞笑，因為寺裡根本就沒有女人嘛。當然這不是「淫戒」的真意——俊隆對美的欣賞沒什麼錯，只是他不應該貪戀執著。不過祖溫的用詞頗為諷刺，因為他自己的生活中倒是有個女人。她不住在廟裡，但經常過來，還有，她是有夫之婦。

她叫丸七惠，是森町賣豆腐人家的女兒，嫁給了本地米商，夫家和藏雲院有往來。她聰穎迷人，素有賣弄風情的名聲。她丈夫年老體弱，祖溫則頗有男子氣概，比她丈夫有趣多了。此時祖溫四十一歲，她二十八。俊隆對她很熟悉。她待廟裡的時間越來越久，也學會像祖溫一樣把俊隆支使來支使去，人們都說他們待俊隆就像後爹晚娘。他倆使喚俊隆送信跑腿，可俊隆幹這個真不在行。好幾次他跑到米店，才發現自己把信忘在廟裡桌上了，另有幾次他乾脆把信弄丟了。惠非常火大，祖溫也對他大發脾氣。也許因此走漏了風聲，大家都知道他們的關係了。不過在這樣的小地方，本來就保不住任何祕密。沒人干涉他倆的私情，但基本上都不以為然。祖溫的弟子接二連三地離開，他的生活作風也是原因之一。

祖溫打發俊隆去米店送禮物給惠，惠回送他一份用特別優質的米蒸煮的米飯，裡面拌上可食用的高山蘭花，裝在一個有蓋的木盆裡讓俊隆帶回廟裡。她叮囑俊隆路上不許偷吃，俊隆一路聞著香味回去了。他不喜歡他們倆差他做中間跑腿的，但他接受了現狀，繼續服侍他的師父。正當森町的情形變得越來越讓人不自在時，事情出現了新的轉機。

一九一八年，祖溫受曹洞宗上級的指派，去林叟院當住持。林叟院位於海濱小城燒津市郊區，在森町市東北方五十英里處，靠近東京的方向。祖溫要同時負責兩所寺廟的事務，不過藏雲院的大部分事務都可以由一名初級僧人代理。祖溫去林叟院不是因為要把他調離森町市，而是因為他本人的確是個能幹的管理者，林叟院又是座比較重要的寺院，且迄待復興。它統轄當地兩百多座小寺廟，有大約五百戶檀家家庭。從明治時期起，它開始敗落，一直沒有起色，但在那之前，林叟院是一座欣欣向榮的培訓寺院。它占地廣大，有一座禪堂，一座鐘樓，周邊有許多田產，每年可以從佃農那收取米租。

前任住持管理無能，只得變賣廟產來維持。寺院已經很破敗了，茅草屋頂要換了，房屋結構要加固，後庭房間的障子年久失修，狐狸和獾在屋裡出沒。許多下屬廟眾都流失到其他廟宇去了。林叟院需要好好整頓，這得費上幾年的工夫。曹洞宗的長老們公認祖溫是承擔此任務的不二人選，同時這一任命也可以讓他遠離森町。

俊隆和祖溫一起過去。他到了從森町高小畢業的時候了，本來的打算是送他去靜岡縣最好的中學讀書，坐火車往北一小站就可以上學。可是他沒考取，讓他好沒面子。祖溫對他說就休學一年吧，在林叟院好好複習，明年再考。

俊隆幫著祖溫一起整治，林叟院漸漸有了氣象，和底下小廟的關係也得到改善，廟眾們都紛紛回來，林叟院的社會關係和精神氣都得到了恢復。祖溫確保在寺廟田地上耕作的農民向廟裡繳納適當的田租，他會親自盯住佃農分配收成，要是廟裡吃了虧，他會向農戶發聲。他相貌堂堂，不怒自威，儀態整肅，人人都服氣。林叟院所在的高草村因廟宇的復興重振雄風，在四鄰八鄉恢復往日地位，村民們對祖溫這位大和尚尊敬有加。

人們開始將自己的孩子送到祖溫那裡受訓，俊隆不再是孤零零地和師父在一起了。祖溫的侄子祖光認了叔叔當師父。有一名新弟子叫岡本憲道，和俊隆走得很近。惠也送來了自己的兩個侄子給祖溫當徒弟，這表明她家裡人對兩人的關係並不在意。俊隆現在成了排行第一的「雲水」（學徒和尚）。

祖溫自己受過良好的教育，他大概非常不滿意俊隆學校教的那些功課，開始偶爾給弟子們上課，教他們日本歷史和中國古典著作。他教他們用古漢語閱讀寫作，這為他們打下了基礎，可以和到寺裡來的其他老師學習佛教經典、中國古詩和書法。

每天早晨，他們把廟門前的路打掃得平平整整，一直掃到人家的農舍跟前。他們從山上砍柴，又和祖溫一起栽上更多的樹。春天，他們到山坡上的茶園，從一排排深綠的茶樹上掐下鮮嫩的葉尖。他們每天將寺院上下擦洗得乾乾淨淨，整理花園和墓地，墓地裡奉祀著歷代僧人和檀家的骨灰。

俊隆的父親來到林叟院和祖溫一起喝茶。他要俊隆回家一趟，他母親生病了，非常思念兒子，祖岳覺得要是不讓她見上小兒子一面，這病就好不了。祖岳自己也想小俊，只是沒那樣形諸於外而已。俊隆跟著父親回到家裡，發現他母親活蹦亂跳的，很明顯，所謂的「生病」是讓他回家的藉口而已。

俊隆的父母問他想不想回家住。他們從其他和尚那裡聽到了不少消息，祖溫這樣對待他們的兒子，讓他們很不高興，對他和丸七惠的關係，他們也看不慣，俊隆沒通過中學入學考試，更讓他們難過。祖岳自己沒機會，但很想讓兒子受到良好的教育。森町的學校不好，他們那裡的學生基本上考不上中學。

俊隆想待在師父那裡，他父母沒法和他爭，因為他現在已經是個有模有樣的僧人了。他的樣子看不出是受虐待的，再說他父母還是覺得他離家在外更能受到鍛鍊，有朝一日可以收回藏雲院。他們對俊隆的情感彷彿被兩邊撕扯，一邊是作為兒子的俊隆，另一邊是僧人俊隆，難以決斷。俊隆幫他們決斷了：在家待了幾天後，他告別了父母，回到林叟院。

祖溫安排弟子們去跟一位臨濟宗的老師學習一段時間。在他們出發前，祖溫訓話：不要忘記初心；不要執著於任何一種具體的修行形式。進了曹洞宗的廟，就按曹洞宗的方式修行；進了臨濟宗的廟，就按臨濟宗的方式修行。永遠做一名新學生。

他們開始學習全然不同的禪，臨濟宗注重薩托利，即頓悟，通過刻苦專心地參問公案，來獲得薩托利體悟。公案的問題類似於「父母未生以前，你的本來面目如何」面對挑戰，這些孩子們很興奮。他們要在坐禪時、在一天所有的時間裡，都專注於這些公案，不過不能互相討論。俊隆能忍受臨濟宗嚴格的訓練，但對公案卻一籌莫展。每天一早一晚坐禪後，他要輪著去見老師，向老師磕頭，背誦公案，然後告訴老師自己參悟的答案。有一天，一名弟子通過了，然後又一名通過了，最後除了俊隆，其他人都各自通過了公案參問。他心煩意亂。直到他們要離開的那天，他還沒參出公案，接下來已經沒有和老師的面談了，只有一個結束培訓的典禮。就在典禮開始前，俊隆奔進了老師的房間，大喊著說出了他最後一次參問的結果，希望這次老師能滿意。

「好啦好啦！你通過了！」老師說。俊隆樂壞了，可過後他發覺自己根本沒有真正明白那公案，他覺得老師是心一軟才讓他通過的。這次經歷讓他對公案修行的方式一直不太滿意，儘管後來他一生都持續讀公案，沉思公案。

丸七惠的丈夫去世了。她把十幾歲的兒子託給家人照顧，自己搬進了林叟院。她把這事辦得既鄭重其事又非常隱密。鄭重其事的是，她改了名字，給自己起名修子，像是個尼姑的名字，還以佛教修行人的身份寄名在燒津市的一戶人家，讓他們成為她在林叟院修行期間的監護人。說低調隱密，是她盡可能待在寺廟裡，不跟外界交往。祖溫把他們的住處安排得遠離其他僧人；他們兩個自己開伙吃飯，晚上坐在暖融融的火盆邊，不和弟子們一起。雖說惠不是個特別和氣的人，她的出現還是改變了廟裡的氣氛，祖溫也變得溫和了。伙食也得到了改善。

人人都知道惠，他們只是不知道她到底算是尼姑？廚娘？還是祖溫的情婦？他們只知道祖溫是個有擔當的人，不會做歪門邪道的事情，惠住進來是合乎傳統的，並不違反規矩。她是林叟院的大黑天神。

大黑天神是日本七福神之一。祂沒有被供奉在佛教寺廟或神社裡，也不在家庭中的供壇上，祂的神龕在廚房裡，或者在進門的玄關處。根據傳說，每年十月，祂不和另外五位福神一起去出雲市參加眾神聚會，而是待在家中。大黑天神代表富饒，畫像上的祂總是坐在稻穀堆上。江戶時代，佛教和尚不能結婚，但寺廟是個瑣事紛繁的地方，和尚們在很多方面必須處理世俗事務。於是婦女們漸漸進入廟裡，她們勞作，同時戀愛也時有發生。她們並不露面，因為說起來寺廟本不是婦女該待的地方。這些女人被叫做大黑天神。

除了我的雙腿和我坐的黑色坐墊，我什麼都不相信。我的雙腿永遠是我的朋友。當我真正地用我的雙腿站立時，我不會迷失。

俊隆坐在火車上，頭向前一點一點地打著瞌睡。這是一九二一年，他十六歲了，穿著一身藏青色的學生制服，身邊放著書包，他夢見了「那個好女人」。祖溫有時候會談起「那個好女人」，那是一位老太太，祖溫每年去她家做一次法事。「那個好女人」從早到晚在家裡忙著家務，照顧自己的兒子和他的家庭，每次只要念經聲一起，她就開始打瞌睡。可是儘管祖溫一念經，她的頭就一點一點地打起瞌睡，卻沒有一次誤了敲鈴，總是敲在準確的節骨眼上。祖溫說那是因為她沒有掛礙，她沒把她自己的疲累當成不得了的事，糾結在心上——她看上去睏得要命，實際仍然很警覺。寺廟裡有很多這樣的故事，俊隆覺得很有意思。他自己已經學會不靠鬧鐘也能準時起床，這給了他啟示，讓他學會相信自己的身體和心，讓它們照顧自己。火車到站了，他醒來，下了火車。

一九一九年，俊隆十五歲，祖岳和葉音向祖溫攤了牌，把他們的兒子從林叟院接回了松岩寺。這次俊隆同意了，祖溫也沒說什麼。在俊隆父母想來，俊隆可能得到藏雲院，也可能得不到，但再怎麼樣也不值得當拿兒子去換。葉音早就抱怨她兒子受到苛刻待遇。祖岳嘴上不說，心裡也覺得祖溫把俊隆當成了討厭鬼。三年的時間已經足夠了。

俊隆通過了開成中學的入學考試，那是最好的中學，他坐火車去學校。許多科目他在森町的學校已經學過了，現在又要跟著班級再學一遍，他比同班同學大三歲。在當時，這是個常見現象。對農村孩子來說，凡超過小學的教育都是高等教育，只有寥寥無幾的年輕人會繼續讀書。

不上學的時候，俊隆幫父親做寺廟的事，上人家家裡做法事，把收到的謝儀交給父親。在家裡，他受到特殊的待遇，對此他安之若素。身為一名僧人，一個男人，他習慣被特別照顧。他母親專門給他備餐，和妹妹們吃的不同。

平生第一次，他有了除僧人之外的朋友，可以一起做正常男孩都做的事。天熱的時候，他和同學們一起在廟裡的池塘玩水。他還加入了划艇俱樂部。有一天，他認識的一個男孩在划艇時翻船，淹死了。俊隆頗為震驚了一段時間，他自己也不會游泳。

朋友們會到寺裡來，大家交換植物。有一次他帶回家一棵大樹，一個人根本弄不動。下雪的冬天，他從學校回家，顧不上進門，身上還背著書包，就忙著把廟周圍植物上面的積雪從枝葉上掃落。

俊隆已經快二十歲了，不過他身上的毛病一點都沒改。雖然他天性善良，脾氣卻還是那麼火爆，只能說幸虧火氣來得快去得也快。平時他相當文靜，可是只要和人起了爭論，他說發飆就發飆。

糖是昂貴的物品，經常有俗家人帶糖來送給寺廟作為供奉。對於糖，俊隆毫無抵抗能力。俊隆定期洗劫裝糖的大罐子，吃到見底還不算完，還要沖水進去，喝個乾淨。他母親不許他再這樣吃糖，他就把一罐糖藏到自己的書桌旁，沖熱滾滾的糖水喝。

不過他最臭名昭著的缺點是忘性大。除了書和自己的心，沒什麼是他不掉的。傘是人人都會丟的物件，不過被俊隆丟掉的傘的數目是破紀錄的，基本上都丟在了火車上。有一次他母親熬了一整夜，給他做了件外套。她眼看著他出門，紮著綁腿，穿著新外套，下山坡往平塚市里去了，他到那兒坐火車去開成中學。晚上回到家，他的外套沒了。

丟三落四是我的習氣。我天生就忘性大。我非常努力地試圖改正缺點，卻一點成效都沒有。我從十二歲跟我師父起，就開始努力了，那時候我的忘性已經很大了。可是我發現，當我持之以恆地去努力對治習氣時，我通過這樣的努力去除了做事時自私的心。如果你修行、學習的目的只是為了改正你的缺點，我想說你根本不可能改掉你的習氣。可是儘管如此，你還是要努力，因為只要你在努力，你的性格就會得到調教，你的自我會減少。

為期六周的暑假來臨，讓俊隆父母詫異的是，他竟然坐火車去燒津市回祖溫那裡了。只要一有時間，他就會回去，到林叟院或藏雲院幫忙，有時候甚至翹課也去。俊隆根本沒打算不跟祖溫，不過自從離開廟裡那緊張的修行作息，從寺廟生活抽離出來，他對那樣的生活有了新的體會，他覺察出自己對寺廟生活已經產生了執迷之心。祖溫過去曾強調道元關於初心的教導，俊隆第一次體驗到了什麼叫初心，因為他發現自己正在失去初心。在寺外生活的這段時間，彷彿一直有東西吊著他的心，他察覺到自己對禪修的執迷，對所謂清靜的耽溺。他開始對佛法有了新的、更具自覺意識的領悟。

當我們還是小孩子的時候，我們都是純真佛，就算到了十六、七歲，也還是的。但是，對於純真的心，禪可能是危險的。這樣的心，會把禪當成一樣好東西，特殊的東西，他們可以由此得到些什麼。這樣的態度會帶來麻煩。一個純真的年輕人會對自己的佛性沒有感覺，卻去執取另造的關於純真天然的概念，為自己帶來問題。我們需要的是初心，不是純真的心。只要我們有初心，佛法就在了。如果我們了知自己本具的恆常之性，我們就會信任初心的天真純潔。同時，我們要警覺對此產生的概念，對概念的執迷，對任何概念的執迷，那是地獄。

祖溫對待俊隆及其僧人同伴這幫自命不凡的年輕人，自有一套。隔三差五，祖溫會向他們喝道：「臭小子們，內衣褲換洗了沒？」

在學校裡，俊隆最喜歡的科目是英語，他的英語成績很棒。他總是對外國的東西感興趣，和他那怪裡怪氣的外號還真配——日本人管黃瓜叫「胡瓜」，夷人之瓜。他英文這麼好，一位家住森町的醫生，名叫吉川，讓他為自己的兒子輔導英語。早在藏雲院時期，俊隆就認識了吉川一家，吉川醫生要俊隆巡視自家的林場，向他彙報林場情況，對俊隆來說這是件愜意的工作。吉川醫生成了俊隆的保護人，關心他，給他零花錢。俊隆得胸膜炎的時候，醫生把他接回自己家照料，直到痊癒。那段時間吉川醫生不讓俊隆回林叟院，因為他知道俊隆就是生病，也會不顧身體，乖乖地聽祖溫的話，服侍祖溫。還記得俊隆那天早晨到他家時又發燒又咳嗽，說前一天晚上祖溫和人下圍棋，他要照看煙霧騰騰的火盆，睡得很晚。

一個初秋的早晨，十七歲的俊隆離開藏雲院去森町火車站，準備坐火車去林叟院。他剛好錯過了火車，於是決定步行。他走了整整四十多英里，晚上才到達林叟院。俊隆的青年時代充滿了步行的經驗，從這個方面看，他更像他的祖輩，而不是現代人。步行，和他的父母、師長、業力一起，塑造了他這個人。不過，他仍然覺得祖輩們才是真正強悍的步行者。

在他父親之前的時代，日本只有貴族、上等武士和高級文官才有權騎馬或乘轎，其他的人只能步行。這可不是說光是步行去城裡，或在城裡步行轉悠，就算一個城市到另一個城市，也得靠走。俊隆從小聽了不少關於步行的故事：老婦人步行上東京為天皇祈福，和尚在山頂邊誦經邊步行達五十英里。俊隆喜歡佛陀弟子目犍連的故事，這位弟子不僅學問淵博，更是位瑜伽神行者，到過那麼多的地方，簡直就像是在天上飛行。

俊隆還喜歡講一個關於他父親步行的故事。一個週六，俊隆正在林叟院，日本近代歷史上最慘烈的事件之一發生了。日本傳統認為九月一日是不祥的日子，那天正是一九二三年九月一日，星期六，關東大地震毀掉了東京和橫濱。那是個起風的炎熱日子，地震以及隨後燃起的大火吞噬了城市中半數以上的建築，成千上萬的人們死去。平塚市的震動也很強烈。地震時祖岳正在泡澡，浴缸中的水震得前後搖晃。一隻罕見的蝴蝶繞著他飛舞，他覺得這是個徵兆，俊隆肯定死了。很快，外邊情形的嚴重程度傳到了松岩寺。天空佈滿黑煙。

鈴木一家心急如焚。當天早晨正是俊隆離開林叟院歸家的日子。他們估算地震發生的時候，俊隆應該在火車上，正通過箱根隧道。坍塌的隧道已經封鎖了。恐懼在他們心頭奔馳。通訊及交通要麼中斷了，要麼只提供緊急服務。一家人等著俊隆回來。他們寄了封信到林叟院，等了好幾天也沒回音。最後祖岳步行前去。葉音也想和他一起去，可是身體實在吃不消。祖岳翻過橫亙在路上的箱根山，一路奔向燒津市林叟院。到那後他發現俊隆安然無恙。他在兒子那待了一天，然後又步行七十五英里回家，將一切安好的消息帶給家人。

第三章

大學教育 一九二四－一九三〇

即便是一個錯誤的努力，也不會白白浪費。

一九二四年四月，鈴木俊隆快滿二十歲了。他沒在開成中學讀完最後一年，而是進了東京的曹洞宗預科學校做了一名新生，住在宿舍裡，學習很用功。他多年來花了太多時間幫祖溫照料兩間寺廟，所以他的年齡在班上比起其他同學偏大不少。不過這不會妨礙他的後繼教育，因為這所學校和曹洞宗大學是一體的。根據現政府規定，全日本的曹洞宗僧人都要進大學取得學位。

學校離松岩寺不算遠。某個周日，俊隆探家後坐火車返校，半路上他在繁忙的港口城市橫濱下車，來到一片瓷器古董店比較集中的區域逛街。他穿著半軍裝式樣的校服，悠閒地在街上走著，一家店一家店地看自己喜歡的東西，還不時地吃顆糖。他逛了一條街又一條街，店面擺著各種各樣的舶來品，有衣服、鞋子、珠寶、唱片和書籍。他看到一本雜誌上有舊金山的照片，他仔細閱讀照片下面的說明文字，看了好久。他繼續閒逛，路邊攤桌上滿坑滿谷的日本小玩意兒，都是出口給外國人的俗豔之物，杯子、圖片、傘、玩具和茶几……等，毫無品味的垃圾貨。這就是日本向全世界拿出的東西，他深感羞慚。那不是真正的日本啊，那是膚淺俗麗的偽日本。

俊隆在想他心目中那些真正體現了日本文化傳統的東西：手工製造的工藝品、傢俱、卷軸以及瓷器，這些器物擺放在家裡，會帶來和諧美感。他突發奇想，如果他能夠把日本最好的東西，而不是最糟的，帶給國外的人們，那該多好啊，讓日本真正的精華在異國的文化中融合。要做到這一點，最佳的途徑莫過於自己先徹底懂得禪宗，然後將禪宗在異域發揚光大。他想，或許我能夠做這件事。

七月初，一個悶熱黏糊的周日午後，俊隆和他的朋友勳藤、新樹一起下圍棋玩，熱得汗流浹背，扇子搧個不停。俊隆已經二十出頭，照說在日本已是成年的年齡，是個男子漢了，可他們還在學校讀書，比起入校前的日子，要輕鬆舒服多了，現在他們只需顧好自己的學習就行，是不用負其它責任的學生仔。這時俊隆出主意，說他準備進廚房地窖的儲藏室，去「度化」一顆西瓜上來。他的僧人小夥伴們鼓掌歡迎。

俊隆打開地窖的燈，又打開裡面儲藏室的燈，然後進了儲藏室，把門在身後關好。儲藏室天花板很低，架子上堆滿了東西，一罐罐豆腐、一壇壇醃菜、一箱箱蔬菜、水果、魚和肉。牆角的地上堆著西瓜，他挑了顆熟得恰到好處的。正在這時，他僵住了，聽到外頭有腳步聲走下樓梯。他無處可藏。他聽到有人喊了兩聲，然後沒聲音了，只聽「喀噠」「喀噠」，裡外的燈都滅了，俊隆手捧西瓜，留在一片漆黑中。他等了一會，然後悄悄地向門那邊摸過去。突然，一陣鑽心的劇痛從左眼上面傳來，他尖叫起來，西瓜掉到地上。他趕快穩住身體，伸手一摸，摸到了尖尖的鐵器，還有血。一把吊在天花板上的尖利鉤子鉤住了他，他沒法把自己從上面鬆開，稍稍一動就疼得要命。最後，他終於喘平了氣，像一尊雕像一樣站著，絲毫不敢動彈，就這樣忍住劇痛，鮮血滴滴嗒嗒地流到制服上。他等了一個多鐘頭，終於聽到門外有人的腳步聲，他大喊「救命」。

沒人責備他。大家都和他一樣，擔心他的左眼會瞎。他沒瞎。鉤子從左眼皮處穿進，從眉毛上方穿出來。那天晚上他縫好針，把頭綁紮得像個海盜，躺在床上反思白天的經歷。真是好痛，然而，當時另有奇妙的事發生了。他日後再講起來，只能說自己經歷了一場至為重要的覺醒體驗。當他頭上流著血，那樣站著的時候，他體驗到了無以言表的寧靜，一片澄明，超越時間。他真想回到那寧靜中，他以為這就是徹底開悟。後來他知道那不過是一個小小的開悟，他也無法複製體驗，那時是那時，當下是當下。從此，他的餘生都在左眼上方留下了一個俏皮的彎鉤狀疤痕。

從一九二五年十一月中到一九二六年二月中，俊隆都在靜岡市顯光院修行。顯光院提供正規的百日修行，那是禪宗修行的核心。祖溫將他送到那裡跟隨加藤道潤老師，完成百日修行後可以升為首座，這次修行的重中之重就是首座升任儀式。要是在重要的大寺院裡，很多僧人和師長都會來參加首座升任儀式，不過在顯光院，只有加藤老師和一些小沙彌罷了，而且儀式當天俊隆還是要去上學的。

許多僧人只是在自己本家族的寺廟裡走個形式，短短地修行幾天，父親就把兒子升為首座，表明他當和尚的資格更老了，離夠格繼承寺廟又近了一步。而俊隆則實打實地做滿了一百日的修行。九名大和尚的到來為儀式增添了聲勢，有幾位提前幾天就到了，參加修行，幫助做準備工作，祖岳和祖溫都在其中，祖溫還帶來了幾名弟子。

儀式在二月十八日舉行。俊隆來到眾位師長跟前，低著頭，雙手高舉法杖，口中背誦傳統詩文，表達他的謙卑之心。「龍象之尊，」詩文的最後說道：「敬請賜教！」他用法杖重重地擊打木墩。按傳統，接下來是辯法大會，他會受到同儕及師長的提問。答案自然是經典統一的，專為首座儀式準備好的，只需熟記在心即可，不過答辯時的儀態、聲音、時機及分寸的把握，決定了儀式的成敗。這是他的大日子，由他來定調。

儀式最後是熱情洋溢的恭賀之辭。俊隆不再只是個沙彌，而是與父親、師長一樣了，他成為一名年輕的和尚。

我們必須用溫暖的心去學習，而不僅僅是頭腦。

一九二六年四月，二十一歲的俊隆從預科學校畢業，進入曹洞宗大學。學校剛剛改名為駒澤大學，提供的學習科目範圍十分廣泛。俊隆的主要任務是上學，不過他還是定期去燒津市祖溫那裡。另一方面，東京這座大都市的繁華也深深地吸引了他。

俊隆和同學們一起看電影、打網球、下圍棋，去東京灣划艇。他還去學了中國占卜，不過最後還是放棄了，他覺得人有何必要對自己如此關注，知道那麼多呢？即便占卜術並非虛妄，與佛法修行也沒什麼干涉。他還去咖啡館，在「危險思想」的氛圍中浸淫，再回到學校上課。他正處在求知欲旺盛的時期，人格也在迅速成長，此時來東京正是時候。

二〇年代的東京是一座激蕩不安的城市，自從日本不再閉關鎖國，以新興國家的面目出現以來，傳統的、外來的、實驗性的思潮互相衝擊，猶如一場拔河賽，新與舊彼此交戰。街上有穿西裝的商人，穿洋裝的女子，也有穿傳統服裝的。西方遊客不再成為眾人圍觀的西洋景。手推車、計程車、私家車和人力車一起出現；咖啡館、柏青哥的隔壁是傳統拉麵店。文學與藝術不斷地向新的領域推進。時有摩登男女穿著倫敦、紐約的時裝招搖過市。老派的人稱世風日下，妖魔橫行，知識界精英卻認為這是打破舊壓抑、舊桎梏的新時代。

大正天皇懦弱昏聵，皇太子裕仁於一九二一年攝政，他被認為是自由、新派的代表。他遊歷過英法諸國，照片上的他身穿英式服裝，頭戴呢帽。他還是個海洋生物學家。在他的朋友威爾士親王的幫助下，他將高爾夫球運動帶進日本。

形形色色的「危險思想」從西方入侵，國際主義、社會主義、公社生活、和平主義和民主、無政府主義，甚至還有女權，所有這些在傳統保守派看來如同洪水猛獸。鼓吹激進思想的組織依然不是太合法，當局也會盡可能地阻止它們，但是民心普遍偏向減少思想控制。五十年前，東京還被稱作江戶，是閉關鎖國的封建帝國的首都，現在它已是東方工業巨人的核心，當時那裡的大學生數量可能超過世上任何一座其它城市。

在幾十年的時間裡，日本超過了中國和俄國，成為新興的世界強國，在瓜分中國的列強中，日本也佔據了優勢地位，將朝鮮和福爾摩沙[1]變成其事實上的殖民地，並在一戰中幫助西方同盟國戰勝協約國。日本的民族主義已成氣候，它的對外策略極具進攻性，不得他國好感，在西方的眼中日本過於成功了。

一八九五年，在西方國家的逼迫下，日本不得不將在中國贏得的土地和特權吐了出來，此乃「三國干涉」[2]一些日本人對此一直耿耿於懷，明治天皇敦促全國人民「忍難忍之恥」，照西方的意思行事。軍中的極端民族主義者和反動分子的影響力持續增強，現在所有學校都必須軍訓了。不過首相和內閣的勢力仍占上風，得以制衡右翼。國際上民族歧視之風盛行，美國有限制亞裔移民法，國聯拒絕承認民族平等政策，面對這些赤裸裸的種族歧視，日本依然在世界上佔據了引以為傲的地位。馬修．佩里的「黑船來航」逼迫日本走出了自縛之繭，它業已贏回當年曾經失去的民族自信心。

這一時期的日本不僅在社會面貌上激昂振奮，佛教界同樣萬象更新。大多數的日本和尚只局限在本有文化和歷史的框架內看待佛教，可是俊隆所在的大學告訴學生佛教是普世的宗教，它本身歷經演化，

1 釋注：十六世紀葡萄牙殖民者對臺灣的稱呼。
2 釋注：指一八九五年甲午戰爭後，光緒政府於四月十七日和明治政府簽署《馬關條約》，割讓遼東半島予日本，六日後俄羅斯、德國和法國以提供「友善勸告」為由，使日本將遼東半島交還中國。

被亞洲各個不同的文化及亞文化吸收融合，它並不是和尚獨享的資產，俗家人同樣可以理解了知佛法。

駒澤大學的一些教授嘗試對傳法方式進行革新，讓更多的人能夠接受佛法。駒澤大學校長忽滑谷快天剛剛出版了一本面向俗家人士的佛法書，用簡單的話語解釋禪宗曹洞宗，充滿通俗文化的魅力，引起了爭議。忽滑谷到過歐洲和美國，還寫了第一本關於禪宗的英文通俗讀物《武士的宗教》。在駒澤，俊隆還遇到了教巴利語的教授立花俊道，他於當年剛發表了英文著作《佛教倫理觀》（*The Ethics of Buddhism*）。在日本，向普通大眾介紹道元思想的著作《沙門道元》也由和辻哲郎於一九二六年出版。即便向日本人介紹真正的禪宗修行，也是很不容易的事，俊隆簡直無法想像如何對美國人、英國人傳達佛教的精微。不過他在用心傾聽。

當你自嘲的時候，開悟就在了。

在學校宿舍裡，每天天還沒亮俊隆就起床了，他悄悄地套上適合幹活的寬鬆衣服，摸著黑躡手躡腳地溜出房間，來到廁所。廁所裡一邊是一排蹲坑，外加一個長形的小便器，另一邊是一長條水槽，每隔半米左右安一個水龍頭。俊隆到廁所盡頭的櫥子裡拿出抹布和桶，在昏暗的煤油燈下開始打掃。和他在寺廟時不一樣，這裡的廁所總是又臭又髒。當時，日本的公共廁所是出了名的髒亂。

俊隆一進大學就決定要在同學們起床前將廁所打掃乾淨。在顯光院首座修行時，他的任務之一就是打掃廁所和水槽。他下定決心，在東京上大學學習的期間，也不能忘記自己是名僧人。「我想要的是實修，我想要在實際意義上知道到底什麼是道心。我覺得做善事可能就是道心吧。」

他非常小心自己不要被人發現，覺得這至關重要。他認定如果被人知道了，他的修行就不純了。一有風吹草動他就警覺，不時地探頭到走廊查看是不是哪裡的燈亮了。他尤其不想讓校長忽滑谷先生發現，校長是目前他心目中最重要的偶像。為了接近學生，忽滑谷平時也住在宿舍樓一間單獨的房間裡，只有週六晚上及週日和家人共處。他人品高潔，形容卻很謙遜，來訪的人常常誤以為他是舍監。校長的人格激勵著俊隆，讓他決心做好打掃廁所這低賤的事。可是只要忽滑谷房間的燈一亮，俊隆立刻像受驚的鳥兒一樣一溜煙逃走。

起初，他對自己的善行感覺良好，但後來他越來越多地分析起他的動機究竟是否純粹。他停不下來了：「為什麼我要這麼做？我真的不想要別人知道我在做這事嗎？我是不是實際上希望別人知道？」

我很困惑，我的心總在遊移，想把事情弄清楚。我無法確定我的道心是否純粹。我是否該繼續？這些問題都很傻，我不想糾結。可是我天性執拗，不會輕易放下。

有一天，在心理學課上，老師談到了經驗的不可重複性：「你們也許覺得可以重複，但實際上你只是在思考，思考某個經驗和經驗本身不是一回事。」他繼續指出已過去的心不可尋獲，實際不可能知道我們到底做了什麼，甚至無法知道當下正在行動的心。

於是我一下開悟了，你們懂的啦！（眾笑）對啊！我明白了，不可能考量清楚的東西，就應該丟下。怪不得搞懂我的心這麼難。我有了這樣的領悟。從此以後，我不再試圖弄清我的道心。我做一件事情，只是因為我覺得那是件好事，不再分析來分析去。我再也不關心人家看到了還是沒看到這類問題了。

懷著輕鬆的心情，俊隆繼續早起打掃廁所，繼續向老師們學習道心。多年的禪宗修行打開了他的耳朵，給了他悟性。道元說「一個覺悟跟著一個覺悟，卻不留覺悟的痕跡。」俊隆意識到此話真是至理名言。

禪宗教導我們接受「事物的本來面目」，順其自然。（鈴木經常特意使用「事物的本來面目」一詞）這是我們修行的基本目的，但看到「事物的本來面目」非常困難。我不是指我們的視力有問題，而是指一旦你看到某樣東西，你已經開始對它進行認識了。而一旦你開始認識某樣東西，那已經不是你看到的那個了。

＊

在教育課上，老師說的一席話讓俊隆進一步受到啟發，感悟到應該丟掉前思後想，直接活在每一個當下。老師說的是：「常規教育講解『是什麼』和『什麼意義』。真正的教育是讓它去，不管是什麼，不做解釋。」俊隆一開始不相信自己記對了老師的話，可是他對照著同學的筆記查看了，老師的確是這樣說的。起初他無法接受這樣的說法，漸漸地他有所領悟——我們必須在不知道道心是什麼的情況下開始修行，然而「你會在很長很長的時間裡不斷在原地打轉，直到最後你筋疲力盡，不再試圖去理解。」

去做，而不再計量，這是明白自身的關鍵。如果你想要看清自己的心，想要確定它，你根本不可能得到心。可是如果你只是去做，你的心自會行動，那才是真正地得到了它。

一九二六年八月二十一日，林叟院舉辦的非公開儀式上，鈴木俊隆從祖溫那裡得傳法嗣，他時年二十二歲。法嗣弟子領受師父的僧袍，也繼承了法脈中師父的位置。它象徵佛法的代代傳承，佛接引佛。俊隆明白這只是個形式，對於佛法教誨，他還有很長的學習之路需要繼續。祖溫想要俊隆和他的家人負責藏雲院，法嗣儀式讓這一交接具有權威性。

按例俊隆可以穿上棕色僧袍，而不是普通僧人的黑色袍子，但他並沒有換服裝，如果那樣做就太狂妄自大了。儘管他已經正經八百地成人了，祖溫還是叫他歪瓜，在未來若干年的歲月裡，祖溫仍將主宰俊隆的生活。

對祖岳來說，俊隆的得傳法嗣也是樁大事。他已經從松岩寺住持的位置上退休，讓靜岡縣的另一位和尚繼任了他的職位，他自己終於和葉音一起帶著女兒愛子回到了藏雲院，當起了退休大和尚。祖溫在名義上仍然是藏雲院的住持，但實際事務是由住在寺裡的俊隆一家處理的。

秋天來臨，俊隆的壞運開始。他一向體質弱，很容易感染呼吸道疾病，入秋後他咳了好幾個星期，缺了不少課。俊隆的保護人吉川醫生一家現在也搬到東京住了，吉川到宿舍探望俊隆，一看他的情況就立即讓他住院了。他得了肺結核，雖然並不嚴重，但任何肺結核的症狀都必須高度重視。肺結核足以影響一個人的事業，威脅生命安危。俊隆需要住院休養，得到完全休息。幸運的是，疾病沒有繼續發展，過了一段時間俊隆的情況好轉，可以出院了。他沒住宿舍，而是住到了吉川醫生的家裡，一直住到完全康復，醫生說他可以重新上課了。

一九二六年一年裡，俊隆完成了首座修行，進入了大學，由祖溫傳了法嗣，還得了肺結核。到了年末，對他和所有日本人而言，最後一樁重大事件發生了。十二月二十五日，無能的大正天皇去世，皇太子裕仁繼位，這一年不再是大正十二年，而是昭和一年。昭和一年持續了十天，帶著日本進入新的時代、新的希望：昭和，「光耀的和平。」

無論教法如何，教法的道理都會與具體的情境遭遇。

一九二七年七月中旬，俊隆讀大學二年級，正值暑假期間，那天又悶又熱，他在外面辦了點事兒，正在回吉川醫生家的路上，突然發現蘭瑟小姐的房子就在不遠處。諾娜・蘭瑟（Nona Ransome）四十歲，是位風采卓絕的英國女人，駒澤大學的英語老師，教俊隆英語。俊隆的同學兼好友動藤住在蘭瑟小姐家，曾經把蘭瑟小姐的房子指給俊隆看過，還催俊隆有空去玩，說蘭瑟小姐那裡總是備著冷飲，供炎夏的午後解暑。此刻俊隆很想避一避酷熱，於是他鼓足勇氣向蘭瑟小姐家走去。那是一座頗有氣勢的豪宅，位於澀谷的富人區，堅固的圍牆環繞一棟傳統的木製樓房，樑柱間和障子周圍都飾有白色的石灰粉飾。

俊隆從來沒有到過外國人的家，他走進院門，決定繞到房子的後門去。一般日本人會自己拉開房門，在玄關處大聲地致以正式問候，讓主人知道來客人了。俊隆知道英國人的習俗不同，他們會敲門或弄出鈴聲，所以他沒打開後門，只是站在外面叫門。很快，蘭瑟小姐出現了，她和藹可親地迎接俊隆，把他帶進廚房旁邊的客廳。室內佈置非常精緻，有一張大餐桌，好幾把餐椅，禮堂那兒鋪了張土耳其地毯，房間整潔乾淨，比好多日本人的家或寺廟都還要清爽。蘭瑟小姐問俊隆喝點什麼，他回答說水就可以了。她去了廚房，拿著冰鎮西瓜回到客廳。

俊隆從一開始跟著蘭瑟小姐上課起，就是她班上成績最好的學生，他學英語好幾年了，現在他非常想有這樣的一個機會，可以和一個英語為母語的人學習口語會話。日本的外語教育完全不重視會話，自從國門開放後，學習外語的主要目的就是為了讀懂西方的科學著作，可以學到西方的技術。因為政治上右翼之風強勁，任何超出科技方面的對西方的興趣都會被視作不愛國。當然外交及翻譯方面的人才一直是有需求的，另外就是極少數像俊隆這樣有具體想法的學生，也對英語學習相當認真。

吃完西瓜，蘭瑟小姐問俊隆是否有空做她的助理。她說她需要人購物時在一旁解釋，和日本客人溝通，幫助私教的日本學生。蘭瑟小姐不會說日語，與當地人交流十分困難。俊隆委婉地提醒她已經有動藤和另一名住在她家的學生幫忙了，他們都是她英語課上的學生。她說那名學生很快就要搬走了，她想讓俊隆代替他的位置。

俊隆立刻開始幫蘭瑟小姐做事了。八月一日，他搬進了蘭瑟小姐家，男生們住在一間房裡，很快那名男生搬走了，剩下他和動藤。吉川醫生對他的離開很難過，但醫生明白這對俊隆來說是個重要的學習機會。吉川仍然會支助俊隆，俊隆也會和他保持聯繫，繼續為醫生的孩子們補習英語。過了一段時間，動藤也搬走了，只剩俊隆一個人和蘭瑟小姐一起。俊隆又要做功課，又要當翻譯，還要幫她處理各種私人瑣事。很快，他明白了為什麼其他男孩都住不長，蘭瑟小姐可不是個容易相處的人。

她非常嚴厲，非常固執，要求我們一定得按她的英國人習慣做事，也拿英國人的思維對待所有的日本人。她成天抱怨。多數時候我就聽著她抱怨日本人，抱怨學校的事、車上的事。她總在抱怨日本。我是唯一一個聽她抱怨的人。不過我也向她抱怨很多。

俊隆在祖溫手下鍛鍊了多年，說實話蘭瑟小姐不算麻煩。俊隆為人熱心，他和蘭瑟小姐同進同出，一起做事，儘管齟齬不斷，他們還算相處融洽。一開始俊隆覺得自己的英語程度不夠，但很快他的交流能力大大提高，尤其是他現在的社交範圍得到了極大的擴展，與和日本人一起生活時根本無法相提並論。蘭瑟小姐的社交生活相當活躍，所以俊隆不僅只做翻譯，還會和各個國家的人用英語交流，有英國人、美國人、歐洲人，甚至還有中國人。

在那個年代，大街上如果有一男一女一起走，那一定是夫妻，男的在前，女的跟在後頭。蘭瑟小姐和俊隆兩人肩並肩在街上昂首走過，高談闊論，時而放聲大笑，那真是道引入注目的風景。那年秋天俊隆二十三歲，身高約一五〇公分，個頭在日本人裡也算矮的；蘭瑟小姐四十歲，身高差不多約一八〇公分，修長勻稱，容貌美麗，氣度華貴，戴著灰色鐘形帽子，讓她的高度更增添了幾分。她的鼻子又長又直，眼睛又大又圓，兩道濃眉神采飛揚。他們倆在路上走的時候腰背挺直，充滿活力，俊隆穿著學校制服，蘭瑟小姐則穿色彩柔和的洋裝，冬天的時候在外面罩一件厚外套。起初鄰居們都說她找了個新男僕，很快他們又說原來她找了個貼身翻譯。

兩人一起回家，俊隆總是幫蘭瑟小姐提東西，就像之前他為祖溫拿東西一樣。事實上，俊隆和蘭瑟小姐的關係還真跟過去在祖溫那兒當小徒弟時頗有相似之處。祖溫和蘭瑟小姐都是要求嚴格的人，性情古怪，脾氣壞，目無下塵，俊隆總是圍繞著他們的頤指氣使轉，而他們倆都能帶給俊隆他所渴求的知識。還有，儘管他們有缺陷，但俊隆愛他們。不過他倆也有不同處，蘭瑟小姐更把俊隆當成平等的人。她說話直率，固執己見，但也讓俊隆表達看法。她是他的老師、房東和雇主，俊隆對她恭敬有加，滿足了她英國式對人的要求標準。至於祖溫，那是根本不能像對待蘭瑟小姐那樣直接回嘴的。

俊隆無可救藥地好奇，而蘭瑟小姐對自己的生活經歷也坦率得很，願意和他談論。他知道了很多她的故事，之前俊隆沒有如此深入地瞭解過任何一個人。蘭瑟小姐一八八七年十月五日出生於英國的貝德福德，是家裡第九個孩子。到日本之前，她在中國的天津待了三年，是英租界文法學校的教師，一面還進行私人輔導。她的學生中有民國總統黎元洪的孩子，也有當時日本奉天總領事吉田茂的孩子，吉田為她打開了更多通往上層社會的管道。一九二五年，中國末代遜帝溥儀和妻子婉容逃到北京日本公使館，後又來到天津，吉田安排蘭瑟小姐成為前皇后的英語教師，之後也成了溥儀的英語私教。

仍是通過吉田，蘭瑟小姐在一九二七年到了日本，住進了吉田父母名下的一所房產。她在三所大學任教，同時還是「宮內省屬英語語言及禮儀教師」。她的學生中有嘉納治五郎，是現代柔道的創始人，也是教育家，所辦的學校有皇室成員入學。

一天，蘭瑟小姐讓俊隆去買一些大的水仙花球莖。看到他買回來的球莖，她說：「太小了，去買點大的。」他跑遍了整個澀谷區的花店，把能找到的最大個的球莖買回家，可她還是不滿意。俊隆氣壞了，晚上，他帶回一袋東西，跟她說：「我找到一些特別大的球莖，你看看。」說著他開溜了，怕她發火。蘭瑟小姐高高興興打開袋子，一股洋蔥的味道撲鼻而來。「天哪，洋蔥！」俊隆知道她最恨洋蔥。她大喊大叫，滿屋子搜尋俊隆。俊隆在藏身的地方忍不住哈哈大笑，蘭瑟小姐舉著洋蔥向他衝來。俊隆逃上樓梯，蘭瑟小姐窮追不捨，俊隆憑著飛快的速度逃上樓頂，躲了起來。

一句善言，地獄可成天堂。

每當俊隆下課早，又正好碰上蘭瑟小姐不忙的日子，他倆會一起在客廳喝英式下午茶。蘭瑟小姐向他談自己的青年時代，她在英國、比利時和法國學習，在貝德福德（福樓拜）教育學院完成教育學方面的畢業論文，並成為那裡預科學校的校長，她還在蘇格蘭的愛丁堡大學當了十年的學級主任，三十七歲那年，她決定去中國。

她特別喜歡談起年輕的中國皇后婉容——美麗容顏——一個可愛的、悲劇性的人兒。婉容十四歲就嫁給了溥儀，比溥儀的妃子只大一歲。十六歲的時候，婉容認識了蘭瑟小姐，她依戀蘭瑟小姐。婉容的人生顛倒錯亂，充滿背叛，蘭瑟小姐對她而言是正常理性的支柱。現在，蘭瑟小姐客廳角落的櫃子上放了張婉容的照片。

俊隆很想知道蘭瑟小姐對於基督教的看法，他自己對基督教所知甚少。據說基督教和淨土宗彌陀佛教很相似，都以虔信為基礎——依靠「他力」，而不像禪宗依「自力」。在日本，基督徒基本上還是受人尊重的，他們虔誠，做很多善事。東京的耶穌會士創立了日本第一所大學，他們中的一些人對臨濟宗頗感興趣。日本的基督教時起時落，基督徒有時遭迫害，有時受青睞，但基督教在日本從未得到像在中國和朝鮮那樣廣泛的推廣。蘭瑟小姐則對天主教和佛教均無敬意。

她出生於一個貴格會教徒的家庭。貴格會對真理採取非常質樸、直率的態度，很多通常的宗教形式在貴格會難覓蹤影，他們沒有上帝或耶穌的塑像、圖片，也不承認任何宗教權威，因此並不起誓。

貴格會教徒是和平主義者，蘭瑟小姐的學生中雖然有將軍們的孩子，但她對無論東西方各國政府的軍事手段都沒有好感。她在中國華北眼見日本軍隊勢力的擴張，日本軍隊明目張膽地駐守在鐵路沿線，對此她一點都不喜歡。她尤其厭惡某些高層官員建議她利用和遜帝溥儀的關係，幫日本做事。不過對此她不多說什麼，只是掉頭走開，做自己力所能及的正確的事。

在中國和日本待了幾年之後，蘭瑟小姐確信佛教是偶像崇拜的迷信，為瞭解歷史文化，對佛教略知一二足矣，除此以外沒有任何價值。她去參觀神聖的廟宇建築，建築和藝術的精美深深打動了她，花園和塑像也非常動人。可是看到信徒們朝著塑像磕頭，獻上供奉，她大搖其頭。想到她的助理將來就是這樣的寺廟裡的一名和尚，她有點不舒服，這在她和俊隆之間造成了一絲隔閡。然後，就發生了佛像事件。

日本人的習慣是戶外穿的鞋子放在玄關的木架上，換上室內拖鞋，然後上一級臺階，進入房間內部。戶外穿的鞋或草履是絕對不踩進房間裡面的。外面的地髒，外面穿的鞋子髒。裡面的地乾淨，鞋子也乾淨。兩種鞋不會混在一起。

那佛像就在客廳裡。客廳正對房門的牆上開了一座壁龕，那是處精巧的小空間，大約有牆的一半那麼高，下面鋪了榻榻米，牆面是光滑的陶土，兩邊有深褐色的木頭柱子，日語管這樣的壁龕叫「床間」。佛像端坐在床間裡。床間從某種意義上可說是日本家庭的中心，這不是普通的壁龕，裡面放的是插在價值昂貴的花瓶中的插花，或者奇石、古董，或是掛幅卷軸。床間是家裡的美學壁龕，表達出自然、藝術和智慧之美。蘭瑟小姐的床間裡沒有掛卷軸，也沒有什麼插花，而是一尊安放在石頭基座上的雕像，那是尊一英尺高的美麗的佛陀雕像。蘭瑟小姐正告俊隆，這佛像放在床間可不是出於宗教意味，而是因為它的美感和它所承載的情感意義——那是溥儀送給她的禮物。

蘭瑟小姐把她的鞋子也放在床間裡，就在佛像旁邊。俊隆對自己說，蘭瑟小姐不是佛教徒，不礙事的，可他心裡還是不舒服。每次她從學校回來，鞋子一脫，直接放在佛像旁邊，俊隆就難過。

一天早晨，蘭瑟小姐在客廳喝紅茶加奶油，俊隆還沒去上學，他靜悄悄地走進客廳，也開始泡茶。他泡的是熱熱的綠茶，盛在一個日式小杯子裡。他小心地雙手端著杯子，但沒坐下來和蘭瑟小姐一起喝，而是將杯子舉至齊眉，恭恭敬敬地輕輕放到佛像跟前，合十鞠躬，然後他像進來時一樣靜悄悄地離開客廳。後來俊隆說，從這一刻起，兩人間的冷戰開始了。

一週又一週，每天早晨俊隆都會向佛像供茶，然後合十鞠躬。一開始蘭瑟小姐只是冷眼旁觀，漸漸地她忍不住表示好笑，開始嘲諷他。俊隆沒有試圖辯解，蘭瑟小姐也沒想聽他辯解。他們照常一起採購、吃飯，相安無事，但冷戰在持續。

蘭瑟小姐和她的客人們講自己這個小助理的古怪行徑：那樣對待一尊佛像，連鞋子都要管。俊隆把鞋子儘量往床間左側的邊邊上放，離佛像越遠越好。鞋子放得齊齊整整，就像日本人放在玄關處的鞋一樣。「俊隆是個調皮鬼。」蘭瑟小姐一邊指著放在佛像面前的茶杯一邊說。她的客人們也一起嘲笑俊隆，他們不知道俊隆能聽得懂英語。俊隆常常在佛像攤開的手掌裡看到丟棄的煙屁股、用過的火柴、牙籤。他不去動那些垃圾，但照樣供茶，有時還敬香。

與此同時，他也在為「熱戰」做準備，他知道言辭的交鋒遲早要到來。他開始動腦筋，更加專心地學習英語。他還找駒澤大學裡一位教佛法的老師幫忙，知道了一些基本術語的英語翻譯。他列出詞彙表，還特別注意學習一些專門的表達，在對西方人解釋佛法時可以用得上，比如為什麼要對佛像上供。

在佛教興起的最初三百年左右的時間裡，佛教是沒有關於佛陀的物化象徵品的。亞歷山大大帝東征印度後，生活在今阿富汗境內的古犍陀羅的藝術家受希臘文化影響，開始製作了第一批標誌著佛陀的人像，並迅速流行起來。

如果撇開一切佛教的修行形式，僅就教義去講佛法可能更容易些。道元也曾說過，燒香是很好的修行，不過不做也可以，只有坐禪是悟道所必需的。可是俊隆不想像禪宗祖師們那樣，說「佛像不過是塊木頭」之類的話，他不想將佛像撇開，而是把它當成自己修行的一部分，更當成是可以與蘭瑟小姐溝通的契機。他暫且按兵不動，卻伺機待發。

蘭瑟小姐及其朋友們繼續嘲笑俊隆，他只當沒聽見。他知道蘭瑟小姐的好奇心正被激起，時機總會到來，能夠向她解釋什麼是佛教。經過好幾個星期的冷戰，一個下著雨的早晨，機會終於出現了。那天俊隆和蘭瑟小姐都沒有課，也沒有事情要出去辦，外面陰雨綿綿，他們都想待在舒適的家中。他倆坐在客廳裡，蘭瑟小姐喝著茶，一陣沉默降臨在她身上，她歎了口氣，陷入沉思。

「俊隆，請跟我說說吧。請告訴我你到底為什麼要拜那個佛像。你是個知書達理的年輕人啊，而且很真誠，我真是不能理解你怎麼會非要弄這些迷信的玩意兒。」

於是他向她解釋為什麼他如此尊重佛像，告訴她釋迦牟尼佛成佛的故事。他說，這樣的一尊佛像提醒我們道無處不在，告訴我們我們自身就是佛，當我們向它敬香的時候，我們是在認識自己的真實本性，萬物的真實本性。了悟我們存在的本質不是件容易的事，隨時記得這個本質也不容易。佛陀不是神，也不是個能夠輕易描述的存在現象。你沒法用手指一指，就指出佛到底是什麼，但佛教的確有許多不同的教法能夠教導我們。比如說，有所謂的三身佛之說：法身佛，莊嚴殊勝，不可思議，超越一切具體的體驗，是宗教第一義；報身佛，歡喜優雅的精微身，是修行的果報；化身佛，那位歷史上在菩提樹下覺醒的人，他和其他人一樣，是人。他覺悟到了無上奇妙的東西，每一位男人和女人都可能覺悟的東西。

他繼續解釋說，也許佛法中的這些和基督教中的聖父、聖子、聖靈很相似。不過要真正理解佛的三身，或者說真正明白我們自身，思維太多是沒什麼用的。這就是為什麼佛教徒全心投入禪修，或者其它一些修心法門，比如持咒，以及向佛像供茶敬香，來直接體驗對真理的洞見。

蘭瑟小姐很吃驚，她沒想到會聽到這些。她感謝俊隆對她做的解說，還誇獎了他的英語。她說她從來沒想到佛教是如此深刻，讓個體得到如此神聖的領悟。打動她的不僅是俊隆的言辭，更是他傳達言辭時鎮定端嚴的態度。

從那之後，蘭瑟小姐再也不嘲笑俊隆了。接下來的好幾天她都非常安靜。然後有一天下午，俊隆回家時看到鞋子不再放在床間裡了，木製佛像的旁邊擺著漂亮的插花。蘭瑟小姐請俊隆繼續跟她解釋佛教以及佛教的修行。俊隆讓她看自己是如何清掃床間的，然後他們一起出門買了些香和蠟燭，一只香爐，甚至還有一把小鈴鐺，他們把床間佈置成了佛龕。俊隆教蘭瑟小姐坐禪，她還認識了幾個能說些英文的駒澤大學教佛法的教授，開始學習佛法。俊隆對所發生的一切很滿意，他學英語更加努力了。他們倆坦誠地交換對各自宗教信仰的看法。兩人之間的高牆倒了，蘭瑟小姐走了過來。

佛像事件對俊隆的意義極大，它真正改變了俊隆的人生軌跡。他後來說，那是他人生的轉捩點。他看到了蘭瑟小姐對佛法的完全無知，看到了那裡頭的初心。她對佛法的無知一點都沒有成為障礙，反而助她有可能更清晰地看到本質。俊隆告訴蘭瑟小姐他的夢想，他想去國外傳法，他坦言自己非常厭惡日本佛教界的狀況，也不喜歡很多日本僧人的態度。

我覺得非常開心。我對我們的教法有了信心，也開始相信可以讓西方人懂得佛法。對日本人而言，

學習真正的佛法非常困難，因為有太多可供誤解並誤做的修行傳統了。一旦誤解形成，我們很難去除它們。但對於佛法完全無知的人就像白紙一樣，讓他們建立正見要容易得多。我認為和蘭瑟小姐的經歷註定了我將來去美國的命運。

一刻又一刻，你要全然投入，聆聽你內在的聲音。

藏雲院買了西式的藤床籐椅，這是特地為蘭瑟小姐的來訪準備的。俊隆也會帶她去林叟院。兩座寺廟裡的僧人都認識了這位英國女士，森町和高草村的百姓也見到了蘭瑟小姐。一個外國人出現在這樣的地方是非比尋常的稀罕事兒。人們一說到俊隆，第一個話題就是他和那個西洋女子，然後才是他的忘性，有時候這兩點共同出現在關於他的逸聞軼事中。俊隆第一次帶蘭瑟小姐到林叟院時，把她的行李忘在燒津市的火車站了，只好又坐上雇來的輕便馬車回頭跑五英里去取。他坐著馬車離開的時候，祖溫一如既往地在他後頭大罵：「這沒記性的東西！你說我們該拿他怎麼辦？」

祖溫太知道該把俊隆怎麼辦了。他把藏雲院傳給了俊隆，這次是正式的，讓俊隆承擔更多的責任。一九二九年一月二十二日，藏雲院舉行晉山儀式[3]，二十四歲的俊隆由祖溫任命為藏雲院第二十八代住持。晉山式的前一天晚上，另有一個儀式，祖溫下座，第二天俊隆升座，正式接受住持一職。祖岳繼續

3 釋注：新任方丈初入寺院繼承法務所舉辦的儀式。

照管藏雲院，現在他是為兒子做事，不是替祖溫料理了。經年努力之後，俊隆為他父親重獲曾經失去的寺院。這一切之所以得以實現，是因為俊隆從來就沒有把它當成主要目的。

在東京，俊隆繼續著他的學習生活，也依然在做蘭瑟小姐的助手。蘭瑟小姐對佛教的興趣一直持續著，不過這並沒有影響到她其它的愛好，她還是熱愛藝術、社交，也照舊和俊隆時時爭執。時間到了四月，一個櫻花盛開的日子，一件事情觸動了俊隆，他決定搬回宿舍。

那是在我去土耳其大使館為蘭瑟小姐辦事的時候，我正和一位大使助理用英語交談，我這樣看著他的時候，那個想法突然冒了出來：有一天我也許會成為你那樣的人。我嚇壞了。如果我再和蘭瑟小姐一起，我會不會成為一名大使，而不是和尚？

他回家後跟蘭瑟小姐說，大學最後一年他最好住回學校去，這樣對他的學習有益。蘭瑟小姐無奈地勉強同意了。一九二九年五月三十日，俊隆搬回了駒澤大學宿舍。

一天，俊隆和其他幾個僧人同學去橫濱港碼頭為一位和尚送行，他名叫鈴木大等，正啟程去往洛杉磯。他要去那裡幫助磯部峰先老師，磯部在洛杉磯為那裡的日裔創立了禪宗寺，目前又在舊金山創建另一座寺院，大等最終會接管禪宗寺。大多數日本人都不能理解為什麼有人想出國，尤其是僧人，他們有什麼必要離開日本呢？但俊隆和他的朋友們為大等的舉動鼓掌叫好，在這一小群駒澤大學的學生眼中，大等的行為乃是英雄壯舉。輪船慢慢離港，碼頭上年輕的僧人們歡呼聲起，熱淚滾過俊隆的面頰。三十年後，俊隆的人生軌跡將再次和大等交集，雖然到那時他們的作用各不相同，卻都是值得人們銘記在心的。

一九三〇年一月十四日，藏雲院為俊隆舉辦了隆重的公開傳法儀式「伝衣」，正式承認鈴木俊隆從祖溫那裡接受法嗣。俊隆對蘭瑟小姐解釋說伝衣儀式就是「得到曹洞宗的公認，成為大和尚，並且有資格教授禪宗。」當日正殿中擺滿鮮花，處處燃香，俊隆從祖溫手中接過特殊的棕色僧袍。前來參加儀式的和尚們一起念誦經文，不時地鐘鼓齊鳴，將念誦分隔成或長或短的片段。

伝衣是最終確認俊隆在體制內地位的儀式。所有相關的人都來參加這場重大的儀式，包括蘭瑟小姐、吉川醫生一家、學校的同學，以及俊隆曾跟隨學習的各位和尚、老師。第二天，俊隆坐火車出發去曹洞宗的兩大本山寺院永平寺和總持寺，在那裡也將舉行儀式，俊隆會在兩個寺院裡各當一天的名譽住持。這是祖溫與俊隆之間最後的儀式了。在俊隆接下來的學習期間，他父親繼續在藏雲院做住持工作。只要俊隆願意，祖岳可以一直幫忙下去，他雖然年歲已高，但身體非常好，而且俊隆的心思根本不在管理藏雲院上頭。俊隆的師弟憲道和祖光也經常從林叟院過來幫忙。

一九三〇年四月十日，俊隆快滿二十六歲了，他以全班第二名的成績從駒澤大學畢業，主修佛學及禪宗哲學，輔修英語。他的畢業論文的指導老師是校長忽滑谷快天，論文主題是討論道元《正法眼藏》中關於師父與弟子關係的篇章，道元強調弟子對師父的全然臣服[4]。俊隆在論文中採取忽滑谷提倡的

4 原注：此章名為〈禮拜得髓〉，道元在其中還明確指出婦女的平等性。

「宗教體驗」視角，而不是從哲學角度對待佛教。另一位對俊隆的論文有重要影響的教授是衛藤即應，他也是著名的《正法眼藏》的專家，他強調要將坐禪和修行結合進佛法學習中，同時用開放的心態學習佛法。衛藤和祖溫曾經是同學，共同師從於丘宗潭，他和其他多位俊隆的老師一樣，在大學教書的同時也有自己的寺廟。衛藤與忽滑谷都更重視佛教的宗教性質，而不是哲學層面，更強調體驗，而非理論體系。

俊隆從大學畢業後不久，被授予了另一項榮譽，他個人非常看重。經系主任立花俊道的推薦，他得到了政府頒發的證書，他日後將證書翻成英語表達，稱之為「高中男子英語及品行指導老師」。這樣的證書不僅代表榮譽，還在英語的專業水準上認可了俊隆，因為當時的高中等於現在大學的一、二年級。

俊隆已經完成了正規教育，他把書本、衣物都從學校宿舍搬到了藏雲院，但他並不想待在藏雲院，他有更大的計畫。他積攢了好久的勇氣，等祖溫到藏雲院的時候，俊隆說想跟他談談。對著祖溫，俊隆開始說了，他說自己和蘭瑟小姐交往的經歷，說這些經歷帶給他的思考，又說看到鈴木大等離開橫濱的事。祖溫一聲不吭地聽著。最後俊隆終於說到關鍵，他說他也想到國外宣傳佛法，哪裡都可以，比如說美國吧。

「不行！」祖溫答道。

「那夏威夷吧？」

「不行！」

「北海道呢？」北海道像是日本的邊疆，那裡的札幌市住著許多對佛教一無所知的外國人。

「不行！」

俊隆的糾纏不休讓祖溫勃然大怒，「就在這！」他一拳砸在桌上。就這麼震耳欲聾的一句話，祖溫的怒火充滿了整個空間。

他那麼憤怒。我知道肯定有什麼原因。我也知道他那麼愛我，所以我不再提去國外了。我完全放棄了去美國的念頭。

第四章

大本山寺 一九三〇－一九三二

一葉落而知天下秋。

俊隆以為自己從駒澤大學畢業，學習階段就結束了，世界向他敞開，他可以海闊任魚躍啦。不管怎樣，他如今已是個住持了，有了自己的寺廟，還被曹洞宗體制正式認可，傳了法嗣。然而，祖溫這個說話用吼不用講的老師還沒告訴俊隆，還有訓練在前頭等著他呢——他要去福井縣的永平寺修行。永平寺和總持寺是曹洞宗的兩座大本山寺。

打開的障子外，柳杉樹在晃動、變形，汗珠從俊隆的臉上滴落，又一波劇痛襲來，他的雙腿疼得抽筋。俊隆正在永平寺的旦過寮接受入寺考驗。旦過寮本是行腳僧住宿處，俊隆和其他永平寺新來的僧徒們必須在此從早到晚地坐上一週，甚至更長時間，以證明自己夠資格進寺修行。俊隆於一九三〇年九月初到永平寺，時年二十六歲，其他新人比俊隆要年輕，不過他們都是同樣時間進永平寺，因此寺齡相同。旦過寮的考驗彷彿永無盡頭，等到終於熬到結尾，在簡短的入寺儀式上，俊隆起身磕頭，從眾僧身邊走過。

旦過寮考驗期中，新來的僧人要不間斷地以雙盤蓮花坐姿打坐，無論是吃飯時，還是聽資深和尚沒完沒了的訓戒時，抑或挨香板時都要保持雙盤蓮花坐。香板是一根長而扁的板子，用來敲打睡意朦朧的和尚。眾人就這樣一直以雙盤的姿勢坐著，等著一波又一波鑽心徹骨的疼痛。俊隆想看手錶確定每波疼痛之間間隔時間的長短，可是他們把手錶拿走了。劇痛中，柳杉樹會晃動、變形——當然，巨大的柳杉樹不會變形，變形的是他的心，只覺得頭暈目眩。

永平寺是曹洞宗的瑰寶，是眾人朝聖之處，受到歷代天皇及全國人民的尊敬，人們提起永平寺的時候聲音都會不由自主地壓低。永平寺由道元於十三世紀建成，建築宏偉，工藝精良，有無數的鋪了榻榻米的佛殿，巨大的柱子，帶頂的遊廊，還有曲線優美的鋪了瓦的屋頂。這是座「活著的」博物館，有上千條清規戒律，和尚們在這裡完成終極修行。現在，這裡就是俊隆的新家，藏雲院交給了父母打理。只要俊隆追隨道元的腳步，在這深山古剎中修行，他父母情願一輩子為他打理瑣務。

每個晨曦未露的清晨，一百多名僧人和三十多位大和尚走過一條條走廊，去打坐、做早課。其中有些大和尚是曹洞宗裡最德高望重的。輝煌燦爛的佛殿是感官的盛宴，鐘、鼓、鈸、鑼，低音、中音、高音，聲音既清越又渾厚，迴蕩不已；眾多的信徒有韻律地唱誦先賢的教誨，各個聲部交相應和；天花板上滿是彩繪，一幅幅的卷軸垂掛四壁，處處都是龐大的黃銅吊飾、簾幕、繩索和織錦。老僧們甚至可以背誦出最長的中國古代咒語，他們中的絕大多數能在走完道元墓前的九十五級臺階前背完整個咒語。

寺裡的人說打掃是第一要務，其次才是坐禪。在使用環境之前，我們必須先照料好它：擦乾淨木頭，擦乾淨你的心；擦過地板，擦過整個宇宙。俊隆必須學習永平寺的做事方式和步驟，怎樣掃地、怎樣走路、怎樣進房間、怎樣使用書房，以及怎樣先問候大和尚，後問候小和尚。他一絲不苟地學習怎樣穿僧袍、怎樣脫僧袍、怎樣在禪堂的榻榻米上折疊起自己的被褥、怎樣刷牙、怎樣刷洗廚房的鍋，怎樣在禪堂用應量器吃飯，應量器是用布包著的碗，茶藝的前身。你必須安靜地走，安靜地做事；你不應多開口，如有必要說話，必須聲調柔和。坐禪時你不能動，痛了不能動，蚊子叮咬你的臉，不能動。要是有什麼事做得不合寺裡的法度，就會有資深僧人來訓斥犯錯的人。俊隆一進房間就能感受到他們的目光，從頭到腳地盯著他。對這種感覺他不陌生，祖溫一直如此，但祖溫只是一個人，現在有那麼多雙眼睛。他就像眾目睽睽下的能劇或歌舞伎演員，只是轉到了更大的舞臺，和更多的人一起。真是讓人崩潰。然而，在最初的緊張笨拙過去之後，情形漸漸地變得和諧順暢，生氣勃勃。

早晨一醒來，俊隆疊起被褥，放到他的榻榻米尾部的櫥子裡，然後穿上內衣、外衣，迅速來到隊伍中，站到他的位置上，和其他僧人們一起在木水槽前洗漱。他們各用自己的盆，裡面裝了七成滿的水。洗好臉後，他將盆裡的餘水向著自己身體的方向倒掉，而不是潑向外面。道元當年在寺門外的「半杓橋」用桶舀水，用完後倒回橋下小溪時立下的這個規矩，到今天眾僧依然遵守執行。

你也許覺得把水還給小溪這種行為很滑稽。這樣的修行不是讓我們去思考的。只有當我們感受到了小河的美，我們自然而然就會這麼做。那是我們的天性。

一日之晨始於坐禪。外衣上面不用披袈裟，但必須拿出來放在榻榻米上的盒子裡。坐禪結束後，要念誦四句偈頌，其中有說道「身著袈裟無比榮耀」，此時要將放著袈裟的盒子頂在頭上。偈頌結束後，僧人們依舊坐著，叩頭，穿上僧袍，這是自佛陀時代起留下的傳統。然後他們在蒲團上前後左右活動身體，起身站在過道邊，等著散會的鐘鈴聲響起，提示他們磕頭。最後，雙手端握胸前，他們緩緩走出禪堂，去華美的古代房間誦經，做早課。

永平寺的生活很簡單，細節處皆需注意。這樣幾個月後，生活變得雖單調卻也解脫，藏雲院、駒澤、東京的生活充滿複雜艱辛，現在離得那麼遠。俊隆和他的新同伴們日復一日一成不變地做同樣的事，一旦掌握了其中的方法，他們就有精力搗搗蛋，找點樂子了。他們可以翻牆出寺，去鎮上吃蕎麥麵、喝酒。有一天晚上，大家都睡著了，俊隆和幾個朋友想溜去廚房弄點東西吃。他們估量了一下被抓住的風險，決定就這麼幹吧。他們摸黑進了儲藏室，挑了個盒子拿走。盒子裡全是蘿蔔，不過對他們來說什麼都行，只要不是循規蹈矩來的都好。於是他們用指甲刮去蘿蔔上的泥，然後塞嘴裡就吃。可惜生蘿蔔吃不了幾個就吃不下了，他們又決定煮熟了接著吃。他們把蘿蔔放到桶裡，拿到外頭生火煮上了。煮熟的蘿蔔更難吃，他們捂著嘴，邊笑邊照樣往肚裡吞。很快，整片地方都彌漫著煮蘿蔔的味道，他們被逮到了，受了好一頓訓斥。即使被老眼昏花的老和尚罵一頓，也是件好玩的事——老和尚們可沒覺得這有什麼好玩的。俊隆他們拚命享受這苦樂滋味。

永平寺冬冷夏熱，冬天時積雪很厚，房間都緊閉門戶，黑洞洞的，點著蠟燭。至於取暖，就靠將雪鏟出路面鏟下屋頂時產生的那點卡路里，靠裹住冰冷身體的厚袍子，還有一起擠在公共休息室的火盆邊。封閉的室內眾人抽煙抽得煙霧騰騰，對俊隆虛弱的肺很不好，但他喜歡大家在一起討論。在教法的時候，老師告訴他們修行時心中不要有任何目的，只是打坐，只是打掃。可是修行到底為什麼？為了成佛？為了救度眾生？還是為了做你自己？

想法不是實際，可是修行是不是想法與實際的橋樑？我們一直在討論這樣的話題。不過根據道元所言，修行就是修行之佛，橋樑是橋樑之佛，實際是實際之佛，想法是想法之佛。根本沒什麼問題。你說：「我是個人類。」那不過是佛的又一個名稱——人類之佛。

永平寺的住持北野元峰老師是一位年事已高的和尚，曹洞宗總首座。北野儀態莊嚴，而且出過國，俊隆非常尊敬他。他曾經在朝鮮任曹洞宗首座好幾年，又去過洛杉磯，建立了禪修寺。有一天，在教法課上，北野向僧人們說到了抽煙。好多僧人都抽煙，北野並沒有對他們說不許抽煙，而是談起了自己抽煙的經歷。北野年輕的時候愛抽煙，有一次他托缽雲遊，途中翻越箱根山隘口。登到頂峰時，山頂霧氣彌漫，他坐到一塊岩石上，點燃一根香煙，邊吸煙邊透過霧氣和煙氣看山下的村莊，那是多麼的美妙。在濕冷的氣候中吸上一根煙，那煙的味道妙不可言，他無比享受，由此他得以直接審視自己的欲望，當機立斷這正是吸此生最後一根煙的最佳時刻。那的確是他這輩子最後一次吸煙。

儘管北野禪師戒煙了，他此生仍始終有抽煙的欲望，然而他知道如何對待自己的欲望。如果你們沒注意到這一點，你們真是太愚蠢了。我知道戒煙有多難。我不是說你們應該戒煙，而是說如果你們理解這個故事，就會知道如何對待自己，雖然做起來很難。

北野比俊隆的父親歲數大，不過祖岳說他們曾一起在名古屋的學校讀過書，也一起受訓過。一說到北野這位老人，祖岳話裡話外地泛酸。俊隆還記得父親嘀咕過，北野爬得那麼高，而他祖岳卻始終不得志，都是因為北野有背景有人脈。可是，親身和北野在一起後，俊隆知道並非如此。

作為永平寺的住持，北野可說是所有曹洞宗和尚的祖父。他有著無瑕的謙遜和優雅。他身體不好，很瘦，可是當他磕頭的時候，仿佛有股魔力，深深地迷住了俊隆。他著迷北野鋪拜墊、磕頭的樣子：將身子彎下去，頭碰到墊子。更讓他著迷的是北野站起身的樣子：北野如此孱弱，每次他磕下頭去的時候，俊隆都覺得他爬不起來了，但每次他都站起身來。最後俊隆意識到，看著北野磕頭比北野磕頭本身更吃力。

他看上去就像臨終的病人。他站起身來的時候總是滿心歡喜的樣子，但實際上他做這樣的動作很費力。磕頭這一行為變得如此震撼、鮮活。那不再是形式，他的整個精神都在。

北野是靈魂與意志的絕妙化身。有些老和尚僅僅只是嚴厲和注重形式，他們主持儀式的時候，俊隆會覺得無聊，可是當北野出場時，整個房間裡都會充滿特別的感覺。他的嚴厲中有深深的溫柔。

無論到哪裡，你都能找到老師。

「不要從這邊開！」俊隆住手了。他想了想，把障子又推回中間原位。他知道按規矩應該從右邊打開障子紙門，長老們對這些規矩很講究。可是屋裡傳出的命令不容置疑，於是俊隆從左邊打開了紙門，端著托盤站起來，進入屋內，向長老及其客人上茶及點心。第二天晚上，他又來到同一個地方，跪坐在地上，手指伸進紙門左邊的凹槽，拉開一條小縫，示意裡邊他來上茶了。「不要從這邊開！」裡面的聲音再次說道。俊隆糊塗了，但他還是順從地從右邊拉開障子。

一連幾天都是如此，俊隆搞不明白應該從哪邊拉開障子了。他想來想去弄不懂。這看起來只是件微不足道的小事，不值得如此糾結，但永平寺的師父們慣會用細枝末節來向後輩施壓。俊隆無法直接要他們解釋，他只能自己弄明白。幾日後的一個早晨，他來到門邊，停了一會兒，聽裡頭的談話。一個聲音從右邊傳來，應該是客人的聲音。於是他恍然大悟，當然啦！障子應該從右邊拉開，可是如果有客人坐在右邊，就不能這麼做。多簡單！多明顯！他篤定定地拉開了左邊的紙門。從那以後，他學會從門口鞋子的擺放、室內傳出的聲音，障子上透出的人影來判斷到底從哪邊拉開紙門。

你們可能會覺得我們的培訓太嚴苛了。可我們教導的都是眼前事——的確不容易馬上做到，但要觀察到並不算難。這樣的教導既嚴格又精細。我們的心必須足夠敏感微妙，能根據事境來調整我們的行為。

俊隆服侍的大和尚是岸澤惟安老師，他是日本公認的當代最偉大的曹洞宗老師之一。俊隆能被選去當岸澤的侍從，是通過祖溫的關係。西有穆山是岸澤的根本導師，因此岸澤也跟隨西有的弟子丘宗潭學習，並在駒澤大學和修善寺裡結識了祖溫。岸澤和祖岳年輕的時候也互相認識。現在岸澤六十五歲，比俊隆年長三十九歲，比祖溫大十二歲。他也很嚴厲，要求很高，但不像祖溫那麼刻薄。他是眾人尊敬的佛教學者，很有文化氣質。他和丘宗潭一樣繼承了西有穆山對道元著作的推崇，於一九一九年繼丘宗潭和北野之後成為永平寺教授《正法眼藏》的正式講師。岸澤很看重俊隆，對他盯得很緊。俊隆發現和岸澤在一起，自己必須非常警覺，任何事情都不能掉以輕心。

岸澤有兩間房間，中間以障子隔開，俊隆必須利用晨課的間隙把它們打掃乾淨。時間很緊，所以他盡可能地手腳麻利。岸澤會進來檢查，兩手背在身後，查看俊隆漏掉的地方。他檢查角落、障子的門框及桌底下的灰塵。「不好，」他說。「與其打掃兩間房間，不如認認真真做好一間房間。能照亮世界的一個角落就夠了。」

在永平寺，做事的風格總是要全力以赴，早晨擦地板時如此，暴風雨來之前為全寺加固遮蓋時也如此。有一次暴雨之後，俊隆要把擋雨板收回到走廊盡頭的櫃子裡，擋雨板用來保護紙障子不被風雨毀壞。他叫了兩名僧人來幫忙，他們幹勁十足，一次就推了五扇擋雨板到俊隆跟前，俊隆把它們一起往箱子裡塞。他們用盡可能快的速度清走遮擋物，讓房間重新亮起來，劈里啪啦地忙活著。岸澤出來看到了，讓他們停下。他叫俊隆自己一個人做：一樣一樣來，不要著急，要以尊重之心去做事。

俊隆跟岸澤的第一天，就要給他泡綠茶，他按自己學到的慣例，在杯中注了四分之三的水。「沖滿水！」岸澤對他說。於是俊隆將茶泡滿杯。岸澤喝茶的時候，說茶太淡了，水也不夠燙。他的要求都和常例不一樣。後來俊隆學會給他泡又濃又燙的茶，在杯中裝得滿滿的，岸澤很滿意。有一天客人來訪，俊隆將茶杯在盤中列好，按岸澤的喜好將所有的茶杯都泡上滾燙的濃茶，滿得都要溢出來。岸澤停住他，問道：「你在做什麼？你怎麼能這樣泡茶？」俊隆應該知道，給客人泡茶得按慣例來。機械呆板，做事不用心是不行的，他必須要時刻警醒。

每天清晨打坐前，俊隆得為岸澤準備好僧袍，還得為他泡好茶。「你遲到了！」岸澤說。於是下一次鐘響前二十分鐘俊隆就起來了，提前準備好了一切，他卻又挨罵了：「不要起得那麼早，你妨礙了我的睡眠！這樣的修行是自私的。你應該和其他人同樣時間起床。」

我就像吞了根棍子。我連當好學生都不准許。我一句話都說不出來，也動不了。我唯一說出的字是：「嗯！」我必須更努力地去理解事物，不要有任何陳規預設。這就是無我。

俊隆跟隨岸澤學習的這一時期，讓他印象最深刻的是岸澤持之以恆的磕頭修行。早課的時候，僧人們會把墊子鋪好，念誦釋迦摩尼和歷代祖師的名字，一次一次地磕頭，一直念到十四世紀的瑩山禪師。之後岸澤回房間後會接著早課停下的地方繼續念誦祖師的名字，一直念到他自己的老師，一個又一個地磕頭。有時候俊隆進他的房間時，他還在磕頭。他磕頭用的拜墊已經破損，被額頭的皮膚磨黑。岸澤說西有穆山讓他多做大拜修行，以磨去他的固執習氣，他尊敬自己的老師，每天都堅持磕頭修行。

磕頭非常重要，是最重要的修行之一。通過磕頭，我們可以去除自我為中心的念頭。我的老師額頭上有厚繭，那是磕頭的結果。他知道自己是個頑固的傢伙，於是他不停地磕頭、磕頭。他這樣磕頭，是因為在內心深處，他永遠聽到他自己的老師罵他的聲音。他皈依曹洞宗的時候已經三十二歲了，所以他的老師總是叫他「遲來的傢伙」。如果我們在年輕的時候加入修行團體，比較容易去除自私之心。可是等到我們已經有了頑固的、自私的想法之後，再改是很難的。所以他總是被老師罵，罵他這麼晚才加入。實際上他的老師並不是在罵他，老師很喜歡他，就喜歡他的固執。

半生不熟的開悟最應該引起我們的警惕，尤其要警惕由此滋生的傲慢得意之心。

攝心，字面意思是將心專注起來，集於一處，指持續一日或多日的連續坐禪。這是禪宗訓練中精髓的部分，有些僧人在每日坐禪之外，一年中會另外進行一次或幾次的攝心修行。

俊隆從十二月一日起開始為期七天的攝心，攝心於第八天的早晨結束，會有一個儀式，象徵佛陀的開悟。傳說釋迦牟尼雙腿盤坐入定，經過七天的類似攝心時的專注禪坐，在第八天早晨啟明星升起的時候開悟。在中國，道元也是在這樣專注的禪坐後身心脫落，之後從他的師父天童如淨那裡得傳心印。在一週的攝心期間，永平寺的寺廟活動降至最簡，大多數僧人和一部分大和尚從早到晚地打坐。和旦過寮的苦刑考驗不同，攝心期間的打坐會穿插經行、簡單的法事，還有慣常的用應量器充滿儀式感地進餐。

俊隆以前也做過攝心修行，但從沒有一次像這裡這般正規，精心組織。第三天的時候，他覺得腿疼得要命，可是到了第五天，腿疼可以忍受了。到了第七天結束的時候，他覺得自己可以永遠這樣攝心下去。這次攝心之後沒多久，俊隆在永平寺受訓的階段結束了，不過他的永平寺生活才剛開始。

春天的時候，蘭瑟小姐來了，她到永平寺參加為在家人特設的修行項目。她的出現最初讓僧人們很不自在，慢慢地他們習慣了，蘭瑟小姐充沛的活力及高雅端莊的風度讓他們印象深刻。俊隆自然被指派專門接待蘭瑟小姐，反正除了他沒人會說英語，再一次，矮小的和尚和高大的外國女士並行的畫面讓每個看到的人都不由得注目。蘭瑟小姐帶來了她去朝鮮旅遊的照片。俊隆離開蘭瑟小姐的家後，他的朋友杉岡代替了他的位置，杉岡也是僧人，這次去朝鮮，是杉岡陪蘭瑟小姐去的，他們一起住在朝鮮的寺廟裡。俊隆帶蘭瑟小姐參觀永平寺的周邊和花園，看他剪枝的樹，他料理的園子，還帶她去和岸澤老師喝茶。夏天，俊隆向永平寺請假一個月，回藏雲院，蘭瑟小姐也和他一起去，她在附近的大寺廟可睡齋住宿。一如既往地，她跟俊隆所到之處，通常都是當地人第一次有機會和西方人打交道，她處處引起轟動。

「別這樣！你不能這樣拿碗！」俊隆的妹妹愛子把裝了食物的碗碟岌岌可危地疊架在一起端著上菜，蘭瑟小姐看到了，就大叫起來。在英國、在永平寺，人們都不這樣端菜。蘭瑟小姐也不許在正餐桌上喝酒。她還責備祖岳抽煙，說體面的基督教教士絕不會抽煙，也不喝酒。愛子不知道怎麼應付這個盛氣凌人的女人，不過反正她也習慣蘭瑟小姐的來訪了，她好奇的是，難道所有的外國女人都這麼直率嗎？俊隆尊重蘭瑟小姐對這些事物的看法，不過對她的自命正確不以為然。但他沒有和她再起爭執，因為她馬上要回中國了，最後相處的日子就不要再燃戰火吧。

蘭瑟小姐走的時候，俊隆送給她一幅卷軸，她送了他那副麻將牌，俊隆上大學的時候，他們一起玩了多少次麻將啊。她說，她會永遠記得從他那裡學到的佛法，她還敦促他一定要繼續好好學習英語。俊隆說他的廟裡會永遠留著鋪著白絲綢被褥的床和那把藤沙發椅，等蘭瑟小姐回來用。他會非常想念她的。

她回天津後，給我寄了一張照片，上面是曾經引起我們之間戰爭的那尊佛像。她把佛像放在牆上的壁龕裡，說她每天都敬香。

俊隆已經在永平寺完成了兩次大修行，每次都包括一個為期七天的攝心。他告訴祖溫以後想繼續留在永平寺。進入永平寺，服侍岸澤，這些經歷打開了他的眼界，他知道自己的路還長，他覺得最佳的道路是追隨道元的步伐，在道元建立的偉大寺廟中發展。他對祖溫說他在這裡明白了僧人的修行到底是什麼，他要繼續待下去。更要緊的是，他發現自己的坐禪境界更深了。以前雖然他一直堅持坐禪，但從來沒有像在永平寺裡這樣，早起第一件事就是坐禪，晚上最後一件事也是坐禪，如此注重。

祖溫先是由著俊隆說個夠，然後他的回答全然出乎意料：「歪瓜啊，你要小心了，我看你要變成爛瓜了。一年的時間足夠了！我才不會讓你變成一個迂腐的永平寺學徒！過一陣就讓你去總持寺。」總持寺是曹洞宗的另一座主要培訓寺廟。俊隆又被祖溫擊碎了。

坐火車回永平寺的途中，俊隆的腦海中迴響著師父的話。他在永平寺的時間只剩下兩個月了，其中多半都處在夏季閒散的作息裡。列車行駛在福井縣的群山中，他沉浸在對過去一年的回憶裡。離開永平寺才讓他深深地感覺到寺裡的一切是多麼美妙。永平寺的確有一股驕傲腐朽的氣息，但也有無上的價值。可是當他以前身處其中時，他並沒有特別體會到這些。

對我們來說，寺廟生活就是平常生活。從城裡來的人才是不同尋常的人。我們會覺得：「哦，來了些特別的人。」反倒是外面的人，對寺廟的一切深有感受。那些修行的人什麼感覺都沒有。我覺得凡事都是如此。

來到寺廟，俊隆又一次走上臺階，通往有上下兩層構造的巨大山門。遠遠地，他聽到了僧人的誦經聲，大木魚的敲擊聲，銅鑼發出渾厚的震鳴。他聞到了柳杉的味道，不禁情難自已。他不是走回永平寺，而是走回自己的過去——和所有的造物、所有的東西一起，無法描述。他受不了了，「涕淚交加，流得我滿臉都是。」

你若真正地修行過，你會知道那樣的經歷任何其它事情都沒法比。比什麼都震撼、都深刻，如此震撼，你其它的任何尋常經歷都沒法與之相比。

一九三一年九月十七日，俊隆坐火車離開永平寺，去橫濱的總持寺，祖溫已經安排好讓他在那裡繼續受訓。第二天他就進了旦過寮。總持寺臨近日本的商業中心，寺裡的氣氛比較和緩，不像高高在上的永平寺那樣充滿中世紀氣息。總持寺是由瑩山紹瑾創立的，如果說道元是日本曹洞宗之父，瑩山就是曹洞宗之母，是他把曹洞宗帶到廣大農民中，使得曹洞宗最終成為日本最大的佛教派別之一。

在總持寺期間，俊隆開始留心自己的廟了。他經常坐火車回藏雲院，監督寺院加蓋兩處建築的工程，一處是供奉觀音菩薩的觀音堂；一處是供訪客及修行人集會的「接賓」。一九三二年三月，藏雲院舉行了這兩處建築的落成典禮。俊隆既關心自己寺廟的繁榮，又對寺廟和尚的職責興趣缺缺，不想被責任束縛。

那之後不久，祖溫到了總持寺。俊隆又跟他說，他已經在總持寺待了半年了，對這裡的修行生活非常滿意，總持寺離藏雲院近，比永平寺方便多了，他想再待上幾年。他已經沒有出國的念頭了。和許多同樣受過良好教育的僧人一起，他覺得很充實，他們中的不少人和他一樣，都是全心全意地投入，一心要領悟佛法的核心。

講了十分鐘後，祖溫說：「是到了讓你離開總持寺的時候了。」

第五章

當家和尚 一九三二－一九三九

當一棵樹能夠自己站穩時，我們把那棵樹叫做佛。

一九三二年四月一日，鈴木俊隆心有不甘地離開了總持寺，搬到藏雲院和他家人一起住。他二十七歲了，結束了自己的正式受訓生涯。自從童年時代結束後，他在藏雲院就成了過客，如今又一次以這所鄉村寺廟為家，他是當家和尚了。俊隆的妹妹渡利和愛子已經不再上學了，不過還住在家裡。

母親近年來身體不好，所以照顧俊隆的責任落到了妹妹愛子的肩頭，愛子做得很好，許多來廟裡的客人都誤以為她是俊隆的妻子。她招待客人，替俊隆洗衣服，早上為他把衣服準備好。愛子必須把僧袍疊得整整齊齊。雖然俊隆從不穿西裝和皮鞋，但作為一名和尚，他算得上講究衣著。愛子和母親以前一樣，教當地姑娘們縫紉，她也是家裡的裁縫。俊隆總是看見她坐在榻榻米上縫補他的僧袍，一隻貓咪躺在她的腿上。貓咪老在她衣服上磨爪，最後，她自己的衣服倒總是破破爛爛的。

俊隆在永平寺薰陶出高雅素樸的衣著品位。舉行儀式的時候，他不喜歡穿色彩鮮豔的僧袍，尤其不喜歡豔麗花哨的袈裟。袈裟本是梵語，表示節制的色彩，俊隆喜歡的袈裟顏色是黑色、藏青色和棕色，就像永平寺僧人們披在衣服外面的那樣。袈裟起源於印度，是布塊拼成的裝飾性披袍，最初是用破布塊拼接的，象徵僧人們自願選擇貧窮的生活。道元曾經兩次拒絕天皇賜予的紫色袈裟。人們大多喜歡花裡胡哨的東西，可是俊隆不願意像城裡來的戲班一樣，穿上眼花繚亂的戲服，吹吹打打地吸引眼球，宣揚自己的演出。

俊隆在藏雲院主持的第一次葬禮是為當地一家望族富戶過世的老人舉行的。俊隆恪守自己的理念，穿了黑色僧袍，配棕色袈裟。他自認整個葬禮操辦得非常妥貼，可是後來他聽說喪家對他非常不滿。老人的遺孀也曾問他：「為什麼你就不能像你師父那樣穿上華麗的僧袍呢？」喪家認為俊隆只顧自己的喜好，對死者家屬極不體諒。俊隆現在成天要和俗家人打交道，對他這樣的年輕人而言，他在地方上出任的角色相當重要，他的行為應該促進地方的安寧和諧，這是最要緊的。俊隆終於認識到，在人們一生中如此重要的日子裡，他再穿著上固執己見，給他人帶來惱怒，這是不善的。即便不按自己的想法穿戴，也同樣是在禮敬高雅的僧袍。

我認為我們不應該執著於物質，執著於僧袍的樣子。穿得華麗也好，樸素也好，都一樣。現在這就是我的態度，但當初我對自己穿成什麼樣非常在意。

祖岳依然在藏雲院起著很重要的作用。俊隆經常去林叟院幫祖溫的忙，他還替代祖溫去另外兩座知名的大寺廟可睡齋及大洞院為雲水們講課，帶他們坐禪。俊隆滿懷年輕人的熱情，將他在永平寺和總持寺學到的教法和修行傾囊相授，對此充滿激情。內山是愛子的未婚夫，也是和尚，他認為作為和尚，俊隆極其認真誠摯。俊隆在為俗家人舉行的坐禪會上，用他柔聲細氣的語調說：「我們一定要堅持道元的修行，讓它發揚光大。」內山說，一個和尚那樣子講話很少見。俊隆一直都和岸澤保持聯繫，他的說話方式在很大程度上受到岸澤的啟發。

我的師父岸澤老師曾說，我們必須要有誓願，有目標。我們的目標也許並不完美，但即便如此我們也應該有目標。這就像戒律。即使我們幾乎不可能守住戒律，我們也應該有戒律。沒有目標，沒有戒律，我們不能成為好佛教徒，也不能讓所悟之道得以實行。

俊隆離開永平寺後，不想讓自己和岸澤的關係到此為止。無巧不巧，師父的家族寺廟近年來遷到了旭傳院，是林叟院下屬的小寺廟，離林叟院只有三英里遠。一九三二年五月一日，俊隆拜訪了岸澤，希望繼續跟隨岸澤學習，此舉得到了祖溫的祝福。岸澤同意了，俊隆成為岸澤的「隨心」——禪僧拜第二位老師為師，他就成為這位老師的隨心。俊隆永遠是祖溫的弟子，但他後來表示自己對佛法的理解基本上承襲於岸澤。

岸澤已經是日本最著名的佛法講師之一，俊隆在他那裡聽講道元的代表作《正法眼藏》。他去旭傳院求教，在自己修行遇到重大困惑以及關鍵點時，都會向岸澤諮詢。

岸澤從未放棄坐禪這一核心修行。大多數當家和尚在受訓結束後都不再坐禪，除非每週或每月一次的坐禪會上偶爾坐坐。岸澤以身作則，督促俊隆不要放棄正規禪修。藏雲院沒有禪堂，不過坐禪不需要禪堂，需要的是你的身體。

鈴木靜邨是森町的一位陶藝師，他經常講起一個故事，故事說的是俊隆、一個女孩和一張火車票。俊隆騎自行車到森町的火車站，剛到那兒就聽到一個小姑娘在哭。小姑娘說她媽媽沒錢給她買糖吃。

「別哭啦，」俊隆說，「我給你買糖。」他讓小姑娘自己從貨架上選好糖，掏錢買了給她。等到俊隆去買火車票時，才發現錢不夠了，就和站長商量。站長和燒津那裡的車站打個電話，安排俊隆過後到那裡付車票錢。俊隆到了燒津火車站後，一位雇員告訴他站長在辦公室等他。俊隆來到站長辦公室，喝了站長泡的茶，又扯了半天閒話，最後站長說，他們車站以前從沒辦過異地付費的票，俊隆這才想起來沒買票這檔子事兒。他向站長道歉，保證明天回森町的時候一定把錢付上。第二天俊隆準備回森町，到燒津的火車站後又見到了站長，站長發現他又一次把車票的事忘得一乾二淨，不禁目瞪口呆。最後不得不委婉地提醒俊隆，他這才想起來，趕緊付了錢。俊隆驚世駭俗的忘性從燒津到森町一路流傳，人們津津樂道。陶藝師靜邨嘲笑俊隆：「白搭車爽吧？」

祖溫這陣子在毗鄰的靜岡縣一座廟裡主持修行，林叟院多數時間都交給俊隆的師弟憲道和祖光照管。有一次天剛暗的時候，俊隆來到林叟院，發現師弟們溜出去看電影了。俊隆知道祖溫不許他們看電影，他們也最怕被嚴厲的師父抓到自己偷懶耍滑。於是俊隆把自己的木屐放到玄關臺階底部只准祖溫放鞋的地方。憲道和祖光回來後，看到木屐嚇得魂飛魄散，然後聽到俊隆在障子後頭哈哈大笑。

❋

一切都在變化，你什麼都留不住。

雖然從十九世紀起，已經有佛教和尚結婚，此事仍然是有爭議的。俊隆的父母結婚時，和尚結婚已經合法，但直到俊隆在松岩寺出生，按曹洞宗的規定婦人依然不能在寺廟中住宿。西有穆山、丘宗潭，還有岸澤惟安，俊隆這一系法脈的諸位老師都沒結婚。祖溫呢，雖然沒有正式結婚，但在俊隆看來，丸七惠就是他的太太。所以對俊隆來說，他父親和他師父都是結了婚的大和尚。日諺有云：蛙生蛙子，因此俊隆在藏雲院安身立命後沒多久，大家就張羅著為他娶妻了。選中的對象和俊隆一樣愛好英語，蘭瑟小姐還沒離開日本去中國時，那姑娘甚至還跟著她學習過。他們倆應該很般配。

可是他們剛一結婚，俊隆的新婚妻子就被診斷出得了肺結核。她住院了，大家都期盼她像六年前俊隆生肺結核時一樣，很快就能痊癒。然而隨著時間推移，情況越來越明瞭——她不會好轉，無法應付做為寺廟和尚的妻子須承擔的繁重責任，在藏雲院她也根本不能養病。還有，人們害怕傳染，對肺結核非常忌諱，哪怕是後來痊癒的人都會遭受另眼相待。最後俊隆的妻子同意離婚，他非常難過，而她搬回了父母家，這樣能受到良好的照顧。俊隆希望自己能照顧她，然而他有其它責任的束縛——他首先是個和尚，最後才是個有家室的男人。他後來很少提起他的這位妻子，她的名字、結婚的日子，都忘記了。

一九三三年十一月，祖岳在健康持續惡化了幾個月後，於睡眠中過世。他是個好丈夫、好父親。他為自己的兒子倍感驕傲，他這漫長一生的最後七年能在藏雲院舒心度過，是他兒子的功勞。他的靈堂設在佛殿，左鄰右舍以及檀家們前來弔唁敬香，俊隆和母親接待客人，渡利和愛子為客人拿來蒲團，負責茶水和飲食。二十九歲的俊隆成為一家之主，真正承擔起藏雲院所有的責任。

一九三四年四月末，祖溫去了永平寺，接任助理方丈的職位，他將參與寺廟管理及僧人培訓事務。他到永平寺後的第三天，午飯過後，他說：「我去趟廁所。」然後就中風倒在了佛殿上。他先被送到福井醫院，後回到林叟院休養。然而他的狀況惡化，一週後，五月三日，祖溫去世，享年五十七歲。

祖溫一向趾高氣揚，對人從不以青眼相加，然而死後的葬禮上數百名俗家人和僧人前來為他送行。他的骨灰分別安放在他主持的兩座寺廟——藏雲院和林叟院中。俊隆主持了藏雲院的骨灰安放儀式。墓園裡，歷代住持的墓碑中，新添了祖溫的淚滴型花崗岩墓石，就在祖岳的旁邊。骨灰安放儀式上，俊隆一邊念著《心經》，一邊用筷子揀出祖溫的幾塊骨殖，放在石頭底座的開口處，然後用竹製的長柄勺舀清水澆在石頭上。他曾經多少次看著祖溫做這些事啊——整整十八年，就從此處開始，在此處結束。對這個男人，這個比其他任何一個人都更深刻地塑造了自己的人，俊隆有著無盡的回憶。再不會有人叫他歪瓜了。俊隆不由得發現，對師父的去世，他並沒有什麼感覺。

丸七惠沒有出席葬禮。她繼續在林叟院待了一陣，幫幫忙，做做插花。俊隆母親來林叟院的時候，她就回避到樓上去。之後有一天，她讓祖光把祖溫的僧袍交給俊隆。她離開了林叟院，回到森町自己的家中。

佛教古老的基本教理說道：諸行無常，諸漏皆苦，俊隆的生活中失去了蘭瑟小姐、他的妻子，如今父親與師父又先後去世，這教理向他顯示出了真實含義。他感受到的不只是一己之身的無常與痛苦，也感受到了其他人的苦，所有眾生的苦——有什麼區別呢？回想自己與祖溫一起的歲月，還有在駒澤、永平寺、總持寺度過的日子，俊隆明白自己犯了兩個大錯。第一，他多麼希望自己當初能更加努力啊。他彷彿聽見了祖溫成天催促的聲音：「你別浪費時間！」祖溫想讓他明白能有機會修行是多麼寶貴。一開始他以為這話是要他日日夜夜地用功，或者說，既然晚上怎麼也無法用功，那就是說晚上至少應該守住規矩，不做不該做的事。後來祖溫解釋說：「不浪費時間，是要你去理解佛法。只要你不在理解佛法，你就是在浪費時間。」那時俊隆還是個孩子，覺得這話是老生常談的空話嘛，並沒有從中受到激勵，依然稀里糊塗。現在，他開始明白師父到底在說什麼了。師父的話多麼正確，即使他這個人並不完美。

另一個他意識到的錯誤，與他一直以來施行的「漸修禪」有關——按步驟一步一步累積至開悟。

實際上，我們要說的是，悟與修是一體的。可是我曾經的修法是漸修：「現在我懂了這麼多，明年我會再多懂一些，然後再多懂一些。」那樣的修法沒什麼意義。也許等你們試過漸修之後，就明白那是個錯誤。

他開始意識到，自己不可能將修行和生活掌控住，讓它們按規劃來，他接受的教誨，學過的功課，也不可能由他歸納出道理。只有放手，讓那些東西自己成熟。而他只能一分鐘接著一分鐘地去調整自己，根據此刻的一切去調整。他靈光閃現，領會到所謂道，是「在每一刻用全部的感覺去徹底體驗。」而不是在每時每刻都思維過去、將來，試圖為當下賦予意義。他所體悟到的這些，絕不是那種黏黏糊糊、神經質的「一切都是一，順其自然吧。」他的體悟裡當然有合一，但也有一的對立面——每一刻、每件事物，都獨一無二，必須以最高度的覺知去體會，絕不能憑藉任何模模糊糊的普遍性質去抽離，含糊了事。

他剛回藏雲院居住時，就和祖溫討論過這些。當時他說，他能接受萬物都是一，但不懂為什麼它們同時又是不同的。可是他所學的明明告訴他，既是一，又不同。祖溫只是簡單地說道：「空與色——你若執著取任何一個，都不是佛教徒。」

我們覺得每天的生活都是不斷的重複，之所以如此認為，是因為我們的習氣太強，我們被緊緊地束縛在機械化的理解中。沒有什麼東西是重複的。沒有人可以重複同一件事。不管你在做什麼，下一刻一定和現在不同。這就是為什麼我們不能浪費我們的時間。

俊隆的生命如今已失去了那麼多，發生了那麼大的變化，他終於能放棄他的信念和條條框框，這對他終於不那麼難了，他可以一步一步地在世間行走，不再貼附任何人、任何事物、任何理念，不再對它們產生執念。他有責任要負，也有各種關係：岸澤、母親、同輩、朋友——尤其是憲道和陶藝師靜邨，但他不再執著，也不再對孑然無依那麼悲傷。他的人生還在繼續，祖溫的去世將讓他面臨巨大挑戰，巨大的麻煩。

你之所以痛苦，是因為事情不如你願。

祖溫的突然離世造成了林叟院權力的真空狀態。他的本意很明顯，他正在培養自己的侄子祖光，讓他成為繼任的住持。他有此用意，一方面可能是他想日後退休能有落腳處，但更重要的原因是因為祖光像他一樣，頗具管理才能。祖溫雖然去了永平寺，人不能在林叟院，但依然是林叟院的住持，對此不會有人起紛爭，要求另立住持的。這樣他可以不動聲色地幫祖光慢慢在檀家中建立威望，日後自然地繼承住持職位。可是現在住持一職只能等董事會來決定人選了，董事們代表不同的群體，各有想法。

一位名叫良演義山的老和尚想掌管林叟院，他是以前那個因管理無方被祖溫取而代之的住持的師弟。良演在檀家中頗有人氣，尤其得到當地拉幫結派和尚們的支持。最初他沒有遭到任何反對和阻撓，很順利地開始插手林叟院的事務了。

也有很多檀家不滿意讓林叟院重回良演一系，有人支持祖光繼任，但祖光還在駒澤上大學，他沒有得到祖溫傳法嗣，也實在太年輕了。還有，丸七惠不喜歡祖光，她的影響力也很大。她中意俊隆。

在我決定繼承我師父的寺廟前，我從不惹任何麻煩。那之前我只一心學習，可一旦我決心要繼承師父的寺廟，我就為自己、也為許多人造出了各種麻煩。我的人生中有過困惑，很多困惑。我知道，如果我不碰師父的林叟院，肯定就會待在自己的藏雲院，日子會安寧得多，我也可以更專心地學習，但我決意要繼承林叟院，因此有了後頭兩年多的混亂與爭鬥。

俊隆對自己是否出戰也有糾結。一方面，林叟院下屬的兩百多所寺廟裡有的是德高位重的大和尚，林叟院住持在地位上對他們沒有任何權威性可言，倒是必須在偶爾舉行的重大儀式上拋頭露面，成為眾目睽睽的焦點，那時任何細小的差池都會引起人們的質疑和非議。然而另一方面，俊隆覺得作為祖溫的大弟子，他最懂祖溫的心思，知道他師父的願望。他明白祖光還不到時候，只會被別有用心的人利用，而良演那夥人更是絕對不會為林叟院帶來好處的。俊隆不想看到祖溫十六年的心血付之東流。他下定決心，林叟院絕不能落入野心勃勃的貪婪和尚之手。他一邊保持低調，一邊和重要的檀家加強聯繫，尤其和廟董會的董事長甲賀桑建立起了密切關係。他無比耐心地一點點介入到事件中。要照他本來的脾氣，他才沒有耐心鬼扯，常常恨不得發火大罵，但他將所有的情緒都控制住了。

有人認為俊隆才是祖溫的高徒。有人覺得他太年輕，才三十歲，而林叟院的傳統是從未有過年齡低於五十歲的住持。還有人覺得他不夠格，雖說他為人不錯，主持法事也中規中矩，但他只是個小廟住持的材料，比如藏雲院，要當林叟院這樣規格的寺廟住持，他是不行的。他一天到晚迷糊得連自己的帽子在哪兒都不知道。

大會小會地開了一個月又一個月。甲賀桑本來屬意良演，現在慢慢地傾向於俊隆了。祖光退出了競爭，他跟隨另一位師父當弟子了，現在他成了俊隆的支持者。岸澤謹慎地表示自己也覺得俊隆更合適。甲賀桑正在猶豫不決，俊隆向他提出了提議：給他三年的試用期，如果做不出樣子來，他就辭職。試用期倒是有此一說，按說是十年，不過從來沒有真正實行過。俊隆的提議推動了拖延不決的抉擇。最後，曹洞宗的德高長老鐵津春光老師對俊隆的三年試用期投了贊成票。董事會通過了俊隆的提議。

整個審核機制猶如行動緩慢的巨獸，這巨獸還在磨磨蹭蹭地爬行時，俊隆已經住進林叟院，開始幹活了。他在藏雲院和林叟院之間兩頭跑。就在最後的決議通過之後沒多久，俊隆又給董事會和眾人出了尷尬的難題，他要結婚了。

藏雲院附近有一所寺廟叫做梅林院，住持是祖溫的老朋友，和俊隆的關係很密切，經常會在實際事務上給俊隆建議。當初俊隆就是在梅林院結識陶藝師靜邨的，現在他們經常去那裡下圍棋。一天，梅林院的住持對俊隆說他該再度考慮結婚了，而且自己心裡已經為他找定了合適人選。俊隆說他自己對當和尚很有信心，對當人丈夫沒有信心。不過俊隆還是同意了，對方姑娘也同意了，倆人見了面。村松千惠二十二歲，她父親是可睡齋管財務的和尚。可睡齋是所大廟，俊隆自打接手藏雲院後就一直去那裡教導年輕僧人。千惠知道俊隆得過肺結核，俊隆一直很感激她沒有因此嫌棄自己。

林叟院的一些檀家不喜歡有一個結了婚的和尚來當他們的住持。他們能接受丸七惠，她是低調的大黑天神，而且不是正式妻子。如果有妻子，就會有孩子，就會有家庭出現在廟裡，以前林叟院從未有過此等事例。許多老人都還記得和尚們不得娶妻成家的時代。一位檀家建議俊隆的家庭必須住在寺院外面，還有一位說可以讓他們住到自己家裡。俊隆覺得他們小題大作，畢竟祖溫已經開了婦人住進林叟院的先河了啊。不過丸七惠的低調身份還是不同於正式妻子。所以一九三五年二月，俊隆與千惠成婚後，千惠住進了藏雲院，而不是林叟院。那年是豬年，十一月，他們的長女安子出生。

天野源一是林叟院檀家中一位重要成員，他把佛法當成解脫之道，而不僅僅是去世先祖的保護神，這在俗家人中極為少見。林叟院董事會的董事找到天野，讓他當俊隆的「繼親」，類似於教父的角色。

一開始天野不太情願，怕負不起責任，後來確認不用他來負擔任何費用，才答應了。這樣猶豫不決的開頭，卻帶來了之後持續一生的信任和友情。

一九三六年四月二十三日，鈴木俊隆正式進入天野源一的家庭，天野成為俊隆的繼親。從此以後俊隆稱呼天野為父親，算作天野家的兒子，不過他出生家庭的一切記錄都不做更改。然後他又正式進入林叟院，舉行了晉山式，成為第三十六代住持。那位之前與他競爭的年老的良演和尚，則根據達成的協議，被象徵性地任命為第三十五代住持，因此在晉山式上，良演從山座上下來，將林叟院交予鈴木俊隆。

現在俊隆要照管兩座寺廟，他辭去了教導可睡齋和大洞院僧人的繁忙職務，手頭的事已經夠他忙的了。林叟院的權力鬥爭在檀家中造成了分裂，對俊隆來說這是非常時期。他繼任後不久，八十個家庭掉頭轉向其它寺廟，俊隆沒有阻止他們。在每月召開的董事大會上，董事們和普通成員都指責俊隆的不作為。他們說他不負責任，沒有力爭阻止這些家庭的流失，「要是林叟院變得這麼軟弱，如何指望我們還能重建和諧？這是你的責任啊。」俊隆竭力控制自己的暴躁脾氣，他只是對大家說，請給他三年的時間，讓他去做，不要急著批評。大家同意了。

林叟院建於一四九三年，是座歷史悠久的寺廟。對俊隆來說，最重要的是林叟院有禪堂，在明治時代，這裡是可供僧人住宿的培訓寺院。俊隆想重振林叟院往日風采，讓這裡成為僧人和俗家人都能修行的寺廟。他已經幫著祖溫一起將林叟院整出了大致的模樣，翻新了生活區域，不過要做的事情還多得很。

在俊隆管理的最初三年裡，林叟院定期集會，建築及花園都得到了整修更新。曾經離去的家庭幾乎全部回來了。俊隆被人們讚譽，大家都說他是位溫和親切的和尚，人品高尚，尊重傳統價值。祖溫也受人尊敬，可是只要他在廟裡，大家就不敢去那。俊隆繼任後情況就不一樣了，林叟院成了地方上的社區中心，各色人等都會在這裡集會，學習佛法、進行藝術活動、討論政治問題、解決鄰里糾紛，以及聚餐、慶祝。

一九三九年，俊隆當住持已滿三年，他去董事會長甲賀家登門拜訪。喝過茶後，俊隆說根據他們的協定，三年試用期已滿，到了他辭職的時候了。「什麼協議？」甲賀問道：「我不知道你在說什麼。」

❋

忍受痛苦的唯一辦法是，讓它痛苦。

安子快兩歲半了，在她看來，爸爸就是個陌生人——他又不住藏雲院，他住在林叟院。就算他來藏雲院的時候，也不常抱她，所以即使他叫安子，她也不肯過去。不過每當俊隆坐在蒲團上看報紙的時候，安子會躡手躡腳走到他身後，想把報紙搶走，一面說：「不是你的，是奶奶的！」

除了媽媽，葉音才是安子的另一位家長。小姑娘總是驚奇地看著奶奶給媽媽針灸，銀針扎在媽媽的背上。千惠做飯的時候，安子總是在奶奶身邊玩耍，看奶奶縫補衣服。僧人、鄰居、工人、檀家，還有俊隆，都是來了又去，廟工也不是全天在寺裡工作的。俊隆不在時，藏雲院由憲道負責，不過他也經常有別的事要忙。因此藏雲院裡常常只有鈴木家的三個女人。

一九三八年四月的一個黃昏，葉音出門去給她養的小兔子割草。直到天黑她還沒回來，千惠出去找她。時間過去了，安子一個人留在廟裡，孤孤單單，她聽到貓頭鷹在廟後面的山上啼叫，心裡很害怕。接著，她聽到媽媽的哭聲從下面傳來。葉音的屍體被人抬回來，停放在壁龕前的地上。安子一次又一次地想要叫醒奶奶，可她總也叫不醒。

消息傳開了，人們紛紛來到廟裡。有人去城裡設法給林叟院的俊隆報信。四個小時過去了，俊隆還沒到，大家開始擔心。半夜時分，他終於趕到了。他在火車上睡著了，錯過了森町的火車站，坐到山裡去了。人們議論紛紛：他在他媽去世的那天睡著了，就在回家奔喪的路上，他的心真是在雲裡霧裡。

一九三九年是兔年，俊隆他們有了個兒子。俊隆請梅林院的住持為兒子取名「包一」。那年年末，千惠和孩子們離開藏雲院，搬到了燒津，先住在甲賀家。很快他們就和俊隆一起住在林叟院了。讓他們一家最終住進林叟院的時間，比俊隆爭取住持一職的時間還要長。藏雲院的東西，千惠他們只帶來了蘭瑟小姐的被子、藤沙發和椅子，想著也許有一天蘭瑟小姐會從中國來看他們。儘管俊隆對父親仍有些許責任，應該把藏雲院守住，他還是將其傳給了岡本憲道，憲道和家人一起住進了藏雲院。憲道決定藏雲院的下一任住持將從俊隆的弟子中產生——也許是憲道自己的兒子昭孝吧。

俊隆沒有弟子，只有幾名俗家學生，還有其他和尚那裡送來給他培訓的僧人。他們都在佛殿上打坐。林叟院的老禪堂還是用作儲藏間，只有老鼠和幽靈出沒其間。

俊隆不信鬼，可是在他還是孩子的時候，林叟院的老廟工就總拿狐狸精的故事嚇唬他。說山上下來的狐狸精在這裡的禪堂坐禪，修得開悟，幻化成僧人。老廟工說，狐狸精現出幽靈本身的時候，你會看到白光忽悠一閃。禪房那一角常常傳來嘰嘰嘎嘎的聲音，讓小俊隆汗毛直豎。二十年過去了，如今老廟工還拿禪堂的鬼故事逗他。

一個夏夜，老廟工和朋友們坐在禪堂對面抽煙閒談。禪堂門窗的障子都打開了，讓屋裡的空氣涼快點。俊隆對老人家們說，最近禪堂古裡古怪的，怕是那狐狸精又回來了。然後他悄悄地從佛殿繞到禪堂後面，掛起一盞紙燈籠，又用竹竿挑了塊白布在前面晃悠，一時燈火明滅，鬼氣森森。

「嗯？」老廟工眯起雙眼朝禪堂這邊看，只見白光閃現，他瞪大了眼睛，嚇得一動不動。俊隆回來後看到他還嚇得木木磕磕的。從那以後老廟工不再逗俊隆了，人們倒拿鬼故事來逗他了。俊隆被大家叫做「嚇跑迷信的和尚」。

俊隆更熱中的是驅趕另一種迷信——日本的極端民族主義甚囂塵上，軍國主義的惡靈決意征服整個亞洲。昭和復興為這一切提供了溫床，軍國主義者聲稱天照大神是日本人的祖先，天皇乃大神意志的體現，天皇應恢復到其本有地位。三〇年代被稱為日本現代史上的黑暗之谷，整整十年裡，狂熱分子每被抑制住一步，就會反彈兩步，而鼓吹民主、開放的進步勢力節節敗退，與獨立的中國進行建設性交往的聲音也日漸瘖啞。

第六章

戰爭時期 一九四〇－一九四五

我們應該瞭解自己的本性。

一九四〇年，蘭瑟小姐給鈴木俊隆寫信，說她已經無法在天津繼續待下去了。日本軍方已全面掌控局勢，英國方面和日本的新政府部門關係緊張，她準備回英國去了。日本在一九三二年佔領滿洲，利用溥儀做傀儡皇帝建立了政權，自那以後，軍方一直野心勃勃想要吞併整個中國及東南亞。他們一步步地將戰線展開，節節推進，取得勝利，對來自美國、英國及荷蘭的聯合抵制置之不理。日本的飛機一直在轟炸各座城市，日本的報紙《朝日新聞》還報導了發生在南京針對平民的大屠殺。歐洲自身也遍燃戰火，有傳言說日本將要與德國結盟，不再在歐洲戰事上保持中立。在東京，政黨制衡機制已完全失敗，政府機構幾乎全部掌握在極權主義者手中。在日本的學校裡，文學課、歷史課都取消了，取而代之的是帝國神話及政治宣傳。

在這樣岌岌可危、風雨飄搖的政治局勢下，俊隆迫切地感到應該盡己所能為這個社會做點事。大多數人都不會去想到底發生了什麼，但年輕人的心靈畢竟活躍開放，而俊隆對年輕人有著特殊的親和力。

即使在戰前，我對戰爭也強烈地反感。我將本地的年輕人組織起來，讓大家對日本當時的情形能有個正確的認識。我們邀請政府部門裡的有識之士來回答大家的問題。我的關注點並不在反對戰爭上，而是反對任何片面化的觀點，無論是對日本局勢、對我們自身或對人性，非此即彼的片面觀點我都試圖去鬆動。我對我們的集會沒有什麼宏大目標，只是不希望我的朋友們也陷入到那種民族主義中去，它可能會徹底毀掉日本。它比戰爭更危險。

參加俊隆集會的主要是十八、九歲受良好教育的年輕人，一到二十歲，他們就要應徵入伍了。教師、藝術家、知識份子以及其他人士也經常出現在集會上，審慎地談論時局，發表自己的看法。有時俊隆會分發自己寫的文章，呼籲日本應該用和平友善的方式與他國解決爭端，不要魯莽行事，帶來災難。他用克制、低調的語言質疑右翼分子的一些荒謬錯誤的論斷，這些論斷是那麼流行，而俊隆鼓勵全面、平衡的視角。自由派政客和教師們遭到清洗和暗殺，不過和尚依然能在佛教傳統的戒殺及辯證論中擠出些微表達的空間。幸虧俊隆天生不好為人師，也不樂衷於意識形態，這保護了他免遭右翼迫害，然而也不過是在一定程度上避免而已。

城裡有些人對發生在廟裡的活動很不舒服，俊隆有時會遭到指責，說他誤導他人。不過他表達自己的方式受到曹洞宗上級的欣賞，他們邀請他來出任一個新組織的頭目，該組織旨在推行「愛國的帝國主義佛教」。俊隆覺得他們是想利用他的交流能力組織民眾反對美國和英國，這下他被推到非表態不可的地步了。日本的民族主義已經蔚然成風，人們認為日本人應以民族身份和大義為重，捨棄個人想法，緊密地團結在一起，獻身於國家之大家。如果俊隆拒絕的話，他就是不愛國。他思前想後，考慮如何採取行動。他接受了任命，發起人非常高興，舉辦了歡慶成立的晚宴，第二天，俊隆辭職了。拒絕與辭職有微妙的不同。俊隆回到林叟院，他和林叟院都未蒙羞。

多年來，日本一直實行戰時經濟政策，建立了強大的戰爭機器，妄圖在整個亞洲建立新秩序。有些人希望理智能最終勝出，日本能與西方達成妥協。有人提議日本應從東南亞退出，僅僅固守中國，中國是日本力所能及的囊中之物。然而，狂熱的陸軍大臣東條英機出任首相，軍方取得全面權力，黑暗之谷已經成了漆黑一片。

某個星期一早晨，林叟院舉辦了一場小小的法事，只有俊隆一家參與，慶祝佛陀成道日。前一晚廟裡舉行了盛大的慶祝宴會，有幾百人到場，但星期一才是正日子。六歲的小安子向佛龕裡的釋迦牟尼佛供奉了紅豆甜米粥，聽著爸爸媽媽誦經，媽媽懷裡抱著兩歲的包一。法事結束後，俊隆告訴家人，日本向美國和英國宣戰了。

那是一九四一年十二月八日，西方時間仍是十二月七日。在天皇完全知情的情況下，日本以天皇的名義對夏威夷、香港、馬來西亞、新加坡和菲律賓發動了攻擊，就在佛陀成道日的清晨。他們為自己的瘋狂選擇了怎樣的一個日子來發作！除了誦經，俊隆什麼都做不了。

提供說明的方式並不是一成不變的，它會隨著情形變化。

二戰時期在林叟院進進出出的人們當中，有幾個與鈴木俊隆保持了一生的聯繫。末常泰男就是其中的一位。末常記得自己第一次去林叟院時，踏上玄關臺階，在那裡羞澀地招呼了一聲：「對不起，打擾了。」只見千惠從廚房出來，把他當成貴客一樣迎接，將他帶到佛殿後的一間屋子，裡面有一群人圍著一張大大的矮桌坐著。末常悄悄地坐在一邊，千惠給他上茶時他點頭致意。這是一九四三年，末常十七歲，馬上要去靜岡縣預科學校讀書，住學校的宿舍了。他聽同學說起林叟院和住持鈴木桑，這些同學對自己在林叟院的經歷讚不絕口。還有一點也很重要——林叟院有好吃的，這年頭，吃的永遠不嫌多。

末常靜靜地聽著大家談論。真有意思，太有意思了。每個人都毫無成見，坦誠直言。他們談到戰爭，卻不是鸚鵡學舌般的口號式話語，而是坦率地討論是否有其它選擇，有新的方向——這樣的談論極不尋常，裡面卻沒有絲毫煽動性的狂熱勁頭。一位身著灰色僧袍的中年僧人坐在他旁邊，不時地，這位僧人插上一兩句話。大家都很友善，時時發出笑聲，談話並不正式，但仍然有一種嚴肅熱烈的氣氛。最讓末常印象深刻的，是其中似乎沒有一個人是主導者。

座談散了以後，熟人將他介紹給眾人。那位僧人對末常表示歡迎，說自己是鈴木。

「鈴木桑？這是你的廟？」末常問道。

「是的。」

末常很吃驚，這位不顯山露水的僧人，竟然是這麼重要的一座寺廟的住持，他和其他在場的眾人看不出任何差別。日本和尚絕不是這樣的，他們總是高高在上的姿態，俗家人都低他們一頭。這兒真是個獨特的地方。末常問鈴木自己是否可以住在林叟院，鈴木當即同意了。末常不用付錢，但有個條件：每天早晨上學前，他要像其他住在這裡的人一樣，去坐禪。他可以和另外四名男孩一起住在佛殿另一頭的屋子裡，不和鈴木一家合住。

凌晨四點四十分，俊隆拿著木槌敲響板，叫男孩們起床、洗臉，去禪堂。五點，俊隆和他們一起坐禪，五十分鐘後坐禪結束，他帶領他們做法事，直到六點多。然後簡單地打掃一下，吃過早飯，男孩們走過盛開的茶花叢，走一個小時的路去火車站。火車三十分鐘後到靜岡，他們再走上一個半小時去學校。這樣上學頗費功夫，但對末常而言很值得。

正如末常的同學上月所言，俊隆以自身的態度與行為作則。他從不罵他們，而是把他們當朋友一樣，特別尊重。如果他們問俊隆問題，他的回答永遠簡潔明瞭。男孩們和俊隆會有許多談話，他們正是要表達自己的時候，夜裡和週末都經常有沙龍聚會，俊隆是安靜的協調者，其他人在此分享想法、情感——當然還有吃的。

俊隆去旭田院看望岸澤時，經常會帶上一名男孩同行。他的老師也會時不時地來林叟院，岸澤來了從不聲張，而是直接走進佛殿打坐。周日下午，岸澤有時會來林叟院為俊隆的學生們講道元的著作《正法眼藏》《四攝法》等。對男孩子們來說，那些術語理解起來太困難了，最終岸澤放棄了，說他們將來又不做和尚，的確沒必要學這些。那之後，岸澤為男孩子們改講適合俗家人的淺明講座。岸澤會當著他們的面訓斥俊隆，俊隆恭恭敬敬地領受。但俊隆絕不是唯師命是從，岸澤從佛法的角度支持全國的戰爭行為，他寫了一本關於戒律的書，在書中表明他支持日本的軍國主義。他告訴年輕人以佛之心開槍，要像舊時的武士那樣，不將生死縈掛於懷。

從一九四二年開始，俊隆的非正式學生群體給自己的組織起了個名號，叫做「高草山集會」，名字的靈感來源於環繞林叟院的山野林地，以及寺廟下面的高草村。那一年，一位聰穎的新人加入了高草山集會，他叫西中間正雄，是位精力無限的年輕學生，他天生具有領袖氣質，是天才的組織者，為人明快親切。西中間和鈴木一見如故，惺惺相惜。遇見鈴木讓西中間充沛的精力找到了專注點，他又反過來給鈴木的集會增添了方向。西中間非常聰明，總是班上最好的學生，俊隆佩服他科學嚴謹的思維方式，還有他對真理的無條件誠摯。他對事物總是尋根問底地徹底瞭解，他讓俊隆允許他們連續幾日地集會探討。他充滿想法、魅力十足，是所有學生中最直言不諱的。也許這是因為他有家庭背景，他父親是退休的東京特高課高級官員，祕密員警頭子。

當時的日本，幾乎沒有人認為戰爭是錯誤的，少數持不同意見的人，也幾乎無法發出聲音，要麼會被投入監獄，要麼就被封殺。對國家，無人可以提出質疑和批評，但仍有一些餘地留給所謂的積極建議。俊隆的行為，如果說有那麼一絲反戰的氣息，那也是太平洋戰爭爆發之前的事了。現在是一九四三年，幾乎沒什麼可以做的了。俊隆並沒有反戰、反政府，他也沒倡議投降，沒說「日本錯了。」他不想讓日本戰敗，他只想讓戰爭結束。對佛法與和平的信仰，以及對國家的熱愛與義務撕裂著俊隆的內心。只要他足夠小心，他還是可以探討如果在和平的環境下，日本可以取得多大的成就。官方的政策定調戰爭是為和平而戰的，所以學生們還是可以一起對戰爭的根本原因進行討論，說為了和平他們可以犧牲生命。戰爭應立即停止的說法很難出籠，但那麼多的生命已然死於戰場，人民的生活日益艱難，為日本尋找新的道路，讓它再次成為強壯健康的國家，這是愛國的責任。而俊隆本人從未公開援引過佛教不殺的戒律，從未在道德立場上呼籲立刻停戰。

男人們都上戰場了，這些年輕的男生在林叟院出出進進，分外引人注目，人們都注意到了，可是學生們看起來都品行正直，無可非議。當他們的年齡一滿二十歲，就告別同伴，應徵入伍了。從一九四一年起，日本所有的男性都必須參加體檢，全部都有服兵役的義務，和尚也不例外。誰要是反抗，就抓去坐牢。和尚一旦參軍，就是軍人，除非死了或是回鄉，不會再有人把他們當和尚了。四十歲以上以及體檢不合格的男人，被派到工廠上班，或下地幹活。

俊隆沒有服兵役。有人說這是因為他個頭太小了，又得過肺結核，一天到晚咳嗽，也有人說是因為他有大人物朋友的照應，像那個古怪的加藤弘造，是前國會下議院的議員。俊隆自己覺得他之所以逃過參軍，是因為當局認為他的思想太複雜，容易動搖軍心，不如放在寺廟裡讓他自生自滅的好，反而無害。「我算是名聲在外了。」俊隆說。

神道是現政權的精神核心，他們提倡武力，許多佛教和尚如今也有樣學樣了。而且無論神道的神官還是佛教和尚，都要為陣亡士兵們主持葬禮，辦法事、做祈禱和念咒文，如今連咒文裡都增加了為天皇及戰勝而祝願的文辭。林叟院葬禮不斷，通常都是陣亡士兵的集體葬禮。戰爭的魔咒下，任何機構都無法逃出威權的陰影，只能共同參與，即使不情願，俊隆也只能盡責，他無處可避。整個日本都是戰場，每個人都在為國家做生死之戰。當然也有激烈的選擇，有些共產黨員因反戰而入獄，但佛教徒中沒人採取強硬立場。

林叟院的偏殿開始有士兵及海軍工程師進駐，漸漸地連家庭生活區也受到侵佔。附近山上正在蓋通訊站，城裡也在建機場。軍方徵用寬敞的寺廟作為人員駐紮地。俊隆和千惠不喜歡士兵出現在寺廟裡。他們粗野傲慢，絕不做任何助人之事。晚上，他們粗鄙的笑話不忍卒聽。對這些強行進駐的士兵，俊隆和他的學生只能默默忍受。士兵們從廟裡隨便拿取食物，對俊隆和千惠隨意差使。軍官們會體罰下屬，陸軍用棍子打，海軍用皮帶抽。看著這些人，俊隆和千惠越發覺得高草山集會的那些年輕人是多麼可貴。有些士兵會到俊隆這裡來尋求指教，還會和他一起打坐，俊隆像對待僧人一樣恭敬地對待每一個人。若是其中有人真心實意，俊隆會多麼尊敬他啊，然而幾乎沒有人是認真的。

最痛苦的時候是當局通知俊隆要安排朝鮮勞工進駐林叟院了。這些朝鮮人從他們的故土上被抓走，被迫為擄掠者賣命。朝鮮人被安排住進禪堂，那是俊隆已經修繕好的禪堂，他和學生們曾經在那裡坐禪。

然後到了那一天，俊隆他們不得不交出廟裡所有的鐘，讓海軍把它們熔鑄為戰艦的螺旋槳。俊隆的心碎了，他尤其鍾愛那口古老的大鐘，鐘聲能遠遠地傳到燒津市，那鐘是林叟院靈魂的一部分啊。可是所有的金屬都歸戰爭支配了，家家戶戶都要獻出家裡的金屬，婦女獻出自己的戒指。指定的獻鐘日到了，俊隆帶著鄉里的老人，把廟裡的鐘和鑼全部收集到一起。他們把那口青銅大鐘從鐘樓上放下，將它裝飾一番，綁在橫木上。俊隆穿上華麗的僧袍，在廟門前主持了獻鐘儀式，神聖的大鐘要上戰場了。人們將橫木扛上肩，隊伍朝碼頭的軍隊接待處進發，將佛陀的禮物、他們的犧牲獻給戰爭。俊隆拒絕和眾人同行，他一個人回房間去了。

＊

我們都是愚人，可是當我們意識到這一點時，覺悟就發生了，當我們對此做出努力的時候，我們就是菩薩。

一九四五年初，林叟院已經非常擁擠了。除了鈴木一家、學生們、士兵和朝鮮勞工，另有六十多個孩子也住了進來，他們都是從東京疏散出來的，那裡一直遭到飛機轟炸，火災頻發。渡利一家六口也從東京過來了。愛子現在已經嫁給了內山，他們一家曾在臺灣住了三年，一九四二年回日本，現在渡利與她的和尚丈夫及孩子們一起住在濱松的一座寺廟裡。

俊隆的繼親天野害怕空襲，也不時地駕著馬車和家人一起到林叟院躲避，他們通常在廟外面的山谷裡過夜，遠遠地離開任何可能遇襲的目標。有的城市遭到了炮轟，附近的清水町就被戰艦炮轟了。人們擔心燒津也會遭到同樣的命運，好在最終並未發生。許多人流離失所，俊隆和千惠向他們敞開寺廟的大門，一面安排其他地方讓人們安頓下來。鈴木一家擠在寺裡廚房旁的一間小屋裡。他們現在又新添了一個女兒緒美，生於一九四二年，和一個兒子乙宥，生於一九四四年。

食物越來越緊缺。士兵和朝鮮勞工們的配給稍好些，他們自己煮飯。全國的糧食大部分都供應軍隊了。鈴木一家和其他人基本上靠去樹林挖野菜和在寺廟院子裡種蔬菜維持。附近有一家曹洞宗的小廟瑞應寺，由姓杉山的一戶人家打理，他們在院子裡種了地瓜。俊隆去了趟瑞應寺後大受啟發，回來就衝到廟下面的地裡翻地挪石頭。很快，廟工和其他村民也來幫忙，他們給地裡上肥，紮起籬笆不讓小動物進去。地瓜長勢良好，還有南瓜、捲心菜等其它蔬菜，然而還是不夠吃。

安子和別的孩子們一起跟著渡利和千惠進山找吃的，他們帶回來栗子、橡果和蚱蜢，只要是能吃的都是美味，一日三餐的概念已經消失了。大部分平民都心甘情願地餓肚子，讓戰場上的士兵們能多吃幾口，他們通過這樣的方式來與子同袍。抱著這樣的精神，千惠會先設法讓俊隆的學生們果腹，然後才輪到自己家。

孩子們把採野果當成為戰爭做貢獻。他們相信天皇的神聖，會向每一個士兵敬禮，認為這場戰爭是正義的，是在向邪惡的白人開戰，道義在自己這邊。連九歲的安子都深信不疑，父母對她在學校受到的洗腦教育毫無辦法。

俊隆拿出乞食缽出去托缽行乞，這不再是修行儀式了。他在斗笠下低垂雙目，口中喃喃地為施主念經，接受他們施捨的食物和零錢。乞討途中，他會停下來幫民工們挖防空壕溝，在溝的周圍種上黃瓜和茄子。

時局日益艱難，高草山集會某些成員的想法也越發大膽。西中間待在林叟院的時候，設想應該在中國的農村地區建立和平軍，為日本如何從戰爭行為向和平建設過渡提供實驗樣板，鈴木對此非常熱心。西中間人脈很廣，通過他和高木將軍的關係，他去了中國實地考察。回來後，他的熱情夢想徹底幻滅，十分沮喪，他說各地的情形都混亂不堪，持續惡化。在中國，他清楚地認識到日本必敗。

西中間想讓鈴木去中國，和蔣介石見面，打動蔣介石與裕仁天皇直接交流。他已經將高草山集會等沙龍組織告訴了高木將軍，說未來年輕一代的領袖人物正在從類似這樣的組織中誕生。他請求將軍介紹他與高松宮宣仁親王見面，據說這位親王是日本國內呼籲和平的人裡面地位最高的（日後，這位親王還親自勸說天皇投降）。這些想法在俊隆聽來，都膽大到不可思議的程度。他非常敬佩這些年輕人的一腔熱忱，他們充滿勇氣，敢於跳出戰爭的局囿，大膽思考。

加藤弘造是俊隆的朋友裡身份顯赫的一位，他一直以來都在鼓動俊隆去滿洲，日本佔領滿洲已經十幾年了，這十多年裡，滿洲免於戰火，成了日本國的邊疆。弘造負責靜岡縣往滿洲的三個村莊移民的事務，他雖然是個殖民官，卻非常熱愛中國人和滿洲人，學習中國歷史和古典漢詩。

如今的日本到處彌漫著狂熱的宣傳，每個人都緘口垂目，在這樣的社會裡弘造是個鮮明的異類，敢於直言不諱。他曾經是下議院的議員，如今國會已經解散，他卻始終對戰爭不抱熱情，然而他忠於國家，同樣在為日本的成功盡職盡責。他認為他們在滿洲建立的是一個更好的社會。弘造雖然是政府官員，卻宣稱自己是無政府主義者，他還同情共產黨，認為他們比較合乎道義情理。

弘造的家鄉在島田，離此不遠，他在那裡舉行了一次集會，宣稱日本將會戰敗。祕密員警突然出現，驅散了群眾，威脅說誰再集會就將逮捕誰。弘造本來就一直處在監視下，現在對他的看管更嚴密了。

移民去滿洲的基本上都是最貧窮的農民，是日本的賤民，弘造是他們的朋友，不僅幫他們移民，還為他們招募妻子。他還經常造訪一個痲瘋病隔離區，還寫了一本關於「穢多」的書，那是日本的「不可接觸的」賤民，是日本社會的禁忌。

弘造認為他能為國家做的最大貢獻是想辦法讓人們吃飽飯。滿洲有無窮的種植開發的可能性。他和妻子一起積極參與了當地的「糙米運動」，他們提出吃白米是對自然營養和資源的浪費，如果大家都改吃粗加工的糙米，就可以用較少的米餵飽更多的人。加藤兩口子讀了《贏得戰爭的食物》一書，深受影響，書中提倡要多吃鹼性食物，少吃酸性食物。至於俊隆，這一套早就在他師父祖溫那裡實踐歷練過了。

靜岡縣在滿洲的殖民地非常缺乏佛教寺廟及和尚，許多人死的時候都沒有做法事。在弘造看來，俊隆去那裡將大有可為。滿洲的氛圍要光明多了，食物足夠吃，又沒有日本國內的壓抑緊張。弘造說日本人在滿洲和當地人的關係要比在中國內地好得多了。許多滿洲人和日本人一樣認為滿洲應該從中國獨立。弘造還說在那裡無論滿洲人、日本人還是朝鮮人都可以安居樂業，農民們攜手合作。也許戰後那裡會成為一個獨立的國家，或者會分成各個無政府主義的村落。

弘造一次又一次地催促俊隆去滿洲。俊隆也很感興趣，可是他在燒津有太多的事務纏身。

楠見俊吾是滿洲重要的管理官員，俊隆通過弘造認識了他。弘造只關心日本人民的福祉，相對於弘造，俊吾更傾向於維持一個以帝國為形式的政府。不過無論是弘造還是俊隆都並不反對帝國，他們只是不喜歡近年來對天皇的荒謬神化。在許多事情上，他們三人都看法一致。他們討論「糙米運動」，談論如何結束戰爭，他們都厭惡狂熱分子，也不喜歡把外國人妖魔化。俊隆在戰前曾公開指出如果日本人以佛教的原理來指導其行為，他們就不會陷入片面化的思想中，現在他依然如此認為。弘造跟俊吾講起過俊隆戰前的言論，指出以和平方式達成目標的重要性。他們三人還到旭田院聽岸澤的講座。

一天晚上，他們三人在弘造的家裡一邊喝酒一邊暢所欲言。窗戶都遮嚴實了，玻璃貼上了膠條，這樣屋裡昏暗的燈光不會透出去，敵方的轟炸人員就看不清地面情形，即使有炸彈落在窗戶附近，膠條黏住的玻璃被炸後也不會四處飛濺。弘造讓他們看自己收集的一堆堆共產黨的雜誌，一面毫不顧忌地放聲大笑，說他家裡最是安全，因為有外面的祕密員警的保護。這幾年他兒子太郎總到外面找祕密員警們玩耍。

活在佛性中意味著小我在一刻又一刻不斷地死去。

加藤太郎要和父親一起去滿洲。這孩子一直軟磨硬泡，要父親帶他去，最後弘造屈服了，雖然太郎還太小，只有十二歲。太郎年紀雖小，志向卻和父親及其朋友們一樣遠大。他在農業學校學習，想用現代化技術在滿洲進行大規模開墾，滿洲的土地像北海道一樣遼闊廣袤，他為此已經辛苦學習準備了好幾年。他第一次說出自己的理想時，俊隆和俊吾都在場，三個成年人都很認真地看待他的想法。現在父親終於同意他橫渡日本海，去實現人生夢想了。可是，就在他和弘造在靜岡火車站要上火車出發的時候，遇到了空襲，當時太郎正往車站的防空洞跑。弘造已在車上，火車不會停下來等太郎，弘造對兒子喊了聲：「我走了。」就把太郎留在了日本。

太郎來到林叟院，告訴俊隆他有多倒楣。弘造給太郎的信上說讓俊隆帶他來滿洲吧。「我去！」俊隆立即著手準備動身。他和曹洞宗總部聯繫，他們馬上給了他任命，不是去當隨軍僧人，而是到當地建寺弘法，他們有一年多沒有派任何和尚去滿洲了。俊隆還聯繫了政府的有關部門，他們卻認為此時去滿洲可不是個好主意。俊隆心意已決。滿洲被稱為「周邊日本」，去那裡手續倒是簡單，不需要特別證件，但車票很難買到。不過通過弘造的關係，他們很順利地以移民身份買到了半價的火車票。

除了到過位於福井縣的永平寺，俊隆和太郎一樣，從來就沒離開過他們所居住的關東地區。現在這個時局，出行真是危機四伏。俊隆打點好簡單的行李，告別了繼親天野和自己的家人，還告別了幾個住宿在林叟院的學生。這樣的出走真是行色匆匆，簡直太草率了。他的親朋好友都憂心忡忡，覺得再也見不到俊隆了。

一九四五年五月十四日，俊隆和太郎來到靜岡縣火車站，準備坐火車去下關，從那裡再乘渡輪去朝鮮的釜山。太郎的母親前來送行，為他們倆各做了一盒裝了糙米飯糰和黃瓜的飯盒。火車停在車站半天沒動，在等今天的轟炸機往哪個方向飛。消息傳來，B-29轟炸機今日都向東去了，火車可以出發。俊隆他們抓起行囊，走了。

還在去下關的火車上，列車員就提醒他們現在渡輪很難渡過海峽。到了下關，他們接連好幾天困在小旅館裡，吃米飯和豆子。他們的錢很少，於是倆人去找俊隆大學時的一位同學，他用白米飯、魚、海帶款待了他們，比林叟院的伙食好得多了。要是沒這位同學，他倆可吃不上這麼好的東西。被困的幾天裡，他們天天都冒著不斷的轟炸去碼頭探看情況，終於聽到有渡輪要開的消息。時間已經到了六月初，渡輪是美軍潛艇及飛機的重要轟炸目標，以切斷日本和大陸的交通。

渡輪最終成功地到了釜山，那裡不再有轟炸。他們待了一晚，還去看了場電影，然後坐夜車去滿洲。火車時刻表已經靠不住了，他們又沒有搭乘長途車的特許證，只能一程一程買票。這時候機靈能幹的小太郎挑起了大樑，他買票、保管錢和地圖，查時刻，確保兩人帶著行李及時趕到正確的地點，到站了趕緊下車。俊隆被照料得很好，看看風景，打打瞌睡。他竟然什麼東西都沒掉。

在朝鮮的時候，說日語可以通行無阻。到了滿洲，俊隆的英語就派上用場了。太郎在日本的農業學校裡學過一些有關農業的中文。列車一靠站，他們就和月臺上的農民討價還價，買些馬鈴薯、南瓜。列車不時有長時間的延誤，這樣過了好幾天，他們到達了弘造所在的滿洲國新京[1]。弘造在火車站等了好幾天，每一列進站的火車他都仔細找過，心裡越來越焦急。這年頭，不是人人都能順利到達終點的。

當俊隆他們向弘造走去時，他說：「我擔心死你們倆了。你們怎麼過來的？」

「從福岡被炸的廢墟裡爬過來的。」俊隆說。

俊隆和太郎跟莊稼人一起擠在三等車廂裡一路到新京，身上爬滿了蝨子。日本人有時候管蝨子叫做「觀音大士」，俊隆他們一邊抖動身體捉蝨子，一邊開玩笑說這樣對待觀音菩薩可不好。到新京後，他倆久旱逢甘露般地洗了澡，然後又繼續接下來的旅行計畫。弘造一下子買好了所有的車票，幾天後他們就到了滿洲的首府哈爾濱。哈爾濱的車輛和燃油都緊缺，市長徵用了一輛消防車帶他們參觀城市。他們飽覽風景名勝、會見達官顯要，很是快活，一點都不知道身處的這座城市此刻正由日本軍隊的醫生拿俘虜和平民做著駭人聽聞的細菌實驗。

他們去了靜岡縣移民所在的三個村莊。他們住在其中一個村莊中神道的神官那裡，神官帶俊隆去農場和農民的家中做法事。在另一個村莊，他們住到一位前國會議員的家裡。有那麼多的家庭需要做超度法事，俊隆站在人們面前誦經，大家都湧出來見他、拿食物供奉他，或塞給他裝著少量錢幣的紅包。人

1 日本人如此稱呼滿洲及長春。

們對他千恩萬謝，他經過的地方，人們都磕頭致敬。

俊隆和加藤父子又去了別的城市和村莊，經過了大片的土地和山脈。每到一處他們都會遊覽風景，和弘造的朋友相聚，與當地滿洲人市長及下屬官員會面。太郎沒有參加大人的活動，他自己去外面玩，到處轉悠，他也得到了很多機會考察農業實踐。他經營一座大農場的夢想眼看要成真了。俊隆和他身上棕色的僧袍得到所有日本移民的關注。人們打聽家鄉靜岡縣的情況。東西夠不夠吃？多少地方被毀了？滿洲有的是吃的，客人來了都會得到盛宴款待。弘造說的沒錯，和日本本土比起來，這裡的日本人狀態要好得多。很多人都勸俊隆留下來。

「你怎麼想？」弘造問俊隆。

「我要在滿洲建一座林叟院的別院。」俊隆如此回答。

弘造和各處官員及商人打招呼，說俊隆想找地建寺廟。考察了一段時間後，弘造選定了一大塊地，在哈爾濱西北方向九十英里處，靠著鐵路線。弘造帶著俊隆、太郎以及滿洲開發署的工程師去實地探看，有大片的平地，還有小山、河流和繁茂的森林。俊隆一見傾心，這正是他心目中理想的環境啊。在這裡，他可以為靜岡縣老家的移民們服務，可以建一所培訓寺廟，除了自己修行，還能弘揚從師父那裡學到的佛法。此地的日本人和本土的不同，心胸開闊，頭腦的束縛也少，他可以從零開始，讓滿洲人和日本人一樣進他的寺廟。

「這塊地就只有一點不好，」弘造說，「太偏僻了，老虎經常在這裡出沒。」

「有老虎更添意趣了，」俊隆說，「要是我不能和老虎一起修行，我也不配待在這兒。」

主意拿定，他們立即回新京，弘造馬不停蹄地開始籌劃了。

幾週過去，時間到了一九四五年七月，一切都變了。沖繩淪陷。德國在四月份就投降了，美軍現在集全力於太平洋戰線。日本軍隊從亞洲各地全線撤退，回本土自衛。有傳言說俄國將打破中立，很快他們就會揮師南下。一夜之間，所有滿洲的日本人都在倉皇逃離，而滿洲人興高采烈地看著他們逃竄。那層脆薄的偽裝頃刻間冰消瓦解，日本人曾以為自己能留在滿洲靠的不是武力威懾，原來不過是自欺欺人而已。弘造接到命令，即刻回國。他緊緊擁抱了兒子，又向俊隆深施一禮，坐上黑市商人破得叮噹作響的飛機回日本去了。現在俊隆和太郎要趕緊逃命了，忘了寺廟，忘了農場吧。

朝鮮和日本之間本來仍有三艘渡輪，偶爾往返，如今這三艘船只剩一艘還沒被擊沉。俊隆和太郎每天都往火車站跑，每天都被告知釜山的船今天不來。終於有一天他們買到票，坐上下午三點十五分的火車離開了。

到了哈爾濱火車站，他們得知釜山來的渡輪壞了，沒有船了。俊隆說總會有辦法的，他們應該繼續努力。他們來到海邊，找到了一艘往朝鮮運雞的蒸汽船。不久他和太郎就上了蒸汽船往南進發了。船上都是喜氣洋洋的朝鮮人，坐在最好的位置上，把日本人推來搡去，對他們吼道：「你們要敗了！」

船抵達朝鮮北部，俊隆他們衝向火車站，只見告示上寫著「不售票。沒船去日本。」

俊隆說別急，告示算什麼。「我看那告示的意思明明是『售票。有船去日本。』」俊隆說管他呢，坐上火車走，走一步看一步。他們要買去日本的票，人家說沒有去日本的，他們就買沿著海岸線一路向南的票，「這一路上總會有船的。」每到一站，他們都下車去碼頭打聽，問去日本有多危險，問各個漁民船況如何，問有誰會去日本。每次他們得到的回答都是「再往南走吧。」終於在一個小站上列車員宣佈所有去日本的人都下車前往三浪津。他們來到三浪津，又被告知去港口的石頭要塞等著。

沒有人知道船會不會來。有人說所有的船都被擊沉了，美軍已經全面控制了海域。幾天後，終於有一艘巨大的海軍運兵船靠岸，另有兩艘巡洋艦護航，是來撤退士兵的。俊隆看見運兵船，耳中彷彿聽到神啟，告訴他這將是最後一個機會了。俊隆和太郎看著那些士兵，多半受傷躺在擔架上，一群日本平民正蜂擁在岸邊，絕望地懇求讓他們也上船。

俊隆對太郎說：「我們會上船的，在這裡等。」說著他走了。不一會兒，他帶著船長的特許登船令回來了。

夜幕降臨，他們駛離港口。凌晨三點，他們在離海岸遠遠的地方下了錨。看著蒼茫的天空，耳邊響著著海浪的聲音，俊隆不禁想起十三世紀時道元那艱辛的中國之行，道元取得天童如淨的法統，最終回到日本，如今俊隆也充滿信心，一定能如祖師一樣回到家鄉，因為他的命運裡也一樣有傳播法種的使命。

黎明初現，他們得知博多港太危險了，不能停靠。他們停泊在鬼石港外的海面上，鬼石的港口太小，運兵船無法進入，晨光中他們坐著小艇向陸地駛去。登陸後，俊隆和太郎擠上了去靜岡的民用快車。火車站的氣氛是他們之前從未遇到的，恐懼和憤怒漲滿了每個角落，人們打碎了列車玻璃窗，試圖爬上火車。路上他們遭到三次空襲，可是火車不管不顧，一路向前。

七月十五日晚上，在離家兩個月後，俊隆和太郎回到了靜岡縣的火車站，車站仍在空襲中。他們一起到了林叟院，大家看到這兩人平安歸來，都欣喜若狂。日本的風俗是旅遊歸來總要給親朋好友帶點禮物，俊隆給孩子們帶了盒朝鮮的壓縮餅乾，讓他們驚喜不已。他和太郎徹底刷洗了一遍，在乾淨的熱水裡好好泡了個澡。

第二天，弘造來了。「奇蹟啊！你們竟然回來了！」他大叫道，哭著擁抱兒子和俊隆，「你倆怎麼回來的？」

俊隆和太郎彼此對視，「我們自己也不知道。」俊隆回答。

只要你還在依賴某樣特別的東西，某樣你認為可以依靠的東西，你就無法獨立行走。你找不到自己的路。所以首先，你必須明白，自身要足夠強大，不再依靠任何指示而活，不再依賴任何資訊——這是最最重要的。你說世上有真理，可是你要知道的是世上有各種真理。你該往哪條道上走並不重要。如果你只顧往一個方向走，或者你一味依賴告示指點，你永遠都找不到自己的路。最好的辦法是你的眼睛看得到各種指示。我在滿洲的經歷就是如此。

如果你被他人它事愚弄欺騙了，結果並不會太糟。但如果你愚弄欺騙自己，你就完了。無藥可救。

美國人在廣島和長崎扔下了威力大到不可思議的炸彈，鈴木俊隆不敢相信自己的耳朵，世上怎麼會有這樣猛烈的炸彈？只一顆就能毀滅整座城市。有些日本人還像著了魔一樣堅信自己國家能戰勝，另一些人則說美國人打過來也是死，反正活不了多久了，被大炸彈炸死說不定是最好的死法呢。俊隆說美國人不可怕，可怕的是狂熱主義和炸彈。他想，最愚蠢的就是死不投降，如果我們不投降，那日本真的要萬劫不復了。他對大家說，你們為日本盲目犧牲，到頭來只是為某些領導人的荒謬想法犧牲罷了。

因某些堪稱神奇的際遇，西中間和其他一些高草山集會以前的會員現在在東京的「總規劃辦公室」工作。俊隆從他們那裡得到消息，首都一些正義之士正在努力促成和平，其中有海軍大臣米內光政將軍和新任首相鈴木貫太郎。還有鈴木熟悉的北野元峰老師，目前在燒津附近的三島市，他一直以來都是首相和皇室的精神顧問。北野元峰將日本比喻為相撲中的「大關」，是僅次於「橫綱」的第二級別，完全可以體面地接受失敗。

要避免亡國滅種之災不是件容易的事，目前主要困難在於說服軍隊的高層同意投降。蘇聯已經向日本宣戰，他們的大軍正在南下。八月十三日，東京再次遭到密集轟炸，美軍共出動了一千四百架轟炸機。十四號，美軍飛機再次來臨，這回他們向東京傾倒的是傳單。傳單上寫著美國要求日本無條件投降，不保證天皇能留住皇位，甚至不保證他能留住性命。什麼都不保證的情況下，會有和平嗎？會有大規模入侵嗎？日本即將做出的決定，將是全民共赴的命運。

八月十五日，星期三，所有的電臺、報紙都發出了史無前例的消息，廣播車也四處巡迴，通知大家天皇的「玉音」將在中午放送，人們將首次公開聽到天皇的聲音。

中午將近，日本所有的收音機都打開了。播音員的聲音響起，低沉卻仍充滿敬意，宣佈即將播放的是天皇錄製的一段昭告全體日本人民的語音。事後人們才慢慢瞭解到為了這段錄音得以播放，前一天夜裡皇宮中發生了怎樣的陰謀暴動、英雄事蹟，以及有多少生命因此而犧牲。

俊隆和千惠端端正正地跪坐在收音機前，千惠膝頭坐著緒美和乙宥，包一和安子坐在父母身邊。渡利一家也在。東京來的孩子們已經走了，寺裡也沒有學生住著。家庭區的障子打開了，一些士兵坐在外面寬敞的玄關及佛殿上。他們中的不少人抽著煙，甚至在閒聊，一如既往地表現出對任何人任何事都毫無尊敬之意。朝鮮人在禪堂裡聽他們自己的收音機，他們和未受過良好教育的日本人一樣，很難聽懂天皇用語中每個詞的意思，不過大致說什麼還是能聽明白的。整個日本都在靜靜地等待。日本歷史上最統一也最心碎的事件即將發生。錄音以儀式性套話開始，慢慢進入主題。

「戰局不利於我，」天皇的言辭大大弱化了時局的嚴酷，「敵方最近使用殘虐之炸彈，頻殺無辜，慘害所及，實難逆料。」天皇說日本已經接受了《波茨坦協定》。「如仍繼續作戰，則不僅導致我民族之滅亡，更將危及人類文明之存亡。」天皇話語深處的情感觸及著所有日本人的內心。「爾等臣民之衷情，朕深所知悉。然時運之所趨，莫可奈何。朕欲攜汝等忍所難忍，耐所難耐，以為萬世之太平。」

天皇最後的話音還在林叟院回蕩，俊隆一家已經泣不成聲。往者已矣，百感交集。渡利的丈夫、千惠的兄弟都死於戰場，俊隆的學生以及林叟院廣大檀家的子弟親友，多有死在戰場上的。現在帝國陷落了，日本已成焦土，滿目破碎。孩子們為國家而哭，更因為周圍大人們的哭泣而哭。所有的掙扎、痛苦和瘋狂，如今終告結束。從禪堂那邊傳來朝鮮人的歡呼聲。士兵中的大多數也在哭泣，但還有一些人在竊笑嘲諷。

俊隆看著他們，這些人如此冷漠，臉上沒有一絲真誠，只有可鄙的麻木不仁，就是這些人所代表的無知愚癡的勢力將日本帶向徹底瘋狂，推至滅頂的邊緣。他站在那裡喘著粗氣，滿臉是淚，盯著這幫人。他突然爆發了。他怒吼著，喊出了經年積壓的沮喪和痛苦，抓起一隻裝滿酒的大瓶子砸向牆壁，然後抓起手頭能抓到的一切東西，盤子、書本、杯子，全部扔出障子，扔到佛殿裡。孩子們放聲大哭。士兵們沉默了。俊隆發洩完全部憤怒，走出了屋子。

驕陽炙烤著無雲的藍天，俊隆呆呆地看著池塘，禪堂那邊，朝鮮人歡快地唱起了家鄉的民歌。

在島田，加藤父子在太郎姑姑的家裡聽玉音放送，之後，太郎看到他父親發了瘋，揮舞著日本刀大喊大叫，說多年來他為帝國所做的一切都是枉然。弘造的妹夫抱住了他，給了他一大瓶酒，跟他說現在不是揮刀的時候了，他應該回家喝酒睡覺。

他是應該好好休息。從七月開始，弘造這些年裡送往滿洲的人們紛紛回鄉，三三兩兩的人流漸漸變成洪流。現在正是莊稼收割的季節，這些人卻拋下了自己的家，自己的土地、牲畜和一切。弘造的家就在火車站對面，無家可歸的人們無處可去，他們帶著麻袋行李，帶著失望和滿腔怒火，全都湧到他家。

在燒津市，倉惶不安的人們在家裡、工作場所以及市政廳焚燒各種記錄，有人說連市政廳都應該點火燒掉。美國人要來了，人們害怕他們戰時的所作所為會受到清算，說美國人手裡有名單，會挨家挨戶地抓人槍斃。沒被槍斃的人，男人要抓去當苦役，女人則被糟蹋。沖繩的數百名婦女寧可跳崖自盡，也不願被入侵者蹂躪。

許多年來，美國人一直被描述成野獸、魔鬼，人們心中充滿恐懼。俊隆在各種場合都告訴人們不要驚恐，在集會時、在街上和在廟裡，他都跟人們說不必擔心。他總是說不是只有外國人裡有壞人，日本人裡總說外國人是邪惡的人，也許他們才是邪惡的，是敵人。他要人們不要擔心美國人，「他們和我們一樣也是人，會理解我們的。」

我並不真的瞭解美國人，或其他國家的人，但是我對人性有信心，無論到哪裡，人性都一樣。只要我發言，或是跟學生談話，我都會這麼說。我一直這樣說，也受到過批判，不過那只是我的觀點，我沒有用行動來表達這些觀點。

當地小學校的操場上豎著一塊巨大的紀念碑——忠魂碑，紀念陣亡將士的靈魂。人們想要毀了它，或者埋了它。

俊隆制止了。「為什麼要那麼做？他們為自己的國家犧牲，為他們立碑有何不可？這沒有錯。美國人會理解的。」

可是人們害怕被懲罰，要是把碑毀了，美國人會高興的。

「那就把碑移到我的廟裡吧，」俊隆對他們說，「只要我活著，我來照看它，美國人如果因此生氣，我來承擔責任。」

忠魂碑移到了林叟院前面，俊隆舉辦了法事，祭奠陣亡人員，把忠魂碑供奉起來。然後，所有的人都等待著美軍的到來。

第七章

佔領時期 一九四五－一九五二

如果你認真觀察人類的生活，就會發現做一個值得信賴的人是多麼重要。

美國兵來了，事實證明他們不是魔鬼。佔領軍讓日本軍隊自行解除武裝，日本的民政部門也得以在GHQ[1]的監督下繼續行使管理權。

然而另一場戰爭開始了——與饑餓的抗爭，食物前所未有地短缺，收成也非常糟糕。寺廟的日子就和當初十九世紀「廢佛毀釋」時期一樣艱難，唯一不同的是現在不止佛教和尚，每一個人都遭罪了。

一天早晨，一位鄉鄰婦女來林叟院廚房幫忙。俊隆從園子裡摘了些蔬果，廚房還有海帶和味噌可以做湯，可是當那位婦女揭開廟裡裝米的大米缸時，不禁大吃一驚，裡面一粒米都沒有了。婦人自己的家裡也沒多少吃的，但她跑下山去，將家裡的米拿了一半出來給廟裡。很快四鄰八舍的檀家們都知道林叟院斷糧了，他們紛至遝來，米缸重新裝滿了米。

路上到處是無家可歸的人，他們沒有工作，饑腸轆轆，一些人摸到了林叟院門上。俊隆將他們迎進門，告訴千惠「照顧好他們」。千惠把自己的所有分施於眾人，地瓜、南瓜、黃瓜，有什麼拿什麼，然後敦促他們去找工作，照顧好自己的營生。千惠不斷施捨，同時四鄉不斷有老嫗扛著米袋來林叟院供奉，廟裡的米缸像是有生命一般，自己長出新的米來。

加藤太郎正在往林叟院去的路上，他捉了些蝗蟲，用針線串成一串。到了林叟院，他下廚房拿醬油烹製了頓蝗蟲餐。太郎自打滿洲夢破滅後，就時常來林叟院住上一段時間。他對夢想的態度可謂相當堅

1 釋注：General Headquarters，盟軍最高司令部，簡稱「盟總」，日本又稱「總司令部」。

韌執著，臨到戰爭馬上要結束前，他還打點好行李先托運往滿洲了，後來他估計那些行李應該正好趕到廣島挨原子彈了。太郎的父母見他意志消沉，茫然失措，就讓他到俊隆這邊來。

太郎說他父親可以輕而易舉地為俊隆在政府部門謀個差事，俊隆就有錢買糧，還能還廟裡欠下的債了。可是此等建議俊隆是決不會考慮的。不錯，是有一些和尚為自己的寺廟和家庭的生計，到外面找了別的工作，每日西裝革履、皮鞋光亮地去上班。俊隆卻謹遵道元的教導，道元曾說如果我們從內在滋養家庭，外部的資助自然會到來。曹洞宗的廟宇慣例是每天清晨會有一名和尚念誦一段短短的獻辭，其中有云：「願彼二法輪，即於吾廟門，常轉更不歇。」所謂的「二法輪」，是法性之輪與日用之輪。道元說，法性之輪轉動著日用之輪，因此若一所寺院敗頹了，廟眾挨餓了，定是其法性處出了問題。

自從初探道元禪師的世界，我就不斷驗證著我的信念：如果我虔心向佛，遵從佛陀之道，我就會得到幫助。在戰爭期間，尤其在戰後，大家餓肚子的時候，我愈加體會到這一信念的真實不虛。

許是道元的理論，又或者是日本的現狀觸動了美國，他們運來了一船又一船的食品，無論是有信念的，抑或無信念的，都一樣得以填飽肚子。運來的食品中有一樣新奇之物叫「奶粉」，還有乾果。千惠對孩子們說：「梅子乾會讓你長得美。」諸如此類的話，哄他們多吃這些奇奇怪怪的新玩意兒。

千惠最小的兒子乙宥還在吃奶，她順便也給鄰居的一個嬰兒餵奶。那位母親沒有奶水，安子的任務是一天幾次到她家去把小寶寶帶到千惠這兒吃奶，然後再送回去。一路上遇到的人們都對安子說她母親真是個樂善好施的好人。

就這樣，佔領初期過去了，戰勝方的寬宏大量讓整個國家都感激不盡。人們沒有被趕到一處槍斃，天皇也還在，日本自己的政府依舊管理著自己的人民，碼頭上一船船的食品絡繹不絕，總體而言，軍國主義分子被揭露了，他們的謊言和殘暴大白於天下。整個世界都倒過來了，幾十年來大家一直被教育灌輸的東西突然變成完全錯誤的了。

在東京，至少有五位曾經在「高草山集會」的成員於新政府部門工作。西中間正雄參與了和美方的磋商，據他說日本有望免掉戰爭賠款。其他一些人，包括正雄的弟弟重雄則從事經濟規劃和國家政策制定的工作。

看著飽受戰爭創傷的日本，俊隆深切地想為戰後重建工作出一份力，而且並不局限在佛教範圍內，常規教育他也念之在心。他還有當年駒澤大學畢業時獲得的英語教育證書和青年品德指導資格。但是，現在正在進行戰後清洗，俊隆覺得他有失去這些證書的危險，可能除了履行和尚的基本職責，他會被禁止涉足任何其他公共事務。清洗的範圍很廣，所有的領導人、教師和宗教出家人都要被GHQ及日本戰後新機構審查，看他們是否曾積極支持戰爭，是否在口頭及書面鼓吹過民族主義及法西斯主義。一九四五年十月三〇日，當局頒佈了《審查令》《關於教師及教育者之去留原則》，一九四六年一月四日，又發佈了《關於驅逐不適宜出任公職之個人的通知》。

戰後，高校教師人員短缺，和尚、教士等成為很好的候補人選，但他們必須通過審核才能從事教育工作，GHQ將他們推定有罪，須證明其無辜。神道的神官不用說了，大部分都遭到了驅逐，佛教和尚也難保清白。有些和尚曾積極支持軍國主義、有的在戰時出任公職，有的巡迴演說，鼓吹軍國主義的帝國佛教。所有的宗教組織，包括基督教，都曾支持過軍國主義。而曹洞宗和臨濟宗在戰時的宗旨都是服從於戰爭需要。

俊隆心裡清楚他的幾大「軟肋」。一是他的寺廟裡曾駐紮過軍事人員和朝鮮勞工。二是太平洋戰爭爆發前，他曾擔任過那個新組織一天的領導，該組織是公開支援政府的。三是他的滿洲之行，滿洲是被侵略之地，他此舉可解讀為做了日本帝國主義的幫兇。幸運的是，時下對能說英語教英語的人比較寬容。再者，他連軍服風格的衣服都從來不曾穿過，他還召集過那麼多次聚會，而且林叟院裡還保留了一麻袋文稿，記錄了之前他對狂熱主義不予苟同的態度。

一日，當年「高草山集會」的成員末常泰男來林叟院，看到俊隆正在完成一份GHQ的調查表。末常的英語很好，他們倆熬了一通宵，終於完成了那份問卷。除了填寫檔，俊隆還得親自去靜岡縣的日本政府當局報到，他把所有的文稿都帶去了。

清洗最終並未演變成「獵殺女巫」式的大清算，理智始終占了上風。在戰時，不管情願不情願，所有的日本人都必須與戰爭需求合作。就事論事地說，每個非戰人員，包括婦女，都參加過晚集會，在會上學習如何使用竹矛，以刺殺可能會空降的傘兵以及登灘的盟軍士兵。GHQ的官員知道情況複雜微妙，他們將大部分具體事宜交由日本方面自己處理，他們的關注點在那些公開支援戰爭的狂熱分子身上，俊隆顯然不在其列。不過，一九五二年一個夏天下來，清洗的人數仍高達八萬三千人之多。

二戰後我沒有遭到清洗。我沒有曾支援過軍國主義的記錄。相反，我印刷的那些單子清楚表明了我的情感，許多單子上都談到我們應該有怎樣的政策，我們的國家正身陷怎樣的危險中。當然其中大部分文字在美國人看來會很費解。我並沒有談論戰爭。我一直在說，如果我們不能清晰地看到日本的狀況，如果我們的認識僅建立在廣播、報紙等宣傳品上面，我們會錯失日本的真相。

我關注的是更根本引起戰爭的思想機制。是因為這個，我才對日本的民族主義深惡痛絕。他們的觀點十分片面，不實事求是。他們對事物下武斷的結論，不知道自己究竟在幹嘛，造成了巨大的問題。所以我一直強調要仔細去看這個國家到底發生了什麼，它的軍隊和政治界到底發生了些什麼。

無論置身何地，如果你具備靈活的態度，幫助他人就會變得很容易。

一九四五年十二月三十一日，林叟院裡一派忙碌歡樂的氣氛，準備迎接新的一年。渡利一家從東京過來了，千惠的母親村松絹也搬進廟裡住了，她和千惠以及一些檀家的主婦們一起，想盡辦法用手頭僅有的一點食物做出一頓像樣的年夜飯。佛殿裡，印著《心經》的卡片分發到眾人手中，讓大家誦經。一整晚大家都飲酒歌唱，打年糕。整整一週，廟裡都忙著大掃除，辭舊迎新，破爛的舊東西都扔掉了，其中包括蘭瑟小姐的椅子，多年來孩子們在上面跳來跳去，早就徹底壞了。舊報紙、舊雜誌，還有戰時那些言辭激烈的書籍，統統扔掉。

過年也是還債的時候，在檀家們的幫助下，俊隆一家將能還的欠債都還了。他們裝飾佛龕，供上供品。已經有多少年沒有慶祝新年了啊！雖然人們尚未從戰爭帶來的蕭條中恢復，俊隆卻覺得為期一週的迎新慶祝對提升大家的情緒頗有助益，讓面貌煥然一新。

一年的最後一天，我們不妨刻意找點樂子。這正符合佛教對生活的理解。每時每刻，我們都應該更新自己的生命，不應該執著於舊有的理念、舊有的生活方式。尤其是年底，我們應該徹底更新感受，甚至連我們的車都應該好好地清洗一下。如果我們總是固著於舊的理念，一遍又一遍地重複做事，我們就被禁錮在自己陳舊的生活方式中了。我們需要一些特別場合，來為自己打氣鼓勁。

一九四六年俊隆響應「戰後新生活運動」，成立了「高草學習塾」，這是為二十歲上下的年輕人辦的學習團體。當地的居民把孩子送到林叟院學習，甚至靜岡市、東京的一些人家也將家裡的年輕人送來。他們坐禪、誦經，聽俊隆講課，組織討論。加藤太郎也來了，他的情況好轉，不再需要俊隆時刻盯緊他了，不過他仍是迷惘，總是說：「這樣也許是對的，也許是錯的。」十二歲的山村昌生是鄰家孩子，年齡還太小，不能加入學習塾。他總是躲在障子後面偷聽屋裡正在討論的激動人心的新思想。他聽到俊隆充滿激情地說，戰爭是個巨大的錯誤，人們應該睜開眼睛看世界。

如今俊隆的言論和國家論調和諧一致了，甚至GHQ也是同樣的態度，麥克阿瑟自己都說只有精神層面的覺醒才能徹底根除戰爭的根由。對於戰爭時期曾深信不疑的信念，許多日本人都倍感慚愧，發誓除了自衛，日本絕不能再訴諸武力。這一認識是深刻認真的，將會被寫進新憲法。俊隆注意到戰敗讓日本人在很大程度上放下了民族自大，對自己文化中的局限和矛盾有了認識。許多人感覺茫然，但俊隆覺得這新出現的謙卑感、不確定感是件好事。現在人們具有了懷疑的精神，而且至少從理論層面而言，他們對萬物的空性有所感受。他們看到了所謂傳統不是堅如磐石的固定不變之物，而是永遠處在變化中。

有時候人打起瞌睡，肚皮晾在太陽底下，我就幫他們蓋上肚子，不被太陽曬傷，他們看見我會非常高興。如果你體會到那樣的情感，幫助別人就會變得十分容易。你什麼都不需要，哪怕兩手空空，你也能幫助他人。

俊隆覺得要緩和人們內心的痛苦，最好的辦法就是弘揚佛法，傳播岸澤的佛法教育。一九四七年三月，俊隆為四百人舉行了皈依儀式，其中大部分是婦女，眾人受了戒、取了法號，誓願遵行佛道。岸澤蒞臨現場主持，並開壇講法，人們從全國各地趕來聽他講法。儀式持續了一週，實際上可以說是個調整版的攝心。因為大米不夠，麥子也摻進來充饑。附近瑞應寺的住持杉山從一九三七年起就開始經常來林叟院幫忙了，這次他負責煮飯，和千惠一起工作，兩人相處得很好。杉山是千惠父親的隨從，千惠還是小姑娘的時候就認識他了。據說杉山故意把飯燒糊，這樣廚房的人就能有點焦鍋巴吃了，不然他們啥都吃不到。

和岸澤一同來參加儀式的有他的弟子野圦孝純，他比俊隆小十歲，非常崇拜俊隆。最後一天，閉幕式正進行到最要緊的部分時，岸澤打斷了進程，在眾人面前指責俊隆上香的位置放錯了。野圦很清楚，岸澤借責罵俊隆之機，實則在向眾人說話，他是在用最引人注目的方式來說出自己的話。野圦看到俊隆沒有任何惱羞尷尬的神色，從容地接受了自己當下的角色，作為眾人的代表領受岸澤的責備，恭敬地向老師磕頭。野圦說這體現了俊隆和岸澤之間的關係是完善的師徒關係，俊隆的心足夠強大，擔當得起自己的角色，也對得起岸澤對他的信任。

野圦還談起過另一場大型皈依儀式，是由岸澤在靜居寺主持的。靜居寺是靜岡縣著名的寺院，也是林叟院的下屬寺廟，因此在儀式中的某個環節，俊隆必須作為領隊者站到眾人面前，在許多資格更老的前輩和尚們跟前出頭。俊隆當時的一舉一動深深地吸引了野圦，他行止的儀態，鋪設磕頭墊子的樣子，都打動著野圦。俊隆是如此從容不迫，野圦覺得這樣完美的儀態絕不可能是在一世生命裡獲得的。其他的和尚們好像並沒有留意到這些。

野糼在俊隆身上看到了深沉的寧靜。有一次他們二人在燒津市的火車站擦肩而過，野糼深刻地感受到了俊隆身上的那份沉靜。俊隆只是向他示以致意，並未停下步伐。野糼看著俊隆踏上月臺的臺階，分明地感受到了俊隆散發出的寧靜與謙遜。

在那個轉瞬即逝的相遇中，野糼感受到某種打動靈犀的相通，一種鮮活的臨在。他剛剛發表了一本關於道元著作的書，當時正行色匆匆地從俊隆身邊走過。在俊隆的示意中，他仿佛在對野糼說：「您辛苦了。」在一瞬間，他表達了對野糼工作的理解和欣賞，那不是祝賀，而是鼓勵。野糼看著俊隆緩緩踏上臺階的背影，真是美妙的畫面。

很久以前，祖溫已經完成了林叟院禪堂的主要修復工作，現在整座禪堂終於全部修復了，新障子和新榻榻米散發出田野的清香，一尊代表智慧的文殊菩薩塑像安放在禪堂中。一九四七年六月三日，新禪堂舉行了盛大的落成典禮，許多人都來參加，大大提升了林叟院的聲望，曹洞宗認可林叟院的禪堂可以獨立運行，不受總部管制。正是俊隆堅持禪堂必須獨立自主，不要接受曹洞宗組織的接濟，因為那樣一來林叟院就不得不在經濟等諸多方面受組織的制約。

林叟院一直有兩名僧人和俊隆一起住在廟裡，現在，除他們外，那些在家的弟子們也可以一起使用禪堂，每月的坐禪會也有了專門坐禪的地方。俊隆希望林叟院的禪堂能夠充分發揮作用，然而，他對坐禪的熱情顯然並未得到持久的回應。人們踴躍地前來參加禪堂落成典禮，卻沒幾個願意來坐禪的，俊隆好不失望。寺廟的門面是否增添光輝，他個人作為和尚的地位有否提升，是否聲名鵲起，這些他都不在意。可是，人們對真正佛法修行的冷淡讓他分外灰心。

戰後，和尚階層在社會結構上的位置發生了徹底的變遷。政府命令寺廟幾乎無償地「出售」名下的土地，尤其是已經有人耕種的土地。對佃農們來說，林叟院已經不再是他們的地主了，寺院只保留了一些山上的林地。這樣一來，檀家的施主地位凸現出來，寺院對檀家的依賴程度大大增加。正如軍隊日益「民生化」，寺廟也越來越「俗家化」。

祖溫對人從不信任，俊隆和師父不同，一直都是個溫和的地主，與農民的關係很好。失去田地，俊隆心裡也不舒服，但他依然堅信道元的教導，和尚只要遵從佛陀之道，善緣資助自然會來。佛寺體系可謂是日本最後的封建餘孽，新政府和ＧＨＱ了結了它的命運。現在，寺廟成了公司，貧窮的農民以極低廉的價格從寺院購得土地。人們說，我們砍下了不勞而獲的吸血鬼的頭。

沒有一成不變的道德準則，但你在教導他人的時候會發現自己的準則。

松野美津是一家寄宿制幼稚園的園長，幼稚園位於靜岡縣的首府靜岡市，距離燒津市三十英里。幼稚園的一邊是孩子們的宿舍，另一邊是母親們住的地方，這些母親都是戰爭留下的寡婦。美津是個充滿活力的聰慧女子，臉龐圓圓的，膚色白皙，她和十二歲的女兒春美一起住在靠孩子宿舍這邊的一間房裡。一九四九年夏，一個驕陽似火的午後，美津正要回班級，走到走廊那，她撞見自己的一位老朋友正坐在地上吃著盒飯，旁邊還有個四十多歲相貌英俊的和尚。「常子！什麼風把你給吹來了？」

「我帶這位師父來找你啊。」

「怎麼？這位大師父要相親嗎？」美津開玩笑道，她身上一點也沒有尋常女子見到和尚時的拘謹恭敬。

「哪裡！方丈桑家裡已經有位好娘子了呢。」常子笑彎了腰。

「這樣啊？」美津道，「那我能效什麼勞？」

「他辦了家幼稚園，找不到負責老師，我父親說起了你，我們就來你這了。抱歉事先沒和你打招呼啊。」

「戰爭時期，我在這裡拚了性命，一次又一次把孩子們帶進防空洞。整座城市都炸成了焦土，但我們活了下來。那麼艱難的情況下我都沒讓幼稚園關門，我付出了那麼多，你們想叫我丟下這裡走？我不會離開的。我下半輩子就待在這裡了。」

燒津市曾經辦有佛教幼稚園，名為「常磐幼稚園」，在戰爭的最後一年，幼稚園關閉了，園址也讓軍隊徵用。現在幼稚園已經空了三年，鄰居們在操場上種馬鈴薯。俊隆正著手重開這家幼稚園，他向燒津市佛教協會提出了建議，協會認為他的提議非常好，讓他來具體操辦。常磐幼稚園是靜岡縣最早的學前教育機構，一九二四年由僧人青島禪庵建立，禪庵已經八十歲了，是林叟院下面一座小廟的住持。俊隆瞭解禪庵辦的這所幼稚園，也非常認同他以佛教為基礎的辦學理念，禪庵的關注點並不在教什麼課程，而在教育的態度——既嚴格又溫和的態度。

在日本戰敗投降前，日本人認為自己的道德準則是天經地義絕對正確的，他們只要認真奉行這樣的準則，就一定不會有錯。可惜，那套道德準則建立於明治初期，日本戰敗後，日本人對他們的道德體系失去了信心，不知道何去何從。然而，道德標準並不難找到。我對他們說：「你們都有孩子吧？想想你會怎麼教導他們，你自然就會知道你的道德準則了。」

俊隆鼓動禪庵重開幼稚園，禪庵年事已高，一應跑腿事宜都由俊隆承擔。現在全日本的僧人都在辦學前教育，俊隆很高興自己也能加入其中，這是為社會復興出力的又一途徑。目前日本社會依然百廢待興，要從戰爭的惡果中重新站立起來。

禪庵指導俊隆如何辦教育，如何重開學校。俊隆到別的佛教幼稚園參觀學習，訂了份有關佛教教育的雜誌，又向商人們集資，其中包括自己的繼親天野。他成立了園董會，在林叟院檀家的閨女們以及他的女弟子中招聘教師。他還督促園舍重建，到當地政府部門申請辦園證，發招生通知。一九四九年五月五日，正是日本的兒童節，常磐幼稚園開學了，所有的班級都滿員，禪庵是幼稚園園長。

幼稚園重開後不久，禪庵就去世了，俊隆需要再找一位合格的園長。磯部是俊隆在靜岡市的好朋友，他向俊隆提到了美津，並讓自己的女兒常子牽線。可是美津卻拒絕了俊隆的邀請。美津的率直讓俊隆印象深刻，他決定鍥而不舍，三顧茅廬。

美津看到俊隆走進了她的學校，著白襪、踩木屐，「啰嗟啰嗟」地從校園路上走過來，頭上戴了頂竹編的黑色僧帽遮陽，還打著把和尚用的大大的黑色油紙傘。她心想，這滑稽的和尚又來了，一面就這樣瞧著俊隆。俊隆向她問候過，她開口說道：「我是不會走的，除非待在這裡會死。」

過了幾天，俊隆又來了。美津跟他說，能不能不要戴這頂怪裡怪氣搖搖欲墜的帽子了，看上去像巫婆的帽子，孩子們看了害怕。下一回，俊隆又來了，沒戴帽子。美津說自己太忙了，沒空接待他。隔三岔五的，俊隆動不動就來。

有一天美津對俊隆說：「我猜你還不知道吧，我是個基督徒。我當佛教學校的頭兒，實在不合適啊。」

「總比沒有任何宗教信仰好。」俊隆淡定地說。

「去找個信佛的園長嘛。」美津說。

又一次，美津說：「我在燒津沒有熟人，不過我真覺得那城市醜得要命，都是漁民，那地方聞起來都有股魚腥氣。我才不想再去那裡呢。」

「我廟裡沒有漁民。我那裡的人聞起來是農民的味道、職員的味道，還有商人的味道。」

俊隆每隔幾天就來，每次美津都用這樣那樣的話來拒絕他。俊隆還派千惠來，給美津送來水果，裹著色澤明亮的包袱布。就這樣過了幾個月，火車來來回回跑了無數趟，俊隆對美津說：「我想介紹你認識燒津的一位朋友，你那麼討厭燒津，就再去一次看一看吧。」

俊隆第二天到學校接美津，他們一起來到小澤醫生的家。小澤醫生和家人住在一棟大房子裡，他和太太接待了俊隆他們，給他們端上了茶。美津感覺這對夫婦既成熟又穩重。他夫婦二人都是知識份子，太太在教日本古箏[2]，美津正好也學過這門樂器。這對夫婦那麼有魅力，美津開始擔心了，要拒絕他們，話可不太容易出口。醫生開始誠懇地請求美津來燒津的幼稚園。

美津說自己在靜岡市還有工作。「磯部可以替你照看的，」醫生指的是那位最初向俊隆推薦美津的朋友，「他在靜岡市政府很有影響力。」

美津表示常磐幼稚園是名校，她覺得自己不夠格經營這樣的學校。

2 釋注：一種十三弦古箏。

醫生目光銳利地看了她一眼，說：「你不需要很聰明。你只要在那裡站著就行。」

美津只覺得電光火石般，一瞬間自己心裡那些自負又自卑的計較全被滌蕩乾淨了，「我只需到那裡，站著就行？什麼都不用做？就這樣？」

「是的，就只要在那，什麼都不用做。」

「我接受了。」美津說。

美津找到人來接手她在靜岡市的工作，立即動身到常磐幼稚園當了代理園長，她和女兒春美一起暫時搬進了林叟院。美津開始在廟裡的法事上幫忙，很快她發現管理會的人對俊隆的評價很高。美津敬愛千惠，和千惠的母親絹奶奶非常要好，跟大夥兒一起管絹奶奶叫「歐巴桑」。美津十一歲喪母，戰後婆婆又過世了，現在她把歐巴桑當成媽媽。一個月後，美津帶女兒搬到了俊隆的一位泥水匠朋友家中居住，安定下來。一九五〇年一月，她接任了常磐幼稚園園長的職位，做的事情可比站在那裡多得多了。

美津生於一九一四年四月二十三日，是靜岡市酒井嘉右衛門的女兒，母親名叫登紀。美津喜歡說話，大家開玩笑說她是從媽媽的嘴巴裡生出來的吧。她喜歡講故事、戲劇。她父親在市政廳工作，她家是佛教徒，信奉淨土真宗，以虔信感恩為特點。她上的是衛理公會教派的學校。因母親早逝，美津個性分外剛強，所以她在學校裡皈依了基督教，覺得基督教可以讓她的性情變柔和些。一九三六年，美津嫁給了飛行員松野正春，那是一位非常溫和的人，美津希望自己擁有丈夫那樣的性格。婚後不過九個月，松野就不得不上戰場，奔赴中國去打一場他們夫妻二人都不想打的仗。

正春駕駛轟炸機往南京飛了五十八次。美津給丈夫寫信道：「請在心中記住，我和那些中國人沒什麼不同。我們都盼著家人平安歸來，盼著自己上戰場的丈夫、父親、弟兄和兒子回家。所以你扔炸彈的時候別往城市裡扔，飛到沒有人的田地裡扔吧，最多驚嚇到田裡的蛇。」正春戰死在中國，給美津留下了遺腹女。美津從丈夫和自己的名字裡各取一字，為女兒起名「春美」。

除周日外，俊隆每天早晨騎著自行車去位於市中心附近的常磐幼稚園，他會帶著老師們在教學樓裡巡視一圈，然後來到遊戲室，那裡的壁龕裡供奉著一尊佛像。俊隆在佛像前敬香，帶領老師們誦讀《修證義》，這是現代版的道元著作的編集。誦讀結束後，俊隆說上幾句鼓勵的話，孩子們也就陸陸續續來園了。千惠也把五歲的乙宥送到幼稚園來。

俊隆的長子包一十一歲時，曾到幼稚園參加某個典禮，聽到俊隆的發言。

> 萬物皆有佛性，生命都很珍貴。我們養育的是佛的孩子，應該以佛的慈悲之心去養育他們。我們不能說這個笨那個聰明。我們自己不以分別心對待孩子，才能讓他們明白眾生平等。我們要用本質之眼來感受事物，不能只用分別意識來辨別日常生活中的一切。本質之眼是智慧之眼——如其所是地瞭解人和事物，如其所是地充分地活在這個世界上。

美津第一天來上班的時候，俊隆就跟她說作為她工作的一部分，她必須去聽岸澤講課。他知道她是基督徒，這沒關係，她有一顆宗教的心，岸澤的課能穿透到那裡。岸澤目前在神戶的一所大學任教，不過仍然每月一次回他自己的寺院講課。他在寺院開壇講授道元的《正法眼藏》時，全日本的僧人都蜂擁而至。岸澤開的針對俗家人的課程，參加的基本都是六、七十歲的老人。美津只有三十五歲，她每次都坐在第一排，很認真地聽講。岸澤對俗家人基本都講《修證義》，美津非常想學懂這本書，因為他們學校老師天天早晨念誦的就是《修證義》。她聽不大懂，但俊隆告訴她沒關係，「只要帶著耳朵坐那兒就行。」

一天，美津對岸澤說：「聽完您講課，剛走出廟門的時候，我覺得很明白很清晰了，可是等我回到家，我又滿腦子稀裡糊塗了。一次一次的老是這個樣子，是不是太糟糕了？」

岸澤回答說：「在霧裡走過之後，我的僧袍很不容易乾。碰上陣雨被淋之後，僧袍乾得比較快。霧裡浸潤也好，疾雨澆頭也好，都不錯。我至今都還在霧裡走呢。今天我就跟你說這些。」

美津也參加幼稚園老師一起進行的坐禪會。有一天坐禪結束，俊隆簡短講話後，美津問了個直率的問題：「方丈桑，我知道我不該這樣問啊，不過還是請你說一下我們從坐禪中能得到什麼？我不想無緣無故地坐下去。」

實際的問題需要實際的回答：「坐禪可以讓你有能力以最好的方式當即處理每一個情況。」

還有一次，美津對俊隆說她聽岸澤的課總是聽不懂，她問俊隆可不可以用簡明的話告訴她佛教到底是怎麼回事。

「嗯，」俊隆沉吟著，說：「如其所是地接受事情，盡己可能地讓事情變好。」

美津以這樣的教誨為宗旨和幼稚園的老師共事，待下屬多用鼓勵而不是批評。很快，她發現老師們都把她當成親人。她現在把自己當成佛教徒了，不過並沒有對俊隆說。

在我們反思自己遭遇到的問題時，應該將自己的所作所為也考慮進去。

林叟院佛殿西面的小溪中，一位園林石商人正在忙活著，安排人挖出水底的石頭。俊隆雇他們來起出水底的石頭，移到旁邊沿水岸壘起來。千惠出來對俊隆說慢點做，他好休息休息了，俊隆揮揮手讓她走開。「那你小心點啊。」千惠說。上次俊隆他們把廟後面池塘邊的巨石挪到前邊來了，和那次相比，這次的工作根本不算什麼。那次幾個人花了整整一週的工夫，村裡的人都覺得俊隆是瘋了，巨石有好幾噸重，千惠認定俊隆會死在這上頭。俊隆對自己的安危毫不在意，倒是花了很多功夫仔細查看即將安放巨石的位置，確保那塊地面上的青蛙都被趕走了，他對青蛙比對自己關心。他們用了木條、杠棒、絞盤，還有肌肉、汗水、粗氣，以及對杠杆的高超運用，最終把巨石挪到了俊隆指定的地點。這次，俊隆想把稜角尖銳的山石從水底整到靠岸，壘成石岸，這樣水岸就不會老是被水侵蝕了。

安子滿懷敬畏地看著勞動中的父親。穿著僧袍的俊隆和穿著布衣勞作的俊隆簡直判若兩人。連他的面目都完全不一樣了，溫柔謙和消失殆盡，代之以剛毅堅定。當他與岩石搏鬥時，俊隆的身形都變大了，肌肉的線條充滿男性的陽剛之氣。平時他和來訪的客人說話，語調那麼柔和，像個女子。他瘦削，個子和婦女差不多高，穿二十三碼的足袋，那不是男人的尺寸，而且他還喜歡吃地瓜，在安子看來，只有女人才喜歡地瓜。但他身體裡也隱藏著勇猛的男性的一面，力量強大到足夠移動巨石，撼動大人物。

俊隆突然爆發出一聲慘叫。

石商立刻將俊隆送到醫院，他的手用綁帶包紮好，斑斑血跡滲透到綁帶外面。俊隆的手指被兩塊石頭夾住了，石頭尖利的表面割傷了他右手的無名指，骨頭都露了出來，醫生為他縫了針。從醫院回來後不久，俊隆吊著綁帶，又回水裡幹活了，千惠在後面罵他，叫他趕緊進屋去。受傷的手指再也沒有完全恢復原狀，肌肉和筋腱長好後，它們都變短了，那根手指永遠都伸不直。從此，俊隆合十時有了獨具特色的手形。

一九五一年的一天，俊隆在燒津市的火車站等中午列車，正巧遇到了山田義道。義道六十多歲，自己有一座廟，隸屬林叟院，但他大部分的時間都在曹洞宗本部工作，是國際部的負責人，管理海外曹洞宗的事務。俊隆和老朋友相遇，想多逗留會兒，就決定陪義道一起去東京轉一趟。對曹洞宗在巴西、美國等地的事情，俊隆總是很感興趣。兩人到了東京後，俊隆才想起來他忘了他正要去靜岡市做超度法事呢，好不狼狽。他趕緊給家屬打電話，竭盡誠意地向聚集在那裡的人道歉，說他馬上打電話讓其他和尚代他前去。人家告訴他已經有別的和尚趕過來啦。這不是俊隆第一回忘記做法事了，每次都讓他悔之晚矣。

繼親天野對俊隆的忘性也歎為觀止。俊隆會把手錶落在天野的店裡，回頭來拿手錶，又落下了雨傘。陶藝師靜邨每次看到俊隆忘拿錢包，都不聲不響，讓俊隆一頭奔到森町的火車站，才發現錢包沒拿。然而對千惠來說，她才是最深受其苦的人。經常會有人找上門來，給千惠送來俊隆丟掉的包，俊隆總是帶著那包，他自己此刻怕是根本就沒注意到包已經不在手上了。千惠和俊隆一起出門的時候，錢包總是她拿著，如果俊隆一個人出門，千惠就用根繩子把錢包栓在俊隆身上。她還讓俊隆在手錶背後寫上名字。為了俊隆的忘性，千惠百般補救，俊隆在金錢上的不切實際，也讓千惠操心。俊隆會隨意為廟裡買下一口鐘，壓根沒去想廟裡還有多少錢，當然，他還不斷地丟錢。人們都說，要是沒有千惠，俊隆哪裡能像現在這樣。

情感的困擾異常難以處理，仿佛拗斷蓮藕，藕斷而絲連，難以一掃而光，絲絲縷縷總在那裡。智性的困擾就容易得多了，仿佛劈開石頭，乾脆俐落。

❋

俊隆的忘性讓千惠受苦，同樣也讓自己痛苦不已，他不想見到孩子們也遺傳了他的忘性。記得戰後不久的一個冬天早晨，剛讀一年級的包一和姊妹們一起上學去，他們走後沒多久，包一又獨自轉回家來。俊隆見到他，問他回家幹什麼，包一說他把課本忘家裡了。俊隆勃然大怒，將包一拎出門外，一把扔到廚房前的小池塘裡。千惠趕緊把兒子撈出來，他渾身濕透，哭個不停。千惠將包一帶到俊隆跟前坐下，孩子瑟瑟發抖，哭著向父親道歉：「我這輩子再也不敢忘東西了。」至少這件事是他這輩子都不會忘記的了。

忘性和怒火是俊隆習性中的兩大惡魔，時時作祟。包一上三年級時，有一次，俊隆認為兒子在功課上偷懶，發起怒來，他往孩子手裡塞了一只碗一雙筷，將包一趕出門去，對他說永遠別回來了。包一一邊哭著喊對不起，一邊繞著寺院轉了好幾個小時，大門卻一直緊閉，裡面什麼反應都沒有。直到天黑了，母親把兒子帶回寺裡，請求俊隆原諒他。

日本佛教中浸淫著來自中國的兩大傳統——道家和儒家，和佛家一樣，這兩派文化也不以神靈為基礎。道家師法自然，主張上善若水，柔和沖淡。儒家則專注人倫，講究等級，主張家長制社會中的尊卑關係。只有在面對自己家庭的時候，俊隆身上的儒家影響性才會暴露出來。對自己的孩子，他完全沒有對學校裡那些孩子的耐心。在學校裡他從來不責罵孩子，在家裡，他有時候還會揍包一，當然他比他父輩們進步些，還會留心從不打包一的頭，不過他揍包一的次數足夠讓孩子明白，挨揍也是個會被採用的選項。

禪庵老和尚仍在世的時候，有一次上門和俊隆一起商討幼稚園的事情，為了俊隆說的某句話，禪庵老和尚狠狠地罵了他一頓，包一在一旁聽到了。禪庵離開後，包一說：「那傢伙朝你大喊大叫。我希望他去死！」包一挨了好一頓揍，他的後背估計這一生都不能完全恢復了。有時候，俊隆眼裡露出的兇狠目光讓包一嚇得遠遠逃開。包一很喜歡家裡來客人，因為只要有外人在，俊隆絕不會責罵孩子。

安子作為長女，受俊隆責罵的次數更多。檀家和鄰居們總是對著她讚揚她父親，說他真是個好人哪，安靜謙和。安子想不通父親在家裡為什麼完全變了個人似的，她覺得也許是因為俊隆從小在寺院受到的訓練太嚴格了。也可能俊隆認為稱職的父親就應該嚴厲，否則會驕縱了孩子。再或者，這根本是繼承了祖溫的黑暗面。

在孩子們的眼裡，俊隆是位高高在上、遙不可及的人物，他的心永遠另有所屬，比起俊隆的脾氣，這才真正讓孩子們難受。夜裡，一家人圍著暖融融的火盆，俊隆總是一言不發，對孩子們也視若不見，他彷彿在看著很遠很遠的地方，似乎孑然一人，漸行漸遠，陷入沉思。安子多麼希望他更像位父親，而不是個公共人物，不過她想也許宗教人物本來就該如此吧。俊隆就是做不好居家男人。安子多想自己的父親像同學的父親那樣，能抱抱她，和她玩玩，哪怕一次兩次也行。她十一歲的那年，俊隆有一次帶她去靜岡市，她發現自己無法和父親並排走路，她根本不習慣和他在一起。父親在她眼裡顯得那麼遙不可及，她受不了了，最後走到街對面去了。

俊隆對千惠說話也很粗暴，不過千惠從不針鋒相對。他們之間的關係非常老派，角色地位都很明確。全日本都男尊女卑，他們又是寺院夫婦，傳統在他們身上體現得更為強烈。千惠帶著孩子們睡覺，俊隆獨自入寢。遵循舊式傳統，在街上俊隆總是走在千惠的前面。千惠對這些毫無怨言，她也認為這樣是天經地義的，他們倆是默契的組合，在一起經歷了風風雨雨。他敬她，她也敬他，舉案齊眉。千惠的母親也一樣尊敬俊隆，用敬語稱他為「方丈大人」。歐巴桑總是對孩子們說他們的父親是和尚，應該受人敬重，說他對自己比對其他任何人都更嚴厲。孩子們稱呼俊隆為「父親大人」，不像他們的同學，用更親暱的稱呼叫自己的父親，比如「爸爸」，甚至「阿爹」「老爸」。

千惠如母雞護仔一樣照料自己的孩子。她不大發火，但也會嘮嘮叨叨催他們做事。她富有自我犧牲精神，總在幹活，總在忙著照顧家庭、照顧他人，有時候她的脾氣很不好，可是孩子們在她身邊就是舒服，尤其是晚上要睡覺的時候，她也放鬆了，更充滿愛意。兩個小的，甜美的乙宥和敏感的緒美，蜷在媽媽身邊，包一和安子各睡自己的鋪蓋。千惠開始講故事，她經常講著講著就打起了瞌睡，聲音也模糊了。姐姐安子就接下去講，直到除她之外每個人都睡著了。安子講故事講得那麼好，在學校裡她被稱為「故事大王」。

最後，安子也睡著了，連俊隆書房的燈都滅了。隔著鋪了榻榻米的寬敞走廊的另一頭，是絹奶奶的房間，遠遠的佛殿的另一側，有時會有僧人或俗家子弟睡著。整個寺院一片漆黑，沉入夢鄉。林叟院仿若一葉小舟，在人世間的娑婆苦海中飄零沉浮。

第八章

家庭與死亡 一九五二－一九五六

絕大多數的問題都是因為我們不瞭解自己才會產生。

林叟院背後山勢陡峭，兩條小溪從山上奔流而下，分別經過寺院的兩側，在廟門前匯合。雙溪交集處有一列地藏菩薩的雕像，它們古老、慈藹，胸前還圍著紅圍兜作裝飾，圍兜已然褪色。現在是一九五二年三月，離雨季還有三個月，但春雨從林木茂盛、茶樹成排的山坡上匯流而下，小溪漲滿春水，溪底磊磊岩石完全浸沒在水中。溪流周圍，黃蝴蝶繞著石頭翩翩起舞。

林叟院周圍林木蓊鬱，深深淺淺的綠色盡染層林，橙色或黑色的大蜘蛛織起巨大的蛛網，隨處可見，點綴著林子。廟後面的池塘裡，一塊長了苔蘚的大青石旁蓮花盛開，青蛙在底下聲聲鼓噪。林叟院的建築都十分古老，黯黑的木柱木樑間，肥碩的黃蜂嗡嗡盤旋。屋頂是稻草葺頂的，屋簷出簷很深，燕子在簷下穿梭築巢。臺階前，廟裡養的雜種老狗正在打盹。

山下，男人和女人們在稻田中彎腰插秧，忙忙碌碌。夜晚雖還寒涼，白日裡熱氣卻暖烘烘地蒸騰上來。有時，遠處碼頭上晨漁歸來的漁船氣息會隨風飄到林叟院。燒津市一派忙碌，街上擠擠挨挨地走著各色人等——買菜購物的女人、為生意奔忙的男人，還有放春假閒逛的孩子。正是一年好景在於春，這又是個大好年景——佔領期終於結束了，戰爭的創傷也漸漸癒合，日本人又有心看顧日子了，享受著財富、美食，也享受著發展和現代化帶來的成果。街上滿是汽車、自行車，人人都在工作。櫻花盛開。

俊隆日出之前起身，坐禪，在佛殿做法事，身邊跟著個名叫大坪的僧人，他倆念誦《心經》時，大坪負責敲木魚。俊隆的聲音低沉柔和，幾乎聽不見，漢字的日式讀音抑揚頓挫，俊隆讀得節奏穩定，大坪卻語調古怪，突兀刺耳。俊隆一次次停下法事，糾正大坪敲木魚的方式，可是大坪不知是因為天生不擅此道，還是固執倔強，就是教不會。早晨的法事在昏暗的建廟者紀念堂結束，主祭壇後面擺放著佛像和密密麻麻的紀念牌。然後他們開始打掃，大坪掃前庭，俊隆掃廟門前的硬土路，他每天都一直掃到鄰居農戶家門前才作罷，然後拎著竹掃帚走回廟裡。

大坪三十出頭，他之所以能待在林叟院，不是因為和俊隆關係密切，也不是和林叟院有特別淵源，而是他根本無處可去。當初要是他獨自一人找上門來，俊隆至多以接待行腳僧的情理招待他住一夜罷了，可是他是岸澤打發來的，岸澤自己的旭田院沒有閒活給大坪做。再說大坪為人古怪，舉止不合常情，完全不適合岸澤那邊恪守戒律的風格。俊隆為人包容，對行為怪誕的大坪來說，俊隆這裡更加適合。然而即便是俊隆，一開始也不想收留大坪，但經不起岸澤一再要求，只好不情願地接納了這個怪異的僧人。大坪身上散發出讓人不安的氣息，當他不在周圍時，人人都會鬆口氣。

早晨七點，炊煙從廚房打開的障子中裊裊而出，燒柴的灶沒有通風，炊煙直飄到廚房邊的池塘上，在紅色、金色的錦鯉上方繚繞。千惠和歐巴桑絹奶奶端出早餐：蒸熟的白米飯、生雞蛋、青蔥、海帶，每人還有一條四英寸大小的沙丁魚、一小塊納豆[1]、一碗放了豆腐塊的味噌湯和一杯綠茶。比起戰時及戰後最初那幾年，現在食物真是豐富充足多了。

千惠和絹奶奶帶著孩子們在大的矮桌上吃飯。安子已經十七歲了，再有一年多就讀完中學了；包一十二歲，個子比父親都高了；緒美十歲，安靜少語，頗有藝術氣質；乙宥七歲，剛開始讀小學。僧人大坪和誰在一起都不舒服，所以他獨自坐在通往浴室的臺階上吃飯。人人都離他遠遠的，不想招惹他。

俊隆也是獨自進餐，他有自己專用的餐桌，離矮桌不遠，這是家長制家庭的傳統。每個人都很安

1 原注：一種黏稠的發酵豆糊。

靜。千惠不時地給俊隆倒茶、添飯，俊隆簡短地回應一聲或點個頭。早飯過後，俊隆向大家道一聲：「早上好」，大家也回敬「早上好」，所有人都微微鞠躬致意。俊隆的碗由他自己洗乾淨，除他外誰都不許碰那碗。接著，他回房準備開始一天的工作。千惠用包袱布把飯盒包好，放進俊隆自行車籃子裡。俊隆向千惠道別，說類似「晚點就回」的話，然後騎車下山坡去；千惠會微微躬身回應。這一天，這例行的道別將是他們此生彼此間說的最後的話。

很快，孩子們帶著歐巴桑為他們準備的午餐盒離家了。現在正是放假期間，孩子們不上學，姑娘們都去商業街逛街會友，走到那裡大概三十分鐘的路程。包一和弟弟去山下河邊找夥伴們玩耍，放風箏、打水漂。他們不常出去玩，就連今天，若按著俊隆的心意，也肯定想讓他們在家學習，只是他太忙，顧不上整天盯著他們，他要在城裡忙到下午很晚才回呢。孩子們也會在外面玩很久，他們不願待在廟裡，廟裡有大坪，讓人不舒服。

大坪有時候會進城做事，前天他就去幫杉山家瑞應寺的一戶人家做了超度法事，不過今天他沒什麼事情。大坪剛來的時候，眾人可沒有把握他能勝任這樣的工作。那位從一九三七年起就經常來俊隆這裡幫忙的杉山還記得大坪第一次出現在他廟裡的情景，當時杉山聽到外面有動靜，出來一看，只見大坪倒在地上，頭蹭著泥地，不停地說：「對我好一點吧。」

有時候，大坪扭曲分裂的性情不以那樣怪異的方式體現出來，而是流露在日常小節中。在杉山父親的葬禮上，俊隆曾說過大坪，讓他不要把味噌湯澆到米飯上——把不同的食物拌在一起吃是不恰當的舉止，對僧人來說尤其不妥。對大坪的怪異，俊隆已經是相當寬容了，他由著大坪穿戰時的平民制服，看上去就像個軍人。戰時，大坪在軍隊當兵，人們都覺得就是部隊的經歷讓他變得如此古怪，大家認為他受到戰爭的創傷，得了炮彈創傷症。

誰都不想要大坪待在林叟院，家裡人都非常討厭有這麼片陰雲成天籠罩著。千惠跟俊隆說了很多次，說大坪讓她毛骨悚然。孩子們尤其怕他，看到他瘋狂的眼神就嚇壞了，他們也向父親說了好多回。俊隆總告訴他們不能這樣說別人，最後乾脆要他們閉嘴。當歐巴桑也向俊隆說大坪讓她渾身發毛時，俊隆回應的態度要恭敬多了。他對絹奶奶說，這樣抱怨也沒什麼用啊。他當然可以這樣輕巧地一說了之，反正他大多數時間都不在廟裡，成天和大坪在一起的是千惠他們。廟裡每天的大小事情看似都是千惠說了算，但真正的決定權都在俊隆那裡。

大坪是上一年秋天來林叟院的，不過起初他沒待太長時間，因為他很快就和千惠發生了爭執，跑了。他在外面晃蕩了兩個月，找不到任何一家肯收留他的寺院，就又回來了。俊隆一句話沒說，又一次收留了他。大坪總是待在廟後面晾衣服的架子後頭，在那裡劈柴，供廚房和浴室用。廟裡其實不用他幫忙，但讓他做點事總好過無所事事。他到樹林裡去砍柴，帶回廟裡再用斧頭劈成適合燒火用的柴禾。沒事幹時他就蹲著吸煙，把煙頭扔到小溪裡。讓千惠非常生氣的一件事是，大坪總喜歡折磨那條老狗，拿煙燻它。

一九五二年三月二十七日，星期四，林叟院內分外寂靜，沒有訪客，也沒有公事，除了千惠、絹奶奶和大坪，沒有其他人，連老廟工都上山採蘑菇去了。千惠和歐巴桑一直在忙碌，做飯、擦洗榻榻米地板，被褥也都拿出去晾曬拍打過了，送貨的人也來過了，壁龕裡的插花也供上了。千惠負責從周圍的花園和山坡上採摘時令鮮花。她和以前的丸七惠一樣精通花道，從玄關到各個壁龕，處處體現出千惠的美感。

下午快三點的時候，千惠聽到狗在玄關那裡大聲吠叫，她一聽就知道那狗在受罪。千惠對這狗的聲音非常敏感，就像對自己的孩子一樣。她過去看是怎麼回事——一定是大坪又在折磨老狗了，真是太不像話了！

受苦是我們人類的天命。

田中家裡前天舉行了超度法事，就是大坪去幫忙的，今天田中夫婦提了些禮物來林叟院向大坪和鈴木夫婦道謝。快到廟門口時，他們看到大坪像醉漢一般從廟裡一路跌跌撞撞走下來，嘴裡嘟嘟噥噥，臉上和襯衫上濺滿了血，脖子那裡的血更是順著頸子往下淌，這情形讓夫妻倆嚇了一跳。大坪喃喃地說著要去警察局之類的話。接著，田中夫婦聽到廟裡傳來慘叫聲，是歐巴桑在呼救。

他們衝到玄關，撞入眼簾的景象慘絕人寰。千惠靠著牆壁倒在一個木柴爐旁，整個身體都浸透了血，歐巴桑拿著條薄薄的毛巾，徒勞地想止住女兒頭上汨汨流出的鮮血。千惠的旁邊是那隻老狗，癱軟的身體在血泊中毫無生氣。不遠處，一把沾滿血跡的斧頭扔在地上。田中先生立刻跑去打電話叫醫生，不知發生了何事的鄰居們也都急忙趕來。

有一位叫曾根的和尚每週都從靜岡市過來上俊隆教的英語課，今天到得比較早，他飛也似地騎上自行車去瑞應寺向杉山報信，讓他趕快過來。消息迅速在村裡傳開了，可是醫生還沒有趕來。

包一和乙宥還在河邊玩，他們看到杉山騎著自行車沒命地趕路，孩子們知道他一定是去林叟院的，不知為何這樣著急，便好奇地隨後回家看個究竟。包一他們從村裡一路爬上山，經過寺院的鐘樓，走過擠滿鄰人的前院，進到裡面，看到了那可怕的情景，他們眼睜睜地看著媽媽被眾人抬出去。

安子和妹妹緒美正在回家的路上，一位鄰居跑來說：「快點啊！你媽出事了！」姑娘們跑回家，看到媽媽不省人事地倒著，歐巴桑在照看她。家裡到處是血。她們和兄弟們站在一起，無助，震驚。

俊隆正在城裡，一位商人攔住他，將聽到的消息告訴他。俊隆騎上自行車衝回林叟院，看到廟門口已經有警車停著了。然後他看到了自己的妻子，他痛苦地呻吟著，跪倒在妻子跟前。

很快，俊隆和歐巴桑坐上警車，跟在救護車後面去了醫院。大坪在千惠的臉上、頭上砍了七斧，醫生已經無能為力了，千惠的生命跡象在漸漸消失。俊隆和歐巴桑一直陪著千惠，直到她當天晚上八點離世。

回到家中，俊隆已被悲痛撕碎，他把呆愣愣的孩子們叫到一起，用他以前未曾有過的謙卑、溫柔的語氣向他們說話，悲傷溢滿了他的話語。俊隆告訴他們媽媽死了，是死在大坪手上。他說：「請不要恨這個殺死你們母親的人，應該恨的是我，是我沒聽你媽媽的話，沒聽歐巴桑和你們的話。」然後他說：「從現在起，我們生活在一起吧。」

俊隆逢人就說妻子的死責任在他，「是我的錯，」他對既是繼親又是知己的天野說，「是我太固執了。我就是不肯低頭。我錯得太厲害了。」

末常泰男來林叟院弔唁，他一見到自己的老師就放聲大哭：「我住在這裡的時候，她對我那麼好。那些缺吃少穿的日子，是她餵飽我的肚子，她自己那麼多事都忙不過來，還給我洗衣服。」俊隆點著頭，淚流滿面，「是我的錯。我讓她做她做不到的事，我逼她做根本不可能做到的事。」

歐巴桑默默地接受了俊隆的懺悔，接受了他痛徹心扉的悔恨。她沒有改變對俊隆恭敬的態度。歐巴桑滿懷巨大的悲傷，可是她的內在無比強大，能夠為了家庭承受住這樣的慘劇。她的第一個孩子年幼時就在河裡淹死了，第二個兒子打仗時死了，千惠是她最後一個孩子，現在竟然在三十九歲的年紀死在一個瘋僧的手裡。絹奶奶歐巴桑沉著鎮定地承擔起照料廟內一切事務的職責，她鼓勵俊隆振作起來，繼續他自己在外面的責任，歐巴桑的力量注入到整個家庭中。沉溺在喪女的悲痛中不能自拔不是歐巴桑的風格，她覺得那樣有愧於女兒的一生。

父親說不要恨大坪，此話包一聽得進去，他覺得父親說得對。可是包一也無法恨父親。對這場悲劇，包一的解釋更傾向於這是家族的命運，是超出自己理解範圍的。

可是姐姐安子不能以這樣哲理性的超然來調整自己的心態。事件剛發生的一段時間，她太震驚，什麼都說不出來，什麼都想不了。等她終於緩過神來後，她將母親的去世歸罪於自己的父親。就算父親現在口口聲聲說是他的錯，又有什麼用呢？媽媽已經死了，安子不能原諒父親。父親的確變得溫和了許多，可是當安子因噩夢驚醒，大聲呼喚「媽媽」的時候，父親用一貫的粗暴態度呵斥她。千惠死後，俊隆的確盡他所能又當爹又當媽，但孩子們的喪母之痛無法從父親那裡得到撫慰，只有歐巴桑，雖然不能完全替代千惠，但多少填補了孩子們的失落。安子作為長女的作用變得前所未有地重要，她決心要為了弟妹們堅強起來。她是孩子中哭泣得最少的一個。

小乙宥想不到該恨誰，也不會去想為什麼會這樣，他只想要媽媽，他抱著歐巴桑不停地哭。緒美呢，這個最脆弱的三女，總是做夢似的恍恍惚惚的女孩，她變得更加沉默，愈發緊縮在自己封閉的世界中。

滿懷同情的人們來到廟裡慰問鈴木一家，緬懷千惠在世時的種種善行。之後的許多年中，人們都會不斷地對孩子們提及他們的母親，說她是多麼值得大家愛戴，她為大家做了那麼多，人們懷念她。千惠的自行車籃框裡永遠備著食物，好隨時分給挨餓的人。精神好的時候也好，生病時也罷，無論何時她都會照顧自己的丈夫和來訪的客人。她的一生，既充實又利益他人。

大坪因謀害鈴木千惠而受審，最終因認定其瘋狂而宣判無罪，被送進了精神病院。千惠死的那晚，俊隆將自己的鋪蓋搬到了孩子們的睡房，他們依偎在一起，在巨大的悲痛中默默無語。俊隆和孩子們一起睡了一段時間。現在，儘管照顧孩子們的是歐巴桑，俊隆也不那麼疏離了。他抱乙宥的次數多了，當孩子們說話的時候，他會專心地聽。俊隆的生命從此發生了深刻的改變，他的心柔軟了，他的耳朵開始聆聽。他的內心深處永遠留下了深深的傷痛，無法言說的痛楚。

我們的道無始亦無終，沒有人能從這樣的道中逃離。

包一的父親和過世的母親以前總是對他說：「學習！學習！」可是他只想玩。他經常不做功課，偷偷溜出去和村民的孩子到山下野地裡玩。他想當農民，不想成為一名和尚，可是他覺得自己別無選擇。夏天，包一會被送到林叟院的上級寺院石雲院去，在那裡像僧人那樣修行一陣；冬天，他也會去石雲院參加攝心。那裡的老師對包一很好，不拿板子敲他。他喜歡石雲院，強過喜歡自己家，只有一件事情不好，他們把他的頭剃光了，這讓他很尷尬。在家裡，他像別的男孩一樣留短短的平頭。

在家時，父親每天清晨都會喊「包一，起床！」包一捂在被子裡流連不已，俊隆就會將被子一把掀掉。有時候父親還會拖他去坐禪，坐禪後，依然睡意朦朧的包一不得不接著念經。他真是不想將來當個和尚啊。

有一天，他和父親一起騎車從城裡回家，俊隆突然說：「你知道吧，你不必非當個和尚。」

「啊？我可以不當？」

「可以啊。只要你努力學習，做什麼都可以，但努力學習是必須的。」

仔細想明白父親的話後，包一知道了，他父親並沒有讓他子承父業的意圖。那他將來做什麼呢？每當考慮將來的時候，母親臨死時的那一幕總是出現在包一眼前。廟裡有一些簡易的佛教讀本，他時不時地瞄一眼封面。終於有一次，他拿起了一本書來讀，然後又讀了一本，他開始想自己未來的人生。

俊隆也不時地帶包一去聽岸澤的演講。包一只有十二歲，聽不懂岸澤在講什麼，但他知道他在聽一位了不起的老師講課，就像俊隆聽丘宗潭演講時一樣。仿佛有什麼東西被一層一層地拂去。有一天，岸澤特地和包一待了一會兒，俊隆和野圦都遠遠地侍立著，不打擾他們。岸澤給包一欣賞一個貝殼，包一離開的時候，岸澤問他：「你想要那個貝殼嗎？」包一說想要，他得到了貝殼，帶回家專門掛在了一個地方。

只有放下一切的時候，才能成為一名好老師。即便是佛法的名號，也早已成了我們修行中受到污染的東西。那不是教法。老師本身的人格及努力才是真正的教法。

岸澤熱愛書籍，他博覽群書，也著作等身，他遊歷訪友時，也不忘搜尋自己從未讀到的文章。岸澤惟安死於一九五五年，他暮年最大的悔恨是自己在戰前及戰時曾支持過日本的軍國主義。在岸澤的教導下，俊隆無論在言語表達還是思維過程上都縝密精細，對戒律的理解和遵行也十分深入，坐禪更是下了極大的功夫。所有這些不僅對和尚而言異常珍貴，更是能助益所有蒼生的寶貴財富。禪宗有云，禪是超越文字言語的，俊隆跟隨岸澤受教這麼多年，覺得即便這樣表述，也只是半對半錯，差強人意而已。

誠摯的修行意味著對人有誠摯的關心。我們的修行建立在我們的人性基礎上。

一九五四年三月，一艘漁船回到燒津，船上的漁民都身染重病，原來美軍在太平洋的比基尼環礁進行氫彈爆炸試驗，導致這些漁民遭受了大劑量的輻射污染，並造成其中一人死亡。另外，在漁民們尚未明白發生了什麼事情時，他們捕獲的魚已經流向了市場。成噸成噸的魚被銷毀，有傳言說整個太平洋海域的海洋生物都遭到了核污染，日本舉國上下都陷入恐慌。反美的言論開始盛行，美軍的這次舉動被認同為投下了第三顆原子彈，前兩個因為是戰時，還情有可原，這次的行為則不可原諒。美方沒有道歉，也不承認錯誤。在這樣的形勢下，俊隆參與了一些既有美國人也有本地人參加的會談。他在其中沒有權威的地位，但只要有機會發言，他總是會鼓勵雙方冷靜下來。全國各地情緒化言論層出不窮，既歇斯底里又自我正義化，對此俊隆堅決反對，他認識到，大多數這樣的言論其實都是混淆視聽的政治手段。

有些人認為俊隆總是站在美國那邊，可是當人們組織反對美國核子試驗的遊行時，俊隆決定參加。寺院方面的人告訴他不要介入這樣的事，說會招致親共嫌疑。在各國共產黨組織中，日本共產黨相對而言較為溫和，在日本議會中佔有議席，他們在比基尼事件上表現很活躍。俊隆說，只要是反對核武器的活動，不管是哪方組織他都樂於介入，這和政治信仰無關，只是為和平發出一點小小的聲音。俊隆不是大聲疾呼的領袖人物，而是默默無聞和眾人一起做事的螺絲釘，做他認為是正確的事情。

山田正治是林叟院一位年高的檀家，就住在寺院門前山坡的下方，這些年來俊隆的每一步經歷他都看在眼裡。正治的家族是村裡最古老的家族，家風保守嚴正。正治對俊隆參加遊行並沒有異議，他說：「人人都知道他是和平主義者，而且他還親美，但他不會把自己的觀點強加在別人身上。俊隆桑和祖溫一樣，是個和尚該有的樣子。他誦經誦得很好，而且從不說教。」

從林叟院往下走，到溪流拐彎的地方，就是俊隆每日裡掃地掃到的那戶檀家門口，這戶人家姓山村，住在樸素的稻草葺頂的農舍裡。一九五六年，山村昌生已經是二十二歲的小夥子了，他經常在家門前忙碌，俊隆總是會和他打招呼，閒聊兩句。

年輕的昌生很珍視和俊隆聊天的機會，當年還是孩子時，他曾盼望到了歲數，能進俊隆的「高草學習塾」學習，可惜學習塾在一九五一年就停辦了。不過即使兩人之間只有偶爾的清晨交談，昌生還是覺得自己從俊隆那裡學到了很多。對昌生來說，俊隆與眾不同。

昌生是從俊隆那裡第一次聽到「國際主義」這個詞的。俊隆對自己年輕的朋友說，日本人應該從他們在三、四〇年代所犯的錯誤中接受教訓，一定要幫助世界走出冷戰。俊隆不會一次說很多，但他每次說話都很用心，隨著時間推移，所談的內容竟也不少。

有一天，俊隆說道：「我們應該教育自己的國民瞭解其它民族的生活及思考方式，還有他們的語言。如果想要世界和平，我們想問題的時候一定要在全世界的層面上思考，不應該僅局限在本國的視角範圍內。」

有時候，他也會提到自己經年的夢想：「我真想越過邊境啊。」

「為什麼？」

「我想做更多的事，比現在做的更多，不是只在這裡照顧檀家。」

「那您想去哪兒呢？」

「出國，也許是美國吧。」

「您想出國做什麼呢？」

「教導佛法，為了世界的和平。要是我能做這件事，我的人生就圓滿了。」

昌生明白，俊隆對他說的這些，很可能從未對自己的家人或同行和尚們提起過，大多數人的世界觀都很狹隘。家人也好，共事的和尚也好，還有檀家們，都信賴俊隆，俊隆也信賴他們，可是未必人人都理解俊隆的夢想。

人被石頭絆倒，跌在地上，靠著同一塊地，他才有可能再站起來。你總在抱怨，因為你覺得地有問題，是地讓你跌倒的。沒有地的話，你當然不會跌倒，可是你也不能站立了。跌倒、站起來，都是地給你的巨大幫助，多虧了大地母親你才能修行。你是以大地為禪堂修行，大地同時也是你的問題。問題就是你的禪堂。

在陶藝師靜邨家裡，俊隆喜歡脫了外袍躺在榻榻米上，甚至還會喝酒，不過他要小心自己的酒量，喝不到兩口就睡過去了。他不太喝酒，酒量是眾所周知地差。要是靜邨不在家時，俊隆會和靜邨的兒子打個招呼：「見諒了，我覺得這裡像在自己父母家裡那樣舒坦呢。」就抓過枕頭和衣而睡。靜邨那裡的客人不多，俊隆若是看中了哪件陶藝作品，會掏出錢包裡所有的錢給靜邨買下那個陶碗或陶杯，只給自己留下夠買回去車票的錢。俊隆的錢從來就不多，所以通常他付的錢比本來價格低。有一次靜邨的兒子對父親說俊隆買盤子付的錢太少了，靜邨正色告訴兒子，別把俊隆和一般人相提並論。

「要是每個客人都如他一樣該多好啊，」靜邨感歎道，「我就不必尷尬地提醒他們該付多少錢了。你可不要把他也當俗人對待。」

靜邨比俊隆大十歲，俊隆在心目中簡直把靜邨當成他師兄輩的和尚一般看待。戰後，靜邨開辦陶藝班，俊隆因為沒錢付學費，就沒去參加。靜邨將他罵了一頓，說：「你當讓你來學是為了你自己怡情養性啊！」於是俊隆就一直去學，有錢就交費，沒錢則白上。俊隆將靜邨當成自己的老師之一。

靜邨給俊隆看一個漂亮的大陶罐，上面帶了他的作品所特有的深紅色斑痕，他對俊隆說這個可不賣。「那太好了，」俊隆說：「正好給我拿走。」他真拿走了。後來靜邨和兒子去林叟院，給俊隆帶去了特製的木盒，專配那個陶罐。俊隆請靜邨給陶罐起個名字，用煙灰墨把名字寫在盒子上。靜邨提筆寫道「僧竊之罐」，俊隆樂壞了。

靜邨的長子死在戰場上，他的骨灰歷經周折，終於運回了故鄉。舉行葬禮的前一天，俊隆穿著平日工作時的衣服，來到靜邨家做各種準備。第二天，他穿上自己最雅緻的僧袍，主持了整個儀式。這個葬禮儀式，俊隆深深地用心用情，但大多數儀式並非如此。

俊隆從十三歲起就在無數的人家舉行超度儀式，這仿佛是他的天命。儀式後，家屬用精美食物招待他，把葬儀費用白色信封裝好，再繫上黑色絲帶，交給俊隆。晚間，俊隆有時和朋友一起去麵店或酒館吃飯。在燒津，俊隆很受尊敬，人緣很好，但他的生活內容只是盡和尚的職責以及和朋友交際，這樣的生活不是當年那個理想主義的年輕俊隆所想要的。

大多數的日子裡，俊隆清晨起來做完早課就騎自行車去城裡，一天裡除非有葬禮要主持，或有會議要開，不然他會在城裡混到晚飯後，甚至直到要睡覺的時候。他在附近的幾間培訓寺院裡有些職責，但所做的也不過是教教如何舉行各種儀式，或者培訓年輕和尚，他們來受訓的目的只是想趕快拿到資格，好從父親手中繼承家族寺廟。至於培訓時嚴格的修行，一旦目的達到後，立刻就丟到九霄雲外了。俊隆既然做這些職務，當然也就不可避免地攪進所謂的「寺院政治」中。俊隆不僅對耳聞目睹的禪宗現狀深惡痛絕，對自己本人的狀態也深感厭惡。在寺廟體制裡，俊隆也有好朋友，但不能交心。

現在，雖然俊隆和孩子們以及歐巴桑一起吃早飯，而且和千惠在世時相比，他對孩子不再那麼疏遠粗暴，但孩子們還是不常見到父親。包一已經受戒出家，當了僧人，就要去駒澤大學了。乙宥還在上小學。安子則去東京上大學了。

緒美已經不在家中居住了。母親去世三年後，緒美的行為開始變得怪異，她會不分場合地大笑起來，還會離家遊蕩，不知道回來，必須去找並將她帶回家。她在學校適應不良，還在商店偷竊。她的行為越來越出格，最後俊隆帶她去看家庭醫生小澤。小澤醫生建議送緒美去專門機構治療，他認為家裡已經無法照顧緒美了。到一九五七年，緒美已經在一家治療機構中待了好幾年，俊隆和兄弟姊妹們經常去探望她。

即今為止，俊隆已經開辦了兩家幼稚園，園長都是美津。一九五四年四月，俊隆在火車站附近開辦了常磐幼稚園的分部。第二家幼稚園是應人們的需求開辦的，園舍都是嶄新的建築，還專門建了供美津居住的地方。每天早晨俊隆和幼稚園老師會面，也會見到美津。

從幼稚園出來後，俊隆會去拜訪朋友。如果沒有其他事務，俊隆就去天野開的旅館裡交際，喝茶、下圍棋什麼的。他有時也去森町的藏雲院，拜訪憲道和他的兒子昭孝，昭孝已經不情不願地當了和尚。離開森町前，他總要到靜邨的家庭工作坊逗留。俊隆的朋友，比如說天野，會在林叟院舉辦生意上的聚會，並請藝伎。俊隆也參加，和眾人同樂，但從心底而言，他並不想要這樣的生活。

從各個方面說來，俊隆的生活都是充實的，也是有用的，但並未讓他滿意。如果他不能像他曾經遇到和學習過的偉大老師那樣去修行，去傳法，他永遠都不會滿足。俊隆欠這些老師的恩，他必須回報，將他接受到的薪火傳遞下去，在更深刻的層面上和人們交匯。他騎車在路上，不時地有人跟他打招呼：「方丈桑好啊！」他心中甚至開始厭煩，這樣的客套裡面根本沒有真正的人與人的聯結。俊隆覺得自己毫無作為，不過因循度日而已。他不禁想起當初和蘭瑟小姐在一起的那段日子，感到自己又一次偏離了方向。他變成了當初自己最不想成為的那種和尚——滿是瑣碎的職責，卻龍困淺灘，困在燒津，眼看歲月蹉跎。

出國的念頭一直在我心中，哪怕我已經放棄了。我以為我放棄了，但我沒有。

第九章

出路 一九五六－一九五九

如果你在生命中遭逢了巨大的困難，彷彿尼泊爾的高山橫在你面前，感覺根本無法翻越，你要知道肯定有路可以翻越此山。

俊隆經常在曹洞宗總部遇見自己的朋友山田義道。一九五六年時，義道不經意間問俊隆是否肯去舊金山待一兩年，去給那裡的和尚渡羽瀨保道當助手。義道知道俊隆是大和尚，從心底不認為他會對當助手有什麼興趣，不過因為俊隆學過那麼長時間的英語，對美國又很有興趣，就向他提了這麼一嘴。這個職位階位低，薪水更低，義道無人可派。俊隆說他不介意當助手，也不在乎錢少，只是祖溫從一九一八年開始就重建林叟院了，這是個任重道遠的工程，在林叟院重建完成之前，他俊隆哪裡都不能去。

一九五八年九月的一天，義道經過林叟院，再次跟俊隆提及找不到人去美國，渡羽瀨在六個月前已經回日本了，只是在名義上仍負責舊金山的寺院，實際上一切都丟給了一位快退休的尼姑和一名兼職僧人，那僧人還在忙著寫博士論文。義道想要立刻派人過去做渡羽瀨的助手，他甚至任命了幾次人選，可是人家都拒絕了。舊金山已成了個爛攤子，總部的人雖然嘴上不說，其實都不想讓渡羽瀨再回那裡，因此說起來是派助手，實際等於派人去當住持。

「你去不去？」義道半開玩笑地說：「那裡亂得很，不過你倒是有可能把它理順。」

「他們現在的問題不是我造成的，因此就算我處理不了，他們也不會怨我。」俊隆說，他相信自己到那裡會自由得多。

一個月後，義道又一次順路拜訪林叟院，那是個微風吹拂的美麗秋日，山坡上、路面上滿是色彩斑斕的秋葉。俊隆招待義道喝茶，一邊問他：「你現在該找到人去美國了吧？」

「沒呢，」義道說：「那裡廟董會的小宮桑隔幾周就來信催我。真是煩惱啊。他都寫了幾年了。」

「我去吧。」俊隆說。

「對啊，你懂英語，你要能去再好不過。可惜你不會去的，不過你要真走了，我會想死你的。」

「我去。」俊隆又說，義道這才感覺到他是認真的。

義道大為驚訝：「你是說真的啊？你開玩笑的吧？」

「不，我認真的。最近幾週來我考慮得尤其多。我能去的，只要把林叟院和我家裡的事處理好，我六個月內就能動身。」

「要是我去美國，你沒問題吧？」說這話時，俊隆正和包一在火車上，包一在駒澤大學上二年級。俊隆去東京和義道見面，不過他想先和長子談談。他告訴包一自己可能會在美國待三年，等他回來時，包一應該在永平寺修行。

包一知道自己不可能讓父親改變決定，不過父親能找他談，他還是很開心。他倒沒有太吃驚。可是，父親對檀家的責任怎麼辦？

「誰來照管林叟院呢？」

「我們的朋友都會來幫忙的。」

「那您在別的寺院的事情呢？還有幼稚園呢？」

「我已經五十四歲了，再有一年就退休了，該給別人機會出來做了。」

包一覺得父親應該等他這個做兒子的讀完大學，在大本山寺修行結束，可以繼承他的衣缽後再走，他應該在包一當住持前一直照管林叟院，那樣才算盡到了父親的責任。三年的時間可不短，不過包一心裡清楚，一旦俊隆決定要做的事，任什麼都無法阻止他。

「如果您必須去的話，請儘管去吧。」

「你要學好英語，」俊隆說，「說不定你能過去幫我的忙。」

俊隆已經和安子說過了，安子現在住在林叟院，在最早開辦的那家常磐幼稚園上班。安子對父親說，她知道那是父親持續一生的夢想，她當然會支持他的決定，但是在父親離開前，她想要把婚結了。俊隆同意了。安子的心中已經有人了。俊隆說他可以讓天野出面，讓雙方見面談談，把事情定下來。

乙宥現在上初中，平時主要是歐巴桑照顧他。知道父親要離開，他很不願意，更害怕大人們會決定讓自己跟父親一起去。他也不知道該怎麼辦。要是父親像上次那樣，又被雀蜂[1]螫了該多好，那樣的話，父親就只能躺在床上，一躺一個星期，乙宥從來沒機會和父親一起待這麼長時間。歐巴桑則告訴俊隆他大可去美國，但必須帶上乙宥，把孩子留給她一人，父親完全缺失，是不行的，那責任太重大了。俊隆說安子會幫著照應的，他不能一下子就把乙宥帶過去，等過一段時間倒是不妨接孩子過去——等他妻子也過去之後吧。

「妻子？」歐巴桑愣住了。

俊隆解釋說，他得再找個妻子，美國那邊的寺廟要求派一位已婚和尚過去，義道都跟他們講好了，派去的就是已婚和尚。俊隆申請護照的材料都是按已婚來準備的，因此當務之急是他得趕緊找人結婚。俊隆問歐巴桑他該娶誰呢？「那只能是美津。」歐巴桑說。

「是，當然了。」俊隆回答。

1 原注：一種大胡蜂。

美津的名字不是第一次出現在這樣的話題中。俊隆喪妻後一年，一些檀家就建議他再婚，那時候歐巴桑絹奶奶就說只能是美津。人們私底下八卦得很熱鬧，但兩個當事人卻遲遲沒有表態，直到最後事情都涼了。之後，他們各自都說是對方不起勁，太固執。

當然是美津啦。

他們合作共事很多年了，兩人都互相愛慕。美津夠強硬，足可以和俊隆棋逢對手；俊隆也能夠接受她的獨立。他倆各自都與眾不同地「怪」，還正好怪成一對，恰到好處，每個人都覺得他們除了彼此，沒其他人配得上，一般人配不了這兩位，就是不般配。他倆真是天造地設的絕配。

歐巴桑去和美津提親了，美津二話不說就答應了。她說就憑奶奶親自出馬來跟她講，那她美津本人情不情願都不在話下了。其實，美津是個性極強的女人，哪裡能被任何人說動。俊隆嘛，雖然個頭不比她高，但人樣子還是很英俊的呀。

這一段時間來可把天野忙壞了。檀家們分成了好幾派，有的支持俊隆去美國，說理解那對他來說有多麼重要；有的無所謂，只要有和尚來做儀式就行。但大多數人都持反對態度，有的還非常激烈：他去那裡做什麼？把我們都扔掉不管了？有人還說他想離開，是因為他妻子被殺的丟臉事，全日本的禪宗界誰不知道這事？燒津還有風言風語，說他是想逃避檀家的指責，都說他不務正業，花太多的時間和朋友交際。然而這一切紛爭歸根到底，還是俊隆受人歡迎，人們不願意他離開罷了。再說大家還認為這事關原則，開會時有代表說：「這是他該待的地方！這是他的職責！」有的人說要麼去一年吧。天野安慰大家，三年的時間很快的，俊隆走了，會派很好的和尚來接替他工作的。

老牌無政府主義分子加藤弘造心直口快，預言俊隆不會回來了：「你們以為會怎樣啊？唉，我的朋友方丈桑這把骨頭要化成美國的土囉！」

問題還不止這些。就像當初一九三六年時，俊隆剛剛就任住持一職，就突然提出要和千惠結婚一樣，天野告訴廟董會成員俊隆又要結婚了。一部分檀家堅決反對俊隆和美津結婚，不過在開了又一輪商談會後，天野終於說服了他們讓俊隆結婚吧。

十二月初，安子結婚了。一週後，俊隆和美津的婚禮也舉行了，只請了私交好友，晚上辦了個小小的婚宴。安子的丈夫搬到林叟院和她一起住，他們同意在俊隆回來前，一直待在林叟院幫歐巴桑的忙。

美津還是住在幼稚園，除了為遠行做準備，她和俊隆的日程仍和過去一樣。美津暫時留在日本，不和俊隆一同出發，等他過去做些安排，再將美津和乙宥接去。俊隆根本沒多考慮美津和乙宥，他覺得到時候一切都自會安排的。再有幾個月就要出發了，太多的事情要忙了。

＊

不要說太遲了。

林叟院的重建工作，俊隆以緩慢的進程進行了幾十年，如果不刻意規劃好，集中進行大規模改造的話，這事可以永無休止地磨下去。義道將去美國的事情定下來之後，俊隆開始籌集更多的資金來進行寺院改建，在天野的幫助下，廟董會終於撥出了足夠的專款來將這件事情最終完成。

大部分的建築我都按最初建廟時的原有面貌來恢復。這麼做很困難，花費更多，有的人還覺得不好

看，所以誰都不同意我的想法。他們說那簡直是胡鬧，可我認為我一定要堅持。林叟院的重建花了很多年的時間，我在那裡的整個期間都在做這件事，不停地研究最初建廟時建築的風格及細節，極盡努力去完成重建工作。

俊隆堅持要茅草葺頂，花了大錢，結果稻草頂並不結實耐用。每年用來維護的費用很高，每隔五年左右，一面的屋頂就得全部更新，椽子間存滿了備用的稻草。所以如今俊隆也放棄稻草頂了，改選更現代的方案，同意使用瓦頂。主殿有三百年的歷史，大部分的大樑還能用，但也有許多需要修補替換的細節處也有諸多工作。雖然許多檀家希望將廟宇改建成更現代的風貌，俊隆卻在寺廟木工和材料上堅持最傳統的工藝，同時也是最昂貴的。廟眾和鄉鄰們都來參加重建，俊隆通常都和大家一起工作，流汗出力。

寺廟建築的翻新不能只考慮到功能，最重要的是讓修行傳遞下去，讓後來者感受到我們的責任。你沒注意到的地方，反而是關鍵。

到一九五八年的春天，開山堂、祖師堂和經堂等幾處主要建築及鐘樓的重修終於都完工了。三月和五月都舉行了典禮，慶祝重修工作的完成，俊隆前後總共有四十年的歲月都與林叟院的重建相關，他感到這是祖溫特意留給他來完成的任務。祖溫在世的時候，只完成了庫裡[2]、禪堂及佛殿兩邊側翼的工

2 原注：家屬生活區。

作。祖溫曾經和俊隆說：「我願意的話，可以把這些事情都做完，但我得留點東西讓我的弟子們去做。」俊隆當時聽不懂祖溫的意思，為什麼不抓緊把工作都做完呢？後來他意識到，這是祖溫所傳之法的一部分。

下決心來美國的那會兒，我跟一位廟眾說如果我能早十年動身去美國，我也許還能做不少事情，也許現在再去太晚了。我的英語丟得差不多了，而且我也覺得自己可能做不成什麼事了。但後來我又想，十年前我對佛法的體會沒有這麼深。因此也許我留在日本，完成師父交給我的任務，是更正確的選擇。

一九五九年五月十八日，是俊隆五十五歲的生日，也是他出家四十二周年。俊隆帶著包一去藏雲院的墓園給他的父親祖岳和師父祖溫上香。俊隆曾在藏雲院和祖溫朝夕相處，就在這裡，他曾問師父：「我去美國好嗎？」祖溫的態度強硬：「不行！」

二十九年過去了。現在，祖溫的回答一定會是「好啊」。祖溫多麼正確，這些年裡俊隆學到了多少啊！祖溫造就了他，指引了他，俊隆多麼感激他。祖溫死了，留下那些朽爛的大樑，俊隆明白那是有用意的。他在祖溫墓前誦讀《心經》，心中充滿感恩。幾十年來，他對祖溫的感恩之情不斷加深。後來他說：「我向父親上香的時候，心裡滿是哀傷；可是我向師父上香時，淚水滾滾而下。」

俊隆和包一也去給另一個人上墳，那就是丸七惠，俊隆把她當成祖溫的妻子。他們掃了墓，上了供品。丸七惠是六年前去世的，她在世的時候，每次俊隆帶著包一或其他孩子們去藏雲院，都會去看她。她活到年高，最後眼睛基本瞎了。俊隆他們總是帶水果、糖果等禮物給她。

正當俊隆準備美國之行時，美津病倒了。她疲倦無力，咳個不停，去看了好幾個醫生，誰也不知道病因到底是什麼。美津不想讓俊隆在自己病好之前就離開，至少等查明病因吧，她覺得自己大概要死了。俊隆不停地來看她，但卻沒有延期出發的打算。美津的病是慢性病，而且直到最後俊隆走之前，美津還是不知道自己生了什麼病。餞行的宴會上，美津把委屈抱怨都吞進肚裡，隱忍不發。

俊隆的姊姊們和同母異父的哥哥都來參加告別宴會了，還有小澤醫生一家、靜邨一家，天野全家和加藤全家也都來了。當年去滿洲時的小嚮導加藤太郎二十六歲了，他向俊隆敬酒：「祝福你踏上又一個冒險征程！」

許多和俊隆共事的和尚也紛紛前來道別；義道來了——他終於找到人去美國了；岸澤的繼承人野圦和丹羽來了；瑞應寺的杉山一直以來都幫助俊隆，也來道別；還有藏雲院的憲道和其他許多人都來了。不過誰也不願和俊隆交換位置去美國。「高草山集會」的成員也來林叟院向俊隆致以祝福，他們感受到俊隆的興奮，都為自己過去的老師驕傲，在舉國瘋狂的年代，他一直是他們的明燈，也是陪伴他們的益友。

「我們是不羈的人！」末常向俊隆敬酒。宴會後他跟俊隆說，如果俊隆要出書，可以找他。末常在出版界工作，俊隆曾給他寫信說也許有一天會要他幫忙。令人深感遺憾的是，他們中最出色的西中間正雄未能到來。戰後，西中間沒有停止對真理的追尋，不過他轉向哲學思辯，而不是佛法修行，在經歷長期的精神苦悶後，他於一九五五年自殺。俊隆第二天去機場的路上，去看望了正雄的弟弟重雄。

五月二十一日，清晨的涼意襲人，燒津市西天的雲彩剛開始泛紅，俊隆佇立在林叟院的池塘邊。他剛完成當天的早課，這是在林叟院的最後一次早課。錦鯉在朦朧水色中遊動，小蝌蚪迅疾地來來回回。

別了，那塊大石，如今已苔痕斑駁。別了，青蛙們。當陽光照射到山坡上的竹林時，空氣溫度迅速升高，竹節脹起來，迸發出各種音階的短促的「劈啪」聲，在這靜靜清晨彙集成一首奇異的驪歌。

汽車出發去火車站，俊隆隨身只帶了幾件行李，其他的都先走海運了。他穿著和尚行腳時的裝束，脖子上還繫了絡子，腳上穿的是白襪子、草履。

「您去美國不該穿上西裝皮鞋嗎？」安子的丈夫半開玩笑地說。

「義道桑說以前去的和尚就是穿新皮鞋新西裝的，皮鞋光亮。我就穿我這僧袍去，頭皮光亮。」

俊隆向歐巴桑道別，感謝她多年來的幫助。他們默默地站了一會兒。「保重。」她說，上身微微前躬，表示敬意，目送車子離開。

那天晚上在羽田機場，安子和他的丈夫、包一和乙宥、美津和她的女兒久美、繼親天野及「高草山集會」的成員們，這些人都來為鈴木俊隆送行。

「努力學習啊。要表現好，要聽歐巴桑的話，她可是個了不起的女人。」俊隆在入口處對乙宥囑咐道。

登機廣播響起，俊隆以及送行的親友們都鞠躬致意，揮著手大聲地說：「再見！」「保重啊！」俊隆走上通道，一路不停地回頭，向上張望玻璃另一邊的親友，他揮手，燦爛地笑著。裡面送行的人也不停地向他鞠躬、揮手。

俊隆一隻手拎著一個又大又扁的棕色紙包，包的是林叟院送給桑港寺的禮物，另一隻手揮舞著一束鮮花，他一面走向停在柏油跑道上的飛機，一面對送行的人們大笑著，做著鬼臉。一個快樂的人，手舞足蹈地去美國了。

第二部

在美國 一九五九－一九七一

第十章

新的一頁 一九五九

當我來美國時，我下定決心，要掀開嶄新的一頁。

一九五九年五月二十三日，鈴木俊隆來到了美國，十幾位衣著保守的當地日裔長者等在舊金山機場門口接他，他們是桑港寺下面六十多戶檀家的代表。全美國的曹洞宗寺院寥寥無幾，桑港寺是灣區唯一的禪寺。歡迎的隊伍中有一位叫加藤和光的年輕人，就是那位目前負責寺院工作的兼職和尚。加藤很好奇這位鈴木和尚是何許人也，為什麼會在這個年紀來美國呢？

鈴木出來了，全體歡迎人員都正式鞠躬致意，歡迎的言辭禮貌且熱情。這位鈴木和尚親切隨和，但顯而易見是個傳統僧人，身上看不出一點西洋味道。他沒有咄咄逼人的氣勢，不胖不瘦，個頭比孩子高不了多少，在年長的日本人中也顯得個矮，他身上散發出興致勃勃的光芒。鈴木終於來了，對此沒人比加藤更感到高興的了。加藤二十八歲，自從渡羽瀨保道離開美國回日本後，加藤代理桑港寺事務已經有一年半了。一九五二年，加藤二十二歲時來到美國做渡羽瀨的助手，他去舊金山州立大學學英語，目的是為了能更好地和年輕一代廟眾交流，誰知他對西方學術環境一見傾心，從此再也沒停下學習的步伐。那位既固執又精力無限的渡羽瀨離開後，加藤盡己所能地打理桑港寺的事務，已是筋疲力盡。他正忙著完成比較哲學專業的博士論文，桑港寺那邊廟眾又付不出錢給他，他還得時常找份粗活去做，養家糊口。無論如何，桑港寺的職責事務不能耽誤，加藤長期以來要做周日法事，主持葬禮，以及其他一應瑣碎。對老一輩的日本移民，他很尊重，但他覺得桑港寺的一切就像回到日本，是那一套老舊陳腐情形的翻版，他陷在自己根本不感興趣的責任中不能脫身。他喜歡和自己的詩人、藝術家朋友們在一起，徜徉在生機勃勃的大學校園裡。

加藤載著鈴木一路向北，鈴木沿途所見舊金山的種種景象，都顯示出這個國家的富裕程度。倉庫林立，各個郊區都有新建的住宅，一排排卡車停在物流集散中心，曾經的沼澤地已經填平，燭臺公園的地基已然成型。接著，城市那低低的白色天際線躍入眼簾，瀟灑俊俏。車窗外，一個又一個海灣不時地一閃而過，海灣裡建有船塢、碼頭，水面上有帆船，也有貨輪開過。

路上行駛的汽車都很大，而且車子那麼多，五顏六色，各種牌子的都有，自行車基本上見不到。馬路很寬闊，兩邊都是寬敞的維多利亞式房子。到處都是英文的招牌、看板，認都認不過來。

正當加藤開車時，海面上湧來一片白霧，不知不覺籠罩了城市，太陽光消失了。旁邊的人行道上，行走著各色人種，有白人、亞洲人、西班牙人和黑人。很快，路上的亞裔人數多了起來，目之所及，日文的商店招牌比比皆是，防火梯上放置著盆景。車子在一座建築的拱形門前停下，門內有長長的走廊通向深處。

鈴木下車，舉目觀看這座奇怪的建築。這是座木結構的三層樓，已有歲月風霜的痕跡，兩側有仿摩爾式的塔樓，中間是寬寬的白色陽臺，有花哨的柱子，整個立面充滿了羅馬風格的裝飾細節。加藤解釋說這裡曾經是猶太教會堂，對學建築的學生來說，這棟樓可是標誌性建築。整座樓共有三個拱形門廊，中間的那個最寬闊。建築的漆色已經剝落消褪，本來表現出的威尼斯大理石效果已經完全看不出了。這樓看上去很老舊，不過仍可以想像它全盛期時的亮麗堂皇。一塊木牌子上寫著：桑港寺 曹洞宗 布希街一八八一號。樓內前廳比較侷促，天花板很高。經過前廳，是一段有紅木欄杆的樓梯，從樓梯上俯視可以看到門廳，門廳裡除了一張毫無品味的木頭長凳，什麼都沒有，顯得昏黃怪異。

加藤知道這座牆面剝落的老建築和鈴木見過的任何一座寺廟都毫無共通之處，看到鈴木臉上無法掩飾的驚訝表情，加藤很同情。沒有榻榻米，沒有障子，沒有日本木器，花園則連影子都沒有。為了迎接鈴木的到來，加藤和廟眾們打掃了房間，不過他心裡明白這地方實在沒什麼值得驕傲的東西。上樓梯後，他們走進一扇雙開門，裡面是間大房間，七十多位中年及老年的日本僑民坐在高背長椅上等著迎接他們的新住持。

鈴木隨著加藤走過磨損的地板，天花板上懸掛著圓柱形的紙燈籠。他們踏上一個大講臺，上面擺放著鮮花、坐墊和儀式用具。鈴木緩緩地跟著加藤，來到佛龕前停下，佛龕裡供著兩英尺高的觀音塑像，前面放著堆成金字塔狀的水果、瓶花，還有三支點燃的蠟燭。加藤在一架黃銅大鐘前跪坐好，等著鈴木舉手合十。鈴木端立不動，整個房間鴉雀無聲，他不慌不忙地站著，就像花瓶裡的那些花，然後舉起雙手。霎時間渾厚洪亮的鐘聲響起，在高高的天花板下回盪。三次大拜已畢，鈴木和在場眾人誦起《心經》。之後鈴木轉身面對大家，再次合十鞠躬——他的誠摯、溫暖和權威全都通過臉上的表情、身上僧袍的穿戴和雙手的一舉一動表達出來。他說他很欣慰，自己終於安全抵達美國，感謝大家的迎接。在座的日僑都有年紀了，對本國傳統依然恪守不渝，都很嚴肅地向他鞠躬回禮。

鈴木第一次坐飛機，飛過了地球表面最遼闊的海域。他離開了一套職責義務，前往另一套職責義務，離開了已知，奔向未知，來到這座黯淡陳舊的建築，見到這些充滿期許的人們。飛機上的沉思遐想隨著到達目的地而結束，仿佛已然度過前生與今世之間的中陰期。生命轉換了場景，鈴木毫不猶豫地進入了他的新角色。佛堂內，他在廟眾中泰然自若，仿佛一只訂做的花瓶，放入了專門的壁龕。

鈴木和桑港寺的長老們共進了午餐，然後去日本城轉了一圈。加藤手裡拎著兩大袋日本店主們送的禮物，陪俊隆回到寺裡，帶他去看佛堂旁邊的辦公室。接著又帶鈴木登上了一段狹窄的樓梯，來到樓上，那裡另有兩間房間，乾乾淨淨，卻毫無特色。一間是儲藏室，另一間是小小的臥室，裡面有張單人床，一張桌子。兩間房都沒有開向戶外的窗戶。這裡已經有幾十年沒人住了。回到辦公室後，加藤發現桌上有盆小小的蘭花。「這是哪兒來的？」加藤問。「我偷偷帶進海關的，」鈴木說。這是他來美國後的第一個惡作劇。

入夜，鈴木在他的新寺廟裡轉來轉去，將一盞盞燈開了又關。他到後面塞滿紙箱的房間裡探看，又將桌椅收起，來到巨大的洞穴似的禮堂，看著裡面成排的長椅、講臺，講臺後頭還有架風琴。他還上兩邊的陽臺看了看。鈴木的房間裡沒有用水設備，於是他在辦公室隔壁的洗手間刷了牙，地下室裡有浴盆，又深又舊，他去那裡做了慣常的晚間泡澡，然後爬樓梯回三樓的房間，睡了他到美國後的第一覺。

第二天早上，加藤穿著西裝繫著領帶來了，僧袍裝在隨身拿著的袋子裡。他的太太也跟來了，為新住持帶來了飯糰，裝在盒子裡，盒子外面包著綢布。他們年幼的女兒跟在媽媽身邊。

加藤夫婦倆在樓上佛堂裡見到了鈴木，他已經重新插了花，正拿著塊濕抹布擦拭供著靈牌的黑色木頭凹座。整個地方散發出清潔的味道，看來他已經打掃了好幾個鐘頭。看到這勤勉的跡象，加藤非常高興。鈴木的前任渡羽瀨身上有很多上佳的品質，可惜不包括維持寺廟清潔的能力。

加藤向鈴木介紹自己的太太惠美，他們三歲的女兒和美躲在媽媽的身後，只探出個小腦袋偷看新來的住持。過了一會兒，她把手伸進紙袋，拿出一顆蘋果遞給鈴木。鈴木開心地接過蘋果，小和美又給了他一顆。

人們陸陸續續地來了。十點差一刻時，長凳上已坐了不少人，男人們聚在禮堂或辦公室裡抽煙聊天，他們或站在桌旁，或坐在綠色的泡棉沙發上。鈴木在樓上為他的第一次周日法事做準備，他換了身比較正式的棕色僧袍，從自己房間的推移式窗戶看出去，可以看到下面的佛堂，已經有幾張他熟悉的面孔。

很快，鈴木來到自己新的廟眾面前。加藤已經告訴過他，在美國大家習慣法事後由住持講上一段開示。鈴木清了清喉嚨，雙手合攏在胸前，短短的法杖持在雙手間，他鞠了一躬，用他那溫和卻富有穿透力的聲音說道：「早上好。」「早上好。」大家回應道。於是鈴木開始了他來美國後的第一個演講，用的是日語。

兩千五百年前，在印度，釋迦牟尼佛開始傳法，他住在林子裡，有時候講法對象包括各種人，不光是和尚、尼姑，還有俗家男女。許許多多的人都前去聽法，因為他是那麼偉大的導師，他的演講那麼精彩，讓人解脫。當他上講壇時，一名僧人會用木槌敲三下木椿，然後佛弟子阿難就會說：「我今祈請佛陀講法，眾人當用心諦聽。」於是佛便說法。當佛祖講法完畢，那名僧人又敲擊木椿，阿難會說：「善哉此佛陀殊勝開示。」

加藤看著自己面前毫無瑕疵的銅鐘錶面。鈴木說得很慢，廟眾們耐心地聽著，其中有幾個看了看手錶。孩子們在座位上坐立不安。後面廚房傳來鍋碗瓢盆的聲音、婦女說話聲、拖凳子的聲音和腳步聲。鈴木繼續說下去。

有一天，人們又來聽法，佛陀來了，僧人敲過了木椿，阿難說：「我今祈請佛陀講法，眾人當用心諦聽。」但那一天佛陀只是坐著，一個字都沒說。然後佛陀起身。

加藤繼續聽著。鈴木不像其他和尚演講的時候那樣用戲劇化的語音語調，他沒有顯示自己很博學，沒有用高深的術語讓眾人敬畏。他只是平平道來，話語簡單直接，幾乎可以說是非正式的。

阿難說：「請問世尊，您今天不講法嗎？」「哦，我已經講好了。」佛陀回答，然後就下座走了。

鈴木又靜靜地站了一會兒。然後再次拿著法杖雙手合十，謝過廟眾。

加藤微笑了。和尚說了個好故事，也是個短故事。看來現在自己有時間去社交，好鬆口氣了。這位新住持看上去多平常啊，加藤想，可是他的舉止真從容。他的頭開得不錯。

你也許會說世事皆由天定，但我不這麼認為。

到桑港寺幾天之後，鈴木接待了他的第一位洋人訪客。露·麥克尼爾二十出頭，是愛爾蘭裔美國人，正在學習歌劇。鈴木這些年來除了在這次飛行途中有過幾次英語會話，就再沒說過英語，不過他還是聽懂了露的大意，也讓對方明白了自己在說什麼。露的丈夫想去日本跟禪宗師父學習，露對此很焦慮，擔心去日本學禪會對她丈夫和他們的婚姻產生未知的影響，她想聽聽鈴木的意見。鈴木說他自己每天早晨五點四十五分開始坐禪，建議她丈夫可以先在舊金山嘗試一下禪的味道，興許會更好。

幾天後，比爾·麥克尼爾來了，他是位英俊的年輕人，約一七七公分，淺金色的頭髮整整齊齊梳在耳後。他機警有神，不過在佛堂這樣陌生的環境中顯得有些拘謹。露不動聲色地在他耳邊議論了幾句，沒讓比爾覺察出她和鈴木已經見過面了。比爾果然迫不及待地上鉤了，他問鈴木這裡是不是一座禪寺，他是不是禪宗師父？從比爾自己的陳述裡鈴木又瞭解了一遍他的事情：他想去日本學禪，他讀了一些禪宗的書，知道了開悟，他想見識見識貨真價實的禪宗。現在他面前的是不是貨真價實的呢？鈴木把對露說過的話又對比爾說了一遍：也許應該先在美國嘗試一下禪的滋味。他從壁龕裡拿了個坐墊出來，放在過道上，向比爾演示如何坐禪。鈴木糾正了比爾的姿勢，把他的背往前稍微推了推，肩膀稍稍向後，又讓他收起下頜，還輕柔地按下比爾的膝蓋，教給他看怎麼把雙手放在一起——左掌放在右掌上，兩手的大拇指相碰觸，仿佛中間夾著一頁紙。鈴木告訴比爾眼睛要半開半閉，將注意力放在呼吸的一進一出上。他建議比爾以後穿寬鬆的褲子，這樣就能比較容易地將腿盤起來。

這些東西完全出乎比爾的意料之外，不是他想像中的禪，他讀過的禪宗的書裡講的都是僧人間充滿戲劇性交流的故事。不過，眼前的這位和尚不知道有什麼地方打動著他，他想下次再來。在鈴木的言談舉止間有種魅力，比爾感覺到了權威和謙虛。第二天一大早比爾就來和鈴木一起坐禪，之後他每天都來。

一九五九年，冷戰依然冰冷如鐵，艾森豪政府的任期還將持續一年半，之後甘迺迪時代才會到來。日本仍在貧困中，而美國則享受著看似無窮無盡的財富。總體而言，美國的基督教和猶太教都支持當時社會上主流的物質主義，僅有少數的聲音指出核武器的危險、流行文化對人心的麻醉作用，以及機器化大生產所帶來的大量毫無靈魂的產品。這些言論都是小眾的發聲，不過在舊金山灣區，這些少數派聲音獲得了極大的關注。

鈴木來美國的時候，正逢加藤稱之為「艾倫．瓦茨（Allen Watts）禪宗熱潮」的盛行期。鈴木最初的學生都是灣區的藝術家、非主流人士和垮掉的一代，他們形成了鬆散的次文化群體，對亞洲的思想非常感興趣，他們從「美國亞洲研究會」（American Academy of Asian Studies），簡稱「研究會」、比爾．麥克尼爾學習的舊金山藝術學院、北灘和柏克萊附近的咖啡館等處聽到了鈴木的名字。

加藤在五〇年代中期就加入了「研究會」，當時的主任正是艾倫．瓦茨，艾倫邀請他成為研究會的一員。研究會的成員裡還有來自印度、中國、柬埔寨、泰國、日本和西藏等地的著名老師，他們帶來了第一手關於印度教、佛教、道教的介紹，還有梵語等各種語言，以及亞洲的藝術和歷史。

鈴木大拙經常從日本來到美國東海岸進行講座。極有名望的先鋒派水墨畫家及版畫家長谷川三郎在那裡教書法和茶道，他還成了研究會非正式的「專職療師」，總是提醒瓦茨要慢下來，去細嗅抹茶粉的味道，他管那綠色的抹茶粉叫做「碧玉之屑」。還有鈴木桑港寺的前任渡羽瀨，也在研究會和桑港寺開過書法課，很受學生歡迎。

正是在五〇年代早期的美國亞洲研究會，包括詩人蓋瑞．史耐德在內的學生們在聽了魯斯．富勒．佐佐木所做的關於臨濟宗參公案的正式演講之後，對禪宗著了迷。魯斯．富勒是美國禪宗之母，她嫁給了自己的禪宗老師佐佐木指月，那位在紐約建立「美國第一禪堂」的禪師。佐佐木指月去世後，魯斯．富勒去京都習禪，並幫助想要學禪的西方人。在她的幫助下，史耐德去了日本，學習臨濟宗，加入了她的翻譯隊伍。

離桑港寺不遠處的加利福尼亞街有座三層樓的維多利亞式東西向的房子（被稱為「東—西屋」），那裡本來是由詩人、藝術家和亞洲系學生搞起來的，他們在那嘗試進行公社生活。艾倫．瓦茨後來被研究會掃地出門，從那以後，活動的中心就轉移到「東—西屋」了——艾倫．瓦茨的哲學思想和研究會裡的大部分成員都有衝突，更讓他們反對的是他縱慾放蕩的生活方式。「東—西屋」大受歡迎，到了一九五八年，大家又在幾個街區外找了座灰色的大房子，馬馬虎虎地起了個名字叫「破折號之屋」，取義於「東—西」之間的破折號。舊金山垮掉文化的多名巨頭都曾在這兩座房子裡住過，或和朋友在那裡混過，包括蓋瑞．史耐德、喬安．凱戈、盧．韋爾奇、勞倫斯．費林蓋蒂和菲力浦．華倫等詩人。

華倫正待發表他的第一部詩集。他也傳染了「禪熱病」，聽說了鈴木的名號。有一次他看到鈴木戴著僧帽在街上走過。後來華倫還在一個鈴木主持的婚禮上見到了他。華倫覺得鈴木是個不錯的人，不過他已經準備啟程去日本了，要去學真正的禪——臨濟宗。

好像每個人都在去日本或想要去日本。瓦茨批評老派的日本寺院修行方式為「古板禪」，他也看不上「垮掉禪」，他為自己心目中的禪起了個名字叫「禪禪」。華倫也認為「垮掉禪」純屬意淫，但他很懷疑若是不經過「古板禪」，能否達到「禪禪」。就在他去日本之前，他遇到了麥克尼爾倆人，帶著他們的兩個孩子。麥克尼爾告訴華倫不久他也會去日本和華倫匯合，不過現在他很喜歡跟著鈴木學習，打算學上一陣子，直到鈴木覺得他準備好了再去日本。

毫無疑問，桑港寺新來的這位和尚在嬉皮們中間引起了騷動，他們中的幾個人開始跟著鈴木坐禪，比如麥克尼爾和喬安．凱戈。但對大多數人來說，坐禪的時間實在太早了。

這樣濃厚的對禪的興趣，是鈴木始料未及的。在日本時，他從沒有見到過這種事。對於這種生氣勃勃、知識份子味道十足的嬉皮氣氛，鈴木很喜歡，但他並沒有進入到這個圈子中，他只管料理好自己的寺廟。每當有人問他有關禪的問題，他總是說：「我早晨五點四十五分坐禪，請跟我一起坐吧。」這成了他的邀請卡了，其中沒有任何誘惑人的說辭。不過對那幾個和他一起坐禪並慢慢瞭解他的人而言，鈴木本人就是誘惑。

在黑暗中找尋和日常的活動不一樣，日常的活動都是以得到某些東西為基礎。

加藤邀請鈴木參加他在研究會開設的佛法課，地點在舊金山時尚區「太平洋高地」的一棟漂亮老宅子裡。十二名學生圍著一張圓橡木桌坐著，其中有三位四十多歲的女士：貝蒂．沃倫、黛拉．格爾茨和琴．羅斯。加藤向全班同學介紹了「尊敬的鈴木」，大家的確很尊敬鈴木，都有些羞答答的，因為他明顯是位禪師嘛，所以他肯定開悟了，大家已經從艾倫．瓦茨和鈴木大拙的書裡讀到了很多關於開悟的解說。據說禪師都經歷了薩托利體驗，閃電般的洞見從此永遠改變了他們的生命形態。不過那天晚上並沒發生什麼薩托利，倒是加藤的學生和鈴木之間交流了不少微笑，鈴木舒服自在地坐在那裡，安安靜靜地聽著加藤講課。課程快結束時，加藤請鈴木講幾句。

「我們來坐禪吧。」鈴木回答說。

之前日本和尚在美國帶大家做的短時間坐禪都是坐在椅子上的，可是鈴木建議大家坐在地上，面對牆壁。大家感覺怪怪的，因為連墊子都沒有。鈴木的英語有些結結巴巴，不過很快他就讓大家都坐到地上，坐了二十分鐘。

大家離開之前，鈴木說除了逢「四」逢「九」[1]的日子，他每天早晨都坐禪四十分鐘。「如果你們願意，請和我一起坐禪。」

---

1 原注：禪宗寺院傳統，每逢以「四」或「九」結尾的日子不坐禪，用來完成個人事務。

貝蒂．沃倫和黛拉．格爾芡都是土生土長的加利福尼亞人，在三〇年代來到灣區上了大學，成為老師。在大學裡，黛拉聽了一次著名的日裔美籍語言學家早川一會的講座，讓她彷佛獲得了新的目光，重新看待萬事萬物。她選修了一些比較宗教方面的課程，從五〇年代初開始，就在研究會學習了。貝蒂是收聽了艾倫．瓦茨在KPFA電臺的播音後決定到研究會來上佛教禪宗的課程。貝蒂、黛拉和琴．羅斯在加藤的課上相遇，從此開始，以及之後的許多年，她們都將在靈性道路上相伴而行。

三位女士決定去桑港寺繼續向鈴木學習禪宗。琴要先去一趟歐洲，讓兩位女伴先行動，她回來後加入她們。三個人都感受到鈴木的吸引力，她們想要鈴木做自己的老師。黛拉說她第一次見到鈴木，就想跟著他學習，不管他教什麼。貝蒂也一樣，「他的舉止中有些什麼東西，他的眼神讓我覺得無論他說什麼，我都信任。他是個罕見的人。」

貝蒂每天早晨從索薩利托出發，中途接上黛拉，兩人一起來到桑港寺和其他幾個人一起坐禪。坐禪後鈴木會邀請大家去廚房的長木桌那裡喝茶，就在佛堂壁龕的後面。麥克尼爾夫婦也都來了，露也開始和鈴木一起坐禪。她來坐禪的第一天，比爾驚訝地發現了她和鈴木早就認識。「我們騙了你。」鈴木對他說。每天早晨和比爾一起來坐禪的還有一位名叫鮑勃．亨澤的建築師。亨澤個頭不高，為人親切，直率得像個孩子，精力充沛得有些神經質。他和比爾一樣，也打算去日本的寺院習禪，現在先和鈴木學習坐禪，為日本之行做準備。他和比爾一樣的地方還有，他也迷上了這位日本僧人，對鈴木簡單的生活方式，以及自己和他一起坐禪的體驗，亨澤都很喜歡。

一天又一天，每一個天還沒亮的清晨，這幾個人都來桑港寺坐禪，不久又有幾個人加入了這樣的長期坐禪。樓外，過往汽車的聲音伴隨著車前燈柔和的亮光一波一波地來去，交通信號燈定時變換顏色；

佛堂內，燭光閃爍，香煙繚繞。當太陽從海灣那邊升起，屋內漸漸亮堂起來。鈴木有時候會在坐禪前或坐禪後講幾句相關事項：只管打坐，跟隨你的呼吸，數息，或者將你的注意力集中在丹田。

一開始的時候，地上沒有合適的位置，無法坐禪，於是大家花了點力氣把沉重的靠背長椅拖到靠牆的位置，背對著牆壁，再拖過另一張長椅相對併攏，兩張長椅合在一起像一條小船，就這樣在佛龕下首的兩邊各擺了兩組這樣的椅子。每組椅子都如同一艘小船，寬度剛好夠人盤腿坐在上面，每條「小船」上都坐了兩、三人。這些坐禪的菜鳥們跨過椅子兩頭的扶手，爬進裡面，坐在自己從家裡帶的各色沙發墊、坐椅墊上，開始打坐。他們面對牆壁，鈴木坐在佛龕那兒的講臺上觀察大家。昏黃的燭光中，長椅之舟有如在黑暗的大海上航行，舟中伸出一個個人頭和筆直的身軀，偶爾因打瞌睡而向前一衝——真是奇異的航行，一船船什麼樣的貨物在幽暗的旅程中啊！

坐禪對肉體而言很艱苦，到結束的時候大多數人的腿都疼得不行。然而一天又一天，鈴木穩如磐石的坐姿讓整個佛堂都充滿靜定，鼓勵著大家堅持下去。

為我們的後代做點什麼，這很重要。我們必須做點值得驕傲的事情，哪怕人們並不知道它們的價值。

✳

一九三三年，磯部峰仙從洛杉磯來到舊金山。一九三四年十二月八日，佛祖成道紀念日的那天，他在這座被遺棄的猶太教會堂成立了桑港寺，名字的含義很平實，「桑港」就是舊金山（聖法蘭西斯科，日稱「桑港」）。一九四一年，又是十二月八日佛祖成道紀念日，「珍珠港事件」的第二天，鈴木大等從洛杉磯的禪修寺來到桑港寺，成為第三代住持。鈴木俊隆還是大學生的時候，曾去碼頭為鈴木大等送行，目睹他離開日本前往美國。鈴木大等在戰爭時期進了集中營，一直是缺席住持，直到戰爭結束後的一九四八年。戰爭期間一家印度寺廟曾幫忙代管桑港寺事務，雖然其間某基督教組織曾一度將此處用作教堂，鈴木大等和其他日本僑民最終還是竭盡全力保住了桑港寺。一九四八年大等回到洛杉磯，成為禪修寺的住持，並任曹洞宗北美分部大首座，直到他在一九五九年七月去世。大等去世後，義道曾邀請鈴木俊隆出任大首座，將曹洞宗北美分部移到舊金山。鈴木拒絕了。

鈴木飛到洛杉磯主持大等的葬禮，幫助他一起主持葬禮的有一位叫前角博雄的年輕曹洞宗和尚。前角從五〇年代初開始就在洛杉磯的曹洞宗寺廟禪修寺當助手了。他目前在舊金山州立大學學習，並跟隨洛杉磯的千崎如幻坐禪。千崎是臨濟宗禪師，也是將禪宗介紹進西方的開拓者之一，已經教西方人習禪幾十年了。前角說他也想在美國創立禪修組織。

這是鈴木到美國後主持的第一個葬禮。大等這把骨頭真的化成美國的泥土了。一九二九年，當鈴木和他的大學同學們在橫濱碼頭為大等送行時，這些年輕的僧人多麼激動。輪船駛離碼頭時，鈴木曾眼含熱淚歡呼，他多麼希望自己是那個去美國開始新生命的人。現在，三十年過去了，他成了自己希望的人。

佛法就像大樹，有著一層又一層的年輪。兩千五百年來，先行者做了那麼多的努力，我們的傳統要求我們對他們表達尊敬。這座寺廟初初建成時，整個美國都沒有多少和尚，建廟者費盡心血籌集足夠的資金來買下這座建築作為廟址。他當時只籌到了一部分錢，之後年復一年，日本的廟眾們出資還貸款，即便在戰時的隔離營，他們依然設法籌錢還貸。這樣的努力讓人欽佩，但比起曾經在印度、中國及日本為佛法的流傳和發展殫精竭慮的先輩們，這些付出都不值一提。我們應該將這樣的努力一代一代地傳承下去。

我來美國的時候，心中一點計畫都沒有，全無概念。

在眾人的幫助下，鈴木漸漸開始將日本修行傳統中的形式和要素引入自己的舊金山禪堂。桑港寺廟眾中對坐禪的學生有好感的人並不多，喬治・荻原是其中之一。星期天或平常日子的下午，他有時會碰到這些學生，總是對他們微笑致意，讓他們覺得自己還是受歡迎的。荻原家是金門公園裡那個著名日本茶園的創建者，多年來一直料理茶園，在二戰爆發前他們都住在茶園裡。戰爭讓這個家庭也遭受了經濟損失，但比起其他的日僑廟眾，他的境況還是要好很多，其他人都還沒有從集中營的重創中緩過氣來。

荻原聽鈴木說起大家只能坐在長椅上坐禪，實在怪不方便的，於是他召集了廟眾，籌了一筆錢，從日本訂了一批榻榻米，準備沿著佛堂的牆壁鋪一圈，還有磕頭用的草墊，以及黑棉布，用來做圓墊，專供坐禪使用。六週後，所有的東西都到了。

接下來的幾個星期六，貝蒂和黛拉都在坐禪後留下來吃早飯，緊接著就縫製禪坐墊，把木棉塞到縫好的布墊裡。比爾・麥克尼爾和其他幾個男人們負責擦地板，把搬到陽臺上的長椅再搬回佛堂，以備星期天日本廟眾集會時使用。從此以後形成了傳統，學生在每個週六的早晨都會在禪坐後留下來進行打掃工作。

佛堂的樣子發生了很大的變化，從此以後被稱作禪堂了。鈴木嚴守新禪堂的整潔面貌，監督眾人在坐禪後將坐墊拍鬆，回復原狀，每個人還要把坐墊放在榻榻米正中央，所有的坐墊排成整齊的一行。貝蒂對坐墊的第一反應是它竟然和下面的榻榻米一樣硬！她說：「下回先生該給我們大家每人發一塊石頭了，告訴我們說他們日本永平寺就是坐在石頭上打坐的。」

這段時間裡，鈴木悉心引入的另一項活動是誦經。在一起坐禪一個月後，鈴木開始在每天坐禪結束後念誦《心經》，自己敲木魚，搖動或高音或低音的各個碗型的鈴鐺，其他人就站在一邊聽著。有一天早晨，鈴木給在場的七個人每人發了張卡片，上面印了用羅馬字母注音的《心經》，讓大家誦經。他們念了三遍，鈴木擊鼓搖鈴。念誦效果就像一整個樂隊正在試音，鈴木對此未做評價。很快，大家形成了各自獨特的誦經風格，鈴木在佛龕那兒張貼了一張告示，寫著：「要用你的耳朵來誦經。」

禪堂中還有一樣東西，引起了特別的注意，那就是「香板」，同學們叫它「棍子」。香板是日本禪宗裡不可分割的部分，主要用來喚醒打坐時昏沉的修行人。鈴木的棍子兩英尺長，一英寸半寬，手持的那端呈扁圓狀，另一端扁平。坐禪時，鈴木會將香板筆直地擎在雙手中，巡視整個禪堂。學生中如果有人顯得瞌睡連連或心不在焉，鈴木就會站到此人身後，將香板扁平的那端放在他的右肩，這位同學要雙手合十，將身體向左彎，鈴木就對著肩胛骨和脊柱間的肌肉打兩下，然後再將香板放到左肩，同樣來一遍。香板擊打的聲音很有穿透性，會讓禪堂裡其他的學生睜開閉起的雙眼醒一醒神，挺一挺後背。與其說香板是為了嚇唬新來的人，讓挨打的吃痛，不如說它起到刺激警醒的作用。道元本人並沒有使用香板的記錄，但他在中國的師父天童如淨看到打瞌睡的僧人，會脫下腳上的鞋子抽他們的肩膀。

每週平常的日子裡，長椅會搬到外面去，坐禪時鈴木在禪堂裡巡視。他會糾正大家的坐姿，尤其是碰到新來的人，有時還會輕聲給出建議：「請把眼睛半睜開。」他也強調其它細節，比如手的正確姿勢，即如何結手印：要形成一個橢圓，放在下腹部，但不能靠在腿上，拇指相抵在肚臍位置，仿佛夾著一張薄紙。鈴木對第一次來坐禪的學生尤其關注，通常會直接碰觸他們的身體，仿佛在向他們打招呼：來，身體直一點。有時候他甚至會給特別緊張僵硬的人做兩下按摩。不過絕大部分時間裡，他都讓學生自己坐禪，禪堂一片靜默。人們走進來，和鈴木一起坐下，每個人都在燭光中靜默，坐禪結束後誦經，然後也許留下來喝茶，接著離開禪堂，開始各人一天的生活。那些一天又一天、一週又一週堅持來坐禪的人們，開始感覺到自身的變化。鈴木也覺察到自己的變化，他不再感到自己的生活沒有意義、令他沮喪了。

❋

你應該忘掉我所說的話，但要確定你懂了那些話語的真正意思。

鈴木的英語飛速進步，加藤有時候還會幫他翻譯，但除非實在必要，鈴木已經不需要太多說明了。他每天去成人學校學英語，因為進步太快，考試成績好得讓老師認定他作弊了。

鈴木很有勇氣，開始每週三晚上用英語演講，時間不長，十五分鐘到半小時的樣子。他每次演講都花上好幾個鐘頭做準備，可是許多聽眾，尤其是第一次來的人，都很難聽懂他的英語，大家離開的時候撓著頭皮，全都不知所云。

有一次做完演講後，只剩鈴木和加藤在辦公室，鈴木脫下袈裟，疊好搭在椅背上，歎了口氣說：「太痛苦了。我得使勁想到底說什麼。」

「是啊，又用英語又用日語。」加藤看著桌上擺著的日英字典說道，字典封面已經破了，頁角也都卷了起來。

不過鈴木的努力得到了大家的贊許。黛拉是一上來就完全聽明白他說的話了，在她聽來，鈴木說的都是她自己已經相信的東西：我們已經具備了我們想要尋找的，找到的途徑是成為我們自己。

貝蒂則發現鈴木有許多自相矛盾的時候，同一個演講中，他會在後頭說出和前面完全相反的話，有時候甚至同一句句子中都會前後矛盾。鈴木想問題的方式和她完全不一樣。「上星期他說我們應該竭盡全力地去努力，」貝蒂對黛拉說道，「這星期他又說努力根本沒用，應該放棄，答案自會顯現。努力根本沒用？你卻要拚了你的老命地去努力！」

你們要知道，儘管你期待得到回答，但有時候我的回答會指向完全無關的方向，雖然我的回答不是你所期待的，但你還是要去往那個方向。你不要迷惘。當然有時候老師也會給你正是你預料中的回答。老師永遠會將你置於困惑中。就這樣不斷有來有往，我們彼此都得到助益。

在加藤眼中，鈴木的進步是驚人的，他有一回和荻原說：「真奇妙，鈴木先生做事節奏總那麼平緩、慢悠悠的，但在很短的時間裡，他和那些學生們就建立了交流。他們許多人都覺得他說英語的時候很迷人，他的為人也完全體現在交流中：從來沒什麼事情能讓他一驚一乍，更不會讓他惱怒。他顯然是位和善溫柔的和尚，但也很堅定，骨頭夠硬。禪堂裡他真是不苟言笑，但座下他又是個很溫暖的人。」

加藤喜歡聽鈴木用英語講述那些禪宗的經典故事，有的是關於中國古代大師們的，有的是道元的生平。一個週三的晚上，鈴木講起了道元禪師的故事。當道元在中國學習的時候，遇見了一位老和尚，當時正是大夏天，老和尚在寺廟的牆根下曬香菇。道元問他：「天這麼熱，日頭這麼毒，您怎麼還出來幹活啊？何不進屋去歇著，等太陽下山了再做？」老和尚答道：「這就是我當下正在做的啊，是我的工作，不是別人的工作。我幹嘛要到另一個地方待著去？」

「時間就是當下，」講完故事後鈴木說道，「我們只能在當下行動。沒有其它的時間了。這就是事實。我現在在這裡。你們現在在這裡。與老和尚的交談讓道元明白佛法中的生命是怎樣的，事實是怎樣的。沒有另一個時間，另一個地點，另一個自己。」

如果我們織出一塊美麗的布，其中任何單獨的一根線都沒什麼特別意義。同樣，任何一個佛教流派，只有從作為整個宗教生命的一個組成部分的層面上而言，它才有意義。

一九五九年秋天的一個早晨，早飯後，一位穿著僧袍的日本臨濟宗和尚突然造訪了桑港寺。這位僧人名叫中川宗淵，他聽說鈴木俊隆正帶著西方人坐禪，就想來向他致意。加藤去開的門，將中川領上樓來。中川在佛龕前上了香，三個人一起誦了《心經》。加藤和鈴木都聽說過中川，對像他這樣一名臨濟宗的僧人竟然前來拜訪，深感震動。日本不同宗派的修行者之間彼此絕無深交，加藤不喜歡這樣的門戶傳統，不過他也習慣了。眼前的這兩位卻惺惺相惜，坦誠相見，他們都有共同的志願，要將佛法之道傳入西方。

中川也帶西方人一起坐禪，他在美國和日本兩地都教西方人習禪，也因此有機會認識了原田祖岳以及他的傳人安谷白雲。原田祖岳是曹洞宗門內的特立獨行者，他大量使用參公案的方法來教導日本及西方的弟子。中川也去過洛杉磯幾次，和千崎如幻一起坐禪。千崎傳法幾十年，最早在舊金山的布希路教法，後移至洛杉磯，他也是臨濟宗，但卻提倡低調平凡，弱化宗派符號。鈴木也認識千崎，很敬重他專門致力於教導俗家人士，千崎本人沒有寺廟，卻提出「流動的禪堂」一說，更讓鈴木敬佩有加。

鈴木和中川恰成鮮明對比——鈴木矮小清瘦，言謹語恭；中川高大強壯，說話擲地有聲，豪爽活潑。鈴木誦經的聲音輕柔低沉，中川則吐字清晰有力。做好法事後加藤吹熄了蠟燭，整理佛龕。這時發生了意外，讓加藤感覺到兩位僧人之間的和諧友好怕是要崩了。

中川說要看一看佛龕上擺的一本經書。他拿過來讀了讀，然後跳起來把經書一撕兩半，扔在地上，腳還重重地跺著地板，罵道：「這根本不是禪！」加藤嚇呆了。

鈴木平靜地蹲下身去，拾起撕破的經書，「哦，這本經書是人家奉獻給廟裡的，是給一位老婦人做超度法事時送的，她信的是另一宗派。」鈴木說道，「我們這裡什麼都接受。我們什麼經都念，什麼東西都吃。」中川依舊怒火未息，鈴木安慰道：「我們喝茶去吧。」

佛法不是什麼高深特殊的教導，它就是為人之道。

九月，琴．羅斯從歐洲回來了，她的研究會同學貝蒂和黛拉此時已成為禪堂的中流砥柱。琴一回來就加入了她們，她是護士，平時要上班，凡不值班的日子裡就去坐禪，每週去三次。每週三晚上，她坐公車去禪堂坐禪、聽課，然後在寺裡住一夜，接著週四早晨接著坐禪。週六她會再來坐禪，吃過早飯後做清掃工作，週日則來聽課，鈴木會在為日本廟眾布法之前給學生們上課。

琴來自底特律的中產家庭，其家庭背景和基督教衛理公會教派的淵源很深。十五歲時，她對亞洲產生了濃厚的興趣，開始讀手頭能搜集到的所有關於中國和日本的書籍。大學時她主修的是基督教研究，也開始閱讀佛教書籍。她的性情氣質和鈴木的教法很合，她個性獨立，對無謂的扯淡毫無耐心。琴身材笨重，對她而言坐在地上的墊子上很是辛苦，但只要是鈴木要求做的，她都能接受。琴的意志與恆心給鈴木留下深刻印象，他總是說：「越是覺得坐禪困難的人，得到的領悟越是深刻。」

黛拉習慣了每天下午上完幼稚園的課後來寺裡轉一轉，看看有什麼要幫忙的。她開車送鈴木去拜訪艾倫．瓦茨，送他去日本僑民家裡為他們的祖先做超度法事。要是鈴木要去機場接人，或者去報社接受採訪，他會給黛拉打電話讓她接送。一天，鈴木去了黛拉家，見到了她的丈夫，他飽受晚期帕金森氏病的折磨。鈴木深受感動，無法想像黛拉既照顧丈夫，又上課，又坐禪，還幫了他那麼多忙，她是如何做到的？

有一次比爾．麥克尼爾問鈴木：「這世上真的有菩薩嗎？」

「有的，」鈴木回答，「黛拉就是。」

一天，黛拉帶鈴木去了西爾商場，他在那買了十二盆盆栽花卉，還有一棵三英尺高的盆栽小樹。鈴木把小樹放在桑港寺的大門入口處，把花卉排列在樓梯頂端的一張桌子上，每個進出禪堂的人都會經過。

寺廟現在面貌一新，顯現出被悉心照料的樣子，明亮多了。鈴木從到來的那天起就不停地打掃、裝飾、調整，現在整個地方顯得賞心悅目。他的房間也亮堂多了，這要感謝廟董會，他們開了一扇朝向戶外的窗子，作為禮物送給鈴木。每週六的大掃除也很有效果，雖然人不算多，但一小時的時間裡，禪堂、禮堂、樓道、浴室、臺階以及門口的人行道，全都被打掃了一遍。

加藤每週日來幫忙做法事，平常日子裡也會來寺裡一兩次。一個壞脾氣的管理員負責日常維護，換燈泡啦修水管啦什麼的。有時候學生或廟眾裡的婦女會帶來食物，也會邀請鈴木上家裡吃飯。黛拉給鈴木送來燉菜和餅乾。鈴木也經常在日本城吃午餐晚餐，不過主要還是自己燒飯，燒給自己吃，也燒給當時正巧來訪的客人吃。黛拉最喜歡的是鈴木燒的薑汁豆腐。

儘管學生和廟眾成員都在空餘時間前來幫忙，鈴木還是無奈地表示他無法應付一切。他對加藤說希望自己的妻子美津能過來。他這一輩子都有女人幫忙來料理寺院的。他寫信給美津讓她過來，可是美津不幹，說自己有兩家幼稚園脫不開身，等鈴木三年任期滿了回日本再聚吧。美津的身體已經痊癒了，一位醫生終於診斷出她患了甲狀腺炎，一個小手術就解決了所有問題。可是美津仍在生氣，她丈夫竟然在她生病的時候丟下她，一個人去了美國。

第十一章

頂禮 一九六〇

比爾．關是一個郵遞員，和妻子蘿拉一起住在舊金山，他倆都是第二代華人移民，也都是「垮掉的一代」。夫妻倆有個孩子，蘿拉又懷上了第二胎。當桑港寺還是渡羽瀨做住持的時候，比爾和蘿拉去過那裡，聽渡羽瀨講法，由一位相貌堂堂的紳士做翻譯。他倆啥也沒聽懂，回來猜想大概是翻譯的問題吧。

某天，比爾在送郵件的時候看到《日米時報》上一則關於桑港寺的頭版報導，《日米時報》是日本僑民辦的報紙，用日語和英語出版發行。報導介紹了桑港寺新來的住持「鈴木閣下」，他有和他一起坐禪的學生，還有一隻寵物鳥。有一天一名年輕的藝術家學生比爾．麥克尼爾在辦公室質問鈴木，說既然鈴木信仰絕對的解脫和自由，卻為什麼把鳥兒關在籠子裡呢？鈴木直接走到鳥籠前，打開小小的籠門，把鳥放出來了。中國和日本的寺廟都有將鳥兒放生的習俗，諷刺的是，寺廟門口可以看到賣鳥的攤子，供人們買了去放生。不過鈴木的這個舉動是隨性之舉，和刻意放生不同。關覺得自己應該去寺裡探看一番——這傢伙像是個了不起的禪師。

比爾．關走上桑港寺二樓，進入禪堂，看到黑色的蒲團整整齊齊地排成行，頗有軍營氣息，觸目所及的每一樣東西都不應他的心，不合他的價值觀，佛龕裡佛像前供著成堆的橘子；房間裡一股燒香的味道，還有那麼多丁鈴噹啷的玩意兒——鈴鐺、鼓、鑼、花，紅漆高凳，黑漆靈牌，上面燙了金色漢字的祖先名諱。這裡看上去就是座中國的老廟，滿是迷信的味道，空洞的儀式，求財祐祖的信徒。關的臉上浮起嘲諷的微笑：「還真是適合放生鳥的地方。」這完全不是他想像的解脫。他心中的解脫是下巴上留的山羊鬍，黑襯衫，髒牛仔褲，黑皮靴——從布爾喬亞的假模假式中解脫，從灰色法蘭絨套裝中解脫。

這時辦公室的門開了，一個穿僧袍的小個子從裡頭出來，沒理會比爾，直接走到佛龕前整理起供花。關又竊笑起來：「老古板。」

關出門回家。走過松樹街，走上凡尼斯大道，路過一家叫做「集市」的商店，店裡在贈送免費的海報，海報上是禪坐的鎌倉大佛。關把海報帶回家，釘在牆上，一邊跟蘿拉講起今日令他失望的桑港寺之行。關喜歡在收音機裡聽到的艾倫．瓦茨那種激動人心的演講，而這個叫鈴木的人好像只有一佛堂的儀式和打坐。關對這種陳腐的東西沒有興趣。他要的是解脫、自由、品嘗真理，像瓦茨說的，「這」就是那個，「那」不是那個。關常和最嬉皮的人士往來，那些人裡頭沒有講坐禪的。然而，他老是不由自主地去看牆上的海報。後來他在藝術學院碰到了比爾．麥克尼爾，被麥克尼爾身上煥發出的自在鎮定的能量驚著了。麥克尼爾說起和鈴木一起坐禪，聽上去很酷。關又回到家裡，牆上的大佛還在看著他，於是他決定再去桑港寺，試試坐禪。

天還沒亮的清晨，關來到桑港寺，和麥克尼爾一起進了佛堂。他像別人一樣坐下來，看其他人的一舉一動。沒有人告訴他應該做什麼。結束後，麥克尼爾請他去廚房喝茶，把他介紹給鈴木認識。鈴木盯著關的臉，看了好長時間，才開口說「哈囉」。關想，還真是個好奇的人啊。鈴木為大家泡茶，寺裡的貓在他腳踝邊蹭來蹭去。黛拉問關是怎麼知道先生的，他提到了那篇報導，然後問那隻鳥還在房間裡嗎？還是飛走了？每個人都低下頭。他說錯什麼話了？

「是貓咪。」鈴木輕聲說道。

「貓？」關不解，那隻貓現在蜷縮在黛拉的膝頭。

麥克尼爾湊在關的耳邊說：「貓把鳥吃掉了。」

「先生可難過了。」黛拉說道，聲音中滿是同情。

鈴木沒說什麼。他們繼續喝茶。

關開始定期去桑港寺坐禪。蘿拉一直以來都是夫唱婦隨，自然也跟著來了。她第一次來坐禪時，因為關跟她說過要一動不動，所以整個過程中都強忍不動，痛得頭都暈了，結束後起身太快，昏倒在地。吃早飯的時候，她又把生雞蛋打碎，蛋黃淌了一身，她不知道日本早餐的習俗是把生雞蛋直接打在熱飯上，她以為那是煮熟的蛋。

蘿拉努力想做一名優秀的禪修學生，同時還想成為優秀的母親。大部分時間她都得忙著照顧兩個兒子，一個才出生，一個正蹣跚學步，但她仍設法在週日的時候帶上他們一起過來。有時候找朋友幫助照看孩子，這樣她就能來坐禪，聽週三的講課。有一天她聽到鈴木在演講中說：「你可以在家修行。」課後蘿拉找鈴木談話，說她覺得自己不能好好照顧兩個孩子，心中有負罪感。鈴木說：「你不必因為你丈夫來，就覺得自己也一定要來。」此後，蘿拉不再把自己當成丈夫亦步亦趨的影子，她改為在家全心學佛。

比爾・關的生活大變樣了。頭一個變化就是他的公寓不再灰塵累累、貓毛遍地。那是因為有一次鈴木到他家吃晚飯，進屋沒多長時間，僧袍上就沾滿了灰塵和貓毛，鈴木不再坐著閒談，他開始大掃除。比爾和蘿拉也一起做起來。晚飯嘛，就等等吧。

一天，鈴木向學生們說起衣著整潔地進禪堂是很重要的。關回去刮了山羊鬍，開始穿乾淨的衣服。儘管如此，關並沒有覺得他的新老師在批評自己，相反，他覺得鈴木是第一個真正無條件接受他的人。他願意跟著鈴木一天又一天地坐禪，忍住腿上的疼痛，天未亮就起床，本來這正是他好睡的時辰。他願意改變自己的人生，因為他感覺到鈴木對他有完全的信心——連他自己都沒這樣的自信。鈴木沒有要求闗來信任他；相反，鈴木展現出自己對闗的信任，這信任鼓舞闗跟著鈴木走下去，雖然他根本不知道這是要走到哪裡去。

❋

最重要的是接受自己，用你的兩條腿立好。

早晨的坐禪開始前，大家要先進行問候致意。大家進到禪堂後面壁坐好，男士在右，女士在左，坐在拱窗之下。鈴木先走到佛龕前，上香，展開拜墊磕頭。然後他會微微彎腰示意鞠躬，手裡拿著老師的法杖在禪堂內走一圈，每當走過一個學生的身後，這名學生就要雙手合十。如果碰上新來的人不知道章法，鈴木就會在他耳邊低語：「問候致意。」這是日本培訓寺院中傳統的晨問禮節。

早晨的法事結束後，每個人在離開禪堂的時候都要向鈴木鞠躬，這樣一天的早課才算完成。這多少是個儀式，讓每個每天來坐禪的人和老師有個私人交際的機會。鈴木會站在辦公室的門內，大家排隊從門前經過，一個個向他鞠躬。這絕不是個馬馬虎虎敷衍的過程，對每個人的鞠躬，鈴木都抱以百分百的關注。有的人覺得鈴木直接看穿了自己。辦公室門口的鞠躬是告別，是致意，也是相會。這是件私人間緊密連結的事，每天都不一樣。

「鈴木先生總是鼓勵我們，感謝我們，」琴・羅斯說，「每次我面對著他鞠躬時，我總會覺得他和我是站在同一高度的，他身上一點矯飾都沒有。」

廟眾中的一位成員是開花店的，有時候會帶來鮮花放在鈴木的辦公室。有一天他在大家坐禪的時候過來，悄悄地留下一大捧蘭花，上面開了幾百朵花。這一天大家向鈴木告別時，老師就在花叢中。

有意思的是，不管鈴木在還是不在，大家都照樣會進行這個鞠躬致意的儀式。那位老管理員經常會坐在辦公室的椅子上讀日文報紙、抽煙。有時候碰上鈴木不在的日子，那些第一次來坐禪的人會學著其他同學的樣子，離開時在經過辦公室門口時鞠躬致意，裡面那個老傢伙穿著鬆垮垮的褲子，繫著吊帶，一副對他們不理不睬的模樣。新人心想，這就是鈴木老師啊。

我們要更多地把注意力放在切身感受上，而不是智力理解上。

菲力浦．威爾森是一個藝術家。他身高馬大，就像頭長了個粗脖子的泰迪熊，還有兩條粗壯的大腿。他是斯坦福大學橄欖球隊令人生畏的右內邊鋒，球場上，他就是個瘋狂的殺戮機器，哪個對手都不願意遭遇到他。可是一旦拿起畫筆，他又顯露出纖細的一面。在打球和畫畫的過程中，菲力浦都曾經歷過超驗體驗，不過他是在為其他藝術家充當模特時，才第一次體會到平靜、精微的心識狀態，因此對禪定產生了興趣。菲力浦在舊金山藝術學院的人體素描課上大受歡迎，每個人都想讓他做模特，他的身體肌肉健壯，線條分明，那樣的身體蘊含著似乎要爆開的能量。當他做模特時，他發現自己的能量凝注在靜止中，不像在激烈的對抗性運動時那樣隨時爆發。那樣的心識狀態讓他感覺像是回家了。此時的能量並非凝滯不動，而是流動的，卻濾淨了一切複雜的社會身份。

某個星期天的清晨，菲力浦正走在中國城的街上，撞見了一個老酒鬼，已經喝得眼神癲狂。菲力浦把他帶到了戒酒無名會，然後突發奇想，又一起去了附近禪寺聽演講。菲力浦之前從藝術學院的學生口中聽說過桑港寺，但從沒來過。他帶著新結識的老兄來到桑港寺時，鈴木已經結束了對坐禪學生的講課，正在對廟眾布法。一般情況下，陌生的非日裔人士在布法時都會被請出去，然而菲力浦壯得像競技場的鬥士，旁邊的醉漢則酒氣沖天，因此大家都沒作聲。

講臺上的男人個子小小的，可菲力浦覺得他像個光芒四射的武士，簡直像直接從身上發出金燦燦的光。他開口了，微笑著用日語說話。菲力浦這樣看著他的時候，進入了一種超越時間的狀態。對菲力浦來說這也不是什麼新鮮的體驗了。他早就有過和肯·克西[1]一起嗑LSD的經歷。

布法結束後，菲力浦對醉漢說：「不知道怎麼回事，我真的喜歡這個人。不過我不會跟他說話的，他太重要了，重要得不能跟他說話。」突然，鈴木已經在他倆面前了，向他們打招呼。老酒鬼說：「哦，我覺得你的演講棒極了。你說的我都喜歡。」

菲力浦一句話也沒說，鈴木也沒對他說話。老酒鬼向鈴木要點錢，鈴木哈哈大笑，彷彿聽到了一個有趣的笑話：「不，不行，你會拿去買酒的。」

第二天菲力浦給桑港寺打電話，鈴木接了電話，菲力浦的舌頭開始打結，最後鈴木說：「請過來吧。」菲力浦帶著一大堆問題過去了。然而他一看見鈴木，舌頭又打結了。鈴木問他：「坐禪嗎？」「坐。」菲力浦好不容易說出一個字。「哦，那就請來吧。」鈴木答道。

接下來的兩個月，菲力浦來寺裡坐禪，但鈴木一句話都沒對他說，沒給過他指導，沒用香板打過他，也沒糾正過他的坐姿。早課結束後學生在辦公室門口向鈴木鞠躬告別，當菲力浦站到跟前時，鈴木

1　原注：肯·克西是美國著名小說家，代表作有《飛越杜鵑窩》，是嬉皮士時代的重要發起人及見證人。

的眼睛會望向旁邊。

一天早晨，貝蒂看到菲力浦時說：「啊，你還在這裡呀。」許多人都會過來坐上一陣子禪，然後又不來了。但每個留下來的人都會添點新的東西進來，整體氣氛隨之重塑。每個人都會找到自己的姿態，應該如何與鈴木面對的姿態，或者說，在鈴木的氣場範圍內如何面對自己。菲力浦不知道自己能不能正確地坐禪，他還是堅持來，對他來說，從來沒有起過不來的念頭。

第一次去聽週三晚上的演講時，菲力浦心想這回終於能搞清楚到底怎麼回事了。可是這演講太複雜難懂了。或者說，是不是太簡單明白了？菲力浦根本抓不住什麼。鈴木的日本口音也很難懂，還有那麼多新的術語，他用的比喻也很難理解。菲力浦能聽懂故事的大意，但它到底意味著什麼呢？鈴木一直在微笑，泰然自若，他問：「你們明白了吧？」菲力浦沒法說不明白，那些故事那麼美麗，既困惑又完美，他暈了。

菲力浦一次又一次地來聽講，他努力想搞明白。他很清楚自己在這個男人眼中什麼都掩飾不了。鈴木就像球場上的左內邊鋒，要求菲力浦拿出絕對的誠摯。鈴木對他的態度不是那種好像菲力浦考試沒及格，而是彷彿菲力浦根本不在這裡。他到底是什麼意思？是讓他走嗎？不對啊，鈴木的門向任何人都是敞開的。也許他是在啟示吧。

鈴木彷彿手中無劍的優美武士，菲力浦怎麼也弄不明白他，所以他放棄了。但他沒走，而是開始觀察鈴木的一舉一動，不再分析。他想，也許我看明白他拿起法杖的姿勢，我就能聽明白他講的故事。他觀察鈴木如何走路：身體沒有任何一部分飛在前面，也沒有任何一部分拖在後頭；看他如何坐下：他整個身體一起坐下；看他如何端起茶杯：他用兩隻手捧著杯子，像捧著一隻小小的雛鳥。菲力浦看著，模仿著。有一天，坐禪後他再次來到辦公室門口向鈴木鞠躬，鈴木沒有掉轉目光，而是直直地迎住了菲力浦。菲力浦終於找到了和鈴木面對的方式。

如果你只是用思維心來瞭解事物，那是非常膚淺的。母鳥教小鳥飛行時，母鳥會像小鳥那樣飛。她當然會飛得很好，但她模仿小鳥。母鳥變成了小鳥，小鳥可以學她的動作，學如何飛行。修行也是這樣。

我們應該以真正純潔的初心修行，沒有好壞、得失的想法。

「有人送了我一袋饅頭糖，是我最喜歡的日本糖果，」鈴木在週日的布法會上開口說道，加藤五歲的女兒和美一聽到「饅頭糖」，精神為之一振。「糖真好吃，我對甜食喜歡得有點過分了。不過我想到的是，佛法的味道也是這麼好的，佛的教導也像糖果一樣。所以我坐在那裡慢慢地吃，充分地品嘗糖的味道。你們也許會認為佛法是很嚴肅的。但它也像糖一樣。」

加藤喜歡鈴木對廟眾做的演講，很樸實，很溫暖，娓娓道來，雖然對鈴木這樣的大和尚學者而言，這樣的演講也許顯得太簡單了。坐禪的學生們都是知識份子，鈴木對他們的演講則深奧得多。他在這兩種不同的風格間轉換自如。

廟眾中一些年長的成員非常憎惡越來越多的非日裔人士在桑港寺出沒，尤其是其中的年輕人，出奇地蠢相，嘰嘰喳喳、衣冠不整、邋裡邋遢，經常毫無自知地丟人現眼。他們還成天說坐禪，坐禪是寺廟裡僧人嚴肅的修行，他們以為是玩家家酒嗎？他們還真以為自己在蒲團上坐坐，就能懂佛法？日本人浸淫在佛法中有一千五百年了！

加藤很理解這樣的厭惡之情。來寺裡的西方學生中，幾位中年女子和廟眾們相處得很好，尤其和一些年輕的日僑女子關係不錯，但是鴻溝依然存在。戰時，這些日裔美籍人被投進集中營，他們也是美國人啊，一樣在這個年輕的國家裡辛勤工作，但卻仍被視作低等人。他們種地，建設新生活，買地，節衣縮食，為自己的孩子創造更好的未來。可是因為膚色，因為他們的母國，讓他們幾乎喪失了一切財富。戰後，他們不得不為白人家裡擦地板，每小時掙一個半美元，女人的工資更低。許多廟眾至今還在做粗活。

一九五二年，加藤來到灣區的時候，歧視之風正盛。他和妻子成家後，在柏克萊大學附近都找不到房子，許多人劈臉把門關上，丟下一句：「沒房間給日本鬼子！」他們一次又一次聽到這樣的話。最後只能在酒鬼妓女聚集的下城歐克蘭區找個地方落腳。現在歧視沒那麼明顯了，但彼此間甚深的厭惡依舊如故。

加藤和鈴木一樣，希望坐禪的學生能參加廟眾的節日聚餐，佛陀生日的時候能和廟眾一起繞日本城遊行，期待這樣一來可以讓雙方加深對彼此的瞭解。加藤和荻原明白，這些學生的視野超越了戰爭，不局囿於標籤化的認識。鈴木覺得將來下一代也許會解決這個問題：周日學校裡，麥克尼爾家的孩子和日僑孩子們玩在一起。

鈴木到美國後不久，就請加藤惠美來教周日學校。惠美留心到鈴木與孩子玩耍的樣子，他對孩子們非常尊敬，相處的時候很用心，孩子們是多麼喜愛他啊。和美總是給鈴木帶小禮物，惠美說那是因為鈴木為人溫暖。二月的一天，灣區千載難逢地下了雪，和美做了個雪球放在盒子裡，然後和媽媽坐公車去桑港寺。到寺裡後，和美把盒子遞給鈴木，鈴木興興頭頭地打開蓋子。當然了，雪球已經化了。和美哭了，向鈴木絮絮叨叨地解釋。鈴木說：「哇，這麼漂亮的雪球啊！」他給了她一塊巧克力，於是什麼事都沒有了。

❋

不要抱怨，應該想怎樣才於事有益。

每次加藤夫妻請鈴木去吃飯的時候，他總是匆匆吃完就要走，他怕有新的學生來找他，或有人來問他問題，卻被錯過了。鈴木和廟眾及學生交際的主要場所仍然是辦公室和廚房。不過在日本最後幾年的情形始終謹記在他心頭，他告誡自己不可再陷入那樣無謂的社交消遣中。那些年裡，鈴木對寺廟職責無奈因循，為逃避不得志的消沉，他混在交際中聊以慰籍。他不再下圍棋消遣了。有一次他都走到對面的圍棋俱樂部門口了，伸手抓住了門把，遲疑了一會兒，又轉身回家了。

加藤每次路過桑港寺，都知道冰箱裡必有食物，經常是甜瓜、白蘭瓜，都是他最愛的。他也好，一些日僑也好，還有鈴木的學生，經常都窮得叮噹響，鈴木都歡迎他們來拿白食。鈴木對人全無分別心，加藤非常佩服，哪怕是突然造訪又討人嫌的無聊人，沒完沒了的問問題，鈴木也一樣對待。

有一次一位婦女來寺裡，她母親剛剛去世，鈴木要她在廚房幫他準備午餐。一上午鈴木都和她待在廚房裡，沒說什麼，只是自自然然地充當起母親的角色，陪伴著哀傷的她。

加藤總是說，沒什麼事情能惹惱鈴木，然而也有例外。渡羽瀨的侄子平常總是來桑港寺，洗劫廚房、抽煙，用日語聊天。他就像許多待在海外的人一樣，對自己身處的新國家滿是抱怨。鈴木不喜歡聽這些唧唧歪歪的抱怨。有一天，鈴木、加藤和他們的好友——寺廟長老喬治．荻原都在辦公室，小渡羽瀨坐在沙發上，不停地說美國這樣那樣讓他討厭的事情。突然，鈴木從椅子上跳起來，對著渡羽瀨的臉連抽了五個耳光，迅雷不及掩耳的速度。加藤和荻原目瞪口呆。「喏，這就是你需要的！」鈴木說，「你要再抱怨，我就再抽！」渡羽瀨羞得無地自容。他走了，不再來寺裡。兩週後鈴木去找他，「嗨，渡羽瀨桑，你怎麼不來了？我們那好多吃的，大家都想你了。」於是他又開始上門了。

＊

形式是變化了，但新的形式不會只讓人感到更舒服。道元說最好的教法是讓人覺得仿佛有東西壓迫過來。

鈴木俊隆的禪堂在發展，其形式發生著變化。二樓的長椅因為不斷從禪堂到陽臺搬進搬出，已經鬆動搖晃了。貝蒂設法籌到一些錢，買了二十把折疊椅，廟眾又撥款買了更多的椅子，這樣長椅就被拖到樓下禮堂裡，不再搬動了。

鈴木本來以為要費點口舌才能說動西方學生在蒲團上打坐，而不是坐在椅子上，誰知即使是像琴一樣坐禪十分困難的學生，基本上也不會提出要坐椅子的要求。個別因為特殊的問題或年紀關係不得不坐在椅子上，鈴木會很小心，不讓使用椅子的人覺得自己低人一等。如果問他坐在椅子上和蒲團上的區別，鈴木會說：「唯一的區別就是腿的姿勢不一樣。」

一日，做完早課後，鈴木說他將在下午五點三十分再開一個坐禪時段，這樣有人可以下班後來坐禪。下午的時段和早晨一樣，都是四十分鐘，之後是一個比較簡短的法事，大家先磕三個大頭，然後背誦一遍《心經》，再磕三個大頭。於是有的人參加早晨的坐禪，有的傍晚來，還有的兩次坐禪都參加。桑港寺的修行一下子變成全日制了。

一九六〇年二月，鈴木和他的學生進行了三天的攝心。在美國，鈴木才第一次舉行了這樣長時間的坐禪閉關，他在日本的時候，從來沒有機會舉辦這樣的活動。從週六到下週一，大家從清晨開始坐禪，晚上六點結束。對這個禪修的小團體以及裡面的每個人而言，這次攝心都是跨出了具有紀念意義的一步。大家比平時提前一小時開始坐禪，連續進行兩個坐禪時段，中間以經行隔斷。鈴木向學生演示如何經行：雙手交握胸前，慢慢行走。除了進餐時間以及下午的一次演講，一整日都是不斷的坐禪和經行。

六個月後，鈴木又進行了第一次為期一週的攝心。共有八個人參加了大部分過程。平常日子的早晨，大家儘量長時間坐禪，直到要上班的時間，下班後再回寺裡，一直坐禪到晚上九點；週六則一整天都坐禪。

學生們感受到了嚴厲，如果有人動彈，鈴木會對他們咆哮。琴克制不住自己的性子。鈴木告訴她如果吃不消，多加個墊子在下面。可是這樣一小時又一小時地坐下去，再加墊子也沒用，最後琴一下子站起來，說：「這些東西全他媽的一點用都沒有！」她氣得直喘粗氣，然後又一屁股坐回去。過了一會兒，鈴木站起身，又拿了一個墊子給她。

在攝心期間，每個人都會和鈴木單獨談話，這個叫做「獨參」。鈴木在樓梯下面的廟眾辦公室裡進行獨參。貝蒂一直在禮堂以坐禪的姿勢坐著，等著輪到她獨參，當她聽見鈴木搖動手鈴宣她進去時，先起身拍鬆蒲團，讓它恢復原狀，然後鞠躬，再慢慢走向辦公室。辦公室裡，鈴木端坐在蒲團上，面前幾英尺外放著另一個蒲團，他身後是一個專為獨參準備的小壁龕，裡面燃著一支蠟燭，整個房間的光源都來自於此。貝蒂按鈴木教過的步驟，進屋後先對老師鞠躬，然後又磕三個大頭，再面對鈴木坐到坐蒲上。他們一起坐著，呼吸。異常密切的聯結讓貝蒂難以承受，起初她感覺不適，鈴木的臨在無比強大，氣場讓她敬畏。然後她放鬆自己，沉入當下。貝蒂問了一個關於她坐禪的問題，鈴木輕聲回答了她。等鈴木對會面感到滿意，就搖動手鈴，貝蒂再次鞠躬，退下，下一個學生進來。

一般來說，大家不互相交流獨參的經歷，這是很私人的。貝蒂覺得她和鈴木在其他不那麼正式的場合下的交流，也一樣值得回味。有一次在門廊那兒，貝蒂一面穿外套準備回家，一面對鈴木說：「我越是想要控制呼吸，情形就越糟糕，要麼太快，要麼太慢。我整個人都被想要正確呼吸給帶跑了。」

「哦，只管坐下去就是了。」鈴木淡淡地回答，她的所有想法都沒了。

在後來的歲月裡，攝心的每個時間段安排得更長，要求也更嚴酷，但對某些學生而言，最初的攝心仍是生命中最震撼的經歷。在大大延長的靜默不動中，學生們發現自己喋喋不休的心漸漸寧靜下來，他們的身份感轉變了，也擴大了。

第一次攝心時，比爾負責做飯（接下來的數年裡他一直在週六早晨和攝心期間負責做飯）。貝蒂去幫廚，一起準備早飯，她驚訝地發現比爾給他們做的早飯就是用熱水泡隔夜剩下的硬飯。參加攝心的人進了廚房，在長木桌旁坐下。貝蒂將滾水倒進自己的剩飯裡，發現內心充盈著感激之情，淚水滑落面頰。她領悟到她可以信賴這個宇宙，她的需求都會得到滿足。

攝心的最後一天，鈴木在演講時對學生說隨著他們修行的深入，他們的身心感受都會更加精微。在每日的例行坐禪之外，應該時不時地進行長時間坐禪，一整天，或一整個星期，用力地推一下自己。那樣會讓他們的坐禪「更加優美」。「不過不要著急，」他說，「學會坐禪要花很長很長的時間。」

在攝心期間，鈴木對最早遇到的兩名美國學生比爾．麥克尼爾和鮑勃．亨澤的要求格外高，他們仍打算去日本體驗原汁原味的禪修。

磕頭是非常重要的修行，用來削弱我們的傲慢和自我。這不是顯示我們對佛的全然臣服，而是幫助我們去除自私。

來找鈴木的人並不是為了尋獲可以虔誠信仰的宗教，他們對鈴木可以說是無限信賴，但他們仍有許多問題要問，一天裡問的問題比鈴木在日本當了三十年和尚收到的問題還多。他們充滿激情，想要明白佛法、禪，明白他們自身、生死、開悟，以及真理。他們想要知道每件事物的含義。鈴木總是不急著定義任何東西，他不止一次地說：「如果我給了你們一個答案，你們就會覺得自己明白了。」為什麼要逢四逢九休息？「這是個迷。」鈴木回答。《心經》到底是什麼意思？「愛。」為什麼我們坐禪時用那樣特殊的手勢？「這是祕密。」為什麼您要剃光頭？「這是終極髮型。」有時候，鈴木也會給出明確解釋，但他的解釋每次都不同。他希望大家能在自己的生命中自行體會。

還有一個問題就是大拜，也就是磕大頭。許多學生都不願意不明不白地把頭磕到地上。有的人抱怨說這太日本傳統了，像是在乞討，與美國的禪不合適。鈴木還試過讓大家在日本城托缽，行不通，放棄了。

鈴木告訴大家他的師父們教導磕頭是禪宗的核心修行之一。磕頭是佛教的，不是日本的，日本習俗中的磕頭是彎腰低頭，而佛教的磕頭要麼是雙手合十，要麼是先雙手合十，然後跪下來，頭、肘和手全部觸地。早課開始和結束時都要磕三個大頭，鈴木告訴說前額碰到地上時，要攤開兩掌向上抬起三次，托升佛足。「磕頭是僅次於坐禪的修行，」他在某天的早課前說道，「這是佛在向佛磕頭。如果你不能向佛磕頭，你就不會是佛。那樣是傲慢。從今天起我們早課前磕九個頭，不再只磕三個。在日本磕三個頭也許就可以了，但這裡是美國，我們都很固執，最好磕上九個頭。」

有人發出呻吟聲。

「別抱怨，」鈴木說，「你們需要比日本人更多的修行。也許你們現在不能理解為什麼磕頭這麼重要，但通過磕頭，你們終究會明白的。磕頭是非常好的修行，再說了，坐禪後磕頭會讓人感覺很舒服。」

生命仿若踏上小舟，小舟駛向大海，最終在海中沉沒。

一九六〇年年尾，比爾・麥克尼爾和鮑勃・亨澤飛去了日本。比爾・關已經和麥克尼爾非常親近了，對朋友的離去很是惆悵，沒有了麥克尼爾的桑港寺讓關覺得很遺憾。鈴木去給即將遠行的學生送行，關也跟在鈴木身邊。這本應是件高興的事，但關感覺不那麼對勁。鈴木顯得非常沉重，而麥克尼爾，一向都是很積極正向的，現在卻看上去鬱鬱寡歡。他的妻子和孩子們站在他身後，為離別而悲傷。亨澤尤其緊張。關莫名其妙地感覺他們像是判了死刑的囚犯，馬上要上絞架了。他們一直喊著要去日本，也許直到現在才真的感覺到那到底意味著什麼。

麥克尼爾的離去對禪堂來說是個損失，一直以來他都是連結眾人的紐帶，這位頗具哲學家氣質的藝術家是多麼有魅力。是他將禪堂的消息從北灘至東—西屋傳遍四方；當人們來到禪堂，無所適從時，是他進行組織工作。在他的幫助下，大家跟著鈴木學習了一年半的時間，現在他走了。他和亨澤去嘗原汁原味了，完全未知的味道。他們離去時沒有舉行任何告別會，簡直是偷偷摸摸地離開的。

鈴木不想讓其他人知道他們走了，因為許多人對去日本禪修都抱有不切實際的想法，不少人想去日本，可是鈴木覺得在充分準備好之前不能鼓勵他們貿然前往。他的確有想法，想讓這裡的學生和日本的僧人像交換生一樣互有往來，但得等到時機成熟。他總是說：「也許先在這裡學一陣子更好。」麥克尼爾和亨澤來桑港寺之前就打算去日本了，而且一直熱情不減，鈴木就安排他們去自己的林叟院，再去林叟院的上級寺院石雲院學習，那裡有一位老師願意培訓他們。鈴木也不知道情形會怎樣，他很清楚自己的學生對真正日本寺院的修行完全沒有概念，但他們的熱情那麼高，他還是滿足了他們的願望，心裡懷著幾分僥倖送走了他們。

鈴木獨自一人在廚房刷洗杯子。樓下的禮堂裡，幾個做音樂的日裔年輕人借場地排練，每週三都要在這裡排練到很晚。夜雨霏霏，雨點打在窗玻璃上，發出刷刷的聲音，融合在鼓聲、吉他聲和小號聲裡。明天將要坐禪，早課、清掃、洗衣、購物和一個超度法事，下午會有客人來訪。音樂在走廊和各層樓板間迴響，很快他就該下樓，鎖門，洗澡，再爬回樓上自己的小房間裡獨自入睡。和那小得像櫥櫃的臥室相比，整棟建築顯得如此巨大，空空蕩蕩。

鈴木去日本的兩個學生過得很不好。露．麥克尼爾和她丈夫談過了，鈴木也收到了包一的來信，包一正在永平寺修行。包一信中說他在麥克尼爾和亨澤一到日本時就見到他們了，還幫他們在林叟院做準備，好進入石雲院學習。他們到石雲院後，落了髮，領了僧袍，也受了戒。石雲院的住持代鈴木為他們剃度，他們成了僧人，也因此在鈴木的眼中成了他最早的西方人弟子。可是，兩人在石雲院只待了一個月，就被趕出寺廟。

鈴木正在慢慢熟悉美國人的性情，他發現他們很容易起興一定要做某事，但隨後的艱難會讓他們堅持不下去。他們那麼想出家，想去日本，但根本不知道那意味著自己將承擔些什麼。現在，麥克尼爾又對比睿山的回峰行這一日本佛教修行方式感興趣了，他和亨澤住在京都，一邊教英語一邊在魯斯．富勒．佐佐木的寺院學習臨濟宗，那裡屬於大德寺體系。他倆好像到處遊蕩。鈴木後來得知他們被趕出石雲院的一大原因是兩人都涉及了性醜聞，對方也是男人。麥克尼爾說他不能待在石雲院，他在廟裡見到鬼魂。

樓下樂隊奏起熟悉的旋律，是鈴木最喜歡的歌曲之一，也是日本最受珍愛的歌：《櫻》。那也是美津最愛的，曲調甜美、哀傷、簡單，卻優雅。樂隊一遍一遍地演奏著這首歌。這會兒，在遙遠的日本，美津正在做什麼呢？她也獨自一人在幼稚園入睡吧。她還在生他的氣，氣他不肯推遲行程，丟下她一人不管她死活。

每個星期，當年輕人奏起這首歌的時候，他都會想美津。現在窗外風雨瀟瀟，鈴木坐在廚房的一把硬木椅上，透過內陽臺看向黑漆漆的禮堂，眼淚在臉上縱橫流淌。

第十二章

僧伽 一九六一－一九六二

如果你想學習，一顆堅定不移的道心是必需的。

比爾．麥克尼爾曾經組織最初的修行團體，以自己的活力帶動了大家，成為眾人的榜樣，然後他離開集體，前往自己的許願地。可是，如今的他已經迷失，在追尋禪真意的途中，他撞上了堅硬的高牆。鮑勃．亨澤也同樣在日本的禪修過程中撞得頭破血流，和麥克尼爾一起被趕出石雲院後，他發現自己也無法跟隨京都的魯斯．富勒．佐佐木，他覺得她太盛氣淩人。

他們去日本是求道的。他們讀過保羅．瑞普（Paul Rep）的《禪魂》（*Zen Flesh*，*Zen Bones*），薩托利體驗的故事讓他們魂牽夢縈，還有鈴木大拙筆下的故事，多麼令人神往。可他們實際經歷的卻是層層阻隔：難以跨越的語言障礙；不停地挨訓，卻完全不明所以；無法跟上的誦經；整天的跪坐，雙腿疼痛難忍；幾乎沒有人重視坐禪；一切都似乎和求道沒有關係，不知所謂。接受他們的寺院根本沒有接待外國修行人的經驗和準備，而他們也完全沒有意願去做出巨大的努力，適應環境，使得修行可以繼續。

一九六一年三月，麥克尼爾和亨澤回到了舊金山。麥克尼爾開始拍一個藝術片，他再也沒有回去坐禪，他既不想成為僧人，也不想再習禪。他說他已經找到了自己真正的身份，他是藝術家，是同性戀，「日本的禪根本不是我想要的。」他有時還會到桑港寺看望鈴木，有時候兩人也會在日本城碰見。鈴木偶爾會帶上一個學生一起去麥克尼爾的公寓做客，看望他和他的日本情人。

亨澤又回到桑港寺坐禪，他明白了，這裡是世上唯一他想來學禪的地方，鈴木是唯一他想跟隨的禪師。然而他的心很悲傷，就像是從戰場上回來的受傷的士兵。他從不穿僧袍，大部分人都不知道他和麥克尼爾已經剃度了。

現在桑港寺有差不多十二名固定修行的人，他們按來的時間先後安排坐禪位置。男士那邊，亨澤現在坐首座，接下來是比爾・關、菲力浦・威爾森。女士那邊，黛拉、貝蒂、琴仍在起首的幾個座位上，如磐石一般堅定不移。

到了一九六一年春末，桑港寺來了兩位新人，他們將徹底改變這個修行團體的面貌，也將改變鈴木俊隆的人生軌跡。第一位是個二十多歲的英國人，名叫格雷漢姆・佩奇（Grahame Petchey）。

五月的一個週二晚上，艾倫・瓦茨在柏克萊佛教教堂發表了恣意汪洋的演講，禪宗、道家、心理分析和基督教神祕主義全出現在他彷彿馬賽克拼圖般眼花繚亂的演說中。瓦茨和鈴木共同的同事加藤和光去聽了演講。聽眾中還有一人叫伊魯・普萊斯，以及一對衣著十分正式的年輕夫婦——格雷漢姆・佩奇和寶玲・佩奇。休息期間，普萊斯發了他的名片，上面印了一大堆頭銜，他在遍及馬來西亞、泰國、日本及北美的各佛教團體中任職。

佩奇夫婦最近剛從歐洲過來。格雷漢姆已經找到一份藥劑師的穩定工作，目前正在灣區到處尋找禪師和僧伽——佛教修行團體。普萊斯告訴他應該立刻去見鈴木先生。加藤拿了張自己的名片，在反面寫下鈴木的名字和地址。

格雷漢姆在英國出生長大。他父親是宮廷守衛，保衛皇室的禁衛軍，生活中充滿各種莊嚴的儀式。從很小的時候起，格雷漢姆就想知道人生的真諦，這促使他產生了宗教疑情，他說這是「追著不放」的問題。最初他從英國聖公會（the Church of England）中尋找答案，未能讓他滿意，便又來到羅馬天主教加爾默羅會的一家修道院，作為俗家信徒修行學習。修道院的僧侶們各自都有「追著不放」的問題，他們追尋真理的態度謙卑恭敬，讓人欽佩，然而格雷漢姆無法認同他們的信仰。於是他離開那裡，來到羅馬，想貼近宗教的源頭，卻只發現了膚淺和虛偽。

在羅馬他遇見了法國藝術家寶玲。寶玲跟他說了許多二戰時自己家人救助被擊落的傘兵的事，都很緊張刺激。寶玲的母親是美國人，是通神學會（Theosophist）的成員。格雷漢姆在巴黎寶玲母親的圖書室裡讀到了很多印度教、佛教和坐禪方面的書籍。寶玲十幾歲的時候就見到過鈴木大拙和克里希那穆提。格雷漢姆和寶玲很快就結婚了，一起坐船前往舊金山，帶著寶玲母親送的禮物——一尊巨大的佛像。格雷漢姆首先想弄明白的是僧人究竟是怎麼做的，而不是他們是怎麼想的。一九六一年五月初，夫妻倆坐船經巴拿馬運河來到加利福尼亞，在船上的一個多月裡，格雷漢姆一直試著坐在椅子上打坐。到舊金山僅一週，他就準備去見這個叫鈴木的人了，他希望自己能碰上一位禪師。

格雷漢姆打電話給鈴木約時間見面，鈴木建議他傍晚六點來坐禪。格雷漢姆準時來到桑港寺，他上樓看到張貼出來的時間表，發現晚上的坐禪五點半就開始了，不禁懊惱萬分。第一次來寺裡就遲到了，這讓他氣急敗壞，他自小受的教養讓他對這樣的失誤無法容忍。可是，這個錯誤的時間明明是這裡的禪師親口告訴他的，這事簡直亂七八糟。

辦公室的門開著，於是格雷漢姆進去等候。他一個人在椅子上坐著，街上市聲嘈雜，屋內悄無聲息。他專心地諦聽隔壁禪堂的動靜，聽到人們粗重的呼吸聲，過了一會兒，一陣輕柔的腳步聲走過，然後「哐——、哐——」，什麼聲音？是有人撞落了什麼東西吧？然後他又聽到哐哐的聲音，怎麼回事？接著是鈴聲，誦經聲，什麼東西「咚、咚」地碰在地板上的聲音。他整整領帶，拉了拉燙得平平整整的雪白襯衫的袖口。

通往禪堂的門終於打開了，鈴木俊隆走進了辦公室，格雷漢姆站起身來，可是鈴木看都沒看他，而是站在門口，向每一位離去的學生鞠躬。格雷漢姆看著這些學生，被他們的外表震驚了。加爾默羅修會的修士穿棉質的制服袍，倫敦的佛教徒穿正裝，戴上了漿的領圈，可眼前這十幾名排著隊慢慢離去的所謂禪修者穿牛仔褲T恤衫，一個個在經過鈴木面前時鞠躬。不過鈴木看上去穿得很靠譜，他的棕色僧袍很雅致。他的臉很智慧，散發著慈祥卻嚴厲的光。

等所有人都離去了，鈴木和格雷漢姆一起坐下，他泡了茶，跟格雷漢姆談了半個鐘頭。鈴木問他知不知道如何打坐，格雷漢姆說他試過坐在椅子上打坐，鈴木說最好還是坐在榻榻米上，問他要不要試試？格雷漢姆說不知道自己能不能行，不過想試試。他試了整整三十分鐘，盤著腿，身體筆直，像宮廷守衛那樣紋絲不動。這是他第一次坐這麼長時間，倫敦佛教會的克裡斯莫斯·亨弗裡斯曾警告過，若沒有經過正確的訓練，沒有有經驗的老師指導，自己打坐超過十分鐘是有危險的。

「你的姿勢做得很好，」鈴木告訴他，「你沒問題。」格雷漢姆很高興。鈴木接著說：「你明天早晨五點四十五分來坐禪好嗎？」

「我是成了家的人啊。」格雷漢姆大吃一驚，作為一個有家室、有工作的男人，他無法想像怎麼能夠每天起那麼早趕到佛寺，然後還有一整天的工作等著要做。他正猶豫不決，鈴木又給他添了茶。不知怎麼，格雷漢姆無師自通，明白了日本習俗中添茶是委婉地提醒客人該告辭了。他道了擾，跟鈴木告別了。

鈴木俊隆現存最早的一幀照片，時年十四歲，在森町高小畢業，攝於1919年3月。

俊隆，時年25歲，駒澤大學高年生年鑒上的照片，攝於1930年3月。

俊隆在永平寺，身著和尚雲游朝拜時的服飾，攝於1930年前後。

諾娜·蘭瑟小姐（鈴木在駒澤大學時的英語老師）在中國天津，攝於1932年前後。

（從左至右）俊隆的父親仏門祖岳；俊隆（前蹲者）；日野桑（渡利的丈夫）；俊隆的妹妹日野渡利和嬰孩；看廟人；俊隆的母親葉音。1930年前後攝於藏雲院。

（從左至右）嶼春子（俊隆的異父兄嶼芳浪的妻子）和她的嬰兒；俊隆的妻子千惠；俊隆的母親葉音（前蹲者）；俊隆；俊隆的妹妹內山愛子和嬰孩。1935年前後攝於藏雲院。

鈴木俊隆的師父玉潤
鈴木祖溫，時年53歲，
攝於1930年前後。

鈴木俊隆的老師岸澤惟安（穿白袍者），時年85歲，攝於1950年前後。

太平洋戰爭時期，預科學校的學生組成非正式組織「高草山集會」，在林叟院坐禪，圖為俊隆手持香板，攝於1945年前後。

林叟院寺鐘被送去熔鑄成船舶螺旋槳，右下為鈴木俊隆與千惠。攝於1945年。

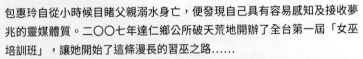

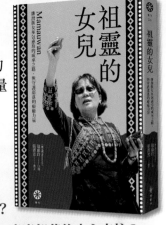

人，為何而生？為何而活？人生的大哉問

—— 人為何而活？是你無法逃避的生命課題！

作者／高森顯徹、明橋大二、伊藤健太郎
譯者／《人，為何而生，為何而活》翻譯組　定價／480元

日本經典長銷書，熱賣突破百萬！
佛教大師解答生命困惑，讓你重拾「生而為人」的喜悅。

唯有永遠不會崩潰的幸福才是人生的目的，而將此一教義之精髓在日本發揚光大的人，正是開創了淨土真宗的親鸞聖人，他說：「人生的目的不是錢財，也不是名譽或地位，而是斬斷人生苦惱的根源，得到『生而為人真好』的生命喜悅，活在未來永恆的幸福裡。」

蓮師法要

—— 揚唐仁波切教言選集（一）

作者／揚唐仁波切
譯者／卻札蔣措　定價／460元

揚唐仁波切的心中，總是有著滿滿的蓮師。

這是仁波切數十年傳法生涯當中，針對〈蓮師心咒〉內涵和功德利益所留下的唯一講授紀錄。這篇開示當中，說明了如何實際透過念誦〈蓮師心咒〉，來獲得加持、取得悉地，乃至去除疾疫、饑荒、戰亂和人與非人的危害。

一行禪師 佛雨灑下

—— 禪修《八大人覺經》《吉祥經》《蛇喻經》《中道因緣經》

作者／一行禪師
譯者／釋真士嚴、慧軍、劉珍　定價／380元

佛法並非一套哲學、真理，而是一項工具，
幫助我們捨離所有概念，讓心靈完全自由。

書中包含四部經文，分別是《八大人覺經》《吉祥經》《蛇喻經》和《中道因緣經》。於每部經前，一行禪師會先引導讀者了解經文的大意，接著用最日常的言語和例子解釋經文內容。當你將經文融入自己的生活體驗，才能理解和實踐，也愈能發現其中蘊含的深奧智慧。

佛陀的女兒
蒂帕嬤

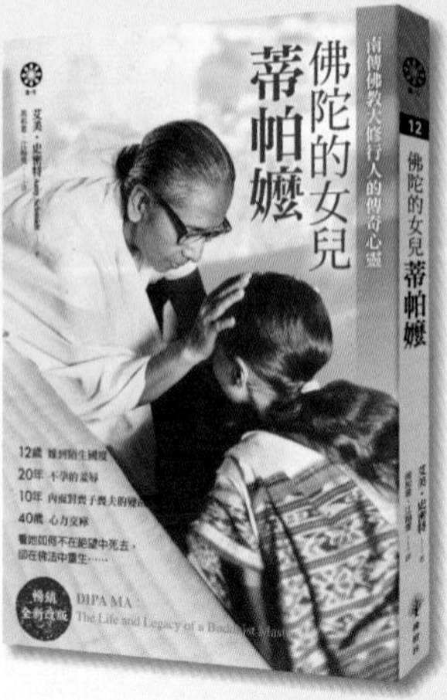

作者／艾美・史密特（Amy Schmidt）
譯者／周和君、江涵芠
定價／320元

～AMAZON百位讀者5星好評～
中文版長銷20年，累銷上萬本

無論我們內心有多麼失落，對這個世界有多麼絕望，不論我們身在何處，蒂帕嬤面對曲折命運的態度，一次又一次地展現了人性的美善與韌性，療癒了許多在悲傷憤怒中枯萎沉淪的生命，更重要的是，她從不放棄在禪修旅程中引導我們走向解脫證悟。

延伸閱讀

森林中的法語
定價／320元

與阿姜查共處的歲月
定價／300元

橡樹林全書系書目
橡樹林好書分享

|橡|樹|林|

俊隆與青年婦女學習小組，攝於1947年前後。

林叟院的後院池塘，攝於1996年。（比爾．施沃布攝影）

鈴木千惠，攝於1950年前後。

千惠的母親歐巴桑村松絹，攝於1966年前後。

俊隆（上中立者）與林叟院廟眾工人在一起，攝於1956年前後。

1959年5月21日，俊隆一家在羽田機場。（從左至右）俊隆的女兒大石安子和她的丈夫大石岩尾；他的兩個兒子乙宥和包一；俊隆；他的妻子鈴木美津；美津的女兒松野春美。

鈴木俊隆在門口向大家揮手告別。

攝於桑港寺禪堂的一張擺拍照片（平時女眾坐在另一邊），圖中鈴木俊隆手持香板。（從左至右）琴・羅斯、貝蒂・沃倫、康妮・路易克、黛拉・格爾茨、比爾・關、格雷漢姆・佩奇、保羅・安德森和鮑勃・漢斯（攝於1961年前後）。

舊金山布希街1881號曹洞宗寺廟桑港寺，攝於1965年前後。

1962年5月20日，桑港寺鈴木俊隆舉行升座儀式，他正式成為桑港寺住持，當日在舊金山日本城的游行隊伍。（從左至右）不知名者、前角博雄、鈴木俊隆、加藤和光和山田靈林。

鈴木俊隆的升座儀式後，日裔廟眾、禪修中心學員與來賓等在桑港寺前合影。

1963年4月10日，鈴木俊隆與美津在舊金山機場，準備前往日本。其他人等：(從左至右）佛吉尼亞與理查·貝克（懷抱薩莉)、貝蒂·沃倫、康妮·路易克、麥克與楚迪·迪克森、黛拉·格爾茨、吉利斯·蓋伊和寶琳·佩奇（懷抱大衛)。

立髮宗旦、格雷漢姆·佩奇與菲力浦·威爾森在日本福井永平寺，攝於1964年。

(從左至右）鈴木俊隆、鈴木包一、不知名者、格雷漢姆·佩奇、寶琳·佩奇、菲力普·威爾森、克勞德·達倫博格。1966年10月攝於林叟院。(攝影者柳田文雄）

鈴木俊隆與理查·貝克在塔撒加拉。（上圖攝於1968年，攝影者蒂姆·巴克利；下圖攝於1967年。）

派奇街300號，禪修中心舊金山分部會址，攝於1969年前後。（攝影者羅伯特·伯尼。）

鈴木俊隆和丹·韋爾奇與彼得·史耐德在塔撒加拉，攝於1968年前後。（攝影者蒂姆·巴克利。）

1967年夏，鈴木老師在塔撒加拉的禪堂開示。鈴木左肩下方身穿T恤者是大衛．查德威克。（攝影者青木實。）

1967年夏，塔撒加拉山野禪修中心第一期禪修的工作照。（攝影者青木實。）

鈴木俊隆在禪修中心城市分部，攝於1970年前後。（攝影者凱瑟琳．塔納斯。）

鈴木俊隆與美津（歐古桑）在塔撒加拉的一次婚宴上，攝於1970年。（攝影者阿蘭．馬洛。）

1971年11月21日，在理查·貝克的升座儀式上，13天後鈴木俊隆辭世。（從左至右）鈴木俊隆的長子包一；鈴木俊隆；他的妻子美津；片桐大忍。（攝影者羅伯特·伯尼。）

前往塔撒加拉的路上遠眺聖盧西亞山脈。（攝影者羅伯特·伯尼。）

雖說格雷漢姆最初的反應頗遲疑，第二天他還是過來了。他一下子就領會了鈴木向他解釋的坐禪要領。他要做的不過是面對牆壁，跟隨著呼吸——不需要信仰，不需要抓住任何東西，只要跟隨這位非同凡響、氣度端嚴的小個子男人，讓那個「追著不放的問題」自行解決便是。

前一天晚上見過鈴木後，格雷漢姆的心充盈著無比的歡欣，他回到家裡告訴寶玲自己撞到好運了。他當即決定自己一生都會堅持坐禪。格雷漢姆每天早晨、傍晚都來坐禪，每個週日也來，每個演講都不錯過。他從沒間斷。他從不問問題。在鈴木看來，他像是日本那些資質優異的學生。格雷漢姆每次面壁落座之前，都會在走道裡先將雙足擦乾淨，鈴木見了非常開心。

佛之所以了不起，是因為人們都很了不起。如果人們沒有準備好，就不會有佛出現。我不期待你們每個人都能成為了不起的大師，但我們必須擁有一雙能辨別好歹的眼睛。通過修行，我們可以獲得這樣的認識。

一九六一年，桑港寺迎來了第二位福星，他名叫理查·貝克，是一位二十五歲活力四射的年輕人，來自東海岸。他在哈佛、格林威治村和北灘等地學習東西方哲學、藝術、詩歌，見識到許多卓越的心智，然而內心仍期冀遇到一位活生生的榜樣，能讓他尊敬和信任。一九六年的一個夜晚，他的生命開始變化。那天晚上他和朋友去舊金山波爾克街的「菲茲哲學書店」，他們剛在一家日本餐廳吃完飯，準備接下來去看一場關於武士的電影。理查和朋友在書店裡嬉鬧，他模仿武士，假裝揮舞著武士刀，嘴裡發出呼喝聲。店主喬治·菲茲被他逗得大笑，然後告訴他應該去桑港寺聽聽鈴木俊隆的講座。

「你應該去見見鈴木先生，」菲茲說，「他是個禪師，屬於另外一種禪。他是個精彩的人。」菲茲說

「另外一種禪」，指的是曹洞宗，當時所有英語著作凡提到禪的，說的幾乎都是臨濟宗。

理查去了桑港寺。他坐在禪堂的金屬折疊椅上，鈴木俊隆讓他張口結舌，不能動彈。就像是他讀過的中國大師們從書本裡走出來了，就站在他面前。鈴木說了些什麼根本不重要，他整個人的言行舉止讓理查感到，在他面前的是一位典範式的思想深刻的人，深知思想的局限性，致力於突破思想的層面。

理查還去聽了艾倫．瓦茨和夏洛特．賽弗的演講，賽弗是位德國女士，教導感官覺察。瓦茨則是理查早就熟知的，此次能見到賽弗也讓他頗為高興。賽弗他們離開後，理查又去找鈴木。雖然之前他已經聽了幾次鈴木的講座，卻直到這次才發現鈴木身邊帶了一批比較固定的學生。理查毫無疑問地對這位禪師感興趣，但他自己並沒有要去坐禪的想法。

再後來，他翻到鈴木大拙的一本書（鈴木大拙幾乎從不提及坐禪），其中的一句話躍入眼簾：「認為自己不夠格去坐禪，正是某種自大虛榮的表現。」理查立刻決定去坐禪，「為了停下這顆到處遊移的心。」

理查．貝克的母親寫詩，父親是哈佛大學的教授，理查上高中時，父親到匹茲堡大學任教。他們並非豪富之家，不過每個夏天都會到理查外祖母那裡度假，她在緬因州，理查在那裡出生，他覺得那裡是他的根。他一直獨來獨往，喜歡閱讀，在哈佛他被叫做「局外人」「獨行俠」。大學第四年的時候，他去聽神學家保羅．提利奇的課，還有東方學家約翰．K．菲爾班克以及前駐日大使愛德溫．賴肖爾的課。雖然這些老師都有令人矚目的資歷，但理查對所學的東西並不滿意。就在畢業前不久，他從學校輟學，搬到紐約生活，直到二十四歲。一九六〇年秋天，他坐上公車一路西行，來到舊金山，口袋裡只剩三十五美金。到達的第一天他就來到詩人勞倫斯．弗林蓋蒂開的「城市之光」書店，很快就混跡於北灘的文學藝術圈中。他搬進一間公寓，找了份圖書發行的工作安頓下來後，繼續尋求他內心渴望的東西。

他曾幻想，沒准哪天會在附近的中國城裡撞見一位禪師。九個月後，他遇到的是一位日本禪師。

打從一開始坐禪起，理查就看上了格雷漢姆．佩奇，這傢伙集所有優秀學生的品質於一身。格雷漢姆覺得他們每個人都可以用自己的方式成為和鈴木一樣的人，可以明白鈴木所明白的，可以成為禪師。格雷漢姆行事百分百地投入，理查心有戚戚焉。

兩人立刻成為莫逆之交。他倆都是瘦高個，受過良好教育，為人嚴謹，但也有不同之處。坐禪對格雷漢姆而言，身體上的挑戰不大，他輕易就能以雙盤蓮花的坐姿坐足四十分鐘，一動不動。考慮到在坐禪正式計時前，人們已經落座了，則他實際坐禪的時間要超過四十分鐘。可是對理查來說，坐禪很痛苦，非常不適。很長一段時間裡，他連半蓮花式都坐不了，只能蹲坐在好幾張墊子上，兩隻膝蓋下墊了更多的墊子。他管自己的姿勢叫「半百合花式」。整個過程中他還要不停地動彈調整，不過他給自己設定目標，比如說要熬過中場，等鈴木拿著棍子巡視完一圈後再動。

格雷漢姆將生活帶進坐禪，一心專注在禪堂的修行中。理查將坐禪帶進生活，讓世界成為道場。他開車的時候觀照呼吸，走路的時候專注雙腿，蠶食鯨吞地閱讀佛教典籍。鈴木說格雷漢姆專注於姿勢，理查專注於禪的意義。

理查來禪修中心後不久，遇到了藝術學院的學生佛吉尼亞．布萊克特。一九六二年五月，在鈴木的主持下，他倆舉辦了婚禮。貝克夫婦和佩奇夫婦來往密切，他們的人生許多方面都像是平行的，佩奇夫婦先一步而已。他們兩家開的都是大眾車，都愛看武士電影，都在自己的公寓裡佈置了榻榻米，很快都有了孩子。

有一天，格雷漢姆和理查坐在車後座，鈴木坐在前座，理查湊過去問道：「鈴木先生，您認為我們能弄懂佛法嗎？」

「能，只要你們修行。只要你們知道如何修行。」鈴木回答道，轉過臉來看著理查的眼睛。

從那一刻起，理查知道自己畢生都會修習禪法。

如果你想坐禪修行，好的同伴是非常重要的，那樣會讓你自然而然進行良好的修行。

鈴木的女兒安子和弟弟包一目送輪船「蒙大拿丸」緩緩駛離橫濱港，美津帶著乙宥在船上，乙宥哭得很傷心，對著碼頭揮手告別。

鈴木在桑港寺廟眾中的好友喬治·荻原促成了美津母子的遠行。一九六〇年末，荻原回日本探親，在鈴木的急切拜託下，荻原特意去了燒津，勸說美津去美國。他告訴美津鈴木也許要待比原計劃更長的時間，在美國有許多人來向他學習，三年的時間恐怕不夠，他需要美津的幫助。

絹奶奶歐巴桑也催著美津去美國，說鈴木在國外待了兩年了，什麼事都得自己一個人料理。他做的事是要緊的事，絹奶奶希望他能做成。來自各方的壓力讓美津屈服了，她咽下傲氣，同意去美國。

歐巴桑說鈴木的小兒子乙宥一定得跟著去。乙宥已經十七歲，高中快畢業了，歐巴桑沒能力再操心他的事了。乙宥得知自己可能會在美國待很長一段時間，他去精神病院看望了緒美，向她告別。緒美在那待了六年，那裡很有可能就是她永久的家了。過去的六年裡，乙宥只來過幾次。緒美胖了很多，她看到乙宥很高興。

鈴木知道美津要來後，給她寫信說：「我給你買了張床，還買了最好的床墊。我還給你買了個美國產的燙衣板，還有一隻漂亮的新熨斗，都等在這裡了。我只給你買了這些，我知道不夠闊氣。可是我真的盼著你來，還有乙宥，我也很想他。」

一九六一年六月十四日，美津和乙宥抵達舊金山四十一號碼頭，鈴木和一小群廟眾去碼頭接他們。就像當初鈴木剛到美國時一樣，美津和乙宥看到苦行僧般簡素的住處時，也嚇了一跳。房間倒是很乾淨，可是地方狹窄得僅夠擠進去睡覺。乙宥住在樓梯口他父母房間對面的閣樓裡。鈴木把美津的新床擠在他的床邊。後來美津對一名學生坦言，她來美國後有六個月的時間裡鈴木都沒和她同床共寢，她覺得這是因為鈴木被其他女人的愛慕弄得頭昏腦脹了。

美津之所以改變主意決定來美國，不光是因為荻原和歐巴桑的緣故。鈴木在最近的來信中向她說了有些女學生對他有多好。他暗示美津有人向他大獻殷勤，不過不是他最親近的女學生。他說如果美津在身邊，他就好應付這種情況了。有一個女的藏在寺裡，等晚上他鎖門後出來糾纏，怎麼都不肯走，最後鈴木叫來了一名老成的學生幫忙，把她打發走了。

有一位女士叫愛麗絲，總是過來幫忙，有時為鈴木煮飯，還向他推薦健康食譜，胡蘿蔔汁什麼的。她留心到鈴木的牙齒不好，就籌了款，帶鈴木去牙醫那裝了假牙。她給他洗衣，連秋褲都幫他買。鈴木頗喜歡這些秋褲，上床也穿，天冷了還穿在僧袍裡。那位愛麗絲倒不大坐禪，卻是廚房裡的一道固定風景線，和鈴木以及學生們一起喝茶，說道：「先生啊，請教我禪法啊。我真的很努力在學呢。」美津一來，愛麗絲就一溜煙消失得無影無蹤，去印度找她的新上師了。

如今鈴木是夫妻倆同進同出了，廟眾和坐禪的學生們對此都很開心。他們送來禮物，帶鈴木夫婦在城裡轉悠。一對姓勝山的廟眾夫妻請鈴木夫婦在週二晚上出去吃飯，很快就形成了習慣。鈴木帶妻兒去一家叫「美松」的日本料理店吃飯，那店是三名廟眾成員開的，價格不貴，老派的日本店，店堂裡有高高的木製櫃檯，鈴木經常在那裡吃飯。他還帶美津他們去穗波手工藝品店，去日本糖果店吃綠色的饅頭糖、飲茶。喬治・荻原請他們全家去日本茶園做客。美津和乙宥就像是到了另一座日本城市。

乙宥害羞得讓人心疼，他完全不知所措。他害怕在美國上高中，求父母別讓他去上學。他說也許自己能找份活做。乙宥在日本的時候，讀書就不好，英語一點都不懂，鈴木說他可以學嘛。最讓乙宥煩心的是他得從初中開始從頭再讀一次。鈴木平時還組織了一個二十五人左右的小組，成員都是些十幾歲的大孩子，有從日本來的，也有本地日僑的孩子，不僅限於廟眾子弟，大家每週集會一次。乙宥通過小組活動交到了一些朋友。幾個月後，他搬到街對面桑港寺用來招待客人的一間小公寓裡住了。

當你們住在一起時，很多東西就不需要講了，你們自然互相理解。

美津和鈴木之前沒有在一起同住過，但他們很快就默契起來。美津清楚自己的責任首先是照顧好丈夫，然後是廟眾、坐禪的學生，還有整棟樓。她和鈴木一樣，都是秉性勤勞的人，記得美津到來後的第一個早晨，吃完早飯，她開始做醃菜，鈴木則把用剩的蠟燭頭重新融化做成新蠟燭。美津每天燒飯、打掃、洗衣、接待客人，還參加婦女的活動。除了這些日常瑣事，她還和學生們一起坐禪，她的位置是女士那邊第一排緊鄰廚房門的位置。桑港寺在她手中煥發出活力，人們都喜歡和她聊天。她也不是個任由丈夫拿捏的女人，她和鈴木是工作上的老搭檔，鈴木早就習慣了把美津當成平等的對象，至少就他們的傳統文化而言，他倆的地位可算是相當平等了。有時候學生們還聽到夫妻倆嘰嘰呱呱地爭執，他們的老師展現出新的一面！

美津毫不費力地適應了桑港寺生活，讓人敬佩。她說這和她在日本做的事沒什麼兩樣嘛，在日本也是成天有人來學校找她，現在的不同處不過是來的人裡不僅有日本人，還有白人。她馬上開始學起英語，不過只學到能應付的程度足矣。她的個性開朗直率，對她來說，到舊金山當寺院住持的妻子可能比在日本更容易呢。

大家都叫美津「歐古桑」（Okusan），「太太」的意思，是對主婦的傳統稱呼，許多人還以為她的名字就叫「歐古桑」。歐古桑和坐禪學生們相處得很好，尤其和貝蒂、黛拉和琴聊得來。不過好些年輕人邋裡邋遢，兩隻腳板髒得很，她不喜歡。

「別抱怨了，」鈴木說，「他們都是很好的禪修學生，你應該尊重他們。我說，你該替他們洗腳呢。」

歐古桑可把此話當真了，她在禪堂門口放上一塊塊疊得整整齊齊的濕毛巾，向學生們示範在踩上榻榻米之前，如何把腳擦乾淨。

「擦腳，擦腳。」她用她那音樂般甜美的聲音提醒大家。學生馬上就接受了，從此腳板都乾淨了。

＊

漸漸地，我們形成了僧伽的氣氛。

一九六一年的春天，在一次週日會議上，鈴木建議坐禪的學生們應該成立一個非營利性公司，這樣他們的捐款就可以上報免稅了。鈴木在財政上非常謹慎，絕不把桑港寺的資金用於他個人需求，也絕不把廟眾的錢和坐禪學生的錢混在一起。他堅持要坐禪學生向廟眾付錢，作為使用禪堂的租金。如果錢財是直接給到他個人手上，他會非常不自在，一定要找一位會計來經手。大家在一起修行已有兩年，是到了有一個組織形式的時候了。

山田靈林是洛杉磯禪修寺的新住持，也是曹洞宗美國分部名義上的首領，他贊成應該將坐禪學生這一團體建成公司組織，並建議起個日文名字。亨澤說日文名字對說英語的學生來說太隔閡了，他說不如就叫「禪修中心」吧，大家都拍手叫好。大夥兒把這兩個詞顛來倒去地說著玩：禪的中心，禪在中心，禪是你的中心。

一九六一年八月，鮑勃．亨澤被選為禪修中心的第一屆主席，他開始著手進行公司的申報。一個星期日，他來桑港寺開會，把皮包放在樓下辦公室的桌上，所有申報的材料都在包裡。一個路過的年輕人摸進未鎖門的辦公室，偷了皮包，一溜煙地從費爾默街跑了。亨澤沒追上他，而所有的檔都沒有備份。

亨澤的情況本來就一直不好，他老是問自己到底應不應該繼續在桑港寺修行。有一天晚上他在菲力浦．威爾森的住處向菲力浦傾訴，說鈴木想讓他當和尚，可他又不想放棄建築師的事業，也不想放棄世俗生活。他說，東方永遠不會和西方交融，西方人能走到榮格那一步已經到底了。「我堅持不下去了。」偷竊事件發生的幾天後，亨澤精神崩潰，不得不住院，這對他和整個團體來說，都是場危機。

大家緊急開會，推選格雷漢姆．佩奇為主席，儘管他才來了兩個月。本來琴．羅斯是最佳的繼任人，她資格夠老，為人又仗義直言，但琴已經準備好要去日本習禪了，於是她提名格雷漢姆。格雷漢姆果然不負眾望，效率極高，做事踏實，六週後他就備好一應材料，上報加利福尼亞州州務卿。

也有人並不贊成機構化。菲力浦就說大家應該只管打坐，不要理會其他細枝末節，如果桑港寺不能容身，那就找個車庫繼續打坐好了。可是鈴木想要有個正規組織，讓一切都有個規矩模樣。目前，他們在宗教層面上已經夠另類了，鈴木清楚地意識到一個邊界清晰的組織形式會帶來許多實際益處，他不會被年輕學生反機構態度影響。他相信健康的體制是一個強健的社會不可缺少的，不必擔心因為機構化他們就會失去本色。他說無論何種形式，都會有問題出現，但只要他們專注在坐禪上，對佛性有信心，一切都會好的。

不過鈴木個人的財商真是夠嗆。美津到來後不久，廟眾委員會的會計告訴她鈴木好長時間沒拿支票去兌現了。美津在日本時從沒聽說過支票為何物，會計不得不向她解釋一番，她馬上就明白了。歐古桑上上下下地一通尋找，終於在辦公室的書裡找到了支票。從此以後，所有的支票都由美津支配了，她簡直想不通，她丈夫一直以來是靠什麼活下來的？

鈴木在購物上的不切實際讓美津把買菜的大權也從他手上剝奪了。鈴木有時回家路過菜市場，會去買蔬菜，尤其是他最愛吃的地瓜。可是問題在於他總是挑那些最老、最枯萎、最爛的菜。美津問他怎麼會掏錢買這樣的東西？他竟然說他覺得那些菜太可憐了。美津還發現他在街上撿車上掉下來的白菜葉子——簡直是他爹還魂了。

自從歐古桑來了之後，其他人和鈴木在一起的時間顯得益發寶貴，雖說早課後開心的喝茶時間依舊，人們也依舊可以上門問候或問問題，但鈴木不再像以前那樣空閒，可以隨時約出來看電影、吃飯。歐古桑雖然很親切，也喜歡和學生們待在一起，但她還是一直鼓動鈴木回日本。她覺得鈴木身體很虛弱，再待下去怕是要得病了。

每次鈴木提起自己可能回日本的事，都會讓他的學生緊張——到下一年春天，他為期三年的任期就滿了。大家和他在一起時依然感覺那麼地有意思，但心頭總吊著不安，覺得可能很快這日子就要到頭了。大家都傳染了今朝有酒今朝醉的勁頭，只要鈴木還在身邊一天，就盡最大的努力，盡可能地去學習。在這份不安的底下，卻有著深深的安定，大家知道他們在一起做的事極其有意義，也是極其有益的。

每隔一段時間，每當學生們漸漸安頓下來，開始覺得站穩當了，鈴木都會狠狠地敲掉他們自滿固守的立足點，把他們從再次沉睡過去的生命中喚醒，將他們帶回不知所措，讓他們重新回到「初心修行」。一天早晨，禪堂裡一片平和寧靜，通過長期的坐禪修行，無論是每一個個人還是整個團體的氣氛都達到了某種和諧安詳。正當喜樂的靜默在禪堂的整個空間裡洋溢時，鈴木進來致早安了。他雙手合十在學生背後走了一圈，到佛龕前磕了頭，然後一如既往地在講臺上坐好，面對整個房間。坐禪到一半時，鈴木起身，糾正了幾個人的坐姿。比爾・關打瞌睡了，鈴木在他兩邊的肩頭各敲了兩下。一切都和平時沒有任何不同，鈴木重新回座，開始打坐。突然，他大喝起來，他那小小的身體裡發出獅子般的怒吼：

「你們以為自己在坐禪！你們根本沒有坐禪！你們在浪費時間！」他從座上一躍而起，仿佛飛到過道上，以閃電般的速度在每個人身上敲了四下，每個肩頭各兩下，衣袍在禪堂裡捲起一陣旋風，風未息，他人已回到座上，默然無語，留下一整個房間的坐禪者，仿佛遭到電擊般震動不已。

當天早課後大家從他門前一一走過，鞠躬致意，每個人都若有所失，不再對自己那麼確定。鈴木直視著每個人的眼睛，但他的目光裡沒有絲毫怒意，似乎什麼都沒有發生，一切正常。身後的禪堂裡，仿佛落滿了一地的自滿和驕傲的碎片。用棒喝是日本禪宗傳統的修行方式，喚作「連作」（rensaku）。鈴木不時地會使用這種方式，通常一句話都不講。

我也認為我們的教法非常好——非常非常好。可是如果我們太傲慢，太相信自己，就會迷失。教法就沒有了，佛法就消失了。如果我們的生命時刻泰然自若，興致勃勃，卻不知道到底是為什麼，我們什麼都不明白，則此時的心是偉大的心，是寬廣的心。此時的心是向一切敞開的。要達到這樣的心，我們須從傲慢中解脫，不再過分相信自己，須從自私、不成熟和童稚的心中解脫，那種心總是在期盼。如果一無所住，我們會很快樂。在獲得開悟之前，我們必須學會在修行之道上快樂——不然，我們無法在真正意義上獲得任何東西。

第一念，至善念。

自從精神崩潰後，亨澤再也沒能完全恢復。最後，他來桑港寺向跟隨了兩年半的老師告別，他要去芝加哥了，去那裡的一家建築公司上班。鈴木體會得到亨澤的失敗感，然而一切都是枉然，他無法留住亨澤。鈴木心懷感恩地送走了亨澤，一如當初第一次見到他時那樣。

有的學生想要把鈴木在桑港寺教導的話傳播出去，因此亨澤臨走時建議辦一份期刊，大家產生了辦份通訊的念頭。菲力浦·威爾森和他嬌小玲瓏的學者太太J·J·很快就打好了樣稿，不過起個什麼名呢？《禪修中心通訊》？大家七嘴八舌提了許多建議。

「我來起名吧。」鈴木說著，上樓去了。二十分鐘後，他拿了張紙下樓來，上面用毛筆寫了「風鈴」兩個字，旁邊還畫了風鈴的圖，圖像下面，寫的是道元的詩《風鈴》，已經譯成英語。

菲力浦和J．J．試著在油印機上印刷通訊，但印出來的效果很模糊。鈴木脫了外衣，穿上工作服來幫忙。他們的團體要有第一份印刷品了，鈴木很興奮，他用起油墨來可謂豪放不羈，油墨弄得到處都是，身上地上都沾染到了，很快鈴木的胳膊和身體都變成了紫色。第一份墨跡淋漓的樣張出來了，鈴木自豪地舉在手中。

「看來我是太小心翼翼了。」J．J．說著，開始收拾戰場。

第二天是一九六一年十二月二日，星期天，人們圍在一起讀新印出來的《風鈴》，上面油污斑斑。有的人把通訊塞進口袋，還有人拿了一捆，準備張貼在大學和咖啡館的佈告欄裡。「我們到底為什麼要搞份報紙呢？」格雷漢姆百思不得其解的樣子，理查只是聳聳肩。格雷漢姆讀著《風鈴》：「對佛教禪宗感興趣的人應該很高興得知舊金山有禪修中心，已經由鈴木俊隆老師指導了兩年半了。」

理查有時候會用尊稱「老師」來稱呼鈴木。他以前從書上看到過這一禪宗稱呼，也聽到鈴木尊稱自己敬重的和尚為「老師」，去日本習禪的人也用過這個稱呼，說在那裡對禪師的正確稱呼就是「老師」。

一九六二年一月，第二期《風鈴》報導了菲力浦．凱普樓（Philip Kapleau）[1]的桑港寺之行。開普勒做了關於日本拔隊禪師的演講，之後還會見了學生，向他們談了自己在日本習禪九年，師從原田祖岳

1 釋注：美國禪宗重要人物。

老師和原田的法嗣安谷白雲老師，這兩人都是曹洞宗的離經叛道者，將臨濟宗的公案教學摻入自己的教法中。在與學生問答的階段，凱普樓的妻子也參與進來，她說起他們在日本進行的多次攝心經歷：無論嚴寒酷暑，一整晚都保持打坐，凝神貫注在公案上，在激烈忘我的參問中將自己推至極致，以獲得「見性」的開悟體驗。原田已經去世，但安谷仍活躍於傳授教法。鈴木坐在下面聽著。他的學生們也聽著，他們都聽呆了。這和鈴木的教法多麼不同啊，有些人已經迫不及待地想去日本了。和安谷白雲學，也許他們很快就能開悟了，鈴木的教法好像太慢了。

接下來的週六講座中，鈴木著重講了這兩個禪宗傳統流派的不同點，「我們的教法是一次只邁一步，一次只吸一口氣，心中不抱要得到什麼的念頭。」

一九六二年這一年裡，《風鈴》按月定期出版，每一期都比上一期要長，就這樣開始記錄起鈴木的講話。鈴木的英語比以前自如多了，現在還有合適的人把他的談話轉成文字。

理查和其他一些學生總是把我的講話記下來，還問我問題。我的英語很糟，用英語直接說出來的東西和我心裡想的有很大差距，所以我要把它們寫下來。《風鈴》裡發表的談話已經不是原樣的談話了，我亂七八糟的英語在理查等人的幫助下得到了修正。

理查．貝克會先把自己的筆記好好閱讀一番，自己先對鈴木的教導有完全清晰的理解，然後拿整理出來的文字再向鈴木請教，最後將定稿交給格雷漢姆刊登在《風鈴》上。

如果你認為「我在坐禪」，那你就錯了。是佛在坐禪，不是你。如果你覺得「我在坐禪」，你會有很多麻煩。如果你知道「佛在坐禪」，就不會有麻煩。不管你坐禪是不是痛苦，是不是充滿雜念，都是佛的事。沒什麼不是佛的事。所以你必須接受自己，完全投身於自己，或者說投身於佛，或者說投身於坐禪。當你是你的時候，坐禪就是坐禪，禪也就是禪了。

＊

像飛鳥一般，我來了，
腳下沒有道路。
黃金之鎖的大門，自動開啟。

鈴木俊隆穿戴整齊隆重，身著紅色僧袍，黃色織錦袈裟，頭戴尖頂僧帽，手執白色牛尾拂塵。他站在桑港寺門外高誦詩偈，然後鄭重其事地跨入寺門，彷彿第一次踏進桑港寺。這是一九六二年五月二〇日，鈴木俊隆的三年任期還有三天就滿了。他沒有按原計劃回日本，而是正式繼任了桑港寺住持，今天舉行晉山式。

樓下大廳裡聚集了好幾百名年長的日僑，穿著周日禮拜的正裝，他們中不僅有廟眾，整個日僑社區的代表都來了，正襟危坐地等待鈴木走進來。另有六十多名穿著各異的美國人，多半是年輕人，散坐在人群中，主要坐在靠後排的位置。理查・貝克在內陽臺上搖鈴擊鼓，伴隨著鐘鼓齊鳴，鈴木走進樓上禪堂，在廚房邊的佛龕前敬香、誦詩文。接著，又一陣鈴聲漸行漸近，別寺的和尚、廟眾代表以及手捧鮮花的孩子們進入大廳，這些孩子裡有廟眾子弟，也有美國學生的孩子。等他們上樓後，鈴木跟在他們後面走過走道，就像一名新娘輕盈地走過走道那樣。鈴木上前走到專為晉山式準備的華麗佛龕前，敬上一炷香，又誦了一首詩文。洛杉磯過來的山田站在他身旁，主持儀式。

我手執此香，此香儼然在握，
雖儼然在握，卻如千鈞之重。
恭敬我佛此香，燃香非經我手，
頂禮建寺諸賢，
頂禮諸位先師，
頂禮我師玉潤
祖溫大和尚。

誦畢，鈴木升座，坐在佛龕旁講壇上的塗漆椅子上。他正式成為桑港寺的住持，接過了廟印。在接過藏雲院和林叟院之後，這是他第三次接任住持。他又接受了三年任期，燒津老家的親朋故友很失望，他們不明白鈴木為什麼不回來。他們還沒見到鈴木那些破衣爛衫的西方弟子呢，不然的話更是要奇怪他幹嘛在這幫人身上浪費時間。可是，正是這幫破衣爛衫的人，明天一早會來坐禪，後天一早還會來。

你就像在烤箱裡烘烤著的麵包。

鈴木仍然沒什麼具體計畫，只有滿腔的期望，希望能將佛法的種子播撒在美國的土地上，希望能和日本進行對雙方都有益的交流。一九六二年三月，大家為琴．羅斯開了歡送會，她要去日本了。琴是鈴木的學生裡第二位去永平寺修行的，第一位是諾娜．蘭瑟。琴早就下定決心去「原汁原味」地習禪，鈴木知道永平寺會給琴帶來多大挑戰，所以一直在勸阻她前行。麥克尼爾和亨澤的教訓讓鈴木格外小心謹慎，不過他對琴有信心，相信她和那兩個人不一樣。琴不是幼稚的理想主義者，她夠實際，也夠堅毅。更讓鈴木放心的是她作風保守、誠摯，不會給永平寺那邊帶來麻煩。琴仍在桑港寺打坐，平時一週只來三天，但她已經經歷過多次週末攝心，並且在一九六一年八月通過了為期一週的攝心，這種韌性是實打實的。

五月，《風鈴》刊登了琴從永平寺寫來的第一封信。她和僧人們一起工作、修行。她有單獨的房間，每天凌晨三點起床，趕在僧人們之前先到外面用盥洗室，他們三點半起身。對每日長達幾小時的誦經，還有爬上九十五級臺階去道元墓堂參拜，她都毫無怨言。琴經受住了文化差異的衝擊，儘管言語依舊不通，她已經開始交朋友了。

「這些從各地而來的僧人是人，不是聖人，他們的臉上透露出經過嚴格戒律的千錘百煉後各自鮮明的人格特色，」琴在信裡如此說。之後的信裡，她更動情地寫道：「我站在永平寺的土地上，平生第一次真正感受到札進大地。我開始認出佛性，不僅僅從人類身上，而是從所有的生命形式中感受到佛性。這樣廣闊的感受緩解了我與新環境磨合的壓力。」

坐禪不是為了得到神祕體驗。坐禪是讓清明的心顯現——彷彿秋日晴空般清明的心。

一九六二年八月，鈴木他們舉行了第三次七日攝心。這一次早晨開始得更早，晚上結束得更晚，也是第一次從早到晚不間斷的全日攝心。鈴木邀請山田來帶領，山田從洛杉磯過來，主持了後面五天的攝心。山田做了演講，內容是關於印度偉大的聖賢龍樹菩薩和富有傳奇色彩的菩提達摩，還進行了獨參。鈴木負責搖鈴，確保攝心順利進行，並且從頭到尾親自坐禪，以自己穩如泰山般的身姿激勵學生們。學生們忍受了雙腿和背部的疼痛，捱過了枯燥無聊，捱過了心猿意馬。三十名學生參加了攝心，其中一半多完成了整個過程。

在以前的獨參中，寶玲．佩奇從來問不出什麼重要的問題，她通常只向鈴木問一些純理論的東西，比如，如果森林中一棵樹倒下，卻沒有任何人聽見，那它是發出聲音了還是沒有發出聲音呢？「無所謂。」鈴木會這樣回答。

寶玲參加了攝心，她的腿疼得不得了。作為優秀學生的太太，寶玲的壓力好大。格雷漢姆從來不動，哪怕鈴木有時隨機延長坐禪時段，他也紋絲不動。寶玲沒有哪天不是熬過來的，拚命忍住不要尖叫。她坐在房間正中，面對著走道，而不是面壁。她正痛得生不如死時，鈴木從她眼前走過，她被鈴木的雙腳吸引了，極其專注地盯著它們在眼前緩緩走過。然後寧靜降臨在她身上，疼痛與她分離開來，變得無關緊要。一直喋喋不休的心遠去了，消失了。當她站起來經行時，她環顧整個禪堂，彷彿第一次看見她的同學們，看到每個人都身陷在各種瑣碎的社會遊戲中。她對禪堂裡的每一個人都充滿了愛。她又看著鈴木，清楚地知道他和她一樣處在這自在解脫、無有煩惱的境地中，是從這裡和每一位學生發生聯繫，而不是像他們一樣在虛妄中。

在之後的獨參中，寶玲向鈴木磕了三個大頭，面對他在坐墊上坐好，先跟隨鈴木呼吸了一陣，然後寶玲向鈴木訴說了自己的體驗。她確信這是永久開悟的標誌。「很好，」鈴木答道，「你有了一個甚深的坐禪。」

攝心的最後一日，是為俗家弟子受戒，跟隨鈴木一年以上的學生都受了戒，取了法號。山田帶來了十五領絡子，不多不少剛剛好。大家按照到桑港寺的先後順序一一上前領了絡子，還有法脈證書——一張米紙，上面寫了各位祖師的名號，一路上溯至佛陀，裝在同樣用米紙製成的信封裡，信封上是鈴木毛筆手書的名字。貝蒂和黛拉排在最前面（琴在日本），格雷漢姆和理查最後，他倆一年前剛進寺。

對鈴木來說這是個值得欣慰的日子，他在西方傳法又跨出了一小步，他努力將自己學到的佛法發揚光大。受戒儀式是用日語進行的，學生們不懂，不過鈴木向他們解釋說這是在「誓願依止覺悟的生活。」鈴木向學生們解釋他們法號的含義，黛拉的法號是「禪道貞純大自」，這個冗長的名字意思是「禪道，虔誠，精微，自在」。就在受戒前，黛拉對鈴木說自己不會放棄從小到大的路德教信仰，她說：「我覺得我將是個基督佛教徒。」「沒問題。」鈴木回答。

鈴木當初在燒津的林叟院為俗家弟子受戒時，尊岸澤為上座，自己在下首坐著。這次他同樣恭請年高的山田在上座，因為這樣才合乎儀軌：山田是大首座。如此按規矩行事，傳到日本後，大家才會明白美國這裡的學生是認認真真的。鈴木感激山田的支持，儘管山田只是出於義務，但還是非常有幫助。讓自己的學生接觸到其他的和尚是很有益的，鈴木說：「能得到其他老師的指教，我感激不盡。我們需要更多的老師。」

攝心期間，桑港寺收到了州務卿的信函，正式認可禪修中心為非營利實體。本年度禪修中心募款五千美元，除一應開銷外結餘五百美元，將用於建築基金。受戒儀式和禪修中心的實體化對鈴木來說是重要的大事，但他更強調的是教法的本質精髓：

除非你學會如何坐禪，否則沒人能幫得了你。微小的種子尚未生根，一場大雨就有可能把它們沖走。你們不能像無根的芥子，那點修行經不起風吹雨打。如果你們真正紮下了根，大雨只會起到好的作用。

有些學生的感覺和菲力浦一樣，不明白為什麼他們要有個組織，還要有受戒儀式。菲力浦說：「簡直就像是天主教那一套。」他不知道自己還真有些說到點子上了。日本的曹洞宗的確講究等級和儀式，不過考慮到曹洞宗各寺廟以及各個和尚都有很大程度的自主性，也許基督教的浸禮會是更恰當的類比。

鈴木說，他必須讓學生們知道這一切按日本的方式是如何操作的，因為這是他熟悉的方式。他建立的禪修中心，其教法必須是他瞭若指掌、駕輕就熟的，不耐煩、激進是沒有用的。有朝一日，美國的學生們必會產生他們自己的佛法形式，但在此之前，「將佛法傳入美國不是件簡單的事。總有一天你們會有自己的方式，但首先要學我的方式。不要急急忙忙，這又不是傳球。」

第十三章

路漫漫 一九六三－一九六四

我在美國學到了很多在日本無法學到的東西，同樣，我覺得你們從日本人那裡也能學到許多在美國學不到的東西。如果我們以坦誠的方式修行，我們的努力就會有結果。

一九六三年四月，鈴木將桑港寺週日布法及平時講道的事情託付給加藤，自己回日本待了三個月，他離開日本快四年了。鈴木的孩子們立刻發現他們的父親身上發生了變化，他整個人放鬆了，變得和藹可親，美國帶給鈴木新的面貌，對此孩子們很是喜歡。包一近兩年來一直在永平寺，他趕回林叟院參加父親的傳法儀式，鈴木要將林叟院傳給包一。包一到家後發現自己的房間已整理一新，打掃得乾乾淨淨，不禁問道：「是誰做的？」「是我。」鈴木答道。放在以前，鈴木肯定把包一臭罵一頓，讓他自己打掃。

那兩所幼稚園現在都由安子負責，幼稚園的老教師看到鈴木回來都很高興。想當初這兩個幼稚園都是鈴木像母雞抱蛋一樣，精心扶持，才發展壯大的。鈴木還去精神病院看望了緒美。他去曹洞宗總部見老朋友義道，和他聊了讓美國學生去永平寺學習的事，還請求派遣有意去美國的和尚到他那裡幫忙。他見到了過去戰時「高草山集會」的老學生，告訴他們自己在美國遇見了許多非常誠摯、非常努力的學生。他說，如果他要這些學生跳下懸崖，他們真會跳下去，雖然邊跳會邊問他這是為什麼。鈴木還說他發現用英語教法更容易，比日語更直接明瞭，儘管會失去幽微細膩的情調。就算向日本廟眾布法，他有時都想用英語，覺得可以講得清楚。

鈴木和林叟院的廟眾也談了他在美國的工作，但大多數人根本不理解他，不明白他為什麼不回來。天野懂他：「加藤弘造說得對，你的骨頭要化成美國的泥土了。」

琴・羅斯帶著她的僧袍來林叟院了。永平寺的住持高階瓏仙老師代鈴木為琴做了剃度，因此琴不算高階的弟子，而是鈴木的弟子。高階還在可睡齋當住持的時候，鈴木就去他那裡幫忙了。琴只有經過剃度儀式，永平寺才能接受她與眾僧一起修行。琴說，他們覺得通過這種儀式，她就算是轉成男身了。

然而琴仍是女人，因此她不能像其他僧人一樣進行所有的修行，不過若真那樣，對雙方來說挑戰度都太高了。比如說琴堅決不剃頭——她無法放棄某些特權。不過她畢竟是個意志堅定、心明眼亮的女人，這個大家都看在眼裡，她贏得了眾僧的尊敬。

琴和她的日本師父關係非常好，「說真話，我覺得他們比我美國的朋友，甚至比我家人更懂我，因為永平寺的生活濃度太高。」

琴也去了總持寺，還在可敬的藤本秉道的寺院修行，跟隨藤本坐禪。藤本也是鈴木的朋友艾爾西・蜜雪兒的老師，蜜雪兒創立了「劍橋佛教協會」。藤本和蜜雪兒合作，翻譯出版了自己的著作《坐禪之道》（*The Way of Zazen*），在當時的美國，這是除增永的《曹洞禪》（*Soto Approach to Zen*）之外唯一一本關於曹洞宗的書，禪修中心的每個人都讀過這本書。鈴木這次也去拜訪了藤本，他是為數不多的與鈴木保持書信來往的人。

在某次和藤本一起坐禪的過程中，琴喪失了自身與萬物有所區分的感覺，這樣的體驗讓她震撼得說不出話。幾天後，藤本讓她把這個坐禪經歷寫下來。在向琴告別的時候，藤本說：「謝謝你讓我看到你的佛性。」

琴和鈴木一起商談她認識的僧人中有誰適合去美國。她在永平寺的老師立髮對西方人態度開放，還有曹洞宗總部國際部的片桐大忍也很不錯，對她的幫助很大，片桐能說一些英語，也願意去美國。一九六三年七月三日，鈴木和琴一起飛回舊金山，眾人在六日為他倆舉辦了歡迎會。

當小心在大心中找到合適的位置安頓好，就有了和平。

時隔朝鮮戰爭十年後，美國再一次陷入東南亞紛爭。鈴木從來就鮮明地支持和平，不過他在美國很少談及和平話題。他也用不著多談，他的學生中以及禪修中心周邊的社區裡多的是和平主義者，他們對全球局勢有著清醒、充分的認識，尤其是理查．貝克，他正在加州大學柏克萊分校攻讀亞洲學專業的研究生。然而，一九六三年發生了一件特別的事，深深地震動了鈴木和他的學生們。

一九六三年七月，為抗議南越日漸惡化的局勢，越南僧人釋廣德自焚身亡。他的死引起了人們對越南激烈衝突的現狀的關注。七月二十八日，桑港寺為釋廣德法師做了超度儀式。《風鈴》的報導寫道：「一位越南的學生為大家做了演講。禪修中心已寫信敦促美國政府採取行動，制止南越方面對佛教徒的進一步迫害。」誰都無法忘記看到的那一幀幀照片，自焚的僧人以打坐姿勢坐著，整個身體燃燒著滾滾大火，他倒下了，然後直起身體，在火焰中再次端坐不動，直到最終倒下。

十月，永平寺的住持高階瓏仙來到舊金山，這是他為了和平所做的全球巡遊的一站。高階睡在乙宥的公寓裡，床上鋪了蘭瑟小姐的絲綢被褥，那是鈴木從日本帶過來的。高階老師在桑港寺主持了祈禱全球和平的法事。看到世界和平已經成為日本曹洞宗的宗旨，鈴木心中萬分欣慰，不過他還是說，如果三、四〇年代時曹洞宗沒有那麼積極地支援軍國主義會更好。

見到自己的學生都是和平支持者，鈴木很高興，但他還希望他們能和日本廟眾相處得更融洽些。有時候，學生們彼此間也需要更多的理解和容讓。鈴木最忠誠的兩名弟子比爾．關和理查．貝克在鈴木回日本期間起了齟齬，比爾沒法處理爭執，從此不來桑港寺坐禪，改去米爾谷，每天早晨到那裡坐禪。鈴木回來後，比爾每週六會過來，每次攝心也會來參加。

肉體的痛有限度，心理的痛沒有限度。

八月一轉眼就過去了，期間又舉行了一次七日攝心。一整日的坐禪對每個人來說都很難熬，何況鈴木有時還會隨機延長坐禪時段，這種不確定性最是痛苦。坐禪時段以鈴聲開始，複以鈴聲結束，通常四十分鐘一個期限，中間隔以十分鐘的經行，大家緩步專注地步行。本來早晨的時刻表應該是坐禪——經行——坐禪，攝心一開始，鈴木就將時刻表改為九十分鐘不間斷的坐禪。對此有的人無所謂，只管隨息，數息，放鬆，不抗拒。有的人則氣急敗壞。

鈴木在攝心期間的講課中，對學生們說心中不要期待著鈴聲響起，只管打坐。攝心期間，人人都不可避免地經歷疼痛，多半是腿疼，也有背疼的。延長的時段會讓人感覺疼痛也加倍了。幾乎所有日本禪宗流派訓練的一個共同點就是學會和肉體的疼痛平靜共處。「你們必須歡迎疼痛，」鈴木說，「安住其中。疼痛是老師。」

在與他獨參時，許多學生都會談到他們的疼痛體驗——有說超越了肉體的疼痛；有說痛仍在那裡，卻沒有傷害性了；有說疼痛轉成了電流，甚至成了至福的體驗。他們有的意識到自己感受到的肉體的痛實際是心理的痛；有的乾脆放棄一切，卻發現無論肉體的痛還是心理的痛都同時消失了。有的人到第四天習慣了腿的疼痛。鈴木說他通常是第三天最難受，他告訴學生們他自己坐禪時也痛。

八月攝心期間的一天，天出奇地熱，鈴木敲響了下午坐禪的鈴聲，二十個人端正地坐好，吸氣，呼氣。鈴木手持棍子，起座巡視，有的學生背駝了，他溫柔地幫他們直一直身體，還敲打了幾個學生的肩膀，按規矩先將棍子放在他們肩頭，等他們合十。他把棍子放回蒲團邊的固定位置，自己卻並沒有回座，而是走出禪堂，去了辦公室。坐禪時段已經超過十分鐘了，他輕輕回到禪堂。每個人的耳朵都變得分外靈敏，聽著他的每一聲腳步聲，大多數人發現自己沒法不盼著鈴木趕緊敲響結束的鈴聲。可是，腳步聲遠去了，往門口走去。他出禪堂了。他下樓了。前門打開了，然後又關上了。禪堂的人坐著，坐著，坐著。布希街上，隨著紅綠燈的變換，上坡的車流一陣陣地過去，辦公室的自鳴鐘整點敲響了，廟工從露臺走過，進了廚房，水滴掉在水槽裡。他們坐著。格雷漢姆開始擔心，鈴木是不是忘了他們？其他人開始擔心，自己的腿是不是要斷了？

一小時後，樓梯上響起鈴木回來的腳步聲，輕柔沉穩。大家覺得自己快死了。大部分人已不得不稍微活動過一次或幾次。有的人呼吸已經不穩。鈴木進房間了，他翻看寫著時刻表的紙張。他在看時刻表啦。肯定馬上就要敲鈴結束了。接下來發生的，是禪修中心史上最痛苦沮喪的事件之一：鈴木轉身離去，回自己房間了。等到他終於下樓，回到禪堂，又翻起了紙張，再回座上坐好。大家再次進入無盡的等待。最後，鈴木舉起小槌，敲了敲那小小的銅鈴。所有的人都放聲又笑又歎。他們整整坐了兩個半小時，人們呻吟著，伸展雙腿揉搓著。

我老師就是這樣對我的。有時候我還真忘了具體什麼感覺了，不過我覺得還不賴【眾笑】。我會看看鐘，心想天哪，真是太長了，不過再坐一小時，應該也能堅持。

只要你還在找尋，你就只能得到實相的影子，而不是實相本身。

一九六三年八月的一個晚上，鈴木俊隆為格雷漢姆・佩奇剃度，他成為了一名和尚。這是鈴木在美國剃度的第一位僧人，也是他一生剃度的第二個人，第一個是他兒子包一。鈴木為格雷漢姆起法號「德潤」，意思是「圓滿之德」。格雷漢姆將於九月十四日前往日本永平寺參加秋季修行，在此之前他必須剃度，才能和寺裡其他僧人同食同寢，一起打坐。

晚上十點，禪堂裡燭光幽暗，格雷漢姆在佛龕前面對鈴木跪下，旁觀者只有他妻子寶玲和歐古桑。剃度儀式的時間非常短，格雷漢姆還沒明白到底是怎麼回事，儀式便結束了。鈴木什麼話都沒對他說，格雷漢姆既沒領到僧袍，也沒剃去頭髮，鈴木只是拿著剪刀在他頭上比劃，一邊嘴裡念念有詞地用日語念咒。在寶玲看來這簡直像是個祕密儀式。鈴木沒有向眾人宣告要剃度格雷漢姆，寶玲理解他的心思。好多學生都要鈴木為他們剃度，送他們去永平寺，他們都等不及地要穿上僧袍，去充滿異域風情的地方修行。格雷漢姆完全依止鈴木，皈依佛法，鈴木決定讓他先去嘗嘗永平寺的滋味，為整個團體做個前行。鈴木是將他作為未來的法嗣來栽培的。

九月九日，大家為格雷漢姆和加藤開了歡送會。格雷漢姆去永平寺修行三個月，而加藤則要和家人一起搬到洛杉磯住了，他辭去了柏克萊分校的教職，要去加州州立大學當教授，業餘時間將去幫助洛杉磯日本城裡禪修寺的山田大首座。山田已經多次請求加藤到他的寺裡幫忙，請他做翻譯，因為山田本人不懂英語。加藤在灣區待了十一年，這些年裡他目睹了禪宗在美國迅速崛起，也眼看著桑港寺發生翻天覆地的變化，而他本人就是促成這些事件的積極分子。鈴木感激加藤為廟眾和美國學生們所做的一切。「當我初到這個國家時，是加藤為我打開了所有的門，讓我認識了這麼多的人。如果沒有他，我想像不出我會是什麼樣子，」鈴木說，「也許到現在都會一個人孤零零地在這裡坐禪吧。」

寶玲一直以來都覺得只要是跟著鈴木，什麼事情都不會出錯，然而在機場為格雷漢姆送行的時候，她突然感覺到心慌意亂。格雷漢姆就要去往未測之地了，之前一點準備都沒有，也沒得到任何指示，而鈴木看上去仿佛漠不關心。

一個月過去了，從格雷漢姆的來信裡，寶玲明白了，如果要為去永平寺修行做準備，唯一有用的準備就是自小生在一座日本寺廟裡。格雷漢姆不知道寶玲會時常去鈴木那裡，把他寫的信讀給鈴木聽。從照片上看到她丈夫頭髮被刮得光禿禿的樣子，寶玲已經很不舒服了，但真正讓她擔憂的是格雷漢姆在那裡的日子很不好過。包一盡了最大的力來照顧格雷漢姆，他去永平寺附近的福井火車站接格雷漢姆，帶他去店裡買僧袍，在艱辛的旦過寮入寺考驗中，包一也一直關照格雷漢姆。旦過寮的七日修行是從早到晚地打坐，只在餐後稍作休息，這對格雷漢姆不是問題，他在永平寺遇到的挑戰不是打坐。

和琴一樣，格雷漢姆也立刻對熱情率真的立髮產生了好感，他是禪堂修行的首領。可是包一和立髮也不能時時處處都照顧到格雷漢姆，他感覺自己被扔進了幾百年前的過去。永平寺對他的要求不同於對琴的，琴有自己的房間，而且她是年近五十的婦女，對她的要求要寬鬆一些。

格雷漢姆在信裡說，食物太少了，而且他也沒時間吃完飯，他跟不上其他僧人的速度，他們做什麼都那麼快。僧人們吃飯睡覺都在禪堂上，就在自己打坐的位置上完成一切。榻榻米的長度約一八三公分，格雷漢姆身高約一九三公分，因此睡覺的時候他的頭伸到了神聖不可侵犯的食板上，僧人們責備他這樣是萬萬不可的，格雷漢姆說是不是該把他的腳砍去一截呢？

在永平寺，格雷漢姆再次經歷了他在羅馬時感受到的幻滅。小和尚們私藏肉食；休息的時候，幾乎每個和尚都抽很烈的「和平」煙。在他看來，許多僧人都自大、無知且虛偽。每天都充斥著各種儀式、瑣務，坐禪根本就得不到重視，而鈴木教法的核心就是坐禪啊。為了他一句無心的口誤，一個僧人竟然狠狠地給他難堪。因為營養不良，他兩次入院。他想念家人，他因為言語不通受盡煎熬。這是魔鬼訓練營，訓練的是生理挑戰，而不是靈性修行。格雷漢姆的所有努力都僅夠保持自己不要發瘋。

鈴木讓寶玲在信裡告訴格雷漢姆，他所經受的饑寒絕望，在沙彌的培訓中是很正常的。鈴木對格雷漢姆的態度就像他在禪堂時對大家的態度一樣：同情理解，卻堅定嚴厲。鈴木也親自給格雷漢姆寫信，鼓勵他堅持。一九六三年十月二十二日，他寫道：

我親愛的德潤，

聽說你身體不好，我很遺憾。不過你不用擔心，因為許多在永平寺修行的人都會生病，被送去福井的醫院，等他們回寺時都會好轉。三個月的時間其實不長，第一個月基本是浪費掉的。請將你的心安定下來，仿佛你要在那裡待十年，你就會習慣寺院修行生活。不過你的生活方式和日本人的生活方式的確差別太大，可能很難適應。

請放鬆些，盡己所能就可以了。哪怕你連攝心都沒參加就回了美國，我也相信你仍然學到了許多在別的情況下無論如何都學不到的東西。首先，你決意要去永平寺的一片誠心就是最讓人欽佩的。你太太寶玲能理解你，幫助你，讓你前去學習，對此我深感欣慰。

我給佐藤主任寫過信了，讓他給你指導，你要是遇到困難，請向他求教。他非常和善，很體貼。

學習佛法是一輩子的事，不要太為當下的表現焦慮，誰也不知道我們經歷的是好事還是壞事。我相信你自己會知道什麼才是對你最重要的。

你太太一點也沒有灰心。

你誠摯的

鈴木俊隆 和尚

另，如果有什麼事要犬子效勞的，儘管囑咐他去做。

永平寺在十二月舉行嚴酷的七日攝心，鈴木擔心格雷漢姆是不是能順利經受住，然而他多慮了，攝心是格雷漢姆表現最好的部分，因為打坐的時候不存在文化偏執。每個坐禪時段裡，格雷漢姆都以雙盤蓮花坐姿紋絲不動。在打坐中，他體驗到對整個永平寺的幻滅感漸漸得到平衡，自己的失敗感也慢慢平息，這是非常奇異的體驗。他給寶玲和鈴木寫信訴說自己的攝心感受，讓他倆確信格雷漢姆終於在永平寺獲得了寧靜。

格雷漢姆在十二月中旬回到舊金山。聽到他在永平寺的一些負面經歷，鈴木顯得很吃驚。他讓格雷漢姆繼續以俗家弟子的面目修行，除攝心期間外不要穿僧袍到禪堂。不管怎樣，格雷漢姆要回去做藥劑師的工作。他知道鈴木心中的糾結，到底是否要將禪修中心往更加儀式化、規矩更森嚴的方向帶呢？是否要按照鈴木當年修行過的那種永平寺形式來建設？格雷漢姆比以前更能感受到他老師的單純與善良。

鈴木說希望格雷漢姆和琴在週三晚上的講課中談談他們在日本永平寺學習的經歷，「不要說那些負面的啊，說好的一面。」鈴木從來不喜歡抱怨，也不願意讓他的學生們洩氣。

既然格雷漢姆已經是沙彌了，鈴木對他的要求更嚴格了。某個週六的早晨，大家正在進行一日半的攝心，格雷漢姆遲到了。早飯過後，鈴木把格雷漢姆叫到辦公室，說：「和尚從不遲到！你算什麼和尚！你沒資格穿袈裟！」格雷漢姆著了羞，犯了倔，開始脫袈裟。「你幹什麼？」鈴木說，「誰也沒有權力讓你脫掉袈裟。」

❋

留給我們的公案可能有好幾千，可是只要打坐，所有的公案就都在裡面了。打坐是直達之徑，通向開悟、解脫、捨棄、涅槃，任何你可以命名的目的。

鈴木戴著無框眼鏡，坐在那裡記筆記、備課，已經花了幾個小時的工夫了。（他把記筆記的本子繫在自己身上，這樣就不會弄丟了。）

「方丈桑啊，」歐古桑說道：「你這麼費力備課幹嘛呢？今天下雨啊，上次下雨天晚上的課，總共只來了兩個人。今天晚上能來十個就算極限了。」

「一個還是十個，有什麼區別嗎？」鈴木氣洶洶地對她嚷道。

「好好好，我不管你。」

鈴木講《碧巖錄》已經有好幾年了，《碧巖錄》是重要的禪宗公案集，出於臨濟宗。鈴木通常在週三晚的講座中講公案，對一些學生來說，公案講座很難懂，而週日的講座更加貼近日常。《碧巖錄》共有一百則公案語錄，鈴木一則則講來，有些講解的節錄刊登在《風鈴》上，鈴木還會加上自己的書面按語。比如下面這段：

《碧巖錄》第四十六則[1]

禪修中心鈴木俊隆和尚評述

聽著！鏡清問僧人道：「門外是什麼聲音？」僧人答道：「是雨聲。」鏡清道：「眾生都在妄想中，迷惑於自我為主體、世界為客體。」

評述：鏡清看穿了僧人的心，僧人正得意自己沒陷入雨聲之「客體性」和自我之主觀世界的迷惑中。

僧人道：「那你自己呢？」鏡清道：「我基本上不會迷惑於自我。」

---

1 釋注：《碧巖錄》第四十六則原文：舉，鏡清問僧：「門外是什麼聲？」僧云：「雨滴聲。」清云：「眾生顛倒，迷己逐物。」僧云：「和尚作麼生？」清云：「洎不迷己。」僧云：「洎不迷己，意旨如何？」清云：「出身猶可易，脫體道應難。」

評述：鏡清只是聽雨聲。除雨聲，沒有其它。

僧人道：「為何你說基本上不會迷惑於自我？」僧人不解為什麼鏡清不明確地說他不迷惑於自我，他的心正清清明明地聽著雨聲而已。

鏡清道：「儘管從客觀世界的迷惑中解脫並不算困難，但要在每一個當下完完全全地表達出實相，是相當困難的。」

將自我安住於自我。

片桐大忍坐在小摩托車的後座上從街上呼嘯而過，僧袍迎風招展，一路衣袂飄飄，直奔桑港寺。他緊緊抱住騎士，咧著嘴在風裡笑。鈴木總算有了個助手，這位永平寺出來的和尚一直渴望來美國，琴．羅斯對他青睞有加。現在，桑港寺有兩位佛法繼承人了，都剃著光頭，都是黃褐色的皮膚，穿黑色和棕色的袍子，為人和藹可親，做事勤謹，為坐禪學生和廟眾們辛勤服務。

一開始，片桐大忍被山田大首座帶去在洛杉磯的禪修寺幫忙，

Give the monk 30 blows.!

It Is.
! ! Difficult. To. Express. Reality. Fully. On. Each.
Occasion.!!!!!!!!

【以下是鈴木的手跡：】

此僧該打上三十棍！

的確！！要完整地在每個當下表達出！！實相！！是非常困難的！！！！！！！！

山田想讓他幫忙進行對日本僧人的培訓計畫，還有接待說英語的廟眾和客人。禪修寺比桑港寺大得多，也富得多，山田手下有好幾名和尚幫忙，包括前角和兼職的加藤。片桐在洛杉磯的時候，和加藤夫婦偶有來往，他很喜歡加藤倆夫妻。可是禪修寺裡的情形是他無法忍受的，他覺得那裡比日本本土的寺院還要老派、壓抑。片桐在那裡沒機會和西方人接觸，也沒有同修一起修行，於是他來到舊金山，多少有點逃出來的味道。他到舊金山後待在伊魯．普萊斯生氣勃勃的佛教中心。一週後普萊斯帶他去見了鈴木，鈴木和山田聯繫，將片桐正式調到桑港寺。就這樣，鈴木終於有了位助手。

鈴木在一樓的辦公室裡為片桐安排了張桌子，要他幫忙籌款，預備在遙遠的未來能給廟眾們建一座新廟。片桐很喜歡這裡日僑廟眾的隨和氣氛，他立刻就受到了大家的喜愛。不過他和鈴木一樣，最感興趣的還是坐禪的學生。他馬上開始翻新禪堂，還準備將坐禪區域擴展到內陽臺上，這樣每天來坐禪的學生中如果有遲到的，可以在內陽臺上打坐，攝心期間來的人數過多也不怕了。許多學生都利用業餘時間來幫忙，菲力浦打磨了地板，貝蒂和黛拉刷了牆。片桐熱情高漲地到處幫忙，有時候也幫倒忙，和鈴木以及這些誠懇用功的學生在一起，片桐無比舒心。

片桐的妻兒還在日本，他非常想念他們，不過他並不孤獨。他在這裡交的第一個朋友是鈴木最早的學生之一，名叫保羅．亞歷山大，他和母親一起住在離桑港寺幾個街區的地方。保羅讓片桐免費住他家，想住多久就住多久。保羅為人羞澀安靜，可是對片桐卻願意敞開心扉，他告訴片桐自己一九六〇年到舊金山，想找個禪師，一座禪院。他在整整六個月的時間裡滿城亂轉，卻不開口找人詢問，直到有一天自己撞進了桑港寺。保羅眼下正在修復禮堂講臺後部的風琴，那風琴頗具歷史價值，他準備修好後送給廟眾，讓他們賣了換錢。每天早晨，他和片桐吃過早飯，就騎上小摩托車來桑港寺。在保羅家過渡了一個月後，片桐搬到桑港寺街對面的一間小房間裡，住在乙宥的隔壁。乙宥目前在城市大學學習，他和片桐這對難兄難弟可謂惺惺相惜，為彼此不得不生活在一個必須用英語的世界裡唏嘘不已。

片桐不用操心做飯，有的是人請他吃飯，桑港寺也隨時歡迎他來用餐。佩奇夫婦立馬就照顧上他了。寶玲的母親已經搬來和女兒女婿同住，她送了片桐一尊觀音塑像。荻原家給了他一些傢俱。伊魯·普萊斯前來探望片桐，片桐說：「住在舊金山布希街真是太開心了，這裡的每個人都那麼好！」

鈴木一眼就看出片桐是位誠摯的僧人，他非常敬重片桐，這份敬重主要表現在交給片桐許多責任，然後讓片桐自己做主。他們不用多言語，兩人共有同一種文化，經歷過同樣一整套言語無法表述的訓練。

學生把這位新來的助手叫做「片桐和尚」，或「片桐先生」。片桐做什麼事情都很起勁，擦地板、打掃衛生、去街上購物。對每個人他都展現出他那親切、純潔的笑容——除了在禪堂裡。在禪堂裡，片桐可是非常嚴肅的，簡直是面目猙獰。

片桐的父母信的是佛教的另一派——淨土真宗。然而，片桐的人生經歷了戰場上的種種，曾有一次他不得不在沒有麻醉的情況下進行開腹手術，日本投降後他感到人生的虛無，這一切讓他轉向曹洞宗，對坐禪產生了興趣。片桐和禪修中心的這些學生一樣，是因為體察到人生之苦而尋求禪宗的，他們想找到安寧，想明白自身，明白存在。

戰後，片桐遇到了他的師父，剃度出家，去了永平寺，在旦過寮經歷到覺醒體驗，這吊起了他坐禪的胃口。他在永平寺侍奉的是講究寺院戒律的橋本老師，受其影響很深。片桐的師父在永平寺附近的海邊有座小廟，傳給了他，不過大部分時間片桐都待在總部或永平寺，負責接待客人，包括西方人。

片桐一到禪修中心就如魚得水。他一面為廟眾盡自己和尚的義務，一面踴躍地參加每一次坐禪，幫助鈴木做法事、攝心，為鈴木執杖，指導學生坐禪。鈴木明白片桐是千里挑一的難得之人。試想，有幾個曹洞宗和尚會遠赴他國，過著無名無財的生活，全力以赴地安靜坐禪，心無旁騖地擦洗一座破房子的灰塵？片桐在日本是個與環境格格不入的人，他一直想出國，去巴西或是美國教禪法。他三十六歲來到美國，根本不知道自己的人生會怎樣。他和鈴木一樣，只想按照道元的教誨修行，傳播道元的教法。

一天，片桐在辦公室點燃一支香煙，鈴木走過去把窗戶打開了。片桐掐滅了香煙，很快就戒煙了——對他而言，這是多麼痛苦的經歷。這裡是鈴木的地方，片桐聽從鈴木。

片桐懂一些英語，他比鈴木年輕二十歲，更容易讓人親近，桑港寺的學生們問題多如牛毛，總追著他問個沒完，他的英語完全無法應付。他在「太平洋高地」的一所小小的學校學英語，鈴木也曾在那裡學英語，現在也還偶爾一去。寶玲和其他學生也經常輔導片桐學英語。

在早期印度佛教中，公開演講被列為五大恐懼之一。有一天鈴木淡淡地提了一下，下週三的講座由片桐來做吧——用英語。鈴木學東西很快，做什麼都像樣（和年輕時候的歪瓜判若兩人）；片桐正好相反，每樣新事物都夠他費盡力氣，進步卻像蝸牛那麼慢。他學習很積極，也很努力，就是很難學好——尤其是英語。為了這個第一次演講，他日日夜夜地苦苦準備，其狀態達到了人神共憫。到了週三，鈴木和歐古桑也來聽課，讓片桐更為驚恐。有些新來的人並不認識片桐，鈴木先為大家做了介紹。

片桐將心一橫，開始演講，用他自己翻譯的道元禪門術語，講得壯懷激烈，足足講了三十分鐘。台下每個人都聽得很專心。結束後他和鈴木一起走出房間。鈴木終於有了位真正的幫手啦，片桐自己都沒意識到他的到來對鈴木有多重要，可以幫上多大的忙。現在，很多令人振奮的計畫都可以開始了，學習、工作、奮鬥、變化，以及更多的講座。既然已經打響了第一炮，幾週後就準備來第二發吧。

課後大家一起喝茶，學生們感謝片桐的演講，誇讚他的英語，片桐謙虛地接受大家的誇獎。他不知道的是，實際上沒人聽懂他講了些什麼。

人性激勵我們修行，修行幫助我們將人性圓滿地表達出來。因此互相幫助，互相激勵，修行會不斷地深入。

從桑港寺往上走，在路的拐角處，是美國淨土真宗的總部——美國佛教教會[2]。BCA的廟眾比桑港寺的多多了，也有錢多了。鈴木和那裡的住持和尚花山很熟，花山的太太是歐古桑的茶道老師，她也是書法老師資格評審的一名評委。為了不遠離來自日本文化的警策，鈴木也成了她的學生。一九六四年的一個午後，剛上完書法課，鈴木轉到廟後面的佛教書店逛逛，這可能是全美唯一一家專營佛教書籍的書店了，出售英語和日語的佛教書籍。櫃檯後面是二十三歲的淨土真宗和尚小杭好臣，鈴木和他聊了一會兒。

小杭垂頭喪氣的。他一九六二年底從京都到美國，為BCA工作。最初他被派到洛杉磯為日僑做喪禮超度等法事，可是他和那裡的管事和尚發生了爭執，一氣之下跑了出來。舊金山的花山和尚收留了

2 釋注：Buddhist Churches of America，簡稱BCA。

他，讓他打理書店。小杭覺得自己不配當和尚，因為他對佛法知之不深，回答不了人們的問題，他彷彿被動地困在傳統和儀式的羅網中。不過他並沒有和鈴木說自己真正的困惑，只是告訴鈴木自己學不好英語，洋人到店裡來和他講話時，他沒法好好交流，他想回日本。鈴木察覺到小杭內心真正的沮喪和缺乏自信。

「來和我坐禪吧，」他說，「也許能幫到你。」

淨土真宗的和尚不坐禪，這和他們的教派不合，他們強調個人的努力是虛妄的。淨土真宗依靠「他力」，而禪宗依靠「自力」。淨土真宗修行的核心是一心念佛誦經，深信他們已經得到救贖。鈴木很喜歡淨土真宗，有時候講課的時候還會提起。

小杭覺得鈴木是個有同情心的人。另外，儘管在日本本土，宗派間可謂門戶森嚴，但對小杭來說，越過宗派藩籬倒不算什麼難事。他父親的至交好友就是個臨濟宗的和尚，兩位長輩曾一起在村子裡托缽行乞，小杭也曾經被父親送到這位好友的廟裡學習、居住。小杭和花山和尚商量，花山同意他去向鈴木學習坐禪。

很快，小杭就成了桑港寺禪堂的常客，他還喜歡待在廚房裡，和鈴木及歐古桑共用下午茶和晚餐。他和片桐成了好朋友，和黛拉等學生也交上了朋友。見到來桑港寺坐禪的形形色色的人們以及他們不同質地的生活，他大開眼界。小杭過去的人生狹窄逼仄，缺乏生趣，現在則歡樂多了。他忍不住對片桐說：「這裡太有趣了。」

有一次，禪堂來了位年輕姑娘，身上的衣服像是用網球網做的，佈滿了兩平方吋大小的一個個的洞。衣服構思巧妙、設計精緻，她穿著挺好看的，唯一的問題是，她基本上是裸著的。她在坐禪正式開始前就進來了，鈴木、片桐和小杭站在辦公室門口偷偷往裡看，只見她一本正經地坐在蒲團上，春光四泄。

鈴木問片桐：「怎麼辦？」

片桐抓著腦袋說：「啊呀，我也不知道啊。」

鈴木轉向小杭：「你去跟她談談。」

小杭就走進禪堂，對那姑娘說老師覺得她應該考慮到其他來坐禪的同學感受，多穿兩件衣服。

「可是這是我最好看的一件衣服啊。」姑娘不願意。

「請再多加一件，然後再回來打坐吧。」小杭對她說。

姑娘走後，三個人再也端不住，笑得腸子都斷了。

我們越是想要一本正經地做各種修行之事，就越是失去本質之道。

一個週六，大掃除結束後，菲力浦和格雷漢姆兩人正好一起站在禪堂的中央。這兩人對比鮮明：菲力浦活潑愛鬧，熱心熱情；格雷漢姆嚴肅拘謹，一板一眼，仿佛是穿著僧袍出生的。鈴木走到兩人的中間，伸手指著格雷漢姆說：「就是個和尚樣。」又伸出另一隻手指著菲力浦：「就是個豬樣。」接著他把兩隻手的位置交換了一下。這兩位忠誠的弟子傻乎乎地站在那裡，傻笑著，就像剛剛被棍子打過那樣。

菲力浦問鈴木，日本人為什麼把茶杯做得那麼精巧脆薄，一不小心就弄碎了。鈴木說：「不是杯子太脆，是你不會對待它們。你應該適應環境，而不是反過來。」寶玲注意到鈴木總是不厭其煩地強調這一點，稱之為溫柔之道。

一九六四年三月末，大家舉辦聚會，為歐古桑和菲力浦送行，他倆要去日本了。歐古桑是去探親，待幾個月。菲力浦則要去永平寺待一年。鈴木這回是要把身邊的這頭牛送去瓷器店了。不過首先要給菲力浦剃度，要在永平寺的禪堂修行，你必須先是個僧人。菲力浦和他太太J・J・一起坐在鈴木的辦公室裡。

「你們在這兒等著，我去做儀式。」鈴木說著，就獨自去了禪堂。

菲力浦他們能清楚地聽到鈴木走向佛龕，敲鈴，誦經。鈴木回來後，用手揪起菲力浦的幾縷頭髮，另一隻手的手指比劃出剪刀狀，作勢剪去他的頭髮。接著鈴木回到辦公桌前，把手伸進一個袋子裡，抓出一把糖丟在桌上。於是眾人喝茶吃糖，慶祝菲力浦出家做和尚了。

菲力浦出發的日子近了，他注意到鈴木不像平時那樣光彩照人，而是一副失魂落魄的樣子。

鈴木拿出一個棕色的舊包袱給菲力浦：「這裡是幾件我的舊袍子，我不穿它們了，你替我拿回林叟院去吧。」

「您沒事吧？鈴木先生？」菲力浦問道。

「啊，啊，」鈴木痛苦地歎息，「我的女兒緒美啊……她自殺了。」

鈴木的兒子包一從林叟院給他打來的電話。包一在永平寺接到姐姐安子的傳話，要他馬上回家。他妹妹緒美，鈴木敏感脆弱的三女，自從母親被殺後再也沒恢復過來，在住了九年精神病院後，上吊自殺了。鈴木沒有回日本，也沒有在桑港寺為緒美做法事、安靈牌，他拖了幾個月，才告訴乙宥他姐姐死了。

***

「守戒」不是用來形容修行的最佳詞彙。修行是大心做的事情。

「我努力又努力了，可是好像什麼都沒有發生，」格雷漢姆在鈴木的辦公室裡說：「這一切的意義到底在哪裡呢？」

「清明的心最終會升起。」鈴木不肯再多說了。能聽到這麼一句，格雷漢姆已經很感恩了，通常鈴木只會對他說：「我不知道。」根本沒有什麼偉大的魔法時刻：師父一把擰住弟子的鼻子，然後一切都了悟了。

現在是一九六五年的春天，格雷漢姆跟著鈴木已經四年了。整整四年裡，他只誤過一次坐禪，那次正碰上他兒子出生。格雷漢姆覺得自己真的非常認真，他的整個人生都專注在坐禪上了，卻彷彿看不到方向。關於佛法和公案的講座誠然很有趣，但真正讓他堅持不懈的是鈴木那些簡單的話語，比如「花上兩年的時間，僅僅適應坐禪的姿勢，你也最起碼要兩年的時間。」格雷漢姆聽到的最重要的話就是：不要管其它的——只管打坐、打坐、打坐、打坐、打坐。好吧，他坐了四年了，現在他再也克制不住疑問了。

「雖然我像這樣修行，我還是沒有對生命有更深的瞭解。我就是不知道到底是怎麼回事。」格雷漢姆不停地在鈴木耳邊叨叨，終於有一天鈴木回應了：

「你知道吧，我回答不了你的問題。沒幾個人能回答。說到禪，我只是個淺薄無知的人。據我所知，全日本有六個人對禪道有真正的理解。」

「成千上萬的僧人裡只有六個人？」

「曹洞宗裡只有六個，可能臨濟宗也有六個？可能全日本總共十二個吧。不太樂觀吧？禪宗目前沒落了，不大有人感興趣。我離開日本的時候，只有一個老頭跟著我打坐。你應該去日本找那些老師，他們比我的見地高明。要是你真想知道佛法的真諦，你得去跟他們中的一位學習。」

還去日本？格雷漢姆想想都不寒而慄，上次差點沒死在那裡，還只是待了三個月而已。不過上次的失敗在他心裡也一直沒放下，何況比起那時，他現在的準備充分多了，他學了一些日語，也更瞭解實際情況。

再說了，格雷漢姆想，如果我這次去的話，至少還有個好夥伴。他和菲力浦雖然在各個方面都天差地別，卻是知己好友，他們總是一起去野營，一起看武士電影。

鈴木和格雷漢姆商量片桐的去留問題，是該決定了。如果要片桐留下，那他的家人就應該來美國，可是桑港寺的廟眾太窮了，付不起這筆開支。禪修中心這方面能不能做出承諾，負擔片桐及其家庭的開銷？格雷漢姆認為可行。

鈴木又問寶玲對格雷漢姆再去日本學習一年有何看法？寶玲說他倆已經有兩個孩子了，她絕不願意和格雷漢姆分開，也許他們日本人可以夫妻兩地分居，反正她是不行的，格雷漢姆絕不能離開家人。所以他們當即決定寶玲帶孩子和格雷漢姆一起去日本。格雷漢姆去永平寺，寶玲和母親帶著孩子住在京都。寶玲住過巴黎、羅馬，現在想住住這座東方古城了。

「所以我們一起去日本。」格雷漢姆說。

「那好，」鈴木說，「片桐留在美國。」

到了此時，七零八落的碎片開始拼湊在一起，鈴木彷彿一直以來都在耐心地將這些碎片一針一線地縫到一起。鈴木在賭一把，以虔誠的心去賭，希望格雷漢姆能夠從鈴木學習的環境中有所體悟，感受到禪的滋味和日本文化的韻味，會對他自己以及西方社會帶來益處。禪修中心需要資深的和尚，鈴木從自己的園地裡選擇最壯實的那株苗移植到日本的土壤中，期望這株苗回來後會長成果實纍纍的大樹。

格雷漢姆出發前，鈴木將那六位德高望重的禪師的名字寫下來交給他，讓他去日本後拜訪他們。名單上有藤本，有片桐的第二位老師橋本，還有京都安泰寺倍受尊重的「無家僧」澤木興道，以及道元最初出家的寺廟的住持，那寺廟在京都附近的宇治。這些大師都屬於西有穆山和丘宗潭的法脈。

一九六五年八月九日，正是長崎紀念日，格雷漢姆和寶玲帶著孩子們到達東京，他們走過燈火輝煌的銀座區，格雷漢姆不禁對寶玲歎道：「瞧我們幹了什麼！」

＊

當你說：「再等等。」你就受縛於你的業力；當你說：「行，我做。」你就解脫了。

那個淨土真宗的和尚小杭一直來桑港寺坐禪，他和鈴木之間的關係與眾不同，他們更像是兄弟。在小杭這裡，鈴木表現出他的另外一面，和他跟廟眾在一起時不一樣，因為廟眾多半是些規矩嚴謹的上歲數的人，也不同於和坐禪學生一起的時候，在他們面前鈴木多少都保持著師道尊嚴。有時候桑港寺的大廳裡放武士電影，鈴木會叫上小杭一起在內陽臺上觀看，兩人會笑得忘乎所以，歐古桑不得不跑去叫他們安靜，不要影響付錢買票來看電影的人。

小杭還注意到了鈴木對待物品的奇特態度。鈴木幾乎沒有私產，他好像也沒什麼想要的東西。他說他的東西都是向這個世界借的，借到不需要時為止，包括他的眼鏡，他多感謝這副眼鏡啊，能讓他的「昏花老眼」再用上一陣，看得清楚。有時候鈴木會拿所有權開玩笑。有一個學生撿到了二十美元，問鈴木該怎麼辦，「這樣，給我吧。」鈴木說著從她手裡抽走了鈔票。他有時還會偷供壇上的供品給小杭。有一次他正在偷一大瓶醬油給小杭，被歐古桑逮個正著。歐古桑讓他立刻放回去，至少得等盂蘭盆節過去吧？不然上供的人會發現的，讓人家怎麼想？現在還不是他伸手的時候。

歐古桑說她丈夫沒有貪欲，只除了對一樣東西——精美的古舊瓷器，對此小杭可以作證。關野太太請鈴木夫婦和小杭一起去她家吃飯，席間關野太太和歐古桑一起去廚房了，小杭眼看鈴木從袖中摸出一隻小香爐，放到書架上。那是一款朝鮮燒製的瓷器，天青色的釉面瑩潤光澤。看到小杭大惑不解的目光，鈴木說道：「太美了，我忍不住借了段時間。我已經徹底欣賞過啦，該還回去了。」

小杭和片桐也成了好朋友，於是三個和尚經常一起參加日僑社區舉辦的活動。片桐的妻子智江終於帶著他們的兒子靖彥來美國了，這一家子可真是窮得像廟裡的耗子。小杭單身，但是賺的錢比成了家的片桐和鈴木都要多，他喜歡拿這個來開這兩個窮和尚玩笑。在陣亡將士紀念日，舊金山南區科爾馬的公墓舉行整個灣區的日僑都參加的紀念儀式。儀式之後，小杭不停地向片桐說他們淨土真宗多照顧和尚，他們多富。片桐開玩笑說：「唉，我真該當個淨土真宗的和尚。」小杭說：「而我應該一開始就去禪宗出家。」於是小杭轉臉看著鈴木問道：「我能不能改禪宗？」

鈴木搖搖頭說：「這可不容易啊。」

小杭又說：「片桐桑可以做個淨土真宗和尚嘛。」

「那也不容易啊。」

「或許我們三個都根本不該當和尚。」

「那也不容易啊。」鈴木說道，然後三個人都哈哈大笑起來。

小杭還是萎靡不振，覺得自己英語太差，想回日本去。他想，要是我都不能和美國人交流，待在美國幹嘛呢？鈴木明白他的心思，於是有一天他特意要小杭來聽晚上的講座。小杭來了，心想反正自己什麼都聽不懂，就坐在最後一排。

鈴木從辦公室出來，先是誦經，然後鞠躬，說：「晚上好。」唔，這個我聽得懂，小杭想著，開始專心地等著聽下面的。鈴木一時間什麼話都沒說，卻在眾人面前踱起步來，從這頭到那頭，步子從容不迫。然後他開始輕輕地說話了，就像自言自語，用的是日語，他像是在熱身：「我該說什麼呢？該說什麼呢？」小杭全神貫注地盯著鈴木。鈴木歎了口氣，看著眾人，說道：「今天——今天哇加那，今天哇加那（今天是……今天是……）」。老天，小杭想，他把英語日語混在一堆說了。「今天四亞帕裡今天（今天是純粹的今天）」。鈴木又走了幾圈，「今天四那托昨天（今天不是昨天）」。然後他又緩緩地從這頭走到那頭，又從那頭走到這頭，「今天不是明天。」正好停在前排一名長髮青年的跟前，鈴木抓住他的肩膀搖晃著，說：「今天就是今天！你懂了嗎？」鈴木鬆手，無比溫暖地笑著，說：「今天是純粹的今天。不是昨天，不是明天。」他又環顧了眾人一會兒，說：「結束。」

小杭彷彿被釘在了座位上，無法和眾人一起站起身來。他覺得鈴木的演講是只為他一個人的。我有什麼好沮喪的？他想，因為我沒有足夠的英語詞彙量？因為我沒自信？因為我還不理解佛法？「今天是純粹的今天。今天不是昨天。今天不是明天。」——這裡頭就幾個單詞，我初中、高中、大學都在學英語，我知道的單詞總歸比這些要多多了。小杭認識到自己之所以成天垂頭喪氣，並不是因為他不懂佛法，或者因為英語不夠好，而是他的心出了問題，缺少了東西。他少的是「中氣」——讓神魂和勇氣得以凝聚的東西。小杭的灰心喪氣一掃而光，他決心要留在美國，教美國人佛法。巨大的感恩之情在胸中激蕩。他站起身來，走回自己的公寓，感覺到人生有了目標，心頭卻無比輕快，無有憂慮。

第十四章

生根 一九六五－一九六六

將佛法傳入一個新的國家，就像將一株植物移植到石頭上，等著它生根。

一九六五年夏日的一個凌晨，三點四十五分，一輛灰色的福斯金龜車在桑港寺門前的街燈下停住。看到鈴木俊隆出現在人行道上，托妮·約翰森從車裡下來，為他打開車門。他們驅車前往洛斯阿爾托斯禪堂。

這一年多來，鈴木定期往各區走訪幾家「衛星」禪堂，包括金門大橋北面的米爾谷、海灣大橋往東的柏克萊，尤其是南區的洛斯阿爾托斯。鈴木和許多日本的寺廟和尚一樣，會定期出訪，在日本通常都是去廟眾家裡或其他寺廟，做超度或別的法事；在美國他也一樣去日僑家中，不過更多的是去各個禪堂，到那裡一起坐禪、做講座。

鈴木和托妮五點前到了洛斯阿爾托斯，他們走進一戶舒適的郊區人家，裡面的人排成幾排，正安靜地面壁打坐。這棟房子的主人是瑪麗安·德比，她是位中年婦女，帶著四個十來歲的女兒一起住。瑪麗安從一九六五年二月起在紅木城和鈴木的「半島團」一起坐禪，因為她家的房子大，所以不久大家就搬到她的大客廳裡來打坐了，早晨和晚上都來。一九六六年夏天，瑪麗安將家裡的車庫改造成禪堂，共有十七個位置，於是她把自己的禪堂命名為「俳句禪堂」，因為俳句正是十七個音節。

來洛斯阿爾托斯禪堂的成員都比較成熟，其中常來的有幾名家庭主婦，一些藝術家和學生，一名退休的船長，還有一名IBM的員工。瑪麗安這裡很像桑港寺最初的時候，學生們都很精進，早晨打坐後他們也喜歡留下來一起輕輕鬆鬆地吃早餐，聊天。

有一天，講座結束後，一名學生坐在蒲團上開口問道：「什麼是地獄？」

「地獄就是不得不用英語演講。」鈴木答道。大家笑起來，等笑聲平息後，那名學生繼續追問，鈴木說：「地獄不是懲罰，是鍛鍊。」

又有一次，大家一起喝咖啡的時候，一位婦女說又要禪修又要當家庭主婦，很難。她說就像是努力爬樓梯，每爬上一步又會掉下兩步。「忘了樓梯吧，」鈴木跟她說，「對禪而言，一切都在此刻的地上。」

托妮．約翰森在一次LSD的致幻藥效中體驗到了永恆的當下，之後她一直用心地尋找一位能懂得這種體驗的老師。她不想再用LSD了，而是想通過自然的方式讓她的潛力覺醒。可是她能找到的所有的和尚、教士都不是那個「懂得的」。每次她奔赴一位新的老師，去到一個新的場所，每次都得出同樣的結論：「不是這個。」一位主日學校的老師指點她去找鈴木。她來到鈴木的地方，看到十來個人端端正正地坐在那裡，面朝牆壁，她想：「不是這個。」不過她還是留下來坐禪了。這時鈴木進了禪堂，走過每個學生的身後鞠躬問候。托妮感覺到鈴木在她的身後，她不知道他是誰，也不知道發生了什麼，但她感覺到了什麼東西。坐禪結束後托妮看到了鈴木，她看著他的眼睛，那雙眼睛正直視著她，托妮想：「哦，這就是了。這個人比我遇到的任何一個人都更明白我想知道的東西。他完全明白我想明白的東西。」

托妮的丈夫叫托尼，他也來俳句禪堂坐禪。雖然不久他們倆就搬到舊金山住了，但作為鈴木的車夫，他們仍經常回俳句禪堂。跟隨鈴木學習了幾年後，托妮依舊全然地信任鈴木，也感覺得到鈴木對她完全的接納和信任。有一次在去洛斯阿爾托斯的路上，托妮甚至告訴鈴木她對他的愛是那麼深切，那種愛讓她困擾。

「別擔心，」鈴木說，「你對你的老師有什麼樣的感情都可以。沒問題的。我的持戒夠深，足夠定住我們兩個的心。」

托妮將這些寫在日記裡，鈴木每週都會閱讀她的日記，寫下評論，通常日記裡的問題都是關於如何「在家修行」的。這次鈴木在日記中批道：「誰也不知道什麼是錯誤的愛，什麼是真正的愛。要信任我和你自己，我們兩家四口一起去吃飯吧。不過先等等——我得先求得我家的母老虎同意才行！」（歐古桑是虎年生的，她總是說：「他屬龍，我倆吵架的時候，他在雲裡吼，我在地上嚎。」）

空性是座花園，在那兒你什麼都看不到。它是萬物之母。

鈴木難得有閒情逸致的閒暇時刻，托妮和托尼有一次帶鈴木去了優勝美地國家公園，他們駕著金龜車一路開往大山，鈴木把半個身體從天窗伸出車外，寬大的袍袖在風中招展。他們去了著名的優勝美地瀑布，鈴木在瀑布腳下從一塊岩石跳到另一塊岩石，突然間他就出現在一塊巨大的岩石頂上，誰也不知道他是怎麼上去的。歐古桑嚇壞了。下一個週四，在洛斯阿爾托斯的禪堂裡，鈴木講了他在優勝美地的經歷：

「在瀑布的最上方，我發現水像整塊簾子一樣從山頂掉下去。我以為水是很快地掉下去的，但實際上它們並沒有那麼快，而且水是一團一團往下掉的。我想，對每一滴水珠來說，從那麼高的山頂掉到底下，一定不是個輕鬆的事。我想我們的人生也與此類似。我們的一生中有許多不輕鬆的事。我還想到，水最初不是分開的，它是一整塊水。所以我們常說：「『萬物從空性中來。』一整塊水，或者說一整個心，就是空性。當我們明白了這一點，我們就知道了人生的真正意義。當我們明白了這一點，我們就能看到花的美——人生的美。在沒有領悟到這個之前，我們看到的一切都只是幻象。」

在來美國住進桑港寺之前，鈴木從來沒有住過不帶院子的地方，看不到綠地讓他難受。不過隨著周邊一個個禪堂的出現，鈴木有機會定期走訪周圍有樹林有花園的地方。他也會去學生家裡，尤其是洛斯阿爾托斯那裡，有時候他一進門就直接去人家花圃裡除草勞動，或者乾脆在草地上打滾，抱住大樹，讓主人不知所措。他第一次去一位住在洛斯阿爾托斯的女士的家，一進去就直奔鞦韆，踏上石頭，登上鞦韆就盪出去了，僧袍在身後飄揚。

＊

如果你想學佛法，就一定要讓自己的心清空。你不能帶任何偏見。你要忘記你之前知道的一切。

到了一九六六年，鈴木已經在數百人的生命中起到了深刻的作用，他們中有些如過客一般匆匆離去，繼續自己的人生軌跡，有些成了忠實的學生，有些則來回搖擺。有幾個長期追隨的學生可能有朝一日自己也會成為老師，將鈴木的法脈在美國傳承下去，其中的翹楚當然是理查．貝克。一九六六年，理查跟隨鈴木已經五年了，他對鈴木的全心信任絲毫未減，依舊執著地要理解老師教法的核心。鈴木對他也越來越認可，讓他來一起決定整個修行團體的未來走向。理查現在是禪修中心的主席，也是《風鈴》的主編。他一面也在留心，想在城外找一處合適的位址，建立閉關修行中心，好進行更為專注的學習。格雷漢姆和菲力浦此時都在日本，禪堂男士那邊的首座由理查坐了，就算他有時缺席未到，鈴木也不許別人坐他的位置。

理查陪鈴木去洛杉磯參加曹洞宗僧人的會議，回來的路上他問鈴木：「鈴木老師，洛杉磯那裡很多人都問我是不是您的弟子。我能說我是您的弟子嗎？」

「可以，你可以說是我的弟子。」

在理查眼中，師父和弟子之間發生的任何細微交流，不管是通過語言還是沒有語言，都逃不過他的用心注意，也逃不過鈴木的覺察。有一天，理查在禪堂落座前，發現牆上有幅畫掛歪了，就將它正了正，然後才在蒲團上坐好。坐禪到一半時，鈴木起身走到那幅畫跟前，將畫重新歪回之前的角度，然後才回座繼續打坐。

回頭再說一九六三年的時候，就在鈴木接任桑港寺方丈職位，舉行晉山儀式之前，理查騎自行車的時候遭遇了意外，兩隻胳膊都受了重傷，打上了石膏。鈴木本來請他在儀式上敲那面巨大的立鼓，他也已經練了好幾個星期了。受傷後他繼續練習，付出了極其艱難的努力。最困難的是將鼓槌由上而下敲擊出一串連音的部分，理查痛不可當，但他心意已決，堅持練習，不管有多痛，多不可能，他都決心要在儀式的時候擊鼓。到儀式那天，理查做到了，他做得很好。為他的這份堅毅，鈴木倍感驕傲。

一年後，理查陷入了巨大的心理困境，他自己都不知道到底是什麼原因。心理病症一度嚴重到迫使他開始考慮去專門機構治療。某天晚上，他痛苦萬分，半夜跑到桑港寺外面的街上站著，他想叫醒鈴木，求他幫助，但最後還是放棄了衝動，回家了。之後不久，有一次當他坐禪完畢向鈴木鞠躬告別時，他看見辦公室門邊的蒲團上放著那對鼓槌，就是他忍住萬般痛苦在晉山儀式上敲過立鼓的那對鼓槌，這對鼓槌一般都是和立鼓一起放在禪堂外的，它們在這裡出現，一定是有人特意拿過來的。理查向鈴木鞠躬，然後離開。鈴木對他的鼓勵如此深刻，他被深深地感動了。幾週後，風暴平息，理查的心變得明淨。

理查總是不停地追問問題。「對我的問題，鈴木的回應每次都各不相同，有時候置之不理，有時候給我明確的回答。這簡直是門如何問問題的大學問。我一般都不能把他的回應當成普通意義上的回答，我把它們當成各種東西來接受，鏡子，箔片，能量的交換，有時候是暗示。還有的時候，他用他的身體來回答，當我問他關於呼吸的問題時，他會改變他呼吸的方式給我看。」

「您覺得我是不是應該去日本修行學習？我是不是應該瞭解日本寺院的生活？」理查問鈴木。

「小查，沒什麼地方好去的。」鈴木說。

「那您覺得我應該做些什麼呢？」

「沒什麼事好做的。你可以做任何你想做的事。做你自己就行。」

克勞德．達倫伯格（Claude Dalenberg）一九六六出身於荷蘭歸正教派，果然名副其實地是個安靜、嚴肅的男子，不喜歡宗教中的浮華和儀式。他一九四九年在芝加哥聽了艾倫．瓦茨的演講，之後就開始研究佛教了。克勞德五〇年代初到了舊金山，他在「美國亞洲研究會」裡認識了鈴木大拙、加藤和光、蓋瑞．史耐德，以及整個垮掉一代的亞洲學者、詩人和哲學家。傑克．凱魯亞克的小說《達摩流浪者》中的人物布德．迪芬多夫的原型就是克勞德。他在洛杉磯曾跟富有革新精神的臨濟宗和尚千崎如幻學習，到舊金山後，他也在桑港寺渡羽瀨的學習小組中，那還是鈴木到美國的好幾年前。克勞德說：「當時，十分鐘的打坐都像爬一座高峰那麼讓人生畏，因為我們所有人都對打坐一無所知。現在不一樣了，就是新手都可以輕而易舉地嘗試打坐。」

鈴木到美國的最初幾年裡，克勞德在日本京都。他一回到舊金山，就被鈴木的禪修中心吸引了，他喜歡這裡有如貴格般簡單素樸的氣氛，立刻成為了鈴木的學生，鈴木也很信任他，總是從他這裡尋求建議。克勞德三十歲不到，對投資管理略知一二，曾在五〇年代參與建立東－西屋。鈴木覺得他是位成熟穩健、辦事實際的人，願意和他商談關於未來的規劃，尤其是如何發展建立禪修者共同體組織，即所謂的僧伽。鈴木到美國的第一年就想過，或許能在桑港寺附近再找所房子，讓有的修行人可以一起住上一陣，這個念頭總在鈴木心裡掛著。他也和克勞德談起想要開展更精進的修行形式，想要開辦禪修營。

克勞德對日僑廟眾很理解，也很尊敬，覺得能從他們那裡學到很多佛法方面的東西。他也很同情鈴木的用心，鈴木一直努力設法讓廟眾和坐禪學生這兩個團體能夠彼此融洽，雖然功效甚微。日僑廟眾計劃在街道拐角處再建一座新廟，供他們自己專用，鈴木打算等他們搬去新廟後，桑港寺也許可以改建成供美國佛教徒使用的地方，可以有一個佛教道場，有住宿的地方。他可以同時照看兩處寺院，只要再從日本派一名助手來協助就行。也許將兩個團體分開，他們就能相安無事了吧。

在桑港寺每週固定的學習小組討論中，克勞德注意到鈴木很強調要在各人自己的生活和文化中理解佛法。這天晚上大家討論的是一本關於東西方文化對比的書，鈴木如往常一樣，雙手交叉枕在腦後，聽大家討論，自己並不說話。討論的主要內容是在比較東西方的特質，西方明顯處在下風了。

一個人說道：「東方是非二元的，其目標是與自然達成和諧，而西方是二元的，物質主義的，目的是對自然的征服和利用。」

另一個人答道：「正是如此。東方是直覺性的，整體性的，而西方是理性及分離性的。」

談話如此展開，談興正濃時，鈴木開口了，語氣明顯地並不開心：「如果你們想成為好的佛教徒，首先得學會怎麼做一個好的基督教徒。」說完他站起身來，走了。

自打菲力浦．威爾森在一九六四年告訴梅爾．魏茨曼（Mel Weitsman）有鈴木這樣一個人，梅爾就成了桑港寺的固定學生。他三十五歲上下，是位藝術家，也是長笛演奏家，平時靠開計程車謀生。他為人溫柔隨和，很受大家喜愛。

梅爾第一次來桑港寺坐禪時，自己都不敢相信竟然能從頭到尾坐滿四十分鐘。等到經行後，他看到大家再次坐回蒲團，準備繼續坐禪，他結結實實地嚇壞了。這時鈴木走到他身後，將他的雙手疊成坐禪手印，把他的背挺直了一點，又教他目光應該落在牆上哪個位置。等鈴木轉身回佛龕時，梅爾的人生之路全然地變化了。禪宗裡有這樣的說法，說你的第一次開悟體驗發生在你決定修行的時候，這是第一個轉捩點。當時的梅爾心中想道：就是這條路了。

有一位婦女對鈴木說她聽人家講鈴木有「讀心術」的神通，她問鈴木這是真的嗎？「不是！」鈴木回答。接下來的幾次講座中，鈴木都強調他沒有任何神通。梅爾說，如果你想在鈴木身上找神蹟，找超能力，你就錯過了他這個人。他說：「先生的神力在於平凡。」

一日，鈴木、片桐、梅爾、克勞德和一位名叫西拉斯．霍德利（Silas Hoadley）的學生在一起，他們看著桑港寺街對面的一棟公寓樓，西拉斯剛剛搬進這棟公寓樓裡住，樓裡有廚房，供應食物，他們決定去那裡吃早飯。西拉斯的房間裡空空如也，還沒有任何傢俱，於是鈴木鋪了一張報紙在地上當桌布，杯子碗碟擺放整齊，很快他們就開始飲茶用餐了。梅爾和大家一起靜靜地吃著早餐，他的老師僅用一張報紙，就將一間徒有四壁的房間變成了餐廳，他深為震撼。

梅爾用心地觀察鈴木，他發現鈴木不但言傳，更是身教。鈴木的身體形態讓梅爾想起甘地，都一樣的清瘦敏捷。鈴木以自己的舉止為榜樣教導如何站立，如何行走，如何呼吸，如何在一張椅子上坐下。作為一名音樂家，梅爾在鈴木的行止中發現了節奏和韻律，讓他印象深刻。「他給我的感覺是他與當下的每一件事情都完全融合。當他走近一張椅子準備坐下時，絕不是大喇喇地一屁股坐下去，他好像和椅子在真正地溝通。無論遇到任何一件事情，他都顯得和諧，融合。他總是從容不迫，因為他從不慌張。他以非常放鬆的方式走路，他坐下時不慌不忙。即使有馬上要做的事情，他也從不匆匆忙忙。他做任何事情都不急。那才是不急不緩，恰如其時，他坐下去的樣子就是恰如其時。」

西拉斯．霍德利來自康涅狄格州一個古雅的小鎮，畢業於耶魯大學，當年曾混跡於「嬉皮區[1]」，加入過名叫「太空船」的公社，在那裡品嘗過鳥羽玉[2]。他有自己的進出口生意，偶爾去亞洲出差。一九六四年愚人節的那天，西拉斯和一位朋友一起去了桑港寺。後來他說，在遇見鈴木之前，他從來沒有想到過在佛教中有超越言語和概念的東西，他歷來相與的圈子都是語言和概念過剩的地方。然而見到鈴木後，一切都變了。西拉斯覺得鈴木活在某種更深廣的真理中，一直以來西拉斯的人生建立在自己所理解的真理的基礎上，可是鈴木的真理要遠遠大過他自己掌握的真理。鈴木吸引西拉斯的是形而下的能感

1 釋注：舊金山的海特—黑什伯裡區，二〇世紀六〇年代曾是著名的嬉皮聚集吸毒的區域。
2 釋注：一種生長於墨西哥沙漠地區的無刺球狀小仙人掌，同時具有醫療效果和迷幻性質。

受到的東西。西拉斯多年的心理學和哲學研究生涯中沒有一個人對他說一切從身體開始，意識到你的身體和你的呼吸。西拉斯本來就是個自律、認真的人，對他來說一天兩次去桑港寺坐禪並不難做到。

現在，越來越多以前曾有過禪修經驗的人來到桑港寺，鮑勃．哈爾本（Bob Halpern）就是其中的一位。他是個熱切認真的年輕人，一頭濃密的披肩棕髮。他來辦公室找鈴木，辦公室裡橫七豎八地塞滿了小玩意兒、書本、石頭、植物，一座老式大鐘放在架子上，整點時會發出嗚響。鈴木坐在鮑勃的對面，正用手撫摸著一隻銅製的猴子塑像的頭，那是一套三隻猴子的銅像，猴子們分別捂住各自的眼睛、耳朵和嘴巴。「我最喜歡這幾個銅像了，」鈴木說，「勿邪視，勿邪聽，勿邪說。」然後，鈴木問鮑勃：「你找我有什麼事？」

鮑勃說他在洛杉磯跟隨臨濟宗的佐佐木承周老師學習了一年的坐禪，還剛剛在米爾谷完成了一次攝心，是由安谷老師指導的，前角先生做的翻譯。安谷白雲是曹洞宗的和尚，但卻像臨濟宗一樣使用公案教學，要求修行者在攝心期間用心參公案、坐禪，盡力獲得覺醒體驗。安谷在西海岸帶領大家進行攝心，吸引了不少追隨者，一部分原因是菲力浦．凱普樓的著作《禪門三柱》大獲成功，其中對坐禪、參公案進行了大量的描述，也大力鼓吹了安谷白雲的禪法。攝心期間，有人對鮑勃說起了鈴木，於是鮑勃就來桑港寺看看。「您這裡的修行是怎樣的形式？」鮑勃問道，他並不自在，問得有些僵硬。

鈴木向他說明了桑港寺的日常時間安排——每日打坐，每兩月一次週末攝心，每年八月份一次七日攝心。鈴木還對鮑勃說有些學生，尤其是理查．貝克，非常希望在郊外找一處修行的地方，「我覺得像現在這樣在城裡也挺好的，大家在這裡修行得不錯，沒什麼問題，不過要是他們都想要另找個地方，我也沒什麼意見。他們想要建立一個可供男女共同修行的地方，在日本我們不會做這樣的事，不過這是美國啊。」

鈴木說話的時候，鮑勃一直在打量他。鈴木和安谷截然不同，安谷在攝心的時候會對學生們大喊大叫，怒罵他們。鈴木比安谷年輕，倒反而安靜平淡，甚至顯得弱不禁風。他說話柔聲細氣，不是武士般的粗嗓門。他靠在椅背上，兩手交叉枕在腦後，腿也像女人一樣交疊著。鮑勃覺得鈴木是個好人，但不可能是個真正的禪師。

之後，鈴木去洛杉磯參加曹洞宗和尚大會，前角邀請他吃飯，鮑勃也在。鮑勃已經把他自己在日落大道上的「薩托利書店」盤出去了，現在和前角住在一起，幫前角在客廳裡開一個新的修行中心。吃飯的時候，鮑勃坐得筆挺，想要端著個好架勢。前角準備的食物中有米飯、肉和蔬菜，鮑勃很小心，一點肉都不沾到。他是狂熱的素食者，認定吃素是佛法重要的部分，既貫徹了不殺生的原理，也有助於保持心境的寧靜。鈴木現在越來越多地碰到這樣的人。

「哦，你不吃肉啊？」鈴木對鮑勃說。

「我有時候吃肉。」鮑勃說。

「我有時候吃米飯。」鈴木說。

鮑勃和鈴木的交流都是這般不經意的，然而鮑勃的心卻仿佛一直被摧毀著。鈴木一眼看穿了鮑勃的執著處，總在刺痛他。這頓飯不是最後一次，以後還有刺痛的時候。

在生命的轉瞬即逝中，我們發現了永生的歡樂。

格雷漢姆．佩奇一家在日本待了快一年了。他再次在永平寺堅持下去，這次要好多了。不過他在搬家的過程中，因為大力提起一口行李箱，導致背部嚴重受傷，很多時候都必須離開永平寺治療。他最終在安泰寺找到了自己喜歡的修行形式。安泰寺是京都附近的一所小廟，由丘宗潭在二十世紀初建立，後來此廟被丘宗潭的弟子「無家僧」澤木興道繼承。他是位受人尊敬的年長僧人，在他的修行方式裡，坐禪是主體，儀式化的東西極少，他不用棒子，對曹洞宗採取一定的批判態度。格雷漢姆在他這裡學習，鈴木就完全不必擔心了。永平寺曾延請澤木做住持，他回絕了，說連狗都不會接受這個職位。格雷漢姆臨行前，鈴木曾給了他六個人的名字，說他們能解決他的「追著不放」的問題，其中就包括澤木。

到日本後，格雷漢姆尋訪了所有名單上的六位老師，其中的兩人已經去世，其他幾位要麼太老，要麼身體太弱，已經不再接受學生了（包括和鈴木淵源最深的藤本），能在安泰寺找到垂老的澤木興道，跟隨他學習，格雷漢姆異常珍惜。

格雷漢姆開始在安泰寺跟著澤木的弟子內山興正老師一起坐禪，他非常喜歡內山。安泰寺的主要修行活動就是坐禪，不像其他可供坐禪修行的寺廟那樣充滿了許多儀式性的瑣務，格雷漢姆很適應。他和家人住在一起，每天去寺裡修行。鈴木給的名單到底起了作用，格雷漢姆終於在日本找到了一位適合他的老師。

一九六五年十二月，澤木去世，享年八十五歲。格雷漢姆參加了為期四十九天的悼念攝心。通常攝心最長是七日，但格雷漢姆在安泰寺坐了整整四十九日，每天從日出前坐到日落後，以此紀念澤木這位偉大的坐禪者。

格雷漢姆被診斷為椎間盤突出，好幾名醫生都建議他儘量臥床不動，還要他考慮手術治療。可是他穿上束腰，開始攝心。每當經行的時候，他起身慢慢行走，每一步都和其他人一樣精確。和醫生的告誡相反，攝心期間格雷漢姆的脊椎自行修復，疼痛消失了。他的心也變得寧靜清明。日復一日地打坐，格雷漢姆忘記了文化差異、語言障礙和種種困惑，最重要的，他忘記了「追著不放」的問題。他將自己完全交付給坐禪，感覺變得分外敏銳，他能聽到地上昆蟲爬過的聲音。一週又一週的時間裡，他的體驗在不斷持續，加深。那是多麼的單純，美麗，行者達至禪修的頂峰，不安和焦慮散去。格雷漢姆無比感恩，他遇到了鈴木，他找到了安泰寺。

在美國這樣匆忙的國家裡，一定要找出時間來坐禪。我們的人生應該從容不迫，我們應該尊重傳統，不管是佛教的還是基督教的。

從舊金山往南向蒙特利縣的方向，沿加利福尼亞海灣走駱駝谷路，朝阿羅約賽科前進，一路都是起伏的山脈，道路彎彎曲曲，兩旁是枝幹糾結的橡樹，還有大片的牧場。行至一半路程，出現的是一片緩坡，幾大農場在此處交匯。這裡的植被多是槲寄生樹種和西班牙水草，還有一條名為「塔薩加拉」的路，沿路開上幾英里後，道路變成土路，在林木茂密的山間向上蜿蜒爬升，到奇烏山脊時海拔達到約一千五百米，再向下回落到約四百五十米。塔薩加拉溫泉就坐落在這十五英里土路的盡頭。

早在一千多年前，當地埃塞倫印第安部族的人就知道這裡含硫溫泉的療癒作用。十九世紀中期，拓荒者發現了塔薩加拉溫泉，在中國勞工的幫助下，人們克服千難萬險，在陡峭的山壁上開闢了一條通往溫泉的石階路。從十九世紀六十年代起，塔薩加拉就成了蒙特利縣最偏僻、最富野趣的度假勝地。

前段時間（四月七日），我去了蒙特利附近的塔薩加拉溫泉，查看可能建立我們新的靜修營的位址。那是個不可思議的好地方，如果我們能把溫泉也買下，會是個很好的道場。我給菲力浦的信裡也說了這件事。

摘自鈴木給格雷漢姆．佩奇的信

經過多年來耐心的尋覓，鈴木俊隆終於找到了他心目中理想的土地來建立鄉間靜修道場，那就是塔薩加拉。理想的地點在恰當的時候出現，鈴木的修行團體已足夠成熟，可以做點事情了，他的教法在美國也已經得到足夠的關注，這教法挑戰人們對時空、存在、生死的固有觀念，現在美國人的開放度已經被打開，足以支持他建立這樣一個道場。

這幾年裡，許多人都向鈴木提起過塔薩加拉，理查更是說了不止一次。舊金山的歷史學家馬格特．派特森．多思對鈴木說這是他唯一應該考慮的地點。格雷漢姆和菲力浦一九六一年野營的時候無意中發現了這處好地方，在格雷漢姆的建議下，理查．貝克和他太太佛吉尼亞也到同一個地點野營。他們都找到了同一片木頭小屋，經過風雨歲月的洗禮，木頭已經褪色成斑白。其他一些建築也是木石結構，非常結實，還有一個大游泳池，大大的溫泉池，以及一個蒸氣房。理查當時就一見傾心，不過時機尚未成熟，所以直到一九六六年的春天，理查才帶鈴木來查看這片地方。

塔薩加拉坐落在大蘇爾區的內陸，茂密的洛斯帕德里斯國家森林內，在舊金山的南面，有四、五個小時的路程。鈴木第一次去那裡的時候，車還在路上走著，他就覺得太遠了。他想要一個更近的地方，比如聖塔克魯茲山區的某處。不過在險峻的土路上開了幾小時，經過一片片攝人心魄的美景，最終到達塔薩加拉後，鈴木一下子愛上了這片地方。塔薩加拉與世隔絕，美輪美奐，狹長的山谷劈開了原始密林，一道細流在山谷間奔躍，從山脊上還能看到瀑布。

鈴木和理查盤桓到下午才回去，當車子開到山脊最高處時，鈴木對理查說：「停車。」他下了車，在路上手舞足蹈，「太美了！就像中國一樣！」他一路跳著走著，樂不可支，搖擺著身體，理查慢慢地開著車跟在後面。看到鈴木這樣興奮，理查清楚地知道，就算千難萬難，他們也要買下這塊地方。

塔薩加拉目前屬於兩戶人家，一家姓貝克，另一家姓羅斯科，貝克家的鮑勃和安娜夫妻倆正打算從羅斯科家買下所有的土地，他們不想離開塔薩加拉。鮑勃．貝克給理查看了附近的另一處地方，占地一百八十英畝的豪斯牧場，是一片未開發的土地，他願意把這片地賣給禪修中心。鈴木和理查去了豪斯牧場，那裡也很美，但鈴木心儀的是塔薩加拉。鈴木同意先試著買下豪斯牧場，但更要留心塔薩加拉的動向。

人們立刻行動起來，理查領頭，發起了籌款活動，一夜間就定下了目標為十五萬美元的籌款計畫，而禪修中心去年一年在市裡的總預算也不過八千美元。理查辭去了他在柏克萊分校組織會議的工作。他對塔薩加拉志在必得，他的這份意志力和表現出來的辦事能力讓鈴木瞠目，不過鈴木內心還是不敢相信這事真的能辦成。禪修中心之前從來沒有向學員範圍外的社會公眾籌過錢，現在每個人都熱情高漲，行動起來。比爾．關夫妻倆舉辦了集資晚會；大家還組織藝術品售賣會來籌款。

理查認識很多禪修中心之外的人，他知道如何點燃這些人的好奇心。他一刻不停，像機器一樣超速運轉，不讓鈴木操任何心，留給鈴木一個清淨的環境。大家印刷了宣傳冊，準備了更多的籌款活動。第一批熱情回應的支持者中有不少是早就熟悉佛教的哲學家、作家，包括艾倫．瓦茨、蓋瑞．史耐德、休斯頓．史密斯、南茜．威爾森．羅斯、保羅．懷恩帕爾、艾倫．金斯堡、喬瑟夫．坎伯，還有伊薩蘭學院的邁克爾・墨菲。

現在理查成天出現在桑港寺，這裡的情形變得分外地生氣勃勃。許多人都喜歡和理查一起工作，尤其是新來的學生，在他們眼中理查不是同儕。然而理查也只是鈴木的學生之一而已，他表現出的和鈴木特別密切的關係，以及他在塔薩加拉籌款活動中的剛愎獨斷讓其他人有相形見絀的感覺，遭到了一些老學生的忌恨。

理查一點也不愧疚收斂。有些時候，他給人的印象甚至是他覺得自己是鈴木唯一真正認真修行的學生，是唯一讓鈴木的教法在舊金山真正起作用的人。他覺得其他人與鈴木的關係要麼是功能性的交涉，要麼是進了「鈴木俱樂部」，要麼是投射式的有一個「慈愛的老師」，除了他，還有格雷漢姆，其他人都不願打破各自的執迷，去投身真正的修行。當他說出這樣的話的時候，會惹惱許多人，可是鈴木對此卻並不發聲。不是說鈴木真的在為理查個人撐腰，沒人這麼覺得，而是鈴木信任理查，信任他能擔當團隊的領導。更重要的是，鈴木看到了理查的誠心與決心，他一心要為大家創造一個環境，能夠跟鈴木修行，跟整個僧伽共修。

在那些緊密追隨他的資深學生中，鈴木看到了除理查之外的日後有可能做老師的人，他們有決心，有潛力，有成為老師的潛質。其中比較突出的是目前在日本的格雷漢姆和菲力浦、米爾谷的比爾・關，還有琴・羅斯。另外還有梅爾・魏茨曼（鈴木已經請他負責柏克萊禪堂）、克勞德、西拉斯和洛斯阿爾托斯的瑪麗安。

歐古桑自有她自己的打算。鈴木馬上要再回日本一趟，將自己的寺院正式傳給包一，而歐古桑想讓鈴木就此退休，留在日本養老。她說，鈴木在美國的工作已經完成了，他身體又不好，不能再辛苦了。他一直咳嗽，還老是感冒。要是他想多活幾年，就趕緊退休吧。鈴木不理會她。對鈴木來說，一切才剛剛開始。

「這些美國學生太真摯了，他們讓我下了決心，」鈴木對自己的朋友小杭說，「為了他們我會待在美國的。為了他們我這把老骨頭就化成美國的泥土吧。」

❋

真正的宗教無法通過找尋某種好處來獲得，那是物質主義的方式。靈性工作是完全不同的。甚至討論靈性都不是真正的靈性，只是替代品而已。

鈴木俊隆踏上永平寺門口大柳樹下的臺階，身邊跟著高大的格雷漢姆，刮了光頭，穿著黑色僧袍。他們現在是永平寺的客人，在知客僧的房間裡等待接見。格雷漢姆曾作為沙彌在永平寺度過了三個苦不堪言的修行期，現在有機會以客人的身份回來，感覺很是良好。他看著一名美國學生在寬闊的達摩堂裡痛苦地跪坐著誦經，格雷漢姆真心同情他。

他們拜訪了立髮，這位曾經的寺院佼佼者現在是維那了，負責儀式及僧人培訓。他和鈴木同年，一九六六年的時候都是六十二歲。鈴木感謝他一直以來對琴・羅斯、格雷漢姆和菲力浦的諸般照顧。立髮彬彬有禮，對鈴木在美國的事情也有興趣，不過格雷漢姆知道立髮的內心仍視鈴木為低階的寺廟和尚，是沒有資格開道場的。

接著他們去見了方丈，年高的熊澤泰禪老師，他也是整個曹洞宗的首領。鈴木他們靜靜地從精美的古杯中啜飲最高級的綠茶。熊澤問格雷漢姆他回美國後是不是也有固定的寺院待？鈴木將籌款的宣傳冊呈給熊澤看，冊頁的封面上寫著「山野禪修中心」，將冊頁完全展開，是一張海報的大小，上面的一半是各種照片，都是豪斯牧場及其周圍的美景——一塊塊巨石躺臥在野生橡樹間，白雲繚繞的群山，林蔭下是石岸圍繞的小溪池塘。

「起名叫做『禪心寺』，您意下如何？」鈴木問道，他還委婉地表示如果能派一位誠懇的年輕和尚去幫忙，就再好沒有了。

格雷漢姆聽不出熊澤是不是給了直接的回應。熊澤基本上只是咕噥了幾聲，不過格雷漢姆覺得以他們卑下的身份而言，永平寺已經給予了極好的禮遇了。鈴木看上去非常滿意。

格雷漢姆和鈴木來到福井火車站。他們剛吃了頓大餐，喝了清酒，師徒倆談笑風生，也因此誤了最後一班火車，現在只能等第二天一早五點半的火車了。鈴木坐下來，找了張報紙塞進僧袍下面，捂住肚子取暖，立刻就睡了。格雷漢姆在寒冷的夜色中來回踱步。

一名醉漢在等相反方向的最後一班火車，來回走動的格雷漢姆讓他非常惱火，他要格雷漢姆別晃蕩了，坐下來。穿著僧袍的格雷漢姆很是刺他的眼，讓他越來越冒火，他開始嘟嘟囔囔，說著什麼「我們日本人如何如何」的話，他做出空手道的樣子，向格雷漢姆劈掌，要不是旁邊有人上來阻止，格雷漢姆怕是難免要和醉漢拉拉扯扯。好在醉漢等的車很快就到了，鈴木和格雷漢姆又清淨了，繼續等在寒冷的夜裡。整個過程中鈴木都坐在一邊旁觀，由格雷漢姆自己去應付醉漢。

鈴木給格雷漢姆和寶玲看宣傳冊，他倆都很興奮，這發展也太快了，需要那麼多的錢，而冊子製作得那麼像模像樣，一看就很專業，上面的文案寫得很打動人心。想想看，有兩萬人收到了冊子！禪修中心一直以來郵寄的範圍也不過幾百人。理查能幹成這件事嗎？鈴木的這個賭注下得也太大了，要是最後事情不能成功，他在日本的同僚那裡會淪為一個大笑柄。鈴木對自己的學生表現出了多麼大的信任！

鈴木想取得日本方面對美國道場的支持。他希望能有一些「優秀和尚」去美國待上一年，或一個修行期，帶領培訓。他心目中的人選有格雷漢姆跟隨的內山，以及丹羽、野以和橫井——都是岸澤一系的。可是他的意圖並沒有得到理解，也沒有任何資深的和尚答應他來美國。他們不懂鈴木，也無法體會到他的抱負。鈴木去駒澤拜訪了橫井，日後當橫井被問到當時的想法時，他說：「在日本這裡，鈴木只是個普通的鄉間和尚而已。」

鈴木從八月二十五日就到日本了，歐古桑留在美國幫助片桐照料桑港寺。現在已經是十月了，鈴木住在林叟院，和他一起的有佩奇夫婦，還有正在永平寺修行的菲力浦，以及克勞德，他是應鈴木的請求飛到日本來的。鈴木將他們介紹給自己的家人、朋友、同事、廟眾，還有前來拜訪的當年高草山集會的老學生們。

菲力浦在永平寺待了九個月，他熱情率真的個性讓他很受歡迎。像菲力浦這樣的莽漢，手指頭粗成那樣，很難想像他如何適應日本的生活，更別說永平寺了。他受的痛也不少，尤其是日本的正坐，要跪坐在小腿上，永平寺除了幹活、睡覺和坐禪，其它什麼事情都得正坐著完成。菲力浦熬過了旦過寮，從天不亮就開始坐禪，坐到晚上九點，他說他們讓他足足多坐了一個星期，因為他不能雙盤。總的來說菲力浦在永平寺適應得不錯，因為他總是最真實的自己——雖然難搞，但一點都不傲慢，又很可愛。他一直記得鈴木的教導，要適應環境。聽到菲力浦要回美國，立髮難受死了，都不願出房間跟菲力浦告別，「至少待滿一年嘛。」立髮說。

日本人生來就是跪坐的，菲力浦說他們的骨頭和筋都長成那樣了，可他不行，他在立髮的誦經課上坐上兩個小時，腿就火燒火燎地痛。他到永平寺的第一天，他們讓他在辦公室裡正坐了十一個鐘頭，那是他此生最痛的經歷——打橄欖球都沒遭過這種罪。但他和日本人一樣經受住了入寺考驗。

此時菲力浦就在林叟院，站在寺廟後院的池塘裡，混濁的池水直淹到他壯實的大腿那兒，他正在調整一塊長滿青苔的大石頭的位置，鈴木利用杠杆將那塊石頭移到了池塘這塊兒。一九六三年，鈴木曾送菲力浦去加利福尼亞海沃德，跟隨那裡的一位日本園藝師學習盆景和石藝，整整六個月的時間裡，菲力浦幾乎天天都去和園藝師學習。而這次是他第一回和鈴木一起做花園的工作。

菲力浦問鈴木：「我算不算真和尚？」永平寺的僧人聽說他的剃度經過後都表示懷疑，說那不算真出家，因為他的儀式根本就不對，他沒有托缽行乞過，來日本之前也沒有領過僧袍，連頭髮都沒剃掉。

菲力浦就對那些半信半疑的僧人們說：「你們要是不信我是個和尚，就別讓我進寺好了。」眾人還是讓他進去了，不過仍不斷地提醒他，要是儀式不對頭，那就不能作數。菲力浦說：「你們去問鈴木閣下。」

「那我到底是不是個僧人？」

「事情到底怎樣，取決於你的心怎樣。」鈴木回答他，「如果你覺得自己是和尚，你就是和尚。你要覺得自己不是和尚，那就不是和尚嘛。」

工作到一半，空閒的時候，鈴木把菲力浦叫到自己的房間裡，讓他看按傳統規矩應該如何折疊僧袍。鈴木把僧袍攤開，用兩條筆直的竹片幫忙，將僧袍像揉麵團一般前折後折，一會兒就疊成了整整齊齊的四方塊。

菲力浦想起了鈴木託他帶回林叟院的那些舊僧袍。他是坐船來日本的，在船上，他和貧窮的巴西日僑農民一起擠在三等艙裡，一路小心翼翼地守著老師託付的物品。抵達日本出關的時候，他一手拿著那個棕色的包袱，一手拎著自己的小箱子。海關官員對包袱很好奇，問他裡面是什麼，「噢，不過是些舊袍子，鈴木閣下託我帶回來的。」

打開包袱後，海關官員在袍子裡發現了一尊有五百年歷史的菩提達摩雕像。

「這東西怎麼來的？」官員疑惑地問道。

「我不知道。」

「你準備拿它怎麼辦？」

「帶去林叟院。我想這應該是那裡的東西。」

鈴木將他從林叟院帶到美國的佛教物品一樣一樣還了回來。他當年離去的時候，需要借這些物品，而現在，他有了能替代這些的其它東西了。這是個祕密。

格雷漢姆和菲力浦兩人都剃著光頭，穿著黑色的僧袍，腳著草履，小心翼翼地走在水稻田的田壟上。他們跟隨鈴木去一戶人家做超度法事，這不是他倆第一次和鈴木一起去人家裡做法事了。克勞德和寶玲跟著他們，法事高度地形式主義，很不對克勞德的宗教胃口。

「沒錯，」寶玲同意克勞德的想法，「佛教在日本要複雜得多，遠不是鈴木先生在美國傳給我們的精純版。」寶玲在日本待了一年，見識了很多東西，「這裡充滿了惡鬼，樹精，一千五百年下來的習俗源遠流長。」

鈴木的學生們也見到了老師的老朋友們，有他的繼親天野、陶藝師鈴木靜邨，以及仍然在世的高草山集會的老學生。讓克勞德驚訝的是，除了鈴木自己的兒子包一外，他沒有任何僧人弟子。來拜訪的人倒是絡繹不絕，但都是些同事、朋友、鈴木開辦的幼稚園的老師、俗家學生、廟眾和村民。

每天，鈴木都帶著這幾名弟子在林叟院屋外打掃，除草、擦窗，村民們也來探視幫忙，大夥兒都在為即將到來的盛大儀式做準備——鈴木要從林叟院的方丈座上下座，他兒子包一要上座了。包一也和大家一起幹活，他姐姐安子則負責清掃室內，和絹奶奶歐巴桑一起給大家做飯。歐巴桑仍是林叟院的女家長，她大部分時間都坐在被爐旁，雙腳放在茶几毯子下的暖爐邊，看著大家幹活，偶爾拿出她的薄瓷煙管，抽上一兩口煙。

一切都準備得差不多的時候，來了一場暴烈的颱風，吹走了屋頂的瓦片，吹折了一根大樹枝，壓垮了牆垣，一片狼藉。颱風來的時候格雷漢姆出去幫忙，被猛烈的風掀進了一個門洞，之後又得了感冒。不過林叟院的後援團人員甚眾，人們還是趕在晉山式前把寺廟收拾出來了。

佩奇一家要回英國去了，格雷漢姆的父母還沒見過自己的孫兒們呢，夫妻倆在林叟院門口和鈴木一家道別。就這樣與鈴木分手讓格雷漢姆的心中感到幾分焦躁，對他日後的安排，鈴木的態度很含糊，不置可否。為什麼他不直接告訴格雷漢姆什麼時候回美國？為什麼他不說在未來的新道場中將如何安置格雷漢姆呢？

格雷漢姆和寶玲也去鎌倉探訪了菲力浦．凱普樓。凱普樓曾和安谷學習了很多年，他見到佩奇夫婦後很是惱火，責備他們在日本待了整整一年，卻沒來找他。他們是在浪費時間！凱普樓說曹洞宗裡沒有一個人是開悟的，鈴木也沒開悟，內山也沒開悟，永平寺的所有和尚都沒開悟，他們早就該來跟他的老師學習了。「和這些沒開悟的老師學習，我很愉快。」格雷漢姆說。這次和凱普樓的會面令人失望，想想四年前他來禪修中心，大家曾有過多麼精彩的交流。

佩奇一家先坐船去蘇聯，再坐西伯利亞橫越線到歐洲，問題是他們的衣服不夠，更確切地說，他們除了身上穿的那些，根本就沒衣服了，因為在橫濱港轉船的時候，他們的行李全弄丟了。寶玲臨時出去買衣服，給孩子們買了傻頭傻腦的米老鼠牛仔褲、唐老鴨暖鞋，她自己穿的是夏裝，格雷漢姆則是西服套裝。他們就這樣一路到了莫斯科，凍得拿報紙裹住自己取暖。幸運的是錢和文件都裝在格雷漢姆隨身帶的小旅行袋裡，沒有丟失。他們出日本海後不久，幾名蘇聯婦女給格雷漢姆喝了羅宋湯，吃了香腸，他本來是吃素的。格雷漢姆告別了日本，來到了新世界，他準備好調整自己了。日本的佛教真是累人。

十月二十三日，鈴木俊隆穿著正式的黑袍、圓竹帽，小腿和前臂都裹著白棉布的綁腿和袖罩，從高高的日本絲柏樹中間走過。這是個吉祥的日子，鈴木從方丈的位置上退下，包一升了山座，從父親手中接過林叟院方丈的職位。

克勞德發現，鈴木他們不得不讓一名親友來充當儀式中的首座和尚，克勞德不明白，怎麼鈴木在日本就找不到一個弟子或其他和尚來擔任這個角色呢？他越來越感覺到，鈴木在曹洞宗裡不過是名普通和尚，在日本，像他這樣的和尚怕是至少有一萬五千人吧？克勞德不知道人怎麼才能學到佛法，是自己去找最好的老師嗎？或者說，最好的老師就是你家隔壁廟裡的和尚？像鈴木這樣的？

鈴木的這次日本之行不斷挑戰著克勞德心目中的莊嚴正式感。鈴木這次不僅將林叟院傳給了包一，還向岡本昭孝傳了法嗣，昭孝並沒有跟鈴木學習過，但他是鈴木的師弟岡本憲道的兒子。鈴木和憲道之間早有約定，昭孝將繼承法嗣和寺院。包一和昭孝是鈴木在日本僅有的法脈，而這兩人都沒有跟他學習過佛法。

克勞德問鈴木：「您就沒有收過僧人弟子嗎？」「沒有，我在日本沒有弟子。」鈴木回答。

後來，鈴木的西方追隨者不斷向包一表達他們對他父親的仰慕，包一不勝其煩，他說：「也有人覺得我父親沒有那麼了不起。他應該待在日本，等到他把寺院傳給我之後再走。在有的人看來，他是個不負責任的人。如果他留在日本，我可以向他學習。」鈴木認為讓別人來當兒子的師父更好，可是他自己卻要包一來美國幫他的忙。包一和父親對自己的漠然不同，認認真真地為父親的要求做準備，他停下正在學習的心愛劍道，去學自己深深厭惡的英語。最終鈴木不得不在信中痛心地同意他不再學英語，還是回去學劍道吧。包一更不願像父親那樣離棄林叟院的廟眾，讓他們再次受到傷害。再說包一對美國一點興趣也沒有。他對菲力浦說，要不是他父親拋棄了林叟院，他會一直待在永平寺的。

讓菲力浦驚奇的是包一在永平寺過得安適得很——要知道包一根本就不喜歡坐禪啊。包一在永平寺待了三年，一直負責照管紀念道元的承陽殿。現在，他不得不經營林叟院，找人成家立業，照顧所有的廟眾，還有下屬的分廟事務，除了紛繁瑣事之外，還有逃不掉的寺廟政治。

包一向父親抱怨，像林叟院目前這樣的廚房，他哪裡有可能討得到老婆？這廚房這麼小，燒的還是老式的木柴灶，一點都不現代，弄起來麻煩得很。鈴木說和尚找妻子可不能找總想要昂貴東西的漂亮花瓶。包一回他說有這樣的廚房什麼樣的妻子都別想了。鈴木就請繼親天野和其他幾位富裕的廟眾幫忙，把廚房改造一下，讓包一能娶親，很快新廚房就弄妥當了。

鈴木此次日本之行的任務完成了，他要回美國去了。在離開林叟院之前，他又按自創的那套神祕而簡化的儀式剃度了克勞德。鈴木請克勞德先待在林叟院，希望林叟院能慢慢地成為可供西方人和日本人共同修行的寺院。他還和菲力浦談了，讓他回美國後去東海岸佛蒙特那裡的一座禪堂幫忙，鈴木和那座禪堂的關係很密切。

鈴木去了分別安葬在林叟院和藏雲院的家人的墓地，為他們上墳。他掃了墓，為親人們上香，他的師父玉潤祖溫，他父親仏門祖岳，他母親葉音，他的第二位妻子千惠，祖溫的情人丸七惠，還有令他心碎的小女兒緒美，她自殺身亡已經有兩年了。作為一名有家室的男人，鈴木唯有愧疚。對這些他深愛的親人，他帶到他們墳前最好的祭品是他的西方弟子們，是將佛法的種子傳播到異域的希望，是讓他生活過的兩片土地上的文化能以佛道的形式嫁接交融，這也是他對離世親人們最深刻的贖罪。

通常我們都認為當我們的心執著於某事，或專注於某事時，會運行得非常好。可實際上我們已經犯了大錯，因為我們認定心是相續的。我們的心根本不是相續的。它既不相續，也不相斷。

一九六六年十一月，當鈴木回到舊金山時，這裡的情形已經大不相同了，一場貨真價實的文化大爆炸正在發生。桑港寺裡長髮飄飄的年輕人前所未有地多起來；《舊金山紀事報》的專欄作家赫伯·卡恩稱這些年輕人為「嬉皮」。因為公開籌款活動，更多的人被吸引過來坐禪，許多人都衣飾鮮豔，戴滿珠串。

我就是這幫新來者之一，當時二十一歲，德州人，整天饒舌，穿得邋裡邋遢。一九六四年，我從大學輟學後，整個春夏都在密西西比和中西部忙著民權運動和左翼學生活動。然後我又去墨西哥住了一年。一九六六年冬天，我來到舊金山，好幾個月裡我都享受著當地嘉年華般的嬉皮氛圍，吸大麻，嗨得雲裡霧裡。還有幾次，我嗑了ＬＳＤ，找個朋友在一旁守護著，就開始靜坐。經歷過幾次這樣的體驗後，我決定放棄嗑藥，好好地去找個古魯，學習禪定。我第一次到禪修中心的時候，鈴木還在日本。禪修中心的片桐和在那裡打坐的人都讓我很是喜歡。雖然幾乎沒人跟我說坐禪要領，告訴我什麼是禪宗，也沒人特別鼓勵我，我還是決定接下來的一年裡每天早晨都來坐兩個時段，每天下午也來。

然後那天鈴木回來了。我和他第一次交流是坐禪後的鞠躬時刻，之前我心間一直如萬馬奔騰，根本看不清他。稀裡糊塗地坐禪就結束了，我在門口穿上涼拖，隔著排隊離開的人群，看到鈴木站在辦公室那裡。我的心還是像沸水一樣咕嘟咕嘟滾著泡泡，這時他轉臉看著我的眼睛，微笑著，有那麼短暫的一瞬間，我的心中萬念俱息，我清清楚楚地看見了他。然後西拉斯向鈴木介紹我，我的心又奔騰起來，也記不清楚當時的情景了。然而在我記憶中永遠定格下了那一瞬，我和那位剛剛成為我老師的人的首次直接聯結。鈴木和學生之間真正的緊要處，是那些看起來沒什麼意義、細微而無言的交涉，他是靠那些和我們建立真正的聯繫，指導我們在無路的道路上前行，我們簡直可以說都是靠自己摸索的。

鈴木這次從日本回來後，幾乎所有人都開始叫他「鈴木老師」了。艾倫．瓦茨為購買豪斯牧場捐了款，還隨附了一封信，說大家不應該再稱呼鈴木為「閣下」，這個稱呼不倫不類，不能這麼用。他也不建議大家稱鈴木為「先生」，「先生」可以用在助手片桐身上，而鈴木應該叫做「老師」。

理查和其他幾個人幾年前就開始一直叫鈴木「老師」，但整個社團倒真還沒有清楚規定過應該怎樣稱呼鈴木。當時的《風鈴》期刊上，人們可以找到各種關於鈴木的稱號，比如鈴木閣下、鈴木先生、老師鈴木俊隆、鈴木老師、鈴木師父、桑港寺師父……

瓦茨對臨濟宗非常熟悉，這也是為什麼他會提出這樣的建議，臨濟宗裡，「老師」的稱號類似於「禪師」。而曹洞宗裡，「老師」是和尚用來尊稱比自己年長的其他和尚。

鈴木問為什麼人人都叫他「老師」？大家告訴了他艾倫．瓦茨的來信，鈴木聽了之後笑得抽筋。開會的時候，資深學生正式向他提出稱呼問題，鈴木反對別人叫他「老師」，不過在和片桐商量後，鈴木最終讓步了，從此他就成了「鈴木老師」。

散發出去的宣傳冊影響巨大，錢從全國各地源源不斷地匯到禪修中心。更讓鈴木高興的是地主貝克夫婦在最後關頭同意出售塔薩加拉溫泉，要價是三十萬美元，是豪斯牧場價格的兩倍。董事會立刻授權理查把之前為豪斯牧場準備的兩萬兩千美元的籌款轉為購買塔薩加拉，在十二月份支付了第一筆付款。可是，再過幾個月就是支付第二筆錢款的時候了，數額是第一筆的兩倍。大家又印刷了第二份宣傳冊，發出去了八萬份。數月之前，禪修中心還是個小眾的、圈內的佛教修行團體，現在它已經是地圖上的標誌了，也不知是好事還是壞事。

那麼多的人伸出了援手，大家策劃了很多籌款會，還在阿瓦隆舞廳舉辦了一次「禪款會」，「感恩至死」、「大哥控股公司」和「水銀使者」等樂隊都參加了「禪款會」的演出。阿裡．阿卡巴．汗進行了一場音樂會義演；夏洛特．賽弗和查理斯．布魯克斯開了一次身心覺察工作坊，全部課程收入都捐給禪修中心；艾倫．瓦茨做了演講；蓋瑞．史耐德和其他許多詩人、藝術家和音樂家都貢獻了時間和精力，舉辦朗讀會或演出，捐出自己的作品。鈴木在「禪款會」上露面，向大家揮手，眾人向他歡呼。

許多人都將自己的空餘時間全部用在籌款上，在辦公室幫忙，去塔薩加拉做準備工作。面對大幅度上升的價格，禪修中心的財務官西拉斯．霍德利不僅盡力籌款，還申請免息貸款來解決問題。為了盡可能提高禪修中心的償款能力，他全力倡議繼續經營塔薩加拉，讓它成為夏季療養勝地。大家還制定了遊客季和夏季修行期的規劃。還有數不盡的瑣事——登記預定、採購食品和學生報名等等。

郵寄的支票如雪片一般，禪堂擠滿了打坐的人，內陽臺的預備位置現在也滿滿當當，前來聽講座的人場場爆滿，鈴木看著眼前的這一切，分外驚奇。理查帶鈴木去東海岸演講，拜訪其他禪修組織和朋友，比如劍橋佛教協會的艾爾西．蜜雪兒，還會見各個潛在的捐款人。鈴木開始擔心理查的身體了，這樣馬不停蹄的，他怎麼吃得消？可是理查精神抖擻，身體好得很。

儘管事務繁雜得眼花繚亂，鈴木仍全神貫注於坐禪，還有保持寺廟的清潔，眾人的喧囂激動沒有讓鈴木忘乎所以。他花了整整一個下午，坐在辦公室矮桌旁的墊子上，用毛筆為宣傳冊的封面畫一個圓，他一筆劃出一個不完全封口的圓，畫了一個又一個，直到畫出他心目中完美的圓為止。

現在他們有無窮無盡的工作要做，鈴木感到他需要更多的資深弟子來幫忙。琴已經過來了，克勞德也從林叟院回來，菲力浦也不再去佛蒙特的禪修團。鈴木給英國的格雷漢姆寫信，讚揚他在日本取得的成績，告訴他永平寺和安泰寺都對他評價甚高，現在，鈴木想讓他回美國。

「我回美國後，發現舊金山完全變樣了，比以前活躍多了。這裡真好，天氣又暖和，請讓你的岳母大人回來住吧。」鈴木還要格雷漢姆寫信給日本的僧人乙川弘文，請弘文確定是否如約來美國幫忙。「我覺得我們現在應該全力投入塔薩加拉的工作，因為現在全美國和日本都知道這件事了，英國也有些人聽說了。最重要的是，如果我們這次失敗了，日本那邊就不會再信任我們。所以目前對我而言，塔薩加拉是最要緊的。我想請你儘快回舊金山。」

鈴木還從第一份宣傳冊上摘抄了一段話，向格雷漢姆表達他的心情：

「在駱駝谷附近的荒山野地裡建一座禪修道場，這在美國的宗教史上是件大事。我們懇請您加入這樣古老的人類活動——為靈性的發展建立修行團體。唯有您的幫助，一切才有可能。——保羅．李，聖塔克魯斯加州大學哲學教授」

格雷漢姆沒法馬上過來。他已經有了工作，還租了一年的公寓。為什麼當初他們在日本分手的時候，鈴木不開口要他來呢？這樣格雷漢姆就會安排回英國探親一個月。而現在，他在英國有了個禪堂，人們過來和他一起坐禪，一名中川宗淵的學生在幫他的忙。他至少得在英國待一年。聽到這個消息，鈴木很失望，他又給格雷漢姆寫信道：「請代我問候你的妻兒，還有岳母大人。寶玲畫的林叟院石頭花園的素描活靈活現，我把它掛在臥室裡了。」他還托格雷漢姆去看望自己的一位老朋友，「我以前在駒澤大學的英語老師諾娜．蘭瑟小姐。」

第十五章

塔薩加拉 一九六七－一九六八

佛法的目的在於明白什麼是正確的人生，不是去理解什麼是教法，什麼是上師和眾生，也不是要懂得什麼是佛法，什麼是佛。不過要是你以為自己不需要任何訓練就可以獲得正確的人生，就犯大錯了。

一九六七年七月三日是個驕陽似火的日子，塔薩加拉舉辦了道場落成典禮，道場的名字是「禪心寺」，也叫「山野禪修中心」。一百五十多人參加了典禮，其中包括桑港寺的廟眾、鈴木的老學生老朋友，還有一位面帶微笑的老和尚，是鶩見總監，他於一九六五年來洛杉磯禪修寺繼任山田的職位。加藤和光與前角博雄也從洛杉磯趕來了。塔薩加拉的景色之美、參加禪修的學生人數之眾都讓加藤驚歎。有些學生已經穿上了式樣簡單的灰色僧袍，還有些人學著鈴木的樣子刮了光頭。

要是在日本，新道場的落成典禮會持續好幾天，不過這是在加州，典禮只進行了一個小時。這是歡慶的一天，所有人的心中都既感恩又充滿期待。對鈴木來說，這絕對是個大日子，是他生命中的里程碑。

乙川弘文從日本來美國了，目前負責洛斯阿爾托斯禪堂，不過在不久的將來，他肯定要來塔薩加拉幫忙的。他為人很親切，很可愛，英語只要慢慢說的話完全沒問題。他對永平寺的儀式儀軌都瞭若指掌，可以為鈴木提供很多技術上的幫助，也會成為學生的好朋友。禪修中心並不從屬於日本曹洞宗，禪心寺的落成對佛教在西方的傳播而言具有開拓性的意義，日本曹洞宗總部雖然沒有正式派人過來參加典禮，但他們讓弘文來美國了，還帶來了很多禮物，有一面太鼓，還有一些儀式所必需的物品：一只大口的碗型鐘，一個巨大的整木製成的木魚，上面刻了龍形圖案，誦經的時候用包了棉布的木槌敲擊木魚，敲出節奏。這東西雖然叫做木魚，但樣子看上去更像蝸牛。

落成典禮的前一晚，鈴木為理查．貝克剃度，這次的出家儀式是全套的，鈴木終於第一次公開舉行了弟子的剃度儀式，而且不再是簡化版的。理查在家人、同修以及一大幫關係密切的朋友的注目下接受剃度，他穿著厚重的黑色僧袍，在眾人面前汗如雨下，看上去狼狽極了。鈴木站在他面前，一邊誦經，一邊手執樹枝，很有儀式感地向他灑清水。鈴木為理查起法號「禪達妙融」，還任命他為塔薩加拉修行期的首座，修行即刻從這個炎熱的夏季開始。一般來說，剛剛剃度的和尚想要當上首座，必須等上好幾年，但鈴木認為理查從入禪修中心到此次典禮，已經經歷了相當長時間的修行。琴、菲力浦和克勞德等人都在，論剃度的時間，他們幾個比理查早得多，但鈴木沒有考慮資歷背景，直接讓理查做了首座。

理查是個大忙人，每天的事情多不勝數，他仍然是禪修中心的主席，《風鈴》的編輯，如今又成了首座。塔薩加拉剛剛起步，對大多數來這裡坐禪的人來說，理查忙得腳不點地，是與眾不同的另一個層次的人。另外一些人來的時間比較長，更瞭解情況，當然他們都很感謝理查，知道為了眾人能有這樣的修行機會，他做出了很大的貢獻。不過來塔薩加拉的學生裡超過一半都是新人。所有人在這裡待上一陣以後，都感覺時間變得緩慢，整個世界仿佛縮小到只有這片山谷了。

落成典禮的那天，鈴木在對眾人的講話中清楚表達了對理查的認可，他說大家都多虧了理查，「禪達理查．貝克為在美國建立佛教付出了極大的努力，對此我致以最深的感激之情。」自此，理查從幕後走到台前，他不僅是個組織者，更是鈴木首要的弟子。

塔薩加拉道場裡學生生活的各個方面，理查和鈴木都要進行細緻的考量。理查對鈴木開誠佈公，他的話在決策上有重要的影響力。鈴木尊重理查的意見，也欣賞他的洞察力，經常是言聽計從。鈴木當然也和其他人商議，包括克勞德、西拉斯、比爾、琴和梅爾，但雖說大家都為夢想成真的這一天出了大力，但無人可以和理查相比，他基本上可以說是塔薩加拉道場的合作創始人。禪修中心和塔薩加拉的面貌是由理查塑造的，只是他通過鈴木來運行各項事務，他們倆是合作人。

在塔薩加拉尚未開始運行前，鈴木和理查商討是否採取男女共修的形式。他們曾考慮過男生和女生分別安排修行期，但實際的可行度太低。鈴木的許多學生都是配偶雙方共同修行的，他最忠實的弟子中有些也是女人。理查說他想讓自己的妻女和他一起待在塔薩加拉，至少夏季修行的時候待在一起。他還顧慮到如果男女必須分開修行，會影響塔薩加拉的後續籌款。鈴木從來沒有過管理男女共修的道場經驗，不過他願意嘗試。最後理查一錘定音：「塔薩加拉不對婦女說不。」就這樣，鈴木揚棄了持續兩千五百年之久的老傳統。

鈴木想要有一個五到七天的旦過寮考驗，但理查覺得對眼下報名的八十多名學生而言，三天的持續打坐足夠了，他們中的一些人以前從未有過坐禪經驗。鈴木也同意了。還有用英語誦經，鈴木對此抱懷疑態度，但理查堅持馬上開始嘗試英語誦經。最後他們同意午餐時的長時間誦經可以翻譯成英文，用英語誦讀。修行期間的用餐基本上都在禪堂進行，學生們就坐在蒲團上進食，讓坐禪得以延續。

在理查的剃度儀式上，鈴木讓他受了戒律。鈴木將戒律一條條地讀給理查聽：不殺生、不偷盜、不行非梵行、不自讚毀他和不謗法等等，讓理查隨後發誓遵行。鈴木歷來講座的時候都很少談到戒律。一九六二年他第一次為十五個在家人做皈依儀式，但並未提起戒律，從那時起的各次剃度儀式上鈴木也沒有涉及到戒律。在這次剃度儀式上，鈴木第一次公開講到了戒律。戒律在大家的眼裡是很生疏的東西，似乎是屬於印度和中國和尚的一套規定。和一九六二年那次俗家弟子皈依儀式一樣，這次的剃度儀式鈴木用的也是日語，理查問鈴木是否應該翻譯給他聽聽戒律到底說了些什麼？要是他根本做不到的話，就不應該發誓。

「你就說『可以』就是了。」鈴木答道。

❋

最關鍵的是要遵守作息時間，共同修行。

清晨四點半，天色未明，空氣清涼，一名學生先起來上香，從塔薩加拉的禪堂佛龕那裡取出手鈴，繞著宿舍邊走邊搖鈴，叫大家起床。屋裡的煤氣燈點亮了，眾人起來刷牙洗臉，穿上僧袍或其它寬鬆的衣服。禪堂的前面掛著一塊刻著漢字的厚木板，一名身著灰袍的婦女每隔一分鐘就舉起木槌擊一下板，發出的聲音傳遍整個山谷，召喚大家去禪堂打坐。學生們將雙手交握於胸前，默默地走進禪堂。在禪堂走動時，雙手應該保持固定的手勢，喚作「叉手」（shashu）。

十五分鐘後，鈴木俊隆走進禪堂，此時學生都已在蒲團上落座，另有少數人坐在椅子上，每個人都身體挺直，收攏下頷，眼睛半睜。鈴木上香後也在自己的蒲團上落座，將僧袍捲進盤起的雙腿下，左右搖動調整坐姿，直到安穩坐好。鈴木和弘文面向大家，其他人則面對著上百年的山石牆壁。禪堂後面立著新的大鼓，門外掛的是新的鐘，鐘聲鼓聲交相鳴響，發出渾厚圓潤的聲音。十分鐘後，一切都安靜下來，唯有塔薩加拉的溪水聲，廚房裡偶爾碰響的鍋碗瓢盆聲，某人的一聲咳嗽。眾人齊坐，達成一片和諧——鈴木、理查、菲力浦、比爾、西拉斯和老學生們、新學生們，都跟隨著呼吸，數息，只是坐著、看著，無有期許、不帶信念，有的打起瞌睡、有的念頭不息，而有的開始腿疼。不急。只管打坐，強迫式的思維和壓倒性的情緒都會漸漸消融，如同經年的風雨剝蝕下，大山亦可蕩平。

四十分鐘後，小鈴的聲音響起，大家開始十分鐘的經行。鈴木邊走邊觀察眾人，糾正他們的步態，讓大家保持均勻的間距，還用拳頭在他們的雙踝間比劃，給大家看兩隻腳之間分開的距離應該是多寬。

之後再是四十分鐘的坐禪，然後和在桑港寺時一樣要做早課，先是磕九個大頭，接著用老式的日語漢字發音誦讀三遍《心經》，來修行的人都知道《心經》。誦經的時候伴隨鈴聲和木魚聲的節奏，眾人的聲音合到一起，如同音樂一般共鳴，血液在全身流動，能量活躍而和諧。

塔薩加拉的各個方面都和美國大眾的生活大不一樣，不過對新來者而言，最具有異域特色的部分是吃飯的時候用「應量器」。應量器是一只飯碗，不用時用布包裹著。在曹洞宗裡，應量器的使用是一種簡素卻優雅的儀式，使用過程包括誦經、解開包裹布、安放碗筷、進食和清洗——整個過程都在蒲團上完成。塔薩加拉的應量器之餐可說是一種專注的在行動中的坐禪，前後約一個小時，真正進食的時間連一半都不到。送餐人進禪堂之前會敲打響板，進來後先鞠躬，再從大食罐裡舀飯。待大家吃好飯，送餐人會送進熱水，眾人洗碗，擦乾。洗碗水收集在桶裡，過後可以澆花園。大家再把碗用布重新包好，最後再誦一次經，學生們就起身，將坐蒲拍鬆。隨著小鈴振響三次，大家向鈴木鞠躬三次。然後鈴木走出禪堂，弘文和理查跟在他身後。鈴聲再次響起，眾人叉手緩緩走出禪堂，在三小時的坐禪等活動之後迎來新一天的曙光。

之後是短暫的飯後休息，再是學習時間，然後是早課，早課結束後，白日的暑氣已經烘熱起來。十一點，大家又回到禪堂，那裡已經熱得像桑拿房，再次坐禪後有一個簡短的午課，然後是午餐。下午是工作時間，中間休息一次，然後是幸福的洗浴時間，接著是晚課，晚餐，晚上是兩個小時的坐禪，有時也有講座。這樣的一天結束後，大部分學生頭一沾枕頭就睡過去了，通常上床的時間是九點半。白天有大約七小時的時間在禪堂度過。每逢四、九日，基本上沒什麼安排，只有早晚各一次坐禪，日間從吃過早飯到晚飯的時間裡，學生們可以睡覺、出去蹓躂、洗衣、讀書或聊天。

這便是塔薩加拉一天的時間安排，時刻表是塔薩加拉生活的核心。這樣的時間安排很不輕鬆，要是沒有誠心，根本做不下來。有些曾經參過軍的人把這比作新兵訓練營，只是體力上的挑戰沒那麼大，無論身體強弱，人人都能按時刻表修行。鈴木和大家一樣，從早到晚嚴格按照時刻表的安排行動，一天又一天，他定下了基調，設好了節奏，不慌不忙，像在家裡一樣泰然自若，自自在在。

之後的一年又一年裡，凡新來的學生到達後聽到的第一句指導總是「跟著時刻表就行」，時刻表是他們的第一位老師。有時刻表就足夠了，有些人彼此間未必相處融洽，各自心裡難免嘰嘰咕咕，但要跟上時刻表，他們不得不彼此援手，彼此容讓。一日又一日，人們好比一起登山，穿越叢林，橫渡沙漠；又仿佛是狩獵，一小時又一小時地一動不動，耐心等待獵物。一天又一天地坐下去，有時伴隨著疼痛的雙腿，有時伴隨著精微幽妙的喜樂之感。心如沸騰之泉，焦慮、困惑、恐懼、喜悅和傻笑如水泡般翻騰而過。一天又一天地過去，鈴木五花八門的學生們共同遵循著時刻表，清明和滿足漸漸在他們的心頭顯現，在加利福尼亞的曠野中，這些人嘗試著道元的修行之路。

就這樣在花園的一角，這就足夠了。

八月的塔薩加拉炎熱乾燥，明麗的空氣中瀰漫著陽光暴曬下梧桐樹的味道，廚房的烤箱裡飄來新鮮麵包的芬芳。塔薩加拉溪水的水位降低，但仍在汩汩流動，蜻蜓在水面款款點過，水裡有烏龜棲息。每到黃昏時分，會有一種叫做「沒影兒」的小飛蟲在眼前團團飛舞。這會兒是上午十一點，鈴木穿著寬鬆的工作袍，和菲力浦一起用鐵棒移動一塊大石頭。

在他的周圍，塔薩加拉的一天正井井有條地進行著。發電機發出振動聲，工作間裡鋸床尖利地鳴響，一輛破破爛爛的一九五三年雪佛蘭貨卡車顛簸上路，去市場買便宜貨，廚房裡有人切菜揉麵，禪堂值日生在給煤氣燈加油，剪燈芯。宿舍周圍塵土飛揚的路上，學生們有的穿牛仔褲，有的穿黑色僧袍，紛紛走過。他們看到鈴木正在整理花園，之前漫長的數年時間裡，鈴木都沒有園子可打理。

鈴木安安靜靜地做著事，汗流浹背，蒼蠅圍繞著飛來飛去，不過他心無旁鶩，定定心心地工作著，顯然很是享受。他無論做什麼事情，都會將全部身心投入進去，他說：「即便是抓一隻小鼠，老虎也會全力以赴。」沒有什麼比在塔薩加拉的花園做事更讓鈴木開心的了，能和學生們一起活動身體，貼近土地，和土地上的植物廝磨。

我覺得許多人學起佛法來，都把佛法當成某樣現成的東西，以為我們要做的就是把現成的佛陀教法保存起來，就像把吃的放進冰箱，隨時想拿就可以拿出來，覺得學佛法就是這樣，都現成地放好了。然而，禪宗弟子應該關注的是如何從地裡長出食物來，要把重點放到地裡，怎樣從園子裡長出東西來。你這會兒看著空蕩蕩的園子，什麼都沒有，但要是你著手打理，種下種子，它就能長出東西來。佛法的喜悅，就是打理園子的喜悅啊。

露易絲．普賴爾是鈴木的生活助理，鈴木之前從沒有過生活助理，因此露易絲對自己的工作到底該怎麼做也糊裡糊塗。露易絲很喜歡鈴木宿舍房間的佈置，很簡潔，色調和諧，每樣東西都放得井井有條，顯得雅致。房間裡沒有什麼是特意新添置的。露易絲第一天上任的那天早晨，鈴木剛從花園幹活回來，在臺階上沖腳，露易絲站在門口，遞給鈴木一塊毛巾，露易絲還彎腰幫鈴木捏腳。鈴木微笑了，說：「這可是佛陀的力量啊。」

「什麼？」

「能看到別人需要什麼，給別人他需要的。」

又有一次，露易絲對鈴木說：「我覺得我不如其他學生，我沒讀過任何關於佛法的東西。」

「啊呀，那對修行再好不過了。」鈴木說。

露易絲喜歡陪著鈴木一路走去澡堂。鈴木從來不急急忙忙，在路上碰到人，他就停住腳步，鞠躬致意，眼睛直視對方。露易絲看著鈴木臉上的表情，碰到不同的人，就有不同的表情。有時候鈴木在山澗拱橋上停下，在那裡向下看，會看上很久很久。

露易絲也看到了鈴木狼狽丟臉的時候。有一次她開車送鈴木從舊金山到塔薩加拉，半路上鈴木讓她停一下，他去路邊解手。露易絲對車窗外喊著說，鈴木是在駱駝谷書店的雷鳥咖啡館喝多了，多貪喝了一杯咖啡。她打開車門，舒舒服服地伸展一下雙腿，這時，只聽得一連串咕嚕嚕的聲音，像是塊小石頭從陡峭的路邊掉下去了，一路撞在灌木和大樹上，然後便是鈴木大叫：「啊呀，我的牙使（齒）——！」

露易絲趕緊過去，看到鈴木的假牙沒了，他的臉變得又好笑又可憐，就像街頭流浪的拾垃圾的老頭。鈴木爬下路沿，僧袍全弄髒了，他倆到處找遍了也沒找到假牙。到塔薩加拉後，鈴木讓露易絲把車一直開到他宿舍門口，然後躲進房間，誰也不見，一直等到從舊金山送來另一副假牙。

我們的規矩是由溫暖、善意的心建立的。是否一絲不苟地遵守規矩並不重要。

在塔薩加拉道場之前，有沒有規矩顯得不太重要。也有人偶爾想過，在現代城市的日常生活裡該如何守住戒律，不過基本上大家在一起只是坐禪，鈴木總是強調在坐禪中已經包含了一切戒律。如果在坐禪的時候你坐姿鬆懈，鈴木會用棍子點你，提醒你將背挺直一點，你就該二話不說地立刻挺起來，就像在網球場上你該聽教練的話，讓你怎麼握拍就怎麼握拍。不過塔薩加拉在野外，而且又是一個男女共修的道場，許多麻煩都開始出現，規矩開始日益重要了。雖說新問題不斷，鈴木卻一直淡定自若，他總喜歡將規則能簡則簡，說有什麼問題出現時再定什麼規矩吧。

一九六七年四月，塔薩加拉正式開放前，一些學生來為第一期的修行做準備工作，鈴木也來了一週的時間，和年輕學生們一起勤奮工作。他一絲不苟地遵守著全體的規則，早早起來坐禪，日間做各種體力勞動——整石頭、掃地和擦洗。晚間他會講課，學生們也會提出問題，許多問題都是關於即將開始的集體共修生活。

記得鈴木第一晚講課剛結束，鮑勃．哈爾本的手就高高舉起，他這幾年裡每年都從洛杉磯來參加桑港寺八月份的攝心，這次正好也來塔薩加拉幫忙。鮑勃總是一副優秀生的樣子，什麼事情都積極得不得了，要表現得最好，然後不時地辦點弄巧成拙的事。鈴木很疼愛他，他熱情誠摯，又這麼有趣。

鮑勃發問說，把塔薩加拉弄得跟日本的道場一樣，定太多的規矩，是否合適？比如說，眼下就有人不遵守作息時刻，不該去浴室的時候也去浴室，在裡面聊天嬉鬧。他這話有如一石激起千層浪，大家頓時譁然，有一本正經點頭的，有張大嘴巴瞪著他的。

「是啊是啊，規矩是挺重要的，」鈴木道，「要是已經有規矩了，你們當然該遵守，不過要是還沒有規矩，那也不必弄一個出來。」他沉吟片刻：「嗯……是呀……規矩嘛……挺好的……我們是要有一些規矩的。」他向周圍打量，然後眼睛一亮，看著房間角落：「啊，看到那把掃帚沒？有人把掃帚的頭往下放在地上，這樣對掃帚不合適，頭上的毛會弄彎的，掃起地來就不順手，也會縮短掃帚的使用壽命。應該把掃帚柄向下放地上。你們看，這就是個好規矩。」

那天晚上我也在場，我一直認為這是塔薩加拉定下的第一條規矩。

第二天晚上，鈴木在講課時說了有關洗浴的事。他說他很欣賞大家的年輕活力以及對自由的感覺，也很高興看到同學們能在泡澡的時候相處得這麼自在快樂。然而，他又說道，在禪宗道場裡，澡堂、禪堂和廁所是三大靜默場所，澡堂的氛圍應該和禪堂相似，而不該像在院子裡那樣，可以互相打招呼、喝茶喝咖啡和聊天。在道場裡，他繼續說，澡堂是僅次於禪堂的另一個坐禪的地方，因此在那裡最好能保持安靜，減少紛擾，另外男女同學也應該分開沐浴。當時塔薩加拉的情況是男女都脫光了共浴的，誰都沒對此覺得不自然或不應該，而鈴木開始叫停了。他說這裡有兩個池子，兩個大浴缸，大家完全可以在不影響現有時刻安排的情況下男女分開洗浴。

他講完後，大家提了許多問題。在日本不是男女一起在公共澡堂泡澡的嗎？分開洗浴是不是激起了美國清教徒式的恥感？鈴木說日本男女其實很少共浴的，而且日本人對身體沒有那麼執迷。他歎了口氣：再說你們又不是日本人，在這個問題上有什麼好糾纏的呢？「不管怎麼說，這樣做對我們最好，和美國日本、好啊壞的無關。這就是我們的規矩，就這麼做。」

大部分人都接受了，但也有不願意的。有兩對夫婦是禪修中心買下塔薩加拉之前就在這裡療養的，禪修中心說他們可以繼續待下去。可是後來他們離開了，男女不能共浴的規定是原因之一。

幾天後，一些男生在一天的辛苦勞作後去澡堂泡澡，一個個都安安靜靜地浸在池子裡。這時，鈴木進來了，衣服脫光了，越發顯得個頭小小的，身上簡直沒有毛。他按日本的習俗，拿的不是浴巾，而是用洗臉布大小的毛巾遮著私處，慢慢進到池子裡——他這一招全塔薩加拉上上下下所有的男人都沒勇氣學樣。鮑勃也在泡澡，看到老師來了，他愈發深沉地呼吸，弄得人人都聽得到他那深長的呼吸聲，他眼睛直視前方，表明他正按照老師的要求在澡堂靜坐呢。鈴木若無其事地貼著池邊溜到他身旁，問他：「哎，這水好熱啊，你覺得熱不熱？」鮑勃張口結舌。

如果我們彼此之間太緊密，那就沒意思了，我們就不能互相幫助了。所以我們需要一點距離。規矩就是在老師和弟子間給出距離。因為有了這個距離，學生就有自由的空間去做他想做的事，老師也就能看出該怎麼幫助學生。當你們玩遊戲的時候，如果人和人挨得緊緊的，根本就沒法玩。只有彼此之間離開一些距離，才玩得起來。

鈴木講過一個中國民間故事，是關於天堂和地獄的區別。地獄裡每個人的胳膊都很短，他們圍坐在擺放著精美食物的餐桌旁，拿著很長的筷子，想吃到美食，但筷子太長，胳膊太短，食物沒法塞進嘴裡。他們痛苦掙扎，極力想吃到食物，然而一切都是徒勞。天堂裡的人一樣是短胳膊，用長筷子，但每個人都用筷子夾住食物餵進對面人的嘴裡，大家過得很愉快。

鈴木說，地獄的人由貪婪和自私驅使，總想要得到更多，在困惑中無盡地重複自己惡劣的習氣。像這樣習氣深重的造物，迷失在惡習中已經太久，想要和中國天堂裡的那些人一樣，自自然然地善行，該如何開始呢？「首先，」他說，「我們必須在虛妄中開始修行。」方法是要有規矩，那便是從我們敬重的過來人那裡傳下的戒律。鈴木打比方說，那就好比將蛇逮進竹筒。他說，從他幼年起，他就經受著此類嚴格的調教，其中的艱辛努力超出大家的想像。

我現在想說的，是如何在修行中為心指出方向。對初行者而言，嚴格的戒律必不可少，有些規矩必須恪守。我們的目的並不在於僵硬的戒條。可是如果你想得到真正的自由，你必須要有力量，要有戒律，讓你從片面的二元觀念中解脫出來。所以我們的訓練從二元開始，也就是從規矩開始：明白什麼該做，什麼不該做。

鈴木的學生們一如既往地問他「為什麼」，鈴木說日本人們連「為什麼」這個問題都不會升起。他說他敬佩此地學生的率真與誠實，但也提醒大家，如果總是想這麼多，就根本無法開始修行。他還說，他沒有提出什麼不合理的要求，而且很多問題等過上一段時間，大家自己就能明白了。菲力浦說話了，他告訴大家在永平寺有這麼一句話：「最初的五年裡，不要說『不』。」鈴木也總是說：「只管去做！」

說到規矩，鈴木有的時候強調善意，有的時候強調嚴格。

我們修行時，應該忘掉一切，努力在日常生活中認清自己。所以我們要嚴格，要有嚴格的戒律。人

性是非常無賴狡詐的，要是沒有嚴格的戒律，我們只會東倒西歪。

當時的時代盛行反文化，我們信奉的真理是「做自己」，再加上點稀裡糊塗但又相當激情的愛啊自由啊。鈴木的學生裡很多人都乘著嬉皮之風來到禪修中心，他們程度不一地拒絕美國中部的道德規範，有的用「公民不服從」來抵抗政府威權，有的因服用迷幻藥而觸犯法律。他們掙脫了來自社會的部分枷鎖，尋求解脫。他們既是個人主義者，又是另類分子，桀驁不馴，要不是因為鈴木這個人，他們根本不可能聚在一起過這樣遵規守矩的日子。如今他們個個天不亮就起床，雙盤或單盤坐好，用莫名其妙的古代語言誦經，穿僧袍，不言不語地進餐，牛一樣地幹活，竭盡全力地過有規矩的生活，而這些規矩比他們當初一路造反擺脫的規矩嚴苛多了。

> 像這樣的規矩是非常必要的，因為在你開始修行之前，或者說在你意識到宗教生活的必要性之前，在你還沒有對某些神聖的東西產生真正敬愛之前，你是受縛於必然王國的，完全被外物操控。看到自己愛的東西，恨不得流連得越久越好，等厭倦了，立刻跑到另一處。你覺得這就是自由，但這不是自由，這不過是你為外物所役而已。根本不是自由！那樣的生活是物質主義的，也是膚淺的。

有的人比較容易適應規矩，還有的人卻更關心別的同學是不是遵守規矩，勝過關心自己。有的人想要少一點規矩，有的人想要更多點。一般來說，越是那些想要更多規矩的，守起規矩來越是痛苦。這兩派之間拔河般角力，一位曾經在某個嬉皮公社生活過一年的女生說，這就好比納粹和吉普賽人之戰。當然兩極之間也有很多中間派。所有這些人能最終相安無事，全憑鈴木的存在，他調節、指點及打掉個人的立足點。他指出的方向通常都是大家始料未及的，然後過不久他又會變一個方向，再次出乎眾人預料。他總是強調，最重要的是遵循規矩所蘊含的精神實質，而不是字面的教條。他說，每個人心底都清楚自己在做什麼，只有他們自己能決定自己是什麼樣子。

在有規矩的情況下，你應該設法違規，你應該時不時地違反規矩。這樣你就知道自己的毛病在哪兒了。

在早餐和工作時間之間，鈴木會在自己的房間裡召集一次早茶會，鈴木在早茶會上和資深學生以及工作人員見面。開會前大家都要一起在壁龕前磕大頭，然後學生向鈴木鞠躬，他也向他們回禮，每個人都問早安。接著大家在榻榻米上正坐坐好，鈴木的助理來上茶，於是眾人靜靜地喝茶吃點心。鈴木就開始說些話，他會說說早課誦經誦得如何、天氣怎樣等等，等他寒暄好了，其他人就自由發言了。大家討論道場每天的事務——吃什麼，時刻表上的調整，即將舉行的儀式，或者某個特別的問題。有時候會說到有人不經允許擅自離開道場了，有時候鈴木會講解一些寺廟的儀軌，比如進禪堂時的某些具體行為細節。對工作人員來說這是一天裡最興奮的時刻，因為他們有機會在這三十分鐘的時間裡和鈴木特別親近。

我負責夏季遊客期的廚房工作，所以基本上每次早茶會都得參加。有一天我起晚了，誤了坐禪和早課，連早餐都沒趕上。前一天晚上我和幾名遊客通宵痛飲，這會兒一身酒氣，模樣也狼狽不堪。這也不是我第一次睡過頭了。茶會上，一名工作人員惡狠狠地瞪著我，一等鈴木說完話，他就搶著大聲說道：「鈴木老師，您對某些人明目張膽違反道場規矩怎麼看？」顯然，誰都知道他說的「某些人」是誰。

鈴木啜了口茶，說：「唔——」他沉吟的時候總是發出這樣的聲音，接著他說：「每個人都盡自己的力了。這裡的修行是不容易。」

「是。可是，老師，這是明目張膽啊。一天到晚違反規矩，大家都看在眼裡了。」

「能看在眼裡的，比藏起來看不到的好啊。」

「是。可是我們難道不應該遵守規矩嗎？」

「當然應該，不過有時候你可能違反了規矩，但並沒有丟失規矩的精神啊。」

其他人都恭恭敬敬地聽著。我雙目觀鼻，偶爾面呈痛苦之狀，主要是因為宿醉頭痛，倒不是因為聽到的那些話。那位可憐的老兄沒有得到他想要的正義，不過他仍不甘心：「是。可是，老師，難道不能既遵守規矩，又不失規矩的精神嗎？」

「當然啦，」鈴木輕鬆地說，「那就再好不過了嘛。」

✻

「不殺」是一句死的戒律。

「打擾一下」（Excuse me）是現實中真正使用的戒律。

鈴木在講戒律，正講到第三條：

不邪淫（眾笑）。這一則說的是執迷，你們明不明白？極度地執迷。這條戒律特別強調不要對某一事物產生執迷，可不是說我們不要理睬異性啊。（眾人笑得更歡了）

總體來說，這些學生學禪後，性的問題不像以前那樣在生命中佔那麼重要的位置了。鈴木的策略是讓他們專注在修行上，塔薩加拉的時刻表如此緊張，學生們沒什麼時間和精力搞別的了。每晚十點鐘，火警值日生會出去巡視，一面打著入寢響板，大多數學生們一天下來筋疲力盡，早就睡了。不過總有一兩個遲遲不睡，或讀書，或溜去澡堂，或進廚房偷吃的，再或者，摸到別人的睡袋裡。

在城裡的時候，大家對性這個話題的興趣就濃厚得多了。有一名學生在來禪修中心前，曾度過了一年的自由愛時光。到禪修中心後不久，他決定禁欲，還刮了個光頭。他問鈴木：「想要徹底了悟，是不是必須要經歷性生活？」

「也許你不應該經歷太多的性生活吧，」鈴木說著，停頓了片刻，然後在一片哄笑聲中又加了一句：「不過也許你也不應該一點性生活都不過吧。」

又有一天，一名學生問道：「老師，我性欲很強。我越打坐它越是強。我想專心修行啊，所以我想要禁欲了。我是不是要這樣約束自己呢？」

「性就像刷牙，」鈴木回答，「刷牙是好事啊，可是成天刷牙就不對了。」

鈴木問大家還有什麼問題嗎？一位戴著許多珠串的女生舉手了：「鈴木老師，什麼是性？」

「一旦你說性，什麼都是性了。」

基本上鈴木避免和學生說性這個話題，他感覺到有些文化差異是他把握不住的。有的時候，當他熟知的修道生活與六〇年代的性開放迎頭撞上的時候，他會採取避而不談的態度。

有一回在他的宿舍裡，鈴木對我說：「既然你準備要剃度了，最好在五年裡不要有女朋友。」

「啊呀老師，我做不到啦，我此時此地就有個女朋友呢！您不知道啊？」

「那你別告訴我啊。」鈴木說著調轉了目光。

你覺得坐禪如何？你覺得糙米如何？我覺得這個問題很有意思。坐禪太苦了，糙米呢？我覺得還行。可實際上，它們沒什麼區別。

一切集體生活中常見的問題，塔薩加拉也不能倖免，比如關於該怎麼吃的紛爭，有倡議生機飲食的，有倡議什麼都吃，其中最強悍的是糙米派。糙米派深受日本長壽飲食的影響，對此無比心儀，這一日本素食運動當仁不讓地與禪的精義捆綁起來了，通常都冠以「禪味長壽飲食」的堂皇名號。有些來禪修中心的人以為糙米和豆製品是禪宗不可或缺的組成部分，也有一些人堅決認為兩者之間根本毫無關係。

對長壽飲食之爭，鈴木既不說是，也不說不，有一次被抵制派逼迫不過，他只說：「禪和長壽飲食之間有些地方是有重合。」不過總體而言，鈴木不喜歡在飲食上持強迫偏執的態度，「給我們什麼，就吃什麼。」長壽飲食運動讓人想起當年二戰時加藤弘造夫婦熱烈推行的糙米運動。不管怎樣，塔薩加拉吃掉了不少糙米，而且鈴木也希望塔薩加拉的飲食不要太浮誇，要多吃點穀物，不過他不願意把飲食和意識形態聯繫在一起。

可是，這樣的飲食結構的確為鈴木帶來了麻煩。他在塔薩加拉待上一陣，人就變得更加消瘦，有人說那是因為他吃這些食物有困難。鈴木一直都是吃白米飯的，他現在又裝著假牙，糙米飯和其它許多塔薩加拉的食物對他來說都很難嚼。艾德．布朗是廚房負責人，每當看到有什麼飯菜是鈴木嚼不動的，艾德都會為鈴木另外準備食物。可是鈴木想和大家吃一樣的東西。有一次鈴木的假牙碎了一顆，艾德給他上了軟爛的食物，鈴木說：「你不知道給我吃這搗爛的香蕉泥，讓我有多難受，我感覺自己沒用了。」

上一年夏天，禪修中心還未買下塔薩加拉，艾德就在那裡的廚房工作了，他從大廚那裡學了很多手藝，尤其是烤大麵包，簡直是塔薩加拉的招牌午餐食品。艾德會定期找鈴木彙報，談的內容包括食品安排、學生裡頭的拉幫結派、大家有什麼情緒問題，以及如何禪修等等。

有一回艾德垂頭喪氣地來見鈴木，說他要被這些人搞死了，個個都難弄，都要對做飯指手畫腳——放鹽，不許放鹽；加糖，不許加糖；要起司，不許要乳製品⋯⋯。有的人要是沒按他們的偏好來，就會罵他是想毒死大家嗎？鈴木對艾德說，他是管廚的領頭，他應該自己去決定。艾德纏著鈴木討主意，鈴木就說：「淘米的時候，就淘米；切菜的時候，就切菜；煮湯的時候，就煮湯。」

鈴木基本上吃素，他也堅持在塔薩加拉學生們不要吃肉和魚，不過離開道場環境，他並不提倡嚴格的食物限制。他太太在桑港寺會經常給他吃一點肉或魚。儘管在塔薩加拉大家都吃素，鈴木還是會提醒學生們，人只要活著就不得不殺生，不要因為不吃肉就自以為了不得，「你還是得殺植物啊。」有時候他會借一頓飯的機緣點出佛法不是為了獲得任何特殊感覺，尤其不是特殊的齋戒感覺。

鈴木整石頭的時候又把手指弄傷了，這次是壘牆基時壓傷的，手指腫脹發紫。鮑勃．哈爾本開車送他去卡梅爾醫院。開始的幾英里路，鮑勃努力坐得直直的，特意保持靜默，後來忍不住開口問起鈴木佛教和吃素到底有什麼關係，鈴木很快就睡著了。

手指的骨頭並沒有傷著，醫生從指甲處鑽了個小孔，放出淤血，包紮好，告訴鈴木記得把手舉高。路過卡梅爾的商業區時，鈴木說：「我們吃點東西吧，我餓了。」鮑勃開始找能吃到素餐的地方，「就這裡吃吧，」鈴木說，一面走進一家賣漢堡的小店，鮑勃囁囁嚅嚅：「可是，可是……」

鮑勃看了半天菜單，滿臉驚恐。

「你很久沒吃肉了吧？」鈴木問他。

「是的，老師。有兩年沒吃了。不吃任何動物的肉。不吃蛋奶。」

「很好，」鈴木說。店員過來招呼他們了，鈴木對鮑勃說：「你先點吧。」

「烤起司三明治。」鮑勃只能挑出這個了。

「請給我漢堡，」鈴木說，「加雙份肉。」

東西上來了，他們各自吃了一口，「味道怎麼樣？」鈴木問。

「還行。」

「我的不好吃，」鈴木說，「我們換。」鈴木拿過鮑勃的三明治，把自己的雙份肉漢堡推過去，「嗯，好吃，這個好吃。我喜歡烤起司。」

我們的修行不會把你帶到什麼更美妙的地方。就待在此地，和大家一起跟著時刻表，別太用勁，想要好得不得了，或想要對佛法懂得不得了。最重要的，是不要找感覺。不要找任何感覺。

保羅．迪斯可是塔薩加拉的建築工頭，這時候他正著手移動一間宿舍房。每逢有這樣的活動，整個道場都會鬧騰起來，人們都興奮不已，個個都非常起勁。這樣的時候學習時間也取消了，午餐也不正式了，大家也都不用換僧袍了。鈴木幹勁十足地親身投入工程。現場又是卡車，又是千斤頂，還有鏈子、繩子、滑輪、木板，還有個兩輪拖車。大家貢獻出無數的手和背，終於幹成了，氣氛熱烈無比。

鈴木和鮑勃都渾身是汗，興奮得很，精神昂揚，目視著宿舍房吱吱嘎嘎緩緩地移過拱橋。沒人比鈴木更開心更享受的了，他回頭對鮑勃說：「我喜歡勞動興奮劑，」他擦了把汗，「我討厭用食物找感覺，可是我喜歡用勞動找感覺。」

我和鈴木一起站在中央石階旁的大橡樹下。「她太認真了。」鈴木在我耳邊輕聲說，一邊悄悄地指指另一名學生。我一時不知道他的話該作何解，我希望他是在對我說那名女生，可是我心裡有種不自在的感覺，覺得其實他在對我說我。他是不是在說我成天嘻嘻哈哈，應該認真點才是？

鈴木總是拐著彎說話做事。他講課的時候也說了，如果他當著眾人的面罵某個人，請那個人不要介意，因為他有可能拿責罵此人來敲打其他還受不起這樣對待的人，「如果我拿棒子打你，是信任你，因為你是個好學生。有時候打的就是你，有時候打的其實是你旁邊的那個。」

有天晚上，吃過晚飯後，我不請自來地去了鈴木的宿舍，他接待了我。我是個從來不知道中庸節制的人，一時認真刻苦起來，像苦行僧，又一時胡天野地，混得不成樣。我一直有罪惡感。我跟鈴木說，我忍不住去廚房偷吃的，有時候晚上我偷偷溜進那裡，把遊客吃剩的甜食、喝剩的酒全倒到自己肚子裡。

鈴木狡黠地伸手摸桌子底下，從那兒摸出一袋東西遞給我：「來，吃點糖豆。」人要真正改變是多麼難，習氣如此深重固執，念頭和觀點讓我們上癮，虛妄的力量無比強大，對此鈴木有充分的理解和尊重。他總是說所謂守戒，就是要努力培養好的習氣，這樣就不會迷失，不會困惑，重要的是不要貪求太多。他說：「盡你最大的努力。」但他也要我們警惕，不要太過努力，說如果我們能在修行中放鬆，我們自然就會守住戒律。

坐禪也一樣。你要努力，但不能太努力。比起情緒來，念頭更容易對付，但對待兩者的方法是一樣的。「坐禪的時候，開著你的前門，也要開著後門。讓念頭自己來去，只要記住別留它們喝茶。」

一天，鈴木叫我用手推車運幾車土去他的花園，於是我從澡堂那頭一路過來，拖了一車又一車的土，在他的院子裡堆了座小山。我們倆遵照道場的規矩，幹活時安安靜靜的。中間我問了他一個關於禪的問題，他沒吭聲，只顧幹活。後來，收工的鈴聲響起，大家洗浴的時間到了，鈴木請我先喝點茶。我們坐在宿舍外面喝茶，這時他說話了：「你知道嗎？我不想教得太多。我連講課都不想講，我只想和大家一起坐禪、洗澡、吃簡單的飯菜，然後一起幹活。那樣就夠了。」

我大概像是一盞冒濃煙的煤氣燈（禪堂裡用煤氣燈點亮）。每當我開口講解什麼東西時，這盞煤氣燈就開始冒煙了。既然我非得講課，我就非得用對錯來說事：「這樣修行是對的，那樣是錯的，應該這樣坐禪。」這是在給你們食譜。其實是沒有用的。你又不能吃食譜。

道元說得沒錯，人都喜歡假的東西，不喜歡真的。

✻

塔薩加拉唯有這第一次閉關修行是在夏季，之後就按傳統每年各舉行兩次閉關修行，每次為期九十天，分別在初秋和深冬。第二次修行期從一九六八年二月開始，菲力浦是首座。這個冬天，鈴木染了重感冒，許多時間都是躺在桑港寺的床上養病。四月末的一天，鈴木和學生們一起遠足，去豪斯牧場野餐。野餐時我唱了自己新作的歌《我想做個菩薩寶寶》，鈴木隨著歌聲跳起舞來。那天真是快樂！然而到了晚上講課的時候，風雲突變。

塔薩加拉的生活很嚴酷，有一名學生對此反應激烈。他嫌太冷，僧袍下面穿了件羽絨服，腳上穿了羊毛襪，手上還戴了手套，宿舍裡藏了一大堆巧克力棒，聊以加餐。當晚，鈴木講完課後，這名學生問他關於苦行的問題。既然佛法是中道，那像我們現在這樣對自己如此嚴格不是走偏了嗎？我們非得學日本那一套嗎？我們多睡一會兒有什麼不對嗎？

「當你疲倦的時候，你的自我也會疲倦。」鈴木說，他也同意人不應該對自己過於嚴厲，但是無明如此之深，而且禪本來就是相當嚴酷的。那個渾身裹得厚厚的傢伙還不停地質疑鈴木的回答，終於鈴木火了。他一下子爆發了，沖著每一個人發火了：

「沒骨頭！沒骨頭的東西！你們全都是些沒骨頭的東西！就想要甜甜的藥丸！苦藥根本不想要！都沒骨頭！」

他從講臺上衝下來，一邊罵一邊用香板短棒打那名學生。可是那人身上穿的羽絨服太厚了，短棒打上去像在拍棉花，鈴木更氣了，繞著禪堂給每個人都來了幾棒，每個肩頭都挨了兩下棍子。回到坐墊上坐下後，鈴木的情緒仍很激動，他說：

「你們說想要真理。你們誰都不想要！要是我現在跟你們說真理，你們個個都會拔腿就走，就剩我一個在這裡坐著聽你們開車跑路！」

鈴木平復了一下，靜靜地坐了一會兒，他歎了口氣：「我理解你們。你們覺得痛苦是不好的，苦是不好的。你們覺得佛法之路是超越苦，然而苦沒有終止之時。我年輕的時候，人間的苦難我都受不了。但現在我不再那樣覺得了。現在我明白苦是無處可避的。現在，我明白苦是美麗的。你們應該吃更多的苦。」

他說的這些是如此難以理解，而度過那麼快樂的一個白日後，這個晚上又是如此的悲傷沮喪。我們都努力了這麼長時間，現在他說我們根本就不想要教法。第二天早晨吃過早餐後，鈴木語調柔和地道歉，說自己發了脾氣，不好。但他不收回自己說的那些話。

在日本，老師之間彼此並不相親相容，尤其是不同宗派的老師，更不歡迎對方來自己的廟裡講課。老師不想把自己學生的腦子搞亂，而且互相之間也有嫉妒之心。我也一樣。但這裡是美國，所以我們應該學會新的方式。

一九六八年夏天，美國禪宗的小圈子裡發生了一件大事，一群禪宗大師組隊來塔薩加拉大聚會了。

這些大師們風格各異，但山野的氣味如此芬芳，塔薩加拉的獨特魅力讓他們都受用了。學生們驚喜地得知，到來的八名大師中有中川宗淵老師和安谷白雲老師。中川在一九五九年去過桑港寺，拜訪過鈴木，曾情緒激動地腳踩「非禪宗」的書。這次他們帶來了千崎如幻的部分骨灰，準備撒在塔薩加拉。千崎一九五八年在洛杉磯去世。

這八名老師在教學中都使用公案，都批評鈴木的曹洞宗過於溫和遲鈍，說那是「瞌睡禪」，沒什麼用。不過這次為期三天的聚會仍然是佛教界普慶的盛事，並且在這一盛舉中確認了千崎如幻在美國佛教傳播史上開創人的宗師地位，也為鈴木剛剛起步的道場正名開光。中川的弟子嶼野榮道來自紐約禪學研究會，他慷慨地稱塔薩加拉是美國禪宗的中心所在。

塔薩加拉的有些學生過去曾跟隨過其中的一位或幾位老師，有的現在還仍在跟著他們學習。安谷白雲在過去的六年裡，每年都從日本來美國主持攝心，他是個鬥志昂揚的人，動不動就用棒子，講課時大呼小叫，說的話是這樣的：「你浪費個什麼時間？去死！去死吧！要是還沒死就別離開禪堂！」

鈴木帶貴客們參觀澡堂、蒸汽房，又帶他們去了小溪石壩後面的溫泉池。他們在暖爐室聚談，寫書法，交流彼此的藝術創作。

大家在禪堂也發表了講話。講臺在禪堂的一端，橫跨了整個禪堂，上面站滿了來訪的大師，鈴木、弘文和理查也在其中。安谷白雲年事已高，眼窩深陷，彎腰曲背，但說話直率犀利，他罵曹洞宗放棄公案教學。他又說日本的寺廟體制是綁在禪宗脖子上的巨石，要了禪宗的命，只有回歸中國古代禪宗的本質才能有救。關於這一點，大家都一致贊成。

中川做了個充滿活力的演講，從頭到尾在講臺上昂首闊步地來回走。他們講了又講，沒人嫌時間長，聽都聽不夠呢。到了問答時間，我提的問題是對美國來說，最好的佛教形式是怎樣的？他們一一回答，先是安谷、中川（前角為他倆做的翻譯），接著是嶼野，然後輪到鈴木：「我沒什麼要說的。」他起身從側門離開了。大家都歡呼起來，演講結束。

當晚，鈴木講了話，他說安谷和中川的到來，如同為他畫了許多年的龍做了點睛之筆。「我從他們那裡學到了很多。以前，我聽到臨濟宗這三個字，心裡就有些不自在。那是因為我覺得和臨濟宗是有隔閡的。現在，我聽到這幾個字，感到的是圓滿。」（安谷屬於曹洞宗，但他卻和臨濟宗一樣用公案教學。）

在全體學生都參加的儀式上，鈴木從中川手裡接過了千崎的部分骨灰，放在塔薩加拉的佛龕裡。那天早上，天上下了這個夏天唯一的一場雨，雨後，人們走出禪堂，晨曦中一道雙彩虹躍入眼簾。兩週後，鈴木、弘文和一些學生來到拱橋上，將千崎的骨灰撒在風中。

大師來訪的最後一日，所有的人共同坐禪。這次由鮑勃執掌香板，巡視禪堂。他不時地發出低沉的武士式的吼聲，讓自己的兩位舊日恩師——前角和安谷——看看，他可沒有被曹洞宗的「瞌睡禪」搞得有氣無力。一名學生打瞌睡了，鮑勃停在她跟前，舉起寬寬的棒子放在她肩頭，兩邊各來了一下，然後他們互相鞠躬，鮑勃繼續巡視。沿著鋪了深紅色氈布的走道走近講臺，鮑勃抬起眼皮瞄一瞄眾位老師，煤氣燈下，各位具有歷史意義的傳法大師們都在：鈴木、安谷、中川、嶼野、前角、艾特肯[1]、理查和弘文，一個個都腦袋一點一點，睡著了。

1 原注：羅伯特．貝克．艾特肯，美國禪師，在夏威夷傳法。

第十六章

城裡 一九六八－一九六九

如果你想成為圓形，你必須先成為正方形。

舊金山城裡一如既往地生氣勃勃。鈴木的學生還是那麼活躍，終日在桑港寺進進出出，禪堂裡、廚房裡、辦公室裡，他們無處不在。伊雯．蘭德是禪修中心的全職祕書，和片桐共用一間辦公室。伊雯曾是史丹佛大學研究生，她幾年前在一次編織班上遇見佛吉尼亞．貝克，很快就和貝克夫婦成了至交好友。在為禪修中心工作前，她在一家私校當數學老師。她三十多歲，已婚，有兩個孩子，熱愛植物、動物，天性樂於助人，行事明快爽利。她是鈴木說的所謂「再來人」——在他們來學習的那天前，已經學習了很多時候了。伊雯一見到鈴木，就寧願拿著菲薄的工資做祕書工作，僅僅是因為可以貼近鈴木。伊雯到來的時候正是新道場籌備之時，人心振奮，她也迅速成為了董事會的成員。

理查通常會先去辦公室，和大家開開玩笑，從伊雯那裡更新最新資訊，然後就去塔薩加拉。克勞德則負責照管街對面的五處出租公寓，坐禪的學生通常會在那裡集體食宿。不斷有新來的人通過各種管道找到桑港寺，多半都是些二十出頭的年輕人，前來學禪。在這樣的情形下，坐禪學生和桑港寺廟眾間的裂痕越來越大，廟眾們已經忍無可忍了。

你們在這個嬉皮時代下的生活形式各不相同，佛教徒也是如此形態各異。也許這就是為何你們會喜歡佛教吧。不過如果你們成為了佛教徒，你們的生活會發生更大的變化——你們會成為超級嬉皮，不是個尋常的嬉皮。也許你的生活方式像個佛教徒，不過這是不夠的。如果你既能嚴格地修行，又不放過修行上的缺陷，那麼最終你就能很好地修行了。你會越來越理解禪師們到底在說什麼，你會懂得他們的生命。

桑港寺的禪堂和舊金山街頭一樣，出現了很多嬉皮，各種各樣的年輕人。對他們中的大部分人而言，禪修中心的生活太正規，紀律性太強。另外對於義理字面上的紛爭很多，到處都有對「什麼是靈性」「什麼是禪」的討論，「禪」這個字眼好像熠熠生輝，哪裡都要用一下子，「這個好禪啊！」想用在哪裡就用在哪裡。一家專寫迷幻劑的期刊《舊金山神諭報》複印了禪修中心的《心經》誦讀卡，在上頭疊印了大幅的裸體美女圖，「禪」成了「最酷」的代名詞。針對這一切臆想，禪修中心不啻為一劑解毒良藥，用坐禪的安靜、靜默和警覺來解毒，外加軍隊風格的集體誦經，剛健清新，還有高度紀律性的氛圍，乾淨整潔的環境，老生們剪短的頭髮，低調的著裝。

「哇塞，你們這些人還真是一本正經。」一名年輕的大學輟學學生說，他頭髮長長的，身上的衣服色澤豔麗，渾身散發著廣藿香精油的味道，「真正的禪在街頭，跳舞，讓自己嗨起來。我說，你們的那個老師肯定沒開悟。他刮光頭嘛，說明他還在思維心裡，他得起念『我該刮我的頭了』，說明他的心沒在清明的光裡嘛。」

有一名學生發起活動，在海特阿什伯利區搞了個禪堂。他帶片桐去了他們在「史翠特戲院」的聚會，片桐也算是對嬉皮見怪不怪了，這次卻是大開了眼界。他回來對鈴木說，那些人無論如何都培養不出習禪所必需的基本自律。

從一九六五年起，學生們就在鈴木和片桐的耳邊不停地嘮叨迷幻藥。他們兩個人中，鈴木更願意認真傾聽。許多學生都告訴他，他們之所以對佛教產生了興趣，都是因為在過去幾年裡有過嗑藥經歷，喚醒了他們的感覺。鈴木也知道理查．貝克曾在加州大學舊金山分校組織過第一屆全美ＬＳＤ會議。那位組織海特阿什伯利區禪堂的學生鼓動鈴木試試ＬＳＤ，最後鈴木從他手裡拿了一丸，當時ＬＳＤ還沒有被列為非法。一週後，鈴木還是把藥丸沖下了馬桶。一名當地最大的地下報紙的記者在塔薩加拉採訪了鈴木，和鈴木交流了五分鐘關於ＬＳＤ的看法，最後記者放棄了想要確認鈴木對此持何立場的念頭。他說從鈴木的談話裡他只能確定一點，就是ＬＳＤ和什麼都沒有關係。

一位史丹佛大學的教授對鈴木說，很多大學生都吸大麻、嗑ＬＳＤ，也許他們這樣嘗試體驗生命並沒什麼不好，不過太影響學習了，對此鈴木有什麼辦法？「哦，沒什麼特別的辦法，」鈴木說，「我就教他們怎麼坐禪，很快他們就忘了嗑藥的事了。」

有時候鈴木會提到，他不喜歡人在嗨的狀態下進寺院。在一次為一對有嗑藥經歷的夫婦主持婚禮的過程中，鈴木說：「我們的修行之道不是為了尋找深度體驗。我們按我們本來的樣子接受自己。我們不嗑藥，嗑藥是很膚淺的。」不過總體來說，鈴木對嗑藥、喝酒都沒有特別的關注，他關心的是學生中更為危險的執迷。當他解說戒律時，說到不飲酒不用毒品時，他的解釋頗為驚人：「這表示不要給人開藥方，不要吹噓佛法教誨的殊勝。不光是酒，靈性教法也是有毒的。」

艾倫．金斯堡是公認的垮掉一代的桂冠詩人，也是嬉皮運動的英雄。他早些年在「研究會」認識了鈴木，彼此在日本城裡也見過幾面，後來又在理查主辦的一次柏克萊詩會上碰見過。一九六三年，金斯堡去了亞洲，進行了一場算得上豪華的旅行，研究了印度教和佛教。他也去了京都魯斯．富勒．佐佐木的寺院，還和他的老哥們蓋瑞．史奈德一起在大德寺跟隨小田雪窟老師坐禪，學習了六個星期。首次坐禪的經歷讓金斯堡很是喜歡，他有點埋怨史耐德，當初他和克魯亞克到史奈德位於馬林郡的馬場隱修屋玩，當時史奈德為什麼沒有讓他們早點接觸坐禪呢？馬場隱修屋可是西方最早的禪堂之一啊。一九六三年秋，金斯堡回到美國後，在桑港寺坐過幾次禪，對他來說，桑港寺的環境嚴肅了點，他喜歡敲著鐃鈸隨性誦經，打坐的時候唱誦印度教咒語，不過對禪修中心的修行他還是很理解讚賞，不時地會推薦人們去那裡。

一九六七年一月十四日，金斯堡和鈴木又見面了。這次是鈴木被學生們拉著去金門公園參加在那裡舉行的「人類一家」嬉皮大聚會，數十萬名嬉皮、遊客和觀眾齊聚一堂，跳舞，嗨，享受著陽光。歐古桑一如既往地阻止鈴木出去，說他應該多休息。可是那個週日下午好不容易有空，學生們又求鈴木一起去，他就去了。鈴木被迎上主席臺，和金斯堡、提摩西．利裡、蓋瑞．史奈德、詩人邁克爾．麥克盧爾等人坐在一起。一個年輕女子給了他一個「上帝之眼」——一種據說是源自美國印第安文化的六角形多彩圖騰，刻畫在木棍上。鈴木拿了一會兒「上帝之眼」，又把它傳給了別人，然後有人向他獻花。他拿著花坐在那裡，和花童們一起，聽著音樂，聽著他們那理想主義的談話，樂在其中。後來歐斯利[1]來了，他是「明光之藥」的生產者。又坐了一會兒，鈴木告辭，學生們送他回家。蓋瑞．史奈德對金斯堡說，鈴木能來，意義非常重大，是對這一年輕人活動的一種承認，承認其中不是只有享樂主義，不是一味的膚淺愚蠢。

一九六八年春天，金斯堡又一次來到桑港寺，請求鈴木允許他使用鈴木版的《心經》翻譯，他想譜上曲唱給大家聽。「我看了各種版本的翻譯，」金斯堡說，「您的譯本最讓我有感覺，簡潔到極致。」他說這樣的風格是「電報風格」。金斯堡給鈴木看桑港寺的坐禪學生用來誦經的《心經》卡，卡片上有羅馬字母注音、有漢字，還在漢字下面注上了基本的英文意思，學生們用日語漢字發音誦經。鈴木注英文的時候從來沒想過讓人用英文來誦經，他壓根都沒覺得自己的注解也算是翻譯。而金斯堡記卻住了那些英文，還給它配上了曲調。他唱給鈴木聽，問鈴木可不可以公開演唱。「當然可以，」鈴木熱情地說，

1 釋注：被奉為「LSD之王」，曾研製並生產LSD藥。

「儘管做吧。你的精神很對。」

有一位新來的學生，非常積極，他對鈴木說想搬進桑港寺來住，好和鈴木更加親近。「沒問題啊，」鈴木說，「不過會引起其他同學的嫉妒的。不如你每天早晨坐禪前早點過來，我們一起打掃如何？」

第二天一大早，四點十五分，那名學生就來和鈴木一起打掃衛生了，他們一起清掃了禪堂、大廳和洗手間，吸塵、拖地、擦洗，直到四點四十五分，同學們陸陸續續地來坐禪了。

一天早晨，他們打掃到一半的時候，鈴木說去一下洗手間。突然，樓裡響起了重重的敲擊聲，還有人用日語大喊大叫。鈴木正在辦公室旁的衛生間裡刷嘴裡所剩無幾的幾顆牙，聽到動靜後跑到樓梯口看發生了什麼事。敲打聲和吵鬧聲越來越響，鈴木和學生到處尋找聲音的源頭，最後他們打開了地下室的門。

原來是歐古桑，她火冒三丈，衝著鈴木叫嚷，她一晚上都被鎖在地下室裡。昨天晚上是婦女聚會活動的日子，結束後歐古桑去地下室洗澡了，其他人在最後走之前把各處門都鎖上了。歐古桑洗澡的時候鈴木在床上讀書，結果他睡著了，沒注意歐古桑並沒有回房間。他晚上還照常起夜了，竟然仍沒發現歐古桑不在自己的床上，她的拖鞋也沒放在房門口。現在，怒火沖天的歐古桑對著他像機關槍一樣連喊帶罵。

鈴木弄明白眼前發生的事情後哈哈大笑，笑得嘴裡的牙膏泡沫都噴出來流到衣服上。那位新生趕緊溜走了。

思維的世界是我們尋常二元的心。
純粹意識或覺知的世界是佛的心。
思維世界的現象由我們的心不停地去命名，去標識。覺知的世界沒有標籤或名相，只有映照。因此純粹意識的世界包含了思維世界的對立二元。

艾倫·瓦茨、理查·德馬蒂諾和埃裡希·佛洛姆等人都寫過書，探討有關禪與心理分析學的關係，一些心理學家和精神科醫生也對坐禪等冥想形式產生了興趣。這些會對他們的病人有幫助嗎？有怎樣的幫助？通過這些，他們自己又會對意識產生什麼更深入的瞭解呢？蘭利波特精神病研究所的喬·卡米亞博士在冥想者的身上做測試，在他們冥想時將感應器貼在他們的頭部，觀察腦波產生了怎樣的變化，禪修中心的不少學生都被測試過。一些學生的阿爾法電波變長，間或出現西塔電波，指出平靜的心理狀態。理查·貝克和他的朋友，伊薩蘭學院的邁克·墨菲出現西塔電波的時間更為長久，這是瑜伽行者和禪師禪修時的典型特徵。鈴木和片桐也被綁上電線進行測試，然而兩個人都立刻睡著了。

鈴木遇到過一些心理分析師，他對西方心理學和心理治療因此有所瞭解，對其中的某些方面很尊重，不過他說自己並不真的懂，也不會把它們和禪做比較。他明確指出佛法不是用來自我完善的手段，不過他也用身、心、意志等詞來說事，表達出他獨有的佛教心理學和分析學。

習禪的方法是永遠對自己有覺知，要警覺，要真摯。覺知表示無論你讀任何東西時，哪怕是禪法，心都不要被名相困住，心要一直開放。同樣的，對於所見所聞，不要讓你的心失去自我覺察，沉迷其中。換句話說，永遠對你在做什麼、到底在發生什麼保持有意識。

亞瑟・戴克曼是一位精神科醫生和研究者，他在五〇年代早期開始自己在樹林裡每天冥想，然後他經歷了一次體驗，改變了他對生命的看法。這次體驗引發了之後多年的用冥想進行治療的臨床實驗，結果讓他頗為驚奇。受測對象都是大學生，他讓他們打坐，盯著一個藍色的花瓶，許多實驗對象在僅僅十五分鐘後就感覺到意識發生了驚人的變化。戴克曼很好奇：要是有人持續一生都做這樣的事情，那他們的意識會變成怎樣呢？他想要找一名真正的冥想老師，他在東海岸的同事跟他提到了鈴木俊隆，於是他來到舊金山。

戴克曼隨身帶了答錄機，不過鈴木不許他用。他告訴鈴木自己的研究，說想要更加瞭解意識。鈴木就跟他說，他應該先去洛杉磯找安谷白雲，進行一次攝心。戴克曼也搞不明白什麼是攝心，就這樣去了，幾週後他回來了。他不知道鈴木把他弄到那裡去，是因為時間湊巧呢還是故意使壞，將他扔給一頭雄獅以考驗他的誠意。不管怎樣，他經歷了神奇的體驗，體驗到什麼是警醒狀態。有那麼一刻，他的頭似乎完全消失了。晚上，他被巨響驚醒，那聲音像是大木塊在互相撞擊，可實際上那只是他同屋的人睡夢中輕輕地吧嗒嘴唇而已。跟著安谷老師自然要參公案，雖然參公案讓戴克曼覺得很震撼，他卻還是想跟著鈴木學習。「我想到達他所在的地方，」他對他太太艾塔說，「那是清醒之地。」夏天的時候，他們去了塔薩加拉，一開始他們還擔心自己活潑好動的小女兒會待不住，結果卻一點問題都沒有。他們甚至把女兒帶去聽鈴木講課，孩子很快安靜下來，睡著了，艾塔驚奇不已。

有時候鈴木講課時的某些話，似乎是特意對戴克曼講的，特別針對他的困惑，但對戴克曼來說，更重要的不是鈴木說了些什麼，而是鈴木顯現出來的整個態度，他對世界的感受，他如同透明一般的坦誠。

戴克曼在禪修中心待了一段時日後，所見所聞讓他明白鈴木不會對任何坐禪時發生的心智的特別狀態感興趣。有一次講課後，一位剛剛完成了三十天大閉關的學生問鈴木，怎樣才能保持他曾獲得的心智狀態。

「專注在你的呼吸上，這樣你很快就會失去這些狀態了。」鈴木說。

還有一次講課時，鈴木說：「如果你對坐禪感到不滿，說明你有獲取的念頭。」後來戴克曼對鈴木說，他體驗到更清楚、更清晰的狀態，他知道那是更真實的本質，他無法確切形容，但他覺得他瞥見了「禪」。鈴木說：「也許吧。」可是一段時間後，戴克曼又垂頭喪氣，他體驗了巔峰狀態，可是它們又消失了。這有什麼用呢？

鈴木哈哈大笑：「這就對了嘛，一點用都沒有。所有的狀態都有來有去，但是如果你繼續下去，你會發現這一切之下的東西。」

「你不能得到它，因為一旦要得到，它就沒了。」戴克曼說。

「正是如此。」鈴木回答。

戴克曼不斷來西海岸見鈴木。像大多數來找鈴木的人那樣，起初來的時候心有所求，而之後吸引他們留下來的，卻不再是因為最初的目的。他想起當初第一次和鈴木見面，他說他想更加瞭解意識，鈴木說：「我對意識一無所知。我只是想教我的學生學會怎樣聆聽鳥鳴。」

真正的禪的體驗不是什麼狂喜，也不是什麼心智的神祕狀態，而是一種深沉的歡欣，這樣的歡欣甚至超越了歡欣。也許你精神的某些變化會讓你有些真實的體驗，但是精神的變化嚴格來講並不是開悟。開悟不止這些，開悟會帶來這些，但遠不止這些。我們能體驗到的是歡欣和神祕，但它後頭還有東西。那後頭的東西，除去一切體驗之後的，才是真正的開悟。所以我們不應該認為開悟僅是意識上能體驗到的那些。

戰爭一直都會有，但我們必須一直努力反對它。

一九六八年夏末的一天，鈴木老師和我一起坐在加州大學柏克萊分校的學生會門前，吃著熱狗。我們眼前展現的是一幅多姿多彩的街景：各個種族的學生，積極上進的好學生、嬉皮、教師、白領男女、又唱又跳的印度教克裡希納教派的人，形形色色的人，有背包客，有公事包客，西裝革履的，穿紗籠的，許多留長髮的。鈴木在破衣爛衫、行為激進的年輕人堆裡顯得非常安閒合適，人們路過他身邊時都對他很友好。他的棕袍衣袖寬大，這身僧袍在他身上立刻讓他顯得是年輕人的同盟，而不是既定體制的同謀。走過他身旁的人會向他微笑，點頭，有的還會鞠躬。

那天天還沒亮，我就開車送鈴木去柏克萊禪堂，他在那裡參加了早作息，還講了課。現在柏克萊這邊是梅爾．魏茨曼負責，他也住在那裡。我們一起坐著聊天直到上午，然後鈴木要我送他去電報街逛逛書店，隨便走走。

有人在發放科學教派的傳單，還有反越戰的宣傳。遠處傳來高音喇叭的聲音，正越來越近，喇叭架在麵包車頂，他們在大聲疾呼「行動起來，推翻種族主義、帝國主義、好戰分子的美國政府。」

「老師，您怎麼想？」我問，「這路上的大部分人根本連注意都沒注意到。看看您到了個怎樣的國家！」

鈴木只顧嚼著熱狗，不置可否。

我告訴鈴木，我認識的每個人幾乎都在想辦法逃避兵役，有的人還偽裝成同性戀或瘋子。鈴木的學生裡有好多人也逃兵役，像理查和我都動用了各自的門路逃了兵役。

「老師，我聽說您在日本的時候是反戰的，是嗎？」我問他。

「是啊，從某個方面說是的，不過我也做不了什麼。我們試圖從根源上看待這個問題。」

「很多和尚反戰嗎？」

「不多。可是等到戰後，他們一下子全反戰了。」

「為什麼會那樣？」

「日本當時中邪了，大家被奇奇怪怪的觀念洗腦了。很多困惑。」

「那您怎麼沒被洗腦？他們又為什麼沒抓您？」

「我沒有反對政府啊。我只是表達我的觀點，比如如果和平的話，國家和政府都會更強大。我鼓勵其他人去反思未經審視的論斷。」

「我聽說您印製了宣傳品的。」

「是，不過那是在戰前，而且你要是看到我寫的那些，你根本不會懂的。都很隱晦。我們那裡的情形和美國這裡不一樣。」他歎了口氣，「很難說清楚。你得瞭解所有那些複雜的背景才行。」

一些習禪的學生以道德或宗教原因拒服兵役，有些人以在塔薩加拉的消防部門工作為理由。於是某一天，兩名ＦＢＩ的特工出現在桑港寺，詢問了鈴木。一般貴格教派或其他奉行和平主義的基督教派會很明確地表達對戰爭與和平的看法，但鈴木並沒有給出黑白分明的觀點，他只說佛教提倡的是寬容，而不是衝突，佛教徒基本上是和平主義者，僧人最好不要當士兵。

諷刺的是，在日本，佛教從來就沒有和平主義過，戰爭時期所有的佛教徒都支援了軍國政府。FBI的人問鈴木對越戰的看法，他的回答似乎不切主題：「哦，是啊，我兒子也在越南。他在美軍裡是理髮師兼機修工。他參軍了。我妻子很擔心他，可我認為他應該出去闖闖。」他還給FBI的人看了乙宥剛剛寄來的信。最終，特工們不再試圖弄明白他的立場。禪修中心繼續為拒服兵役者提供支援，收留他們。

對大多數的事物，鈴木都不會表達出固定觀點，如果學生的立場過於簡單片面，鈴木也不會贊同，尤其反對他們在這樣的情況下把佛法攪進來說事。他鼓勵個人對自己的行為負責，不要拿善行當藉口，當成修行的替代品，逃避面對自己。經歷過日本曾經的情形，鈴木反對曲解佛法，用佛法來為自己的貪欲、嗔心和妄念做開脫；同樣，他也反對動不動援引佛法，作為神聖正確的證明。如果學生對自己的動機清楚明晰，他就會支持。

「老師，我認為修行就是要去助人，對嗎？」一次講課後，一名女生問道：「有那麼多的人需要幫助，有那麼多的事要去做。我沒多少時間來塔薩加拉坐禪。」

「幫助別人是很難的一件事，」鈴木回答，「很多時候你以為在幫助他們，實際卻在傷害他們。」

鈴木感興趣的是要人們建立一種生活之道，那樣的人生會產生和平。鈴木關注的是要根治產生戰爭的根源，而不是治標不治本。當他說到業力時，他說：

你們也許愚蠢地想要無視業力，但這是沒用的，你們如果對抗得太激烈，也許會招來比戰爭更糟糕的毀滅。實際上戰爭源於我們每日的日常行為。你們憤怒地保衛和平，可實際上在你們那憤怒的態度裡，戰爭已經產生了。啊！這就是戰爭！我們應該知道。我們應該睜開我們的法眼，應該在一起互相幫助，永遠互相幫助。

在五〇年代初，鈴木曾跟自己的小鄰居山村說他渴望到美國，教導人們什麼是和平，什麼是國際主義。不過後來他發現自己的這些美國學生已經很有政治意識了，其中的一些人還是政治活動的積極分子，而鈴木本人也明確地支持和平運動。

一九六〇年，鈴木的學生巴頓．斯通決定加入一場為期一年的和平行進，準備從舊金山一直行進到莫斯科，鈴木對此給予積極的支持。一九六四年，在接到巴頓的來信後，鈴木曾兩次去看望他，當時巴頓因參加阻止太平洋核子試驗活動而被投入監獄，判刑一年，鈴木是去獄中探望他的。巴頓出獄後，來桑港寺找鈴木，歐古桑給巴頓看了一份來自日本的報紙剪報，上面刊登了一幀照片，鈴木和其他一些和尚正在遊行行列中，遊行隊伍聲勢浩大，舉著標語旗幟。歐古桑說這是個反對在太平洋進行核子試驗的遊行。

一九六八年秋，鈴木和理查．貝克以及其他一些禪修中心的學生一起參加了反戰大遊行，從市場街一路走下來。當天遊行之前的幾個鐘頭，鈴木和學生們一直在交流，彼此都動了感情，也許鈴木是因此決定跟他們一起上街遊行的吧。

鈴木從塔薩加拉回城裡後，來桑港寺聽他週六講座的人更多了，城裡的人都想念他了。有一名學生叫約翰・斯泰納，已經和鈴木學習了兩年，經常坐在草席上最靠前排的位置。從兩年前起，約翰就開始參加柏克萊分校的反戰活動了，那天他和許多一起來聽講座的學生一樣，準備講座結束後就去遊行。大家的心裡都思潮湧動——生和死，和平與恐怖，無助和希望。

鈴木講好課後，問大家有什麼問題。

一名女子問：「什麼是戰爭？」

鈴木指著他們坐的草席，每一塊草席都三英尺寬六英尺長，足夠放下兩個坐墊。鈴木說，有的時候草席會不平整，中間拱起一道，大家坐下後會用手將拱起的地方往旁邊推，如果推的方向是往草席的邊上，那沒什麼問題，可很多時候不平處是在兩個座位之間，你會往另一個人的位置那推。不知不覺地，大家互相把不平整處推來推去。「這就是戰爭的根源。業力起於微末之處，然後滾雪球般擴大。你必須明白如何對待這些微末之處。」

後排的一個傢伙開口了，聲音裡滿是不耐煩：「外面正在打仗，我們卻在這裡嘰歪，算是怎麼回事？」

鈴木一下子沒聽明白他在講什麼，約翰重複了那人的問題，說得清晰緩慢：「他說：『老師，外面在打仗，我們怎麼還能在這裡坐著談話呢？』」鈴木微笑了，約翰也笑了。

突然，有如撲向獵物的貓，鈴木從講臺上一躍而起，一瞬間已站在約翰的身後，手中的香板放在他的肩頭，大聲喝道：「合十！」鈴木不停地敲打約翰，罵道：「你這蠢貨！蠢貨！你是在浪費時間！」他一直打約翰，直到約翰向前撲倒在地上。「夢遊！都在做夢！你們都在做什麼夢？」

鈴木回到座位上，面對一屋子瞠目結舌的人，其中大多數人從來就沒聽到過鈴木高聲大氣地說話。鈴木原本黝黑的臉變得煞白，他用勉強能聽到的聲音說：「我沒有生氣。」誰也不信。他平了平氣息，繼續說道：「你們連自己的鞋帶都繫不好，怎麼能指望自己對這個世界做什麼事？」

講座結束後大家都安安靜靜的。鮑勃・哈爾本走到約翰跟前說：「老師要你『合十』，他打你的時候你沒合十。」

在禪宗裡，被棒子敲打不是懲罰，是一種特殊的交流方式，而規矩是當學生受到棒打的時候，要合十鞠躬。合十表示尊重，將肩頭、棒子和雙手連在一起，讓受打之人處在最合適的身心位置。這次約翰太吃驚了，儘管鈴木叫他合十，他也來不及反應，什麼都沒做。

約翰來到鈴木的辦公室，向老師道歉，自己忘了合十。鈴木也語氣分外柔和地向約翰道歉，自己如此粗暴。約翰不期望老師來做出解釋，不管鈴木對他做什麼，他都知道那是為了讓他覺悟，他會從那個層面去理解老師做的一切。

「我這麼做是因為……」鈴木的聲音開始哽咽，「是因為我想起了自己在日本經歷的戰爭時期。那種無可奈何的沮喪，又嘗到了。」約翰看見了老師眼中的痛苦。鈴木抬起手來放在約翰的肩頭，他很少做這樣的動作。透過寬大的衣袖，約翰看到鈴木的胳膊瘦得可憐，鬆弛的肌肉掛在嶙峋的骨架上。鈴木的衰老和虛弱讓約翰震驚，他深深地感到了老師的慈悲，和痛苦。

釋迦牟尼佛生前給出的教法，是針對每個弟子不同的根器以及每個時刻不同的因緣而說的。病症不同，藥方也不同。因緣如此紛繁，佛陀當時的教法應該遠遠超過所留傳下來的那些。如此說來，我們又怎麼能解釋並總結出一種核心教法，讓它傳下去，以期適用於每一個人、每一次因緣？

鈴木來美國後的最初六年，他和主要學生們都反對將講課內容錄音；他所說的都是應一時之機的，針對某些在場的人。他並不是要整出一套教法，而是一天又一天，在一個又一個具體的情境裡帶著眾人。然而，到了一九六五年，瑪麗安．德比開始跟著鈴木學習，她在得到鈴木的同意後，用老式的開盤式答錄機錄下鈴木在洛斯阿爾托斯的講座。同樣，在得到鈴木許可的情況下，她將錄音轉成文字，並且向同學公開。之後不久，舊金山這裡也學樣照做了。

一九六六年夏天，瑪麗安的父母來看望她，他們想要接觸那個叫做鈴木的禪師，看看這個被女兒迎進家門，並且對他們的外孫女們都產生影響的人到底靠不靠譜。他們和鈴木見了面，相處得很愉快。為了更多地瞭解鈴木，瑪麗安的父親開車送他回舊金山，路上瑪麗安的父親問鈴木的人生抱負是什麼？鈴木說：「我想出一本書。」瑪麗安從父親那裡知道了這句話，她很認真，問鈴木她是不是可以把他早課裡講的話集結成一本書。鈴木熱情高漲，於是每週四早上，其他人離開洛斯阿爾托斯禪堂後，瑪麗安就給鈴木讀她整理的錄音文字。瑪麗安喜歡看到鈴木盤腿坐在她家沙發上的樣子，沙發背後的壁爐裡燃著劈啪作響的爐火，鈴木的僧袍下端捲進盤起的雙腿下面，靜謐的室內飄蕩著咖啡和肉桂的香氣。

學習佛法的目的不是為了瞭解佛法，而是為了瞭解我們自己。因此我們才有教法。但教法並不是我們自身，而是對我們自身的解釋。學習教法是為了瞭解你自己。這就是為什麼我們不應該對教法執迷，對老師執迷。一旦你遇見了一位老師，就是你離開那位老師的時候，你應該獨立。你需要一位老師，這樣你就可以獨立。所以你們是在研究自身。你需要一位老師，為的是瞭解你自己，不是為了那個老師。

「我有這麼說過？」鈴木經常如此反應。

瑪麗安對鈴木說理查反對她來編輯這本書，他覺得她剛來學習不久，還不夠格。鈴木建議瑪麗安將整理好的稿子給理查，讓他來編輯。一九六七年三月，瑪麗安把整理出來的完整錄音稿交給了理查，她還擬了書名，叫《初心》。讓瑪麗安喪氣的是，理查隔了整整幾個月才有空看她的稿子。直到秋天，理查才看了文稿，確定這是很好的成書素材，不過還需要很多工作。瑪麗安放棄了這一項目，而理查自己太忙，他就找了另一位有過編輯經驗的學生彼得．史奈德。可是彼得是塔薩加拉的主管，根本無暇顧及其他，因此拒絕了編書工作。

一九六八年春，理查將文稿交給了他的好朋友楚迪．迪克森，她和理查一起編輯《風鈴》，將鈴木的部分講課內容整理發表在《風鈴》上。楚迪是兩個孩子的母親，又因為乳腺癌動過手術，身體也不好，儘管如此，她義無反顧地接受了這份工作，全力投入其中。她一遍遍地聽原始錄音帶，逐字逐句地校對，調整文稿，每一個表達都要弄得清清楚楚，進行文字的組織。她經常和理查切磋，有時還要和鈴木直接商討。楚迪付出的努力可謂無比艱辛。

差不多就在這個期間，一個禪修中心的學生跑來布希路找理查，說他聽說理查就要去日本了。就這樣，理查才剛剛得知了鈴木對他的打算。他直奔桑港寺，問鈴木到底怎麼回事。鈴木有不少理由要送理查去日本。他說他想讓理查在日本的環境中習禪，感性地品嘗到日本文化的滋味。他想讓理查去永平寺學習，那裡有各種各樣的好老師。他還想讓理查學茶道，看能劇。鈴木尚未公開的是，他覺得這樣能讓理查做好準備，有一天能接任自己，來當老師，甚至成為禪修中心的大方丈。

鈴木還說，他希望理查能從眾多纏身的事務中退出來，給其他同學鍛鍊的機會。理查太獨斷專行，腦子轉得又太快，有他在，其他人根本沒有機會去鍛鍊自己的領導才能。如果他走了，像西拉斯等其他人就可以一展身手，而不必與他發生衝突，爭長爭短了。還有一個原因，鈴木倒並不諱言，他說：「我沒法控制他，那就扔他到大海裡去吧，讓他經大風浪去。」最後，鈴木送理查去日本最驚人的目的，是想讓理查對日本的佛教產生刺激，以激起改革。這是他一生念念不忘的想法，故鄉的禪宗日益僵死，讓來自美國的新佛教使其耳目一新，得到刺激，未為不可。不過鈴木一如既往地不會將自己的想法及目的和盤托出，也不會說這一盤攪局之棋究竟會如何。

幾百人出席了理查的歡送會，羅．哈里森演奏了中國音樂合奏曲，梅爾．魏茨曼演奏了直笛三重奏，然後大家跟著跳起舞來。理查和佛吉尼亞站著和鈴木及歐古桑說了會兒話。鈴木夫婦和大家嬉鬧了一會兒，假裝像年輕人一樣摟著跳舞，不久就先回去了。

大家欠理查的太多了：他讓他們進入塔薩加拉，幫助他們逃兵役，幫助外國學生在美國居留，幫他們找工作，當他覺得確有必要時，安排人直接和鈴木見面。他簡直能同時出現在好幾個地方，現在他要走了。人們無法想像，沒有了理查的禪修中心會是什麼樣子。

一九六八年十月二十三日，理查和妻子佛吉尼亞及女兒薩莉一起坐船去日本。他帶了已經編輯完成的書稿《禪者的初心》，已經由他做了最後編校，並交鈴木審定。理查想在日本找出版社出版此書，當輪船向他老師的祖國駛去時，他在船上為這本書寫了序言。

一九六二年，楚迪．迪克森由丈夫邁克第一次帶她來桑港寺聽鈴木的講座，當時她是加大柏克萊分校的哲學研究生，專業方向是研究海德格和維根斯坦，邁克是舊金山藝術學院的學生。他們去得晚了，站在禪堂的後排聽講。那天晚上鈴木講到了一些通常不太涉及的話題，他比較了禪修和哲學研究，禪修是用人的整個身心去表達出體悟到的真理，而哲學是對生命的意義充滿好奇，進行思辨。鈴木說起他在日本的一位好朋友，是位哲學家，說最終他的智性探求並未能給他帶來圓滿，他自殺了。鈴木說到這裡時，突然盯住了楚迪，那目光如此強烈，楚迪不禁向後瑟縮了幾步。這瞬間的經歷讓楚迪的心受到震動，她和邁克繼續來聽講座，很快他們就決定跟著鈴木修行。他們成了鈴木密切的弟子。

楚迪將她的整個生命投注於《禪者的初心》，努力傳達出鈴木教法的精髓。她把書稿交給理查之後，將精力集中到自己身上，在米爾谷的家中照顧自己，全心全意準備迎接即將到來的死亡。她表面上精神振奮，心裡卻充滿恐懼，她對自己的精神分析師袒露了心聲。在一次手術後，她的肺部積液，無法呼吸。她拚盡全力掙扎著呼吸，直到最後她超越了一切念頭、話語和恐懼，進入了一種奇異狀態，她稱之為「掙一口氣的三摩地」。經過五天的生死掙扎後，她熬過來了，邁克帶鈴木和歐古桑去看她，她說，看到他們倆，就像第一次看到日出。

楚迪去了塔薩加拉，進行禁食。在那裡她有了一次強烈的喜樂體驗，生與死，健康與病痛，恐懼和勇氣，同時存在，無二無別。她說她終於停止了抗爭，如鈴木喜歡說的那樣，「接納了敵人。」在死亡的邊緣，楚迪得到了重生。她的精神分析師說再次到訪的楚迪完全是個新生之人，一個沒有恐懼，全身散發著光芒的女人。在她丈夫、她的照顧者和她朋友的眼中，楚迪成了為他們帶來激勵與啟示的人。「我自己，我的身體，」楚迪寫道，「在現象的世界消融，如同天際彩虹，倒映在孩童吹出的肥皂泡裡。」

有一天，貝蒂·沃倫在比爾·關的米爾谷禪堂坐禪後，去看望了楚迪。她上門的時候心情沉甸甸的，想對楚迪說有什麼她可以幫忙的儘管開口。楚迪用一句話就將貝蒂的沉重一掃而光，她管自己的病叫「至福的癌症」。

每週一，鈴木在比爾的禪堂做完講座後都會去看楚迪。在一次探望結束後，鈴木和鮑勃·哈爾本一起回到車裡。鈴木一邊落座，一邊含著淚光說：「現在，有一位真正的禪師了。」他說的是楚迪。

七月一日，楚迪的兄弟開車送她去塔薩加拉，他們和鈴木共同分享了一杯清澈的山泉水。當晚，楚迪和她兄弟露宿在月光下過夜，第二天一早回醫院。幾天後，楚迪又來了，和鈴木他們一起在禪堂裡坐禪，只是她是躺在地上的。八號，她和她的老師一起回到舊金山。

一九六九年七月九日，邁克給鈴木打來電話，說楚迪剛剛在醫院去世，因為太突然，沒來得及叫鈴木過去。鈴木當場崩潰，在電話裡失聲痛哭，邁克一時不知所措，他覺得鈴木從來都是鎮定自若的。之後鈴木趕到醫院時，已經重新平靜下來了。

楚迪的葬禮在兩天後舉行，鈴木一反常態，非常動情。他哭著說：「我從來沒想到自己會有這麼了不起的一位弟子，也許不會再有第二個了。」按佛教習俗，在葬禮上鈴木老師為楚迪做了受戒儀式，然後致了悼詞：

> 去吧，我的弟子。你此生的修行已經圓滿，獲得了真正溫暖的心，純潔無染的佛心，並加入了我們的僧伽。在佛心的光耀之下，你此生及所有前世所做的一切，都獲得了意義，這佛心在你心中明明照耀，就是你自己。因為你圓滿的修行，你的心遠遠超越了肉體的病痛，如同體貼的看護一般照顧著你的疾病。
>
> 一個有著歡喜之心的人，任何時候都與他的境遇緊密相連。即便在不幸與災難中，他也能看見明亮的光芒。無論順境逆境，任何情況下，他都能找到佛之所在。即便是痛苦之時，他也與喜樂同在。對我

們，「對所有找到佛心的喜樂的人而言，生死輪迴的世界正是涅槃的世界。慈悲的心是父母的愛心。父母為著自己孩子的成長和福祉殫精竭慮，不顧自己的辛勞。我們的經書說：佛心是大悲心。」

寬宏的心如山一般高大，如海一般廣闊。有著寬宏的心的人是中正的，他行在中道上，不會偏執事物的任何一端。寬宏的心會公正、中正地起用。

現在，你已經有了佛心，成為了真正的佛陀的弟子。然而此刻，我卻不禁深深地……

鈴木的話停住了，他發出一聲長長的悲鳴，聲音在高大的大廳內迴響。

如果你努力地去做一件事，你已經失敗了，因為在一千個面向中你只想抓取一個，你失去了其他九百九十九個面向。在你努力之前，你是成功的。

一九六九年春天，桑港寺的廟董會突然提出要求，要鈴木「選擇我們還是他們」。鈴木一直希望兩個團體能共同發展，學會和諧共處，然而彼此間的裂痕卻越來越深。除了克勞德、貝蒂和黛拉等一些老生，廟眾們不再邀請學生參加他們自己的節慶活動。鈴木仍努力斡旋，但廟董會的態度非常堅決，他們不想要一個心不在此的住持和尚。

他們也想要鈴木留下，但更想要一個全心全意為他們服務的住持。新的寺廟近年裡是無望建成了，他們不想再把禪堂出租給禪修中心。禪修中心的規模已經太大了，學生太多，事務繁忙，完全擠壓了日僑廟眾這邊。雖然有些廟眾成員對學生的誠摯態度很讚賞，但大多數人在寺裡越來越感覺不自在，而這是他們自己的寺廟啊。不過那個成天板著張臭臉，讓許多學生都害怕的管理員，卻最直言不諱地支持學生。鈴木的好朋友喬治・荻原現在是廟眾會主席，他也支持鈴木，不過他知道大勢所趨，難以挽回。

鈴木說：「百分之八十的問題都來自於留長髮，穿得怪裡怪氣。」日僑中年輕的一代更能理解對方，但桑港寺是由年長者說了算的。鈴木說第一代日本移民頭腦中的佛教觀念還是明治時期的，他們佩服西方的進步，但自己仍死守神道化的日本式佛教，熱中於祭祀祖先神靈。鈴木說自己來美國是為了弘揚「純正的禪宗佛教」。

川尻留美來自桑港寺廟眾家庭，她在這一年裡寫了一份大學論文作業，題目是「桑港寺和禪修中心」。鈴木告訴她，對禪修中心的學生，他教導的是佛法的本質，而對於廟眾們，他想讓他們認識到自己的愚癡，「他們的理解相當混亂，深深地執迷在自己偏狹的見地和生活方式中。」這樣的話語讓鈴木更不受歡迎。比起過去在林叟院時，鈴木對廟眾的態度強硬了，他進一步指出他們最大的希望在「週日學校中，在年輕一代身上。」年輕人喜歡鈴木，但他們對禪沒有什麼興趣。他們像日本本土的年輕人一樣，覺得禪是老朽的一套。鈴木不願放棄純正的禪，於是廟眾們放棄他了。

廟董會上，鈴木沒有為自己辯解。

有一名廟董會成員平時不太來廟裡，年紀也相對較輕，他表示自己有興趣當廟眾會主席。鈴木覺得他能力不夠，善意提醒他再考慮考慮。對方的反應是直接鼓動大家驅逐鈴木，將矛盾尖銳化。鈴木放棄了，說應該尊重那些想讓他走的人的意見，也許那樣更好。他私下對他的弟子彼得・史奈德說，他終於有理由辭職了。

廟董會允許片桐留下來，不過對他說，要是他還想為禪修學生工作，那也請走人。於是片桐和鈴木一起辭職了。歐古桑非常傷心，荻原安慰她不要多慮，說這樣一來，對大家都是最好的。

一天晚上坐禪後，鮑勃找了些理由留下來陪鈴木，鈴木請他喝茶，對他說自己正給老朋友義道寫信，解釋這裡發生的一切。一直以來，義道在總部給他支持，送他來美國，是少數幾個真正理解他的人。現在他要辭職了，要向義道寫辭職信，可這封信真難寫啊。

鮑勃建議鈴木直接打電話，鈴木之前沒想到，電話這個方式對他而言太新潮了。他接通了義道，兩人講了幾分鐘，義道在電話裡祝福他。講完電話後，鈴木拿出他特別收藏的饅頭糖，讓鮑勃愛吃多少就拿多少。

我們應該追隨最本源的禪宗之道，它超越塔薩加拉的修行方式，也超越我們在城裡的修行方式。

禪修中心召開了成員大會，決定不管有多麻煩，也要在城裡尋找自己落腳的地方。克勞德和西拉斯都和生意界及地產界有往來，鈴木就囑咐他們為禪修中心找一處民居。鈴木很快就要從桑港寺退出，專心教導自己的學生和弟子了。最後，克勞德和西拉斯找到了合適的地方。

在舊金山的西加區，派奇街和拉古納街的街口，有一幢漂亮的三層紅磚樓，曾經是猶太教婦女宿舍，叫做「伊曼紐爾大樓」。一九六九年夏天，這棟樓要出售了。克勞德、西拉斯和鈴木一起去看了房子，他們走上臺階，兩根柱子中間是厚實的雙層大門，大門上方有厚厚的毛玻璃窗。一位年老的婦女請他們進去，禮堂的天花板很高，門廊直通一座大廳，裡面放了一排排椅子。一盞大吊燈和各處的壁燈都沒點亮，但庭院裡的光線透過窗戶柔和地照進室內。門廊的左側是辦公室，右側是一間大房間，牆上有一排拱形的雙扇窗。整座建築漂亮、寬敞、結實。

「就它了。」鈴木說著，開始四處查看。

下一次再去的時候，其他十五名學生也跟著來看他們未來的家。大家一起登上了十五級臺階，這裡太完美了，不需要做任何改建。樓裡有大餐廳，地下室有大會議廳，可以立刻當作禪堂。屋裡精美的細節讓大家讚歎，木頭櫥櫃是內置的，踢腳線也是木頭鑲嵌的，有精緻的鐵藝裝飾，屋頂可以散步，俯瞰街景。這棟優美的建築是朱利亞．摩根設計的，這位建築師設計了加州許多大名鼎鼎的建築，包括赫斯特城堡。

全錄的發明人賈斯特．卡爾森在購買塔薩加拉的項目中是最大的捐助人，這次他和瑪麗安．德比一起支付了買樓的首付款，東京銀行提供了條件優厚的貸款，從第一個月起，禪修中心成員的會費和學生住宿所付的低廉租金就能支付還貸了。

一九六九年十一月十五日，學生們幫著鈴木和歐古桑把不多的個人物品搬到等在桑港寺門口的車上，到了他們跟桑港寺說再見的時候了，鈴木在這裡住了十年半。過些日子會有正式的下座儀式，而今天鈴木在佛龕裡供了香，走到外面人行道上時，他向這棟樓鞠躬道別，然後坐車離開。歐古桑哭了，她感覺是被趕出門的，這些年來他們這麼努力，想要照顧好桑港寺和它的廟眾。

派奇街的這棟樓住宿面積很大，可以住下七十五個人，有大公共澡堂，二樓還有套間，有三間房，一間浴室，鈴木夫婦居住正合適。許多以前住在桑港寺對面公寓裡的學生都搬進來住了。鈴木終於在舊金山有了可供食宿的道場，這是他一來美國就成天念叨的。要做的事情還很多，榻榻米和儀式用的鐘鈴都得另買，佛龕得建起來，牆壁得重新粉刷（尤其是禪堂的牆壁，那裡的色調就像彩色糖棒）。荻原以個人的名義提供了佛堂所需的儀式用具。

搬來新樓的那天下午五點，鈴木慢慢地走下寬闊的中央樓梯，身後跟著一名學生，雙手高舉一柱點燃的香。鈴木在各處都上了香——廚房裡的簡易佛龕，佛堂，地下室裡的禪堂。然後他和學生們一起坐禪。即便是搬家，坐禪也一場都沒有中斷。最重要的永遠是最重要的。

我們說，我們的修行都是為了裝飾我佛。哪怕是對佛法一無所知的學生，如果他們進了美麗的佛堂，自然就會升起某種情感。不過說到底，對禪宗而言，佛堂裡最好的裝飾是在此修行的人。我們每一個在這裡的人都是，也應該是一朵美麗的花。我們每一個人都應該是佛，引導眾生修行。

一九七〇年，新禪堂正式成立，取名「大菩薩禪堂」。佛堂位於主樓層，靠近大門，牆壁漆成白色，有拱形的窗戶，佛堂裡有精細的楓木製成的佛龕，是一位學生的傑作。房間裡鋪了榻榻米，只留下沿著牆根的一圈走道，以前就鋪有紅瓷磚。現在共有一百多名學生住在附近派奇街和拉古納街上，整個灣區都有人駕車前來坐禪或參觀。一天裡有四場坐禪，三次法事，食堂供應兩餐。每個人都參與準備食物、洗碗及打掃衛生。樓裡有圖書館，洗衣房，還有間小店。克勞德說待在這麼舒適的地方，他都感覺有點尷尬了。

老生應該引導新生，這樣他們能更方便地跟上我們修行，但不要跟他們說「是這樣是那樣，你該這樣你不該那樣。」另外，我們在這裡的日常生活是坐禪的延續，應該包括和鄰居建立良好的關係。也許你的鼻子長得很好看，但要是它長倒了，還是很醜。

為了成為好鄰居，僧伽成員每天清掃人行道，還種樹，和在布希街時一樣，學生們被要求要遵守交通規則。鄰里會也成立了，鈴木建議禪修中心只占一到兩個席位，而且開會的時候要少說多聽。

學生們大多都是理想主義的年輕人，受過大學教育，是思想開明的自由派，社會改良分子。現在他們發現自己身處黑人區，緊挨著舊金山最危險的區域。以前在日本城時，附近也有像費爾摩區這樣治安混亂的地帶，但日本城裡是安全的，而且無形中提供了某種支援。現在的這個地區不法之徒橫行，還有殺人犯。鈴木他們這棟樓的斜對面，是一家雜貨店，賣些罐頭食品和煙酒等物。老闆是華人，在一次入店搶劫事件中被殺，自那以後，遺孀老闆娘已經開槍打死過兩名上門搶劫的匪徒了，最近的一次就發生在禪修中心搬來後不久。

對這些貧窮的、無權無勢的鄰居們，禪修團體什麼都給不出來，既沒錢，也沒權可替他們做公道，自衛尚且不暇，不知該如何才能有所幫助。有的鄰居抱怨，這些新來的人讓停車更加困難，在他們眼裡，禪修的學生們是些有錢的無聊人，只關注自己的嬉皮，根本不關心當地貧窮的草根階層。

禪修僧伽迅速明白了大樓的門必須時刻上鎖。附近的小孩們很快就看出搞禪的都是些傻貨，他們動不動就隨意出入樓裡，順手牽羊。有一天，大樓門開著，三個十來歲的黑人野孩子進來了，幾名學生表現出善意，試圖顯示出無分別心的敞開之態，那三個野小子嬉皮笑臉地耍弄他們。鈴木出來了，穿著僧袍，手裡拿著香板。

「嘿，穿袍子的老頭，你會空手道？會打架嗎？」一個小子挑釁道。鈴木的眼睛亮了起來，直接向他們走去，矮小的他看上去一點威脅都沒有，卻滿身都是精神氣。「這棍子是幹嘛用的？」三個小孩中個子最大的那個問他。

「是用來揍你的。」鈴木說著，在那個孩子的肩頭敲了一棒，然後將他們送到大門口，邊走邊打打鬧鬧，笑聲不斷。

我到美國來最初的目的不光是要在美國弘揚禪宗，還希望能給日本的禪宗帶來生氣。那裡的禪宗已經睡著了。

彼得·施奈德和鈴木兩人伏案翻看著幾頁紙，第一頁的頂端用大寫字母寫著「鈴木俊隆簡歷」。在弘文的幫助下，鈴木不情不願地總結了一份履歷表給彼得，也不情不願地接受了彼得的請求，同意採訪他過去的經歷。彼得是禪修中心的史官，他一直在編輯《風鈴》，打算有一天出一本關於鈴木的書。

鈴木給出的簡歷乾巴巴的，只有簡單的幾條，上公立學校、上駒澤大學、入永平寺、入總持寺……，每個條目下面只有一兩行說明。他也寫了自己在藏雲院和林叟院待的年份，以及在各個寺院裡擔任的職務，還提到了他取得的證書——教英語及品德的證書。這些資訊對彼得來說都是第一次知道，他正在向鈴木提出各種各樣的問題。鈴木本人對此興趣不大，明顯地心不在焉，不時地前言不搭後語，具體時間和細節處也往往記不清楚。

彼得一直想要確認自己的老師是什麼時候成為禪師的，在採訪過程中他至少問了十次。鈴木會指著簡歷上的某處說：「是這裡吧？還是這裡？」或者乾脆跳回前一個話題。在日本，任何一個完成了培訓的和尚都會被自己的弟子認作師父，對於美國人口中的「禪師」，日語中並沒有相對應的詞彙。日語裡「老師」是個正規稱呼，好的老師是由各人憑自身經驗而口口相傳來得到承認的。

在回憶自己的生平中，鈴木有許多地方都明顯地避而不談，關於自己的家庭就是其中之一。他談到自己的第二次和第三次婚姻遭到了林叟院廟眾的反對，可是他完全沒有提到自己的第一次婚姻。鈴木從來不願談論自己的過去，除非他覺得談論那些能對人有所幫助。他覺得他的過去不重要，屬於個人隱私，而且有些地方令他難堪。

鈴木最喜歡談論的是跟蘭瑟小姐有關的部分，當彼得問起她時，鈴木笑起來，說：「我一定要和你說說蘭瑟小姐，她是我最最早的女朋友。」他說蘭瑟小姐給了他信心去教導西方人。她已經去世，鈴木感到很難過。他很後悔自己在過去幾年裡一直沒給她寫信。

> 我以為不寫信也沒什麼，但是我錯了。她去年過世了。我對她非常信任，她也那麼地信任我，因此我覺得寫不寫信都無所謂。可是現在我沒把握了。她要是一直活著，寫不寫信都行。可是現在我有些後悔沒給她寫信。

在聽完鈴木講他當初如何費盡力氣當上林叟院住持的經歷後，彼得問他該怎麼使用這部分資訊。

彼得：「老師，您覺得讓學生們知道這些合適嗎？或者我們應該把您的小傳弄得簡單些？」

鈴木：「也許吧。你就算把這些寫出來人家也不會明白的。他們要是不瞭解背後複雜的背景，只會把他們的腦子搞糊塗。」

彼得：「我在想如何取捨，到底寫得多深多詳細才合適。對您的學生來說也許覺得這些都很有趣，不過可能……」

鈴木：「不對！只有不是我學生的那些人，才可能會覺得有趣。我因為這些經歷，下定決心來美國，這裡面根本就不有趣。這不過就是些經歷而已，充滿困惑。我在日本的人生一直都在抗爭、在掙扎。我只是還算有幸，大部分情況下還能應付得了那些問題。然而掙扎只會使一切變得更加困難。我是個非常沒耐心，非常暴躁的人，由於我的急躁，我時常起來抗爭。然而抗爭一旦開始，我又必須變得非常耐心，有承耐力，不然我必輸無疑，就得沒完沒了地掙扎下去。每次掙扎我最終都能戰勝，但這畢竟不是上策。最好的辦法是臣服。（停頓）要是我早知道美國的情形到底怎樣，我早就對日本說『莎呦娜拉』了。看，就像這樣（揮手道別）。」

然後在回答一個關於「耐心」的問題時，鈴木變得有些不耐煩。對回顧過往，寫下生平這件事，他覺得毫無意義。

鈴木：「說這些真是累人。我一點興趣都沒有。我的人生沒有什麼確切的記錄，我也不想要任何記錄。」

彼得：「您覺得在《風鈴》上刊登您的生平，有任何意義嗎？」

鈴木：「刊登這些東西？」

彼得：「一些歷史、傳記，不那麼刻意的，隨意寫一點東西上去。不是像寫書那樣。也許有個四、五頁的介紹，您覺得行嗎？」

鈴木：「要四、五頁？」

彼得：「那您覺得要幾頁？一頁？半頁？一段？一句句子？『我不想這些事，也不記錄這些事。』要不您的傳記就這麼一句行嗎？您感覺怎樣？」

鈴木：「我可沒從我的老師那裡學到這事的解答。我也不感興趣。要是這個樣子去看我的人生，什麼都看不清。」

第十七章

一與多 一九六九－一九七〇

我們的修行會讓我們的晚年安詳無懼，但對此我們不能自欺。只有真正的修行才會帶來作用。

一九六九年四月末的一天，塔薩加拉的春季修行期剛剛結束，遊客季尚未開始，鈴木俊隆和一些學生手裡拿著午餐袋，沿著溪流，在炎熱的午後一邊戲水一邊向下游走去。塔薩加拉河此時水位很高，無法涉水而過，溪流某處有根梧桐樹幹倒臥在水面上，橫跨兩岸，他們從上面走了過去。通向豪斯牧場的小徑上，也時不時有淙淙細流從底部流過，匯集到塔薩加拉河中。他們在石頭上跳來跳去，越過這些小水流。最後，他們來到一處被水侵蝕而成的花崗岩隘口，周圍的人把這裡叫作「細澗」，澗水從狹窄的隘口嘩嘩流下。鈴木和學生們坐在靠近隘口的石頭上，石頭被水磨成了平整光滑的石台。他們開始吃各自帶來的午餐——起司三明治、餅乾和蘋果等，還不時地伸手從溪流中掬起一捧清水暢飲。

一旦到了遊客季，「細澗」周圍就難以清靜，隨時都會碰到有六、七個人在此戲水，有的坐在向水面微微傾斜的光滑石臺上，還有的在下面的潭水中，個個都全裸著身體。塔薩加拉有規定，「細澗」這裡不許穿比基尼戲水，更不要說全裸了，不過學生們通常都把這規定當耳邊風，除非男男女女聚得過多的時候，就像今天，每個人都正經八百地穿著泳裝、短褲。吃過午餐，所有人都跳到清涼的山泉水裡游泳戲耍，只有鈴木待在上面，看著學生們從小瀑布上自由自在地滑下去，滑到下面的深潭裡。丹·韋爾奇以完全蓮花座的姿勢從瀑布旁光滑的斜坡上滑進潭水，大家紛紛效仿。鈴木看到對面的陽光下有幾處很適合坐的地方，就起身涉水而行，想走到對面去，他的學生在下面的潭水裡玩得正快活。鈴木走進水裡，不料水流如此湍急，一下子將他帶倒，順著小瀑布就沖進了下面的深潭裡，然後他就一直下沉，直直地下沉。他不會游泳。

他伸出雙手，但大家都沒注意到他有什麼不對勁。他想走出水潭，但雙腳踏不到水底。他看到水色清澈潔淨，小龍蝦和鱒魚在周圍遊動，他抬頭看上面，眾人的腿在那裡撲騰，可是離他太遠，一個都夠不著。他開始害怕，水嗆進喉嚨。

水面上有人問：「咦，老師呢？」

大家很快把鈴木撈上來，他嗆咳著吐出水，使勁喘氣。

鈴木緩過氣來，大家往回走一英里回到塔薩加拉。當天晚上的講座裡，鈴木說了他下午的經歷，他說無法呼吸的感覺讓他看到了自己對生命和呼吸的執著是如此之深，讓他意識到自己的修為及見地都還淺薄得很，他必須更加誠摯地努力精進，全神凝注在「大事」上。

鈴木淹水後的幾週是他六十五歲生日，當天在桑港寺的講座上，鈴木呼籲學生們和他一起再次投身於真摯的修行。他說一方面他對自己年歲增長感到高興，另一方面他也後悔自己過去的修行還不夠勤奮。如果他現在出去追尋真理，也許會對每一個人都更有幫助。他曾不止一次地說他想去印度、泰國和緬甸等地，去任何他能找到指引之人的地方，每次說這些的時候他都心嚮往之。

他說作為老師，他感到身上責任重大，總是在想對這麼多的學生他該怎麼辦才最好。最近一次因感冒臥床期間，他想了很多，最後得出結論：「也許對我們來說最好的教導是專注於最簡單的修行方式。我想最簡單的修行方式是數息。」

不管坐禪時發生了什麼問題，痛也好，困惑也好，打瞌睡、恐懼和誘人的意象等，學生們都會跟著鈴木數出息，從一到十，反反覆覆。「我們還不是高階的學生，還不夠格參公案，也無法『只管打坐』（道元語）。我們需要的是更適合初學者的修行方式。」他進一步敦促道：「如果你堅持數息，你在日常生活中丟失覺知的時候，就更容易被注意到。我自己修行的過程中遭遇了很多困難，因此我覺得你們也一定發現了真正的坐禪是多麼地難。」

開悟不是一勞永逸的藥方。

歐古桑從舊金山到塔薩加拉來了，她單獨住在鈴木隔壁的宿舍裡，裡面鋪了榻榻米，還有障子屏風，她在那裡練習茶道。鈴木在一次講座中談到她，說她老是抱怨他太悶，對她不夠體貼。鈴木說了一句美國的俗語：「有她活不好，沒她活不了。」（Can’t live with her，can’t live without her.）

春季修行期間，有一次講座的時候，鈴木宣稱歐古桑經歷了某種突破。一些學生認為鈴木是說歐古桑獲得了永不退轉的永恆、圓滿的宇宙意識，另一些學生認為這是指歐古桑有了一次頓悟。

「還真的是，」鈴木說，「她是開悟了，我都沒想到。」他一邊大笑著一邊告訴大家發生了什麼。他說歐古桑之所以能開悟，是因為她找不到一名和尚去為某位桑港寺的廟眾成員主持喪禮。鈴木在塔薩加拉的時候總會不時地被叫走，去為某個人主持葬禮，即使有其他的和尚，很多日僑還是指名要他來主持。對於日本的俗家人士而言，禪宗和尚最重要的功能就是這個了。

這次鈴木被人從塔薩加拉叫走，開車送他的是簡・倫克，簡不知道老師是要去主持葬禮，而鈴木上路以後忘了這件事，一路上他不斷地叫停車，他們一下去海灘遛遛，一下去商店逛逛，悠悠閒閒地四處逗留。與此同時，舊金山的歐古桑急得七竅生煙，忙著找另一名和尚來臨時頂鈴木的缺。可是片桐去了洛斯阿爾托斯，弘文正在日本。歐古桑一向是個責任感極其強烈的人，如此情形讓她終於精神崩潰了。

然後她突然意識到，沒有和尚來主持葬禮，地球照樣在轉。就在一剎那，她放下了一切，放棄了，決定凡事只要盡自己的努力即可。砰！神蹟發生了。

鈴木知道如果他對開悟說得太多，學生會對此產生固定的概念，會對開悟有執念，將開悟當成目標。有時候學生也會議論開悟的話題，但並沒有對開悟的定義達成共識。大多數人都覺得鈴木開悟了，但鈴木自己不這樣說，如果有人問他，他通常都會否認。不過不管鈴木有什麼體悟，他的學生都想要有，不管他知道什麼，他的學生也想知道。有些人，比如克勞德，說鈴木沒有開悟，因為這麼多年來鈴木自己一直明確地說他沒有開悟嘛。邁克．迪克森則說鈴木肯定開悟了，因為在最初幾年裡，鈴木偶爾會在講到自己的某段經歷時透露出一些資訊，像是「在我的第二次開悟體驗後……」，不過總的來說，開悟這個話題通常大家都避而不談。鈴木從來不鼓吹以開悟為最終目的。

有的學生覺得跟著鈴木永遠都不會開悟，還覺得鈴木和他們的直接接觸太少，於是就去跟隨其他的老師學習，例如安谷白雲、中川宗淵，洛杉磯的臨濟宗禪師佐佐木，以及同在洛杉磯的前角博雄，還有夏威夷的艾特肯。這些老師都既教坐禪，也參公案，並且明確鼓勵學生「見性」，獲得開悟體驗。而鈴木這裡，差不多一年裡能有一次獨參機會就不錯了。安谷白雲在攝心期間，會公開印證哪些學生已經見性。相較其他那些老師的激越教法，說實話，禪修中心的確顯得瞌睡兮兮，缺乏開悟氛圍。

鈴木說開悟不是可以強求控制的，他說大多數的和尚都沒有開悟，而俗家之人也未必不能開悟。他曾提到過一位住在林叟院附近的農民，說儘管那人從未修過佛法，不是佛教徒，但是卻開悟了。說到自己的學生，鈴木說也許十個人裡面有一個會開悟，可是開不開悟不重要，修行本身就是開悟，哪怕自己感覺不到。話雖如此，學生中間還是不斷有人發生了「開悟體驗」。

肯・索耶是一位來自加拿大的木匠，已經在禪修中心學習了幾年。某次在舊金山舉行的攝心期間，肯在一個午後的坐禪時段裡，發現自己消融在無盡的虛空中，無比的奇妙。當時他跟誰都沒有提這份體驗，可是後來在塔薩加拉的獨參中，肯把他的體驗告訴了鈴木。

「可以，你可以說那是開悟。」鈴木說道，他們面對面坐在鈴木的宿舍裡，過了片刻，鈴木問他：「你最近工作怎麼樣？」

仍是那年夏天在塔薩加拉，有一次肯手中高舉著一支綠色的香，跟在鈴木後面往禪堂走去，香煙在身後繚繞。過橋的時候，鈴木走到橋邊，俯視著橋下的溪流，此刻，禪堂前的木板第三次敲響了，這是最後一輪通告，富有穿透力的聲音四處回蕩。正當鈴木俯瞰溪水的時候，肯發現老師在他眼中消失了，完全融化在周圍的景色裡，消失在水流、樹林和空氣中。片刻之後，他們又走在鋪了卵石的土路上。肯不知道剛才發生的到底是什麼，是只發生在他身上，還是同時發生在鈴木和他兩個人身上？他只知道一點：鈴木不會讓人執著在高峰體驗上，他要大家隨順生命的每個時刻，一刻又一刻地全面接受任何體驗。於是他沒有大驚小怪，跟著老師繼續向禪堂走去。

當你開悟了，整個宇宙在對它自己訴說實相。

如果你的修行不能將我們中的每一個人都包含進去，那就不是真正的修行。

河內正遭受著狂轟濫炸；美國肯特州，四名大學生因抗議尼克森政府入侵柬埔寨而遭槍擊身亡；第一批裝了核彈頭的多導式彈頭被放入地下筒倉。一九七〇年，是成立「地球日」的第一年；雷根正在第二任加州州長的任期內；薩爾瓦多．阿葉德任智利總統；亞歷山大．索忍尼辛獲得了諾貝爾文學獎；《巴頓將軍》贏得了當年奧斯卡最佳電影獎；伯特蘭．羅素去世。

一九七〇年五月的塔薩加拉，遠離一切世事。立髮老師在這一年裡來到塔薩加拉，他曾在永平寺呵護過琴、格雷漢姆和菲力浦，現在他過來指導塔薩加拉的春季修行。他會在夏天回日本，不過秋季修行期開始時他會再次到來。有立髮在塔薩加拉坐鎮，鈴木就可以專心待在城裡的派奇街。不過現在，鈴木正在塔薩加拉，一年中的此時，冬季厚厚的積雪已融化殆盡。

就在這一年，教皇發表聲明，強調僧侶的禁欲是羅馬天主教會的基礎，而在遙遠的塔薩加拉，鈴木的男女共修道場獲得了成功。這裡的大部分學生都是單身，另有一些是夫婦，還有一些是尚未結婚的男女朋友，孩子們在這裡也很常見。佛教道場中幾乎從未出現過這樣的形式。這些學生們曾經背景各異，有亞洲文化的愛好者，也有長髮嬉皮，因為各自不同的目的聚集到鈴木的身邊，從表面看來他們幾乎不可能很好地共處，然而他們最終卻能彼此包容，共同進行禪修。

鈴木已經不再把塔薩加拉叫做「蹣跚學步的道場」了。從每年五月到九月的勞動節，是塔薩加拉一貫的遊客季，遊客們對此地寧靜卻高效的待客方式非常喜愛，對食物更是讚不絕口。魚、肉的供應逐年減少，到了今年，在立髮的堅持下，塔薩加拉只供應素食。立髮說在佛教道場供應魚和肉是絕對不恰當的，他說遊客們會理解的。他說對了，遊客們的反應是食物更可口了。立髮和片桐都對學生們說過，如果是未出家的同學，不必像和尚那樣剃光頭，但應該把頭髮剪短。這樣，在遊客的眼中，這裡的學生都顯得整潔乾淨，而不是怪裡怪氣的。

在修行期間，立髮把全部精力都集中在誦經、做儀式上了，許多物業的維護工作都留到遊客季來完成。此時大部分學生的工作是負責照顧遊客，一部分人則做著工匠的工作，雄心勃勃地想要建一個木石結構的廚房、一座圖書館和一個與主建築相連的玄關。鈴木的簡易宿舍房也要被移開，準備另建一座石頭地基的方丈室。鈴木和梅爾總是勤勞地搬運石頭，幹得筋疲力盡，經常在宿舍房的地板上小憩，睡過去了，每逢這樣的時候，工匠們就得暫時停止移動工程，先將這兩位請出房間再說。

這個夏天，一部名為《太陽火種》（*Sunseed*）的紀錄片在塔薩加拉拍攝了部分場景，這部紀錄片部分關於師父的，鈴木在鏡頭前玩了溜溜球。夏洛特．塞弗和查理斯．布魯克斯在塔薩加拉的餐廳舉辦了又一次感官覺察工作坊。斯特林．本尼爾是一名心理療癒師及自然學家，他做了一場關於塔薩加拉地質史的演講，告訴大家塔薩加拉是加州三大主要生態區的交匯處。詩人羅伯特．布萊在這裡舉辦了詩歌朗誦會。

鈴木經常在晚上做講座，學生們非常積極，都擠到前排，將坐墊放在榻榻米上坐著聽講，有的甚至把坐墊放在鋪了舊油氈布的過道上。每次講座時都會進行一場短短的誦經，大家跟著小鈴鐺的節奏一起誦經，之後是短暫的靜默，這時外面的溪水聲、蛙鳴聲和蟋蟀的鳴叫聲變得分外清晰，路上傳來遊客來來去去的腳步聲。

鈴木在講《參同契》，這是一千多年前中國禪師石頭希遷所作的悟道詩歌，立髮要求大家在早課的時候將《參同契》添加到念誦的經文裡。對立髮帶來的新的教學內容，鈴木通過各種方式提供支援，努力讓這些內容更貼近學生的生活，盡可能地幫助他們理解。他自己曾經在許多年的時間裡不斷聆聽岸澤對《參同契》的講解，現在輪到他把智慧的光芒傳遞下去。（鈴木經常使用兩個表達，一是複數的「事物的本來面目」，二是單數的「事物的本來面目」，分別針對「多樣性」及「合一性」，色與空。）

通常，儘管我們嘴上在說「如實地看到事物的本來面目」，或更精確地說，「它的本來面目」，實際上我們根本沒有看到事物的本來面目，因為我們總是會覺得：「這是我朋友；這是一座山；這是月亮。」等等，然而這是以二元的目光在看待事物，不是佛法的方式。我們看到的山，看到的舊金山，看到的月亮，都在我們當下的心中，而此心就是所謂的大心，這是我們應該有的理解。

鈴木向大家解釋了《參同契》在中國產生的歷史背景，為了釐清當時修道人心中的各種誤解，彌合各派之間的紛爭，石頭希遷禪師寫下了《參同契》。塔薩加拉眼下的情形也是如此，鈴木和立髮有著相當不同的教學方式，學生的心裡需要有空間同時容納此兩者。

那年夏天我向鈴木學習《參同契》，每天都為他準備好黑板，鈴木在黑板上寫下這首古代詩歌的漢字，當他講解的時候可以指點說明。有一天我跟鈴木說，我每天晚上學習《參同契》到很晚，有時候直到晨起的鈴聲響起，我才剛剛上床，因此經常會睡到早餐過後才起床。他總是要我們遵守時刻表，要和大家一起在規定的時間做規定的事情，而我完全違反了規矩。聽完我的話後，他點了點頭，拿著他的香板，說：「你就照你的心思做吧，每個人都會覺得你瘋了，不要管它，就照你的心思來，很好。」

戴安．戈爾奇萊格在廚房做事，她為人熱情，個性開朗，最受遊客歡迎。她出生於紐約布朗克斯區的老派猶太人聚居地，在六〇年代風氣的洗禮下，成長為一名富有冒險精神的自由之子。她曾因為反對越戰而被捕，也曾靠著搭便車遊遍中東，在阿拉伯國家裡隱瞞自己的猶太背景。一九六八年，她和親密好友瑪格麗特首次來到塔薩加拉，她們倆都不是循規蹈矩的習禪學生，雖然兩人都遵守時刻表，和其他人一樣努力工作，但總是會弄出點惡作劇。有時候在很嚴肅的場合下，兩人會發出咯咯的笑聲，甚至唱起歌來，一下子破壞了一本正經的氣氛。有一次在和鈴木獨參時，戴安從袖子裡掏出一幅自己畫的畫來，上面畫的是一隻奇幻的獸類，有三足，眼睛像星星。鈴木和她趴在那裡看了半天的畫，還熱烈地討論起來，像兩個小孩子一樣。有時候鈴木還會把戴安和瑪格麗特叫到自己的宿舍裡，給她們吃糖，他說：「其實不應該給你們糖，你們需要的不是糖，是鹽。我應該給你們鹽才是。我當不了你倆的老師，我太把你們倆當自己的孫女了，沒法當作學生對待。」

還有一次，鈴木和一群學生沿著小溪散步，正撞見戴安和瑪格麗特兩個人穿著比基尼戲水。戴安在水裡大聲說都怪天太熱了，小溪看上去又太清涼，她們實在沒辦法啊，只好跳進來玩了。鈴木對著她倆搖著手指，說：「記住，你們是兩條魚，不是一條。」

那天晚些時候，鈴木馬上要回舊金山了，正在宿舍裡對管理人員做最後的交待，這時門被敲響了。是戴安來找他，說她和瑪格麗特找到了一塊很漂亮的石頭，放到澡堂那兒鈴木的更衣室裡了。她要鈴木趕快去看看，在走之前告訴她們他喜不喜歡這塊石頭。那兩名管理人員都皺起了眉頭，說現在哪有時間胡鬧。鈴木讓那兩名管理人員在大門口等他，自己跟著戴安看石頭去了。戴安一直跟隨鈴木在花園幹活，也薰陶出了對石頭的品味。這次她找來的石頭修長挺拔，近似長方體，上面有白色波紋狀的石英，就放在窄小的更衣室一角。鈴木驚歎道：「噢——！」他仔細地打量著石頭，問她可不可以把這塊石頭送給他。然後他們一起走到大門口，那裡已經等著一幫學生要送鈴木回去。瑪格麗特也蹦蹦跳跳地跑來送行，鈴木一面坐進車裡，一面對她倆說：「記住啊，你們是兩條魚，不是一條。」

你要坐成一塊石頭，那就是我們的坐禪修行。

那年夏天，鈴木老師和以往一樣，花許多時間在花園裡幹活，蒔弄植物和石頭。他擺弄了一輩子的石頭，對石頭知之甚深，看得出每一塊石頭的平衡點和碎裂點。他說，有的石頭是活的，有的則已經死了。有一天鈴木和他的助理阿蘭．馬婁一起想把花園裡的一塊巨石挪個方向。阿蘭身高約一百九十五公分，孔武有力，兩個人用長鐵棒當杠杆，使盡了力氣，也未能移動巨石。最後鈴木讓阿蘭去洗澡吧。通常洗澡意味著一天的工作結束了。半小時後，阿蘭洗澡回來，驚訝地發現巨石已經挪好了位置。他跑去敲鈴木宿舍的門，裡面沒有回應。他打開房門，看到鈴木已經睡著了，衛生間裡有嘔吐的痕跡。阿蘭打掃乾淨後離開了房間。鈴木在床上足足躺了三天。

另一名學生史蒂夫．提普頓幹的活可謂是夏日驕陽下最艱辛的工作了。大家在澡堂旁邊蓋了個新廁所，可是就在挖化糞池的位置，地裡有塊巨大的花崗岩石頭，偏偏化糞池只能建在那個地點，更討厭的是那裡空間逼仄，人員施展不開，只能由一個人施工。於是史蒂夫就單槍匹馬地幹這樁苦工。鈴木每天洗好澡後，都會順路看看工程進展得如何。史蒂夫已經圍著這塊直徑七英尺的巨石挖了圈壕溝，壕溝寬三英尺，深六英尺，他先在巨石身上鑽了些洞，把長釘插進去，再用大錘打，想把石頭敲碎。苦幹了幾週後，他只敲下了幾塊碎片。

最後鈴木開口問他：「你是要把石頭弄碎？」

「是啊，」史蒂夫說，「您有什麼辦法嗎？」

鈴木擺手叫史蒂夫讓開，他把僧袍袖子挽起來繫好，跳到巨石上面，仔細地打量起這塊石頭，在巨石身上各處拍打一番，然後露出了笑容。鈴木把史蒂夫叫過來，指著石頭表面對他說：「這裡，這裡，還有這裡。」史蒂夫按鈴木指點的位置打洞，放長釘，然後幾錘下去，石頭應聲而裂，碎成幾塊，用絞盤車很容易地就將石塊清理出來了。

這個夏天，鈴木的人生走到了頂峰，他和學生們一起破曉即起，辛勤工作，精神煥發，一派和諧。塔薩加拉欣欣向榮，城裡也朝氣蓬勃。鈴木顯得既健康又強壯，而他的夢想已成為摸得到看得見的現實，正在他眼前展開。

曹洞宗的祕訣只有兩個字：無常。

在鈴木的教法中，「無常」是他隨時掛在嘴邊的話。鈴木表述的話語很多都以「也許」開頭，哪怕他實際上根本就沒有不確定處。他講這類義理的時候，你會感覺它們來自某種深深根植於他內部的力量。他也會談到絕對實相，但他用迷一般的話語來表述——「對我們來說沒有什麼是絕對的，但當沒有任何東西是絕對的時候，那就是絕對了。」

他說佛法的教誨是流動的，活生生的，「時刻緊隨當下的情境，因此教法的形式無窮無盡地一直在變化。」

他說開悟，「開悟不是任何一個你能夠達成的具體階段。」

無常。在日語裡這是兩個字，英語中是三個詞，not always so。這就是我們教法的祕訣。如果你能以此來理解事物，而不是局限在字面的意思及具體的規矩中，如果你能夠擺脫已有的概念，到這樣的時候，你就能真正做點事情了，等你真的能做點事情的時候，一代代祖師傳下來的教法就終於起用了。當它在你身上起用了，它就能發揮益處了。

鈴木說，那個東西永遠無法被你掌握，這是個悖論，只有在真誠的修行和坐禪中，你才能真正理解。他之所以講義理，並不是要告訴你他所看到的實相，而是要解放你的心靈，讓你從各種障礙中解脫出來，可以同時包含對立的兩極。

鈴木認為佛教老師們難以避免的弱點是固守某種確定的理解；然而道元沒有這個弱點。

禪師都會跟你說：「練習坐禪，因此你能夠獲得開悟。如果你開悟了，你就從所有的事情裡解脫，就能『如實地看見事物』。」然而我們的法門說「無常」。禪師說的當然是對的。但道元禪師卻告訴我們生命之燈的火焰永遠需要調節，道元的坐禪，關注的重點是要我們像這些煤油燈或蠟燭那樣，在每一刻都充分燃燒。

「佛法是雙面刃，」鈴木邊說邊轉動手腕，假裝揮動著一把劍，臉上浮現出淘氣的壞笑，「有進有退，時進時退。有時候我拿這一邊砍你，有時候拿那一邊。」他總是提到實相的兩面性質，可是「兩面」究竟是哪兩面？這個很難理解。這不僅僅指「一」與「二」，更是「二中之一，與一中之二」。他說人永遠無法說出整體實相，因為一旦說出某個描述，不管是怎樣的描述，對立的一面立刻隨之產生，而學生只有自己去嘗到味道，否則的話，佛法之劍本來是用來砍去他們所執著的那面，結果卻往往讓他們又執著上劍的另一面。

我們應該從事物的兩面來理解每件事物，不應該只從一個立場看問題。我們把只從一個方面看問題的人叫「擔板漢」，意思是「肩上扛著一塊板的人。」他把那麼大的一塊板扛在肩上，當然看不到板的另一面了。

他總是說：「只管打坐。」通常打坐會鬆動你一直視為真實無疑的天理，但很快，打坐這一概念及坐禪本身又成為了你的執念。鈴木教法的重中之重就是坐禪，然而一旦他發現你將打坐當成某種特別的東西，他會立刻再次抽掉你的立足點。有人提出要增加坐禪的時段，鈴木說眼下的時刻表很好，不必更改。有人說打坐腿太疼了，鈴木就說你應該坐更多的時間。

即便「無常」也無常——並不總是如此。無常本身不能成為又一個可以執取的概念。

「本來就沒什麼問題，」一名學生說，「因為根本就沒有答案。不管你說什麼，都是無常。所以我只管打坐。」

鈴木連連搖頭。

「不對嗎？」學生問：「可是您不是說……」

「我說就是對的，你說就是錯的。」

如果說鈴木的教誨中永遠有另一面存在，那「無常」的另一面是什麼呢？想要知道這個，你得先把板從你的肩頭放下。

幾乎每個人都扛著一塊大板，他們看不到板的另一面。他們會認為自己只是凡夫心，但當他們把板放下時，他們明白了：「噢，我也是佛。我怎麼會既是佛，又是凡夫心呢？真神奇啊！」那才是開悟。

早在桑港寺期間，鈴木就講第一義和第二義，他說第一義有許多名稱：佛性、空性、實相、真理、道、絕對真理和上帝，等等。第二義是對第一義的說法和領悟之法，各種規則、教法、道德規範和形式，所有這些都因具體的人、時間、地點的不同而變化，它們是無常的。鈴木說講論佛法本身並不是真理，而是慈悲，是方便，是鼓勵。「教法或法門有很多，但佛性都是一樣的，我們找到的東西是一樣的。」

第一義不是佛陀或什麼人發明出來的，鈴木說起佛陀在林中佈道，佛陀「宣講第一義，勝義諦」，鈴木接著說：「如果你認為只有佛陀宣講的才是勝義諦，你弄錯了，勝義諦一直在，早在佛陀登壇宣講之前，勝義諦就一直在了。」

鈴木教導說，佛法不是第一義，而是對第一義的表達，也是了悟第一義的方法。只有在其「純淨無形」的本質上，佛陀的教誨才能說等同於第一義。

如果你對第一義形成了什麼概念，那概念是混亂的，如果你想找到某種具體的第一義，可以套用到任何情境中，你就只能得到混亂的概念。這些概念根本沒必要。任何時刻，佛的光輝都在一切事物上燦爛閃耀。

鈴木老師總是明確指出，第一義超越一切分別意識，超越一切通常意義上的知識，無法以瞭解相對真理的方式去了悟第一義。

菩提達摩說：「無知。」「無知」就是第一義，你們能明白嗎？第一義無法用善惡、對錯來理解，因為它同時是善也是惡，是對也是錯。

有一次鈴木把禪堂裡的學生分成兩列，右邊的人只許問有關第一義的問題，左邊的只能問關於第二義的問題，要是有人問錯了問題，就得站到另一邊去。結果沒有一個人換到對面去，儘管所有人都想體現出自己對第一義的理解，想站到第一義那組去。到最後，似乎什麼問題都無法開口問了。

有時候我是老師，你們是學生；有時候你們是老師，我是學生。

一個聲音在鈴木的宿舍門外響起：「打擾了。」說的是異常標準的日語。鈴木打開門，不禁歡呼起來：「啊——！」是格雷漢姆．佩奇，他的老學生，終於來塔薩加拉了！格雷漢姆進了房間，鈴木從熱水瓶裡倒水泡茶，一面迫不及待地和他聊了起來。格雷漢姆祝賀鈴木，塔薩加拉的道場如此精彩，舊金山城裡的新樓也很棒。

現在已經是一九七〇年六月，他們倆從一九六六年秋在林叟院分手後就再沒見過面，當時佩奇一家都去英國了。格雷漢姆有他自己的人生道路，他和寶玲在一年後又回到了日本。一九六七年，鈴木再次請格雷漢姆回禪修中心幫忙，結果又一次說得太遲了，格雷漢姆回信說他已經和一家公司簽訂了兩年的合同，要在日本辦一所教英語的語言學校，如果鈴木想讓他違約，他會照鈴木的意思去做的。鈴木給他發了封電報，告訴他「我同意你去日本的計畫。」之後鈴木就沒再給格雷漢姆寫信了。

格雷漢姆在東京住了兩年，一直在辦語言學校，他和京都的內山興正仍保持聯繫，但他的人生面目已經是商人身份了。當天晚上格雷漢姆在塔薩加拉的禪堂做了演講，關於桑港寺初期的故事，還有他在日本學禪的經歷。只有幾名最早的老生認得他，其他同學見到他也很開心，因為他是傳說中鈴木親自在西方剃度的第一位弟子，也是禪修中心最早的創始人之一，是理查．貝克的師兄弟，能聽到他講話，大家都覺得很難得。同學們都不明白他為什麼跑到別處去，不知道他有沒有可能再回這裡做事。

第二天格雷漢姆和鈴木聊起了蘭瑟小姐。一九六七年，在鈴木的叮囑下格雷漢姆去拜訪了蘭瑟小姐，之後他幾乎每週都會去看望她，寶玲和孩子們也一起去過。寶玲說蘭瑟小姐讓她想起凱薩琳．赫本，同樣都又瘦又高，留著齊肩髮，儀態優雅。寶玲很喜歡看到蘭瑟小姐逗格雷漢姆，拿他開玩笑，說他一身黑西裝穿得那麼一本正經，要不是刮了光頭，看著倒像是個摩門教士。蘭瑟小姐看到塔薩加拉的籌款宣傳冊時非常驚喜，她聽格雷漢姆說自己過去的那位英語學生所做的事情，「那小和尚竟然到西方開了道場？」她說，「我真不敢相信。」格雷漢姆來訪的時候，蘭瑟小姐經常會說起二〇年代的事，她和那個小和尚之間的故事。她告訴格雷漢姆那尊佛像的故事，讓她從此對佛法肅然起敬，可惜那佛像已經摔碎了，不在了。

在給鈴木的信中，格雷漢姆談到了蘭瑟小姐，談到自己在英國的禪堂，還有他的家人。一九六七年秋，鈴木本打算在結束東海岸之行後去英國，探望佩奇一家和蘭瑟小姐，可是塔薩加拉的事情太忙了，他不得不在最後關頭取消了行程，每個人都好失望。蘭瑟小姐給鈴木寫信，他是她過去的小男僕、小翻譯，也是她的佛教導師。鈴木讓禪修中心的祕書伊雯代他寫回信，收到這樣的回信後，蘭瑟小姐勃然大怒。她怒氣衝衝寫了封信給鈴木，叫他親自給她寫回信，她不在意他的英文有多糟糕，字寫得有多難看，哪怕只寫一張明信片也好，但決不允許再讓祕書給她回信！鈴木不再給她回信。蘭瑟小姐非常難過，格雷漢姆也很過意不去。

到了暮年，本就是貴格會教徒的蘭瑟小姐益發虔誠，她定期去當地「友誼廳」聚會。她在英國是個名人，不是因為她在日本的經歷，而是因為她和中國末代皇帝溥儀及皇后婉容的關係。BBC電視臺曾因此採訪過她，報上也登過她的故事。一九六九年她八十二歲，因肺氣腫過世，去世的時候十分安詳，手裡握著婉容的照片。

格雷漢姆帶來了幾樣蘭瑟小姐託付他交給鈴木的物品，有一卷十六毫米的錄影膠片，是她於一九三〇年在藏雲院花園裡拍攝的鈴木，還有一盞深棕色的茶杯，是用她家鄉薩默塞特所特有的陶土燒製的。

「請您給我個解釋，」格雷漢姆非常認真地說，「蘭瑟小姐向我說了許多你們之間的事情，你們曾經非常親密，而且她每次提到您的時候都很有感情。您怎能讓祕書代您回信？之後還乾脆不寫回信了，您怎能不給她回信呢？按英國人的標準，這是非常失禮的，尤其對她那樣的高齡女士，又是那樣的社會地位。我真的不解。」

「我沒給她寫回信的原因是，」鈴木答道：「她問我關於過去的問題，還向我查實某些具體的日期，我怕她在寫回憶錄，會寫到我和她相識的那段時期。」

格雷漢姆目瞪口呆，一句話都說不出來。蘭瑟小姐連自己在中國的經歷都沒寫過，都沒拿來出書！半小時後，鈴木的助理過來叫他，說鈴木想再和他談談。格雷漢姆說他跟其他人講好了要去幫忙幹活，先告辭了。他穿上工作服，和一群人一起去挖溝了。格雷漢姆說他說好了要幹這個活的，他要繼續幹活。此後，他和鈴木再也沒談起蘭瑟小姐。

❋

我們收不到來自空性的言語，但當你看到花開，聽到碎石敲打竹枝，那就是空性送來的言語。

一九七〇年夏季的一個早晨，幾個貨箱送到了派奇街，裡面裝的是鈴木俊隆的書《禪者的初心》。這是禪修中心出的第二本書了，第一本是艾德．布朗的書——廣受歡迎的《塔薩加拉麵包食譜》。學生們都擁到前廳，在那裡拿著書翻看。灰色的封面上，用黑色和白色印著鈴木的書法，是他拿絲蘭葉子當筆，在塔薩加拉的宿舍裡寫下的兩個漢字：「如來」，那是佛陀的十大尊號之一。書名是用紅色字母印刷的，在書名和作者名之間，是副標題：小議坐禪及修行。書是薄薄的硬皮書，只有一百三十四頁，每一章都很短，每章的前面有一句正文摘錄。序言的題目是「初心」，抬頭的摘錄是「初心有萬種可能性，熟巧之心則是僵死的。」（In the beginner's mind there are many possibilities, but in the expert's there are few.）

此刻沒有人想到這本書會在佛教界及其他領域產生什麼樣的影響，大家只是純粹的開心，老師的講座被集中整理出來，出書了，這樣就可以送給親朋好友啦。《風鈴》每期最多只刊登一次講座，而且也不會經常發表講座的稿子。

鈴木和歐古桑從樓上下來，和學生們一起看送來的新書。鈴木臉上的表情既驚喜又彷彿覺得很好玩。歐古桑看到封底印著鈴木的照片，很不高興。那是一張黑白頭像特寫，不久前在塔薩加拉拍攝的，當時鈴木剛剛刮了臉剃了頭（在禪修道場裡，修行人每隔五天，逢四或九結尾的天數都是整理內務的日子），他身上穿著深黑色的日式工作服，一貫表情豐富的臉在照片裡定格，目光清澈，彷彿穿透到你的內心，嘴角浮現出愉快的笑意，眼角爬滿魚尾紋，左邊的眉毛微微揚起，增添了幾分俏皮。

歐古桑還在嘮叨：「在日本我們不會放這樣的照片的。為什麼不放張正正規規的照片呢？讓方丈桑穿上最好的僧袍，好好坐在那裡拍一張嘛。」大夥兒都逗她，歐古桑只好作罷。

有人把書翻到中間的兩頁給鈴木看，上面一片空白，只在右邊畫了一隻很小的蒼蠅，那是楚迪的丈夫邁克・迪克森畫的。同學們退開了，讓鈴木獨自看一會兒書。這書是瑪麗安・德比、理查・貝克以及楚迪・迪克森共同辛勞的成果，將鈴木的教法通過一本書體現出來。

過了片刻，鈴木湊到我身邊，笑著說：「好書啊。」他用食指輕輕敲打著硬皮封面，「這不是我寫的，不過看上去還真是本好書。」

又過了一會兒，他說：「讀《禪者的初心》，讓我看到了我的弟子們對這一切的理解。」

佛法是從一雙溫暖的手傳遞到另一雙溫暖的手上。

「有好消息告訴你們。」鈴木邊說邊拍著大腿。那還是一九六九年的秋季，我們還沒搬到派奇街的新樓裡，我和鮑勃．哈爾本在一個下午去桑港寺看鈴木，他將我們迎進了辦公室。那段時間裡他一直因感冒臥床，學生們都沒機會見到他。鈴木繼續說：「我要去日本將法嗣傳給理查。」

我們倆當場呆掉了，太震驚了。鈴木看上去倒是興高采烈的。鮑勃思量了一會兒，謹慎地開口了：「老師，要是您將法嗣傳給理查．貝克，人人都會覺得您瘋了。」

「噢，不會不會，不會的。」鈴木一點也不介意鮑勃的話，「這樣多好，你們應該高興才是啊。這樣的話，等他從日本回來，你們就會有一位美國老師了。」

美國老師？我們要美國老師幹嘛？我們要日本老師啊，我們最需要的就是鈴木老師。日本的和尚看著都像挺明白的樣子，穿著僧袍特別像那麼回事，就是禪師該有的那個樣兒。不像美國人，身上的毛病和惡習我們一眼就看出來了。我和鮑勃都喜歡理查，他精力那麼充沛，什麼事情只要他做，都生龍活虎的，我們也絕對信任鈴木的判斷。不過鮑勃心中清清楚楚地知道，這事對大家來說衝擊太大了，很難適應，他想提醒鈴木要考慮到即將發生的動盪。鮑勃對這裡的人事情形摸得很清楚。

那天晚些時候，我在路上碰到了弘文，告訴了他這個消息。他像恐怖電影裡的人物那樣誇張地舉起雙手，捧在面前喊道：「不！不！不是理查！這是個錯誤！菲力浦！菲力浦會更好！」

我和鮑勃一起待在他的集體公寓裡，就是桑港寺街對面的公寓。戴安來串門，我們告訴他鈴木要傳法嗣給理查，戴安倒吸一口冷氣：「怎麼可能？理查那麼傲慢，一副一本正經的樣子。我看鈴木的學生裡就他離靈性最遠。」

鮑勃說：「你知道是誰認為理查能成為一名好禪師嗎？」

「不知道，」戴安盯著他，「究竟是誰這麼想？」

「鈴木老師。」

在整個出家的過程中，傳法嗣是最終極的儀式，表示師父印證弟子有資格獨立傳法了，可以弘揚從釋迦牟尼佛一路傳承下來的佛法，並因此祝福弟子。理查說這是傳遞無痕的心印。當時禪修中心還沒有聽說過有任何一個西方人由日本禪宗法脈得傳法嗣。因為完全沒有先例，所以鈴木的學生大多對傳法嗣抱有理想化的想當然，他們讀的佛教書籍中，將傳法嗣稱作「以心傳心」。克勞德倒是淡定，說傳法嗣不過就是頒發教師資格證，不過誰也不理會他的話。鈴木在講座中也曾說過：「傳法嗣沒什麼特別的，實際上，沒什麼東西要傳遞下去。」他一如既往地花更多的精力去擊碎學生的每一個論斷，而不是給他們概念定義，讓他們進一步執取。不過，儘管這些年來鈴木在說到法嗣時有自相矛盾的表述，但可以確定的是他非常強調師徒關係的重要性，一直說他所屬的法門是「祖師禪」。

今天晚上的課我會講得很短，尤其是我們剛吃了這麼好吃的晚餐，吃的是麵，麵條都那麼長。我們的傳承也是非常非常長的，代代傳遞，就像是一根特殊的麵條。道元禪師說：「一旦你了悟佛性，你就是老師了。」你也成了你師父的老師，你甚至成了釋迦牟尼佛的老師。

也許傳法嗣真「沒什麼特別的」，但對鈴木而言這是不可或缺的儀式，他用這樣的方式將他那顆活生生的修行之心在佛法之道上傳承下去。他也說自己一直在找繼承人，可以分擔他的責任。

一次，我開車送鈴木去塔薩加拉，一路上他跟我說起他的計畫，他想讓學生開枝散葉，去各處教學。「你可以去德克薩斯州，其他人可以去東海岸、波特蘭，整個美國，甚至走出美國。」我跟他說我不會去德克薩斯州收弟子的，我根本沒那個能耐，也想像不出自己哪天能夠格，我覺得大多數學生都還沒有能力當老師。鈴木說當然還需要時間，不過遲早會到那一天，不管我們準備好還是沒準備好，老師都會像老鳥對待小鳥一樣，將他們踢出窩去。我暗自心驚，沉默了有一分鐘。然後我問他：「您是說，您的弟子有可能在徹底懂得您的教法前就得傳法嗣？」「是。」鈴木回答。

「嗯，老師，您告訴我，」我繼續說：「您有弟子徹底明白您的教法嗎？」

「有過。」

「有幾個？」

「一個。」

「男的還是女的？」

「男的。」

「他是美國人嗎？」

「不是。」

「是日本人？」

「是的。」

「他後來怎麼樣了？」

「死了。」說著，鈴木像往常一樣打起了瞌睡。

日本和尚在得傳法嗣後，有資格穿黃色或棕色的僧袍，在美國學生的眼中，他們就像來自外星球的造物。當初弘文剛到美國，大家立刻對他恭敬服貼，向他請教佛法問題，理查就很惱火，他說鈴木的很多學生比弘文學習的時間更長，卻沒人當回事。

理查在一九六七年剃度出家，到一九七〇年秋，其間鈴木總共剃度了九名學生。柏克萊禪修中心的梅爾・魏茨曼是一九六九年出家的；比爾・闕和西拉斯在一九七〇年初披上了僧袍，西拉斯闕掉了自己的進口生意，來禪修中心全職工作了。彼得・史奈德和丹・韋爾奇也在一九七〇年一起皈依出家；後半年還有建築工保羅・迪斯可和瑞伯・安德森也出家了。瑞伯是新來的學生，非常專注，對鈴木很忠誠。鈴木在這一年初還為一對年輕夫婦做了剃度，他們是羅恩・白朗寧和喬伊絲・白朗寧，剃度之後夫妻倆就去日本的寺院修行了。一九七一年元旦，鈴木還去了洛斯阿爾托斯為一名IBM的工作人員剃度，他叫萊斯・凱爾，已經學禪很多年了。

鈴木還和其他六名學生談了剃度出家的事，其中就有我和鮑勃。某天在城裡的時候，他把我們倆叫進他鋪了榻榻米的房間，跟我們說他想讓我們倆一起剃度。我們兩個誰都沒想到他會把我們也考慮進去，算進可以出家的行列。我和鮑勃在學會控制自己欲望的道路上可謂難兄難弟，我們都屬於鈴木這個碼頭上纜繩繫得不夠緊的小舟，隨時可能在風吹雨打下飄蕩出去。我們心知肚明，俗家學生中有的是比我們表現好的，他們更有資格剃度，做大家的表率。不過我們倆都一聲不響，越發筆直地坐好，一臉嚴肅端然的表情。我只靜靜地點頭，生怕一開口反倒提醒鈴木注意到我的樣子，醒悟到讓我這樣不成器的傢伙出家實在是個錯誤。（他以前說過：「我看你們閉嘴的時候，一個個都像開悟了的樣子，一開口就全完了。」）

鮑勃問道：「您覺得我們是不是應該在晚上增加點坐禪時段，好更加精進？」

「對你倆來說最重要的不是坐更長的時間，」鈴木說，「而是要培養耐心。我也有同樣的問題。」鈴木停頓了一下，又笑著說：「要培養耐心，你得有耐心。」他揚起左眉，語調頗為溫柔：「最要緊的，是不要抗爭。」然後他讓歐古桑進來，他們夫妻倆一邊給我們量尺寸準備做僧袍，一邊嘻嘻哈哈地開我們的玩笑。

在理查之前還有六名學生曾經剃度出家，到目前為止，他們要麼已經離開，要麼遊移在禪修中心的周邊。鈴木親口承認的自己最早的兩名出家弟子是比爾·麥克尼爾和鮑勃·亨澤，現在幾乎沒人知道這兩人了。琴·羅斯如今住在駱駝谷，她在自己的公寓中召集了一小群追隨者一起坐禪[1]。格雷漢姆·佩奇仍回日本去了，看來是漸行漸遠。菲力浦·威爾森一九六九年和太太一起搬去北面的聖羅莎，當時大家還沒搬進派奇街的新樓。菲力浦不習慣這麼多的新人蜂擁而至，也不喜歡漸漸形成的等級規矩，覺得沒有適合自己的位置。克勞德·達倫伯格仍在城裡照管，但他也不是很喜歡現在這樣規模越來越大的禪修中心。他很懷念當初，那時候鈴木說最好能找到一個大點的地方，夠他們十來個人住在一起修行就好了，像東－西屋那樣的地方。鈴木曾承諾禪修中心主要致力於在家修行，克勞德覺得鈴木食言了。

到一九七〇年夏，共有六名和尚在塔薩加拉的修行期擔任過首座，他們是理查、菲力浦、克勞德、

1 原注：上述三人都是在日本時由其他和尚代鈴木剃度的。

琴、西拉斯和梅爾，很快彼得、比爾、丹也將擔任首座。越來越多的美國和尚出現在塔薩加拉和城裡，這對整個氛圍產生了很大的影響，許多從塔薩加拉成立後進來修行的學生都開始考慮是否要出家。而那些在各處禪堂做事的老學生們，依然更中意在家修行形式，他們自己一直都在開展這樣的修行。

鈴木也沒有輕視在家修行，也給學生們做在家皈依儀式，一九七〇年八月末，三十六名學生做了皈依。鈴木上一次給學生做在家皈依儀式還是在一九六二年，之所以中間那麼長時間再未做過皈依，是因為第一次皈依的人有不少很快就退出了，有一對夫婦還把皈依儀式上領的絡子退還給鈴木了，讓他備受打擊。不過對一九七〇年的這次皈依儀式，鈴木很有信心，這些人至少已經追隨他三年了。

鈴木及其僧伽都在摸索創新的過程中。在美國，佛教居士與和尚該是什麼樣子？只有他們的嘗試才能為此譜寫定義。他們共同生活，從前輩那裡學習，將自己心目中對佛教的理解表達出來，如此一步步地讓美國佛教徒的面目清晰起來。他們連怎麼稱呼自己都還未確定，「僧侶」似乎太具有苦行的味道；「教士」又太高階。這兩個詞一時間都胡亂使用著，不過對已經得傳法嗣，或那些至少當過首座的人來說，「教士／和尚」可能是更合適的稱呼吧。還有人建議說剛剛剃度出家的可以被稱作「沙彌」，不過這個稱呼沒有流行起來。

鈴木一直強調，和尚並不比在家之人高等，只不過是不同的身份而已。再說這裡的所謂和尚和在家人到底有什麼區別呢？他們中除了琴，其他個個都要麼成家，要麼有約會對象。鈴木曾經要求梅爾在一年裡不要找女朋友，然而到了年底，鈴木在不經意間對梅爾說他知道梅爾沒能做到。無論出家還是沒出家，大家在塔薩加拉和城裡都一樣早起，一樣坐禪、誦經、學經文，勤奮工作，過著一樣的半修道院式的生活。當然城裡的修行生活相對寬鬆些，大家有私人時間，可以一起外出休閒。有的人專門修行，有的還有工作，要上班。有幾次講課時，鈴木說：「我們既不是和尚，也不是俗家人，我們在這兩者之間。」禪修中心正產生著某樣新事物，鈴木且行且看。

有一次梅爾問他：「到底怎樣叫做當和尚？」

鈴木回答：「我不知道。」梅爾只能自己摸索體會了。

差不多一整年的時間裡，鈴木都在跟人說他決定要去日本向理查傳法嗣，他也在一點一點地收集來自各方的回饋，絕大多數的人都持否定態度。鈴木問西拉斯怎麼看，西拉斯說對這個集體而言，理查也許過分聰明了。鈴木聽了回答說：「也許是你們這些人不夠聰明吧。」最後，他終於在塔薩加拉的一次會議上宣佈，關於這件事情，大家必須信任他的決定。

一九六九年，當鈴木在桑港寺告訴我和鮑勃他想傳法嗣給理查時，我問他：「好吧，老師，那您告訴我傳法嗣到底是怎麼回事？這是不是表明理查．貝克已經完全開悟了？他的心和佛陀的心已經一樣了？他的理解已經圓滿了？」

「呵，不是不是，不是這樣的，」鈴木說，「不要太把這個當回事。這只是表明他對佛法有很好的理解。他有了很好的理解，也願意全然投入其中。」

> 禪修是為了讓我們了知「真心」，超越思維的心。此心無法通過通常意義上的努力來讓意識覺察，必須通過不一般的努力。坐禪就是這不一般的努力。

一九七〇年八月，鈴木去了日本，準備在那裡待四個月，除了要給理查傳法嗣以及探親訪友之外，他還想好好考察一番，找尋適合美國學生來習禪的地方。

歐古桑說服他提前一個月動身，這樣就可以和她一起參加桑港寺廟眾朋友組團前往的南九州陶藝之旅。歐古桑再三懇求他同行，拜託他不要帶任何弟子。她知道他倆這輩子也就這一次真正一起度假的機會了。就在他們動身出發前，鈴木病了，他讓歐古桑自己去吧，歐古桑不肯，求他一起去，說他什麼都不用操心，什麼都不要他動手，他就只管閒閒地跟著，休息就是了。於是他們一起去了。

他們就像日本的舊式夫妻那樣，歐古桑拎著大包小包，鈴木只拿塊隨身帶的手帕。日本的初秋炎熱潮濕，他們走了一個又一個小鎮，參觀那裡的陶窯。鈴木盡力支撐，晚上歐古桑為他按摩、針灸。可是鈴木的情況沒有好轉，到了第二個星期，團裡其他的人每天出去遊覽，歐古桑則陪著鈴木一直待在賓館裡。直到旅行結束回到林叟院，鈴木才漸漸康復。

格雷漢姆來林叟院探望自己的老師，鈴木和他說起很難找到合適的地方送美國弟子來學禪。野圦身體不好，沒法接受更多的學生。鈴木走了幾家培訓寺院，感覺都不適合他的美國學生。永平寺顯而易見地太過龐大，繁文縟節多到不堪重負。理查到那裡後根本受不了，說純粹是浪費時間。永平寺是座精美的古寺，但根本不適合外國人去那裡學禪，它更像是日本和尚的訓練營，在那裡學習當和尚的技術和儀態舉止。理查跑去京都的安泰寺學了一年，然後又去了大德寺，跟隨一位臨濟宗的禪師。對此鈴木不太贊成，他也不想送學生過來學習公案，不過對理查本人，鈴木讓他自己的事情自己做主。

格雷漢姆對鈴木說：「您真應該看看安泰寺。」安泰寺也是只強調坐禪，很適合格雷漢姆的脾性，他和住持內山也很合得來。內山不像鈴木，他完全無視等級規矩，對日本的禪宗狀況嗤之以鼻。格雷漢姆在塔薩加拉的時候，感覺到了日漸增強的等級制度和對形式的注重，讓他很不喜歡，他希望鈴木去安泰寺感受一下，能受到觸動，回到在舊金山早期的風格。

他們去了京都，和內山見了面。當天下午，鈴木向跟隨內山坐禪的日本學生做了個講座，十分簡短。晚上，鈴木給內山的西方弟子演講，足足講了三個鐘頭，都是問答式的對話，氣氛活躍。有些日本學生也參加了晚上的講座，當他們聽到鈴木用英語講課的時候，才明白他為什麼會有這麼多學生。下午鈴木用日語給他們講課的時候，簡直乏味得要死。

理查．貝克坐在林叟院主殿側翼的一間房間裡，屋裡鋪了榻榻米，他坐在那裡用毛筆仔細抄寫漢字名字，是鈴木法脈的歷代師承的名諱。這是傳法嗣儀式的一部分，屬於師徒間的私下儀式，要花幾週的時間。鈴木在主殿的另一側，正接待親友和廟眾，每天都有絡繹不絕的人來拜訪。理查在永平寺的修行期未滿就憤然離開了，他實在受不了那裡空洞虛浮的所謂修行，基本上就是為了拿到一張和尚的資格證。他尤其厭惡每天都搞的那套「修行秀」，完全是做給幾百名俗家佛教徒和一車車的遊客觀看的表演。和格雷漢姆曾經的經歷一樣，永平寺也專門派了名僧人出來找理查回去。鈴木也想讓理查回去完成規定的修行期，他向格雷漢姆徵求意見。儘管格雷漢姆自己在永平寺受過罪，也完全明白理查的感受，他卻對鈴木說一定要讓理查回去堅持到底。理查寧死不從，鈴木只得作罷。對鈴木而言，這次在永平寺丟盡了顏面，但他更在乎理查，永平寺就隨它去吧。他順了理查的意。

理查在林叟院也待得惱火，鈴木只顧接待朋友，壓根沒理會他，由他自己待在後殿裡。最後理查跑到鈴木一家的住所，說要是鈴木沒時間照應他，他就回京都老婆孩子那裡去了。鈴木開始花更多的時間和他在一起，理查繼續住下去了。一九七〇年十二月八日，佛陀成道紀念日，鈴木完成了師徒間的傳法嗣儀式。

回美國前，鈴木來到東京的曹洞宗總部，想要將理查和其他幾名他剃度的美國弟子的名字登記進曹洞宗的體系。鈴木一九六六年回日本的時候就做過這樣的嘗試，當時沒有任何下文。鈴木本人已經是離經叛道之人了，他的弟子們也沒一個循規蹈矩的。按照慣例，日本的僧人都要經過一番冠冕堂皇的儀式，得到認證，然後登記在冊，不過這裡面沒有法脈之位留給鈴木和他帶的蠻夷弟子。

理查不知道鈴木去跑註冊的事了，他記得鈴木說過禪修中心和日本曹洞宗之間沒有正式的等級關係，只是友好關係。照道理說，日本和尚在傳法嗣後，應該有一個叫做「伝衣」的儀式，算是曹洞宗正式承認該和尚得傳法嗣了。在這個儀式中，這名和尚要手執牛尾拂塵，分別到永平寺和總持寺做「一日住持」。鈴木看著理查說：「我看你還是手執拂塵去白宮揮舞一天吧。」

趁著還在燒津，鈴木去看了家庭醫生小澤，儘管鈴木自己說身體感覺不錯，小澤醫生卻告訴他，他的肝臟不好。

「看到沒，」歐古桑聽到這消息後說：「你應該讓理查回去管禪修中心。你就待在這裡，我去舊金山把東西收拾收拾，回來照顧你。」

鈴木說：「不行，我要回去了。我要和學生們一起在派奇街慶祝新年元旦。」

第十八章

司機 一九七一年

你如何才能練習坐禪？只有當你接受自己，真正地知道你存在於此，你才能練習坐禪。你無法逃脫自己。這就是終極事實，「我在。」

從日本回來後，鈴木度過了一段健康狀況相對良好的時期，在派奇街和學生們生活得很順利。他坐禪，做法事，經常和大家一起在食堂吃飯，還與許多學生喝茶或獨參，有單獨接觸的機會。

儘管鈴木對自己的僧伽以及仍遠在日本的理查都充滿信心，他卻不是個幼稚糊塗的人，對出現的每一個問題和障礙，他都明明白白地看在眼裡。在講座中，他總是警告大家不要對佛法產生執取心，他說宗教真的有可能是鴉片，要放下這些，你應該是你自己。一九七〇年的日本之行讓鈴木再次感受到體制所固有的腐化特質，他說：「不要再給我那老朽的宗教。」他催促學生更加精進。他看到的一大危險是「在群體中迷失」。他一面讚許僧伽組織所具有的種種美好品質，一面告誡自己的學生千萬不要變成綿羊。鈴木在最近的這次日本之行中，去京都見到了內山。內山和自己的師父澤木一樣直言不諱，當著鈴木的面怒斥日本的「群氓心理」，說日本人天性就有「群體無意識」。在一次派奇街的講座中，鈴木以自己特有的貌似矛盾的風格，反反覆覆地強調這一主題。

我們要知道我們的禪修中心該怎樣將道元的修行方式發揚光大。我們的修行是個體的修行：同時也是群體的修行。這是隱士般的獨修，同時也一樣可以在現代社會中進行這樣的修行。這是道元修行方式的特點。這是真正意義上的安於自身。雖然你們身處現代社會，你們在任何時刻都不應該失去鮮活的感受。我們不應該被束縛。我們應該知道自己內在的新鮮活力。

我們修行的重點是遵循時刻表，和大家一起做事。你會說這是群體修行，但這不是群體修行。群體修行是很不一樣的，那是很狡詐的藝術。我記得在二戰時，和我們一起坐禪的一些年輕人是軍國主義的熱烈擁護者，他們說：「佛經上講修行的要義就是了生死，雖然我不懂佛經，但我卻能上前線，義無反顧地去死。」那就是群體修行。衝鋒號一響，槍聲齊鳴，戰場上慘叫連連，在這樣的情境下，義無反顧地去死很容易。那樣的修行不是我們的修行。當然我們首先是和他人一起修行，但我們最終是和山巒、樹林、石頭一起修行，和這世間、這宇宙中的一切一起修行，在這個蒼茫的宇宙、這個紛繁的世界中發現自己。

一九七一年二月，鈴木在城裡的禪修中心舉行了攝心，他講座的時候，佛堂裡擠滿了人。二月二十七日，星期日，鈴木做了講座，這場講座給許多學生的心裡留下了一種空空的感覺。後來他們把這次講座稱為「司機講座」。

講座一開始，鈴木說我們修行的目的是想要全面覺悟，而障礙我們覺悟的是虛妄之見，我們沒能力清晰地看。「你們想要找尋真理，很自然，你們希望得到地圖，能清楚地指點該往哪條道上走。這就是為什麼要有老師，他給你地圖，或告訴你該往哪裡走。」

他繼續說應該怎樣和老師相處：你不要浪費自己的時間，不要浪費老師的時間。「老師走得快的時候，你也要快，老師慢的時候，你也慢。也許老師就像你的司機。」他說學生會讓司機在咖啡館門口停下來，然後他們會跑去玩，閒蕩。

那樣一來，你也許就會失去你的司機，因為他等不了那麼久。如果他太老了，他會死。那麼你要是還想去城裡，你就得另找個司機了。當然你有些優勢了，因為你已經走了這麼遠。可是，唉，你要知道，到那時候你會很想念那個老司機的。不過這樣的話你就又有了個優勢，因為你想念那個老司機，那這次再上車後你就會很用功，絕不浪費你的時間了。你再也不會和司機胡鬧，說：「在這停一下！」尤其是你自己根本不明白離城裡還有多遠，這次你自然就老實了，不再胡鬧了。

鈴木從來沒有像這樣講課過。他在給學生建議，應該怎樣和老師相處，怎樣和能夠做你老師的另一個人相處。他在擔心，擔心這些他心愛的乘客，擔心即將接任的新司機。他擔心自己的身體已經時日不多了。

三月十二日，鈴木飛去波特蘭，探視一個與禪修中心相關的修行小組。歐古桑很擔心他的身體，讓瑞伯・安德森陪同前去。想當初一九六八年的時候，瑞伯開著一輛灰色卡迪拉克靈車，停在桑港寺門前，來看望他最要好的兒時密友鮑勃・哈爾本。從那時起，瑞伯就跟著鈴木學習了。瑞伯曾是重量級金手套拳擊冠軍，他也在明尼蘇達大學學習心理學、哲學和數學。自從遇見鈴木後，他以堅定不移的毅力成為鈴木最密切的弟子之一，兩年後就剃度出家了。在這短短的兩年時間內，瑞伯讀的佛法典籍比其他任何一位學生都多。他修行的熱情很高，有時會一整夜地坐禪。他總是想更貼近鈴木，而他的專注和堅定使他總是能和老師更加接近。

到波特蘭的當晚，鈴木就做了講座。第二天上午的時候，瑞伯正拿著香板巡視禪堂，他看到鈴木在坐墊上痛苦地彎著腰。瑞伯趕緊上前察看，鈴木說：「我痛得厲害。」瑞伯立刻送鈴木回到他們的住處休息。第二天早上，鈴木仍未好轉，嘴裡咳出苦膽汁來。他們飛回舊金山，飛行途中鈴木勉強支撐自己。到舊金山後，歐古桑和伊雯推著輪椅來接機。鈴木雖然走路都有困難，卻還是拒絕坐輪椅，他一反常態地固執，說：「不坐輪椅。我是一個禪師。」

回到派奇街後，鈴木脫下僧袍，直接任它滑到地上攤成一堆，瑞伯知道情況真的不妙了。多年來瑞伯一直悉心觀察鈴木的一言一行，以老師為榜樣，鈴木從來不會當著瑞伯的面做出這樣的舉動。

去醫院的途中，鈴木必須被人抬上車去。醫生很快查出是膽囊的問題，立即做了手術。

❋

要明白佛法，直接的體驗、直接的修行是必需的。要想如此，你必須非常開放，直截了當，願意面對發生在自己身上的任何事情。

一九七一年的冬天，戴安．戈爾奇萊格每天下午回到派奇街的住處時都要放聲大哭。她在中國城裡一家保險公司的餐廳工作，想要攢點錢好去參加塔薩加拉的下一個修行期，可是她工作得太不開心了，每天都痛苦不堪。獨參的時候，鈴木建議她下次擦桌子的時候，試著和桌子說話，就像桌子是自己的朋友那樣，告訴它們她很高興把它們擦得乾乾淨淨的，她希望桌子們感覺舒服。戴安發現這樣一來真的好過多了。可她還是哭啊哭的。戴安就住在鈴木的樓上。有一次在禪堂裡，鈴木拿著香板巡視，走到戴安跟前時，他輕輕地將香板放在她的肩頭，卻沒有打她。鈴木只是站在那裡，用香板輕輕地按住戴安肩頭，就這樣站了很久。

這天戴安提前下班，心頭只有一件事情要去做，就是去蒙特利錫安醫院看望鈴木，鈴木做完手術還未出院。歐古桑不讓任何學生去探望，但戴安不管，她覺得那不公平，她一定要去，她欠鈴木的——欠他一角硬幣。

上一年夏天，戴安因輸卵管發炎化膿，進醫院手術，鈴木和歐古桑一起去了蒙特利的醫院看她。歐古桑問候了戴安，祝她早日康復，然後就走開了，走到窗前等著，一來讓戴安有時間和她的老師單獨待一會兒，二來也確保他們探望的時間不會過長。戴安沒和鈴木說什麼，她只是看著鈴木。鈴木俯身說：「讓我看看你的傷口，我就給你一角錢。」

現在鈴木住院了，戴安也想給他帶去情誼。

戴安來到病房門口，一群日本訪客剛剛離去，歐古桑很不客氣地瞪著她。

鈴木對歐古桑說：「我想讓她進來我這兒，你走開。」

戴安來到鈴木老師的病床前，問候一番他的病情，然後她提醒鈴木，當初她開刀的時候，鈴木用一角錢看了她的傷口，現在她手頭有一角錢，該鈴木給她看傷口了。鈴木讓她看了，傷口鮮紅，針線都還未拆。戴安問鈴木用什麼止痛藥，鈴木說什麼藥都沒用，他儘量白天不睡過去，這樣不管怎麼痛，晚上總能睡著了。戴安為鈴木按摩腳趾，給他看她朋友瑪格麗特為他寫的詩，還給他看自己新畫的一幅小畫，上面是五顏六色的奇幻獸。鈴木對她想像出來的小獸讚不絕口，兩人瘋瘋癲癲地說了一會兒話，然後戴安向鈴木鞠躬告別。

想要真正學禪，可不是嘴上功夫，你必須開放，必須放下一切，無論在修行中遇到什麼，你都必須嘗試，不管你覺得是好是壞。這是習禪的基本態度。你就像個孩子在畫畫，不管畫的是好東西還是壞東西。有時候你不出於任何理由而去做一件事情。如果你覺得你沒法這樣，你就還沒有真正準備好坐禪。

我們的修行就是學會如何不迷失於自身的問題中。

手術後，鈴木在醫院住了幾週，醫生對他說許多人在切除膽囊後都會覺得身體狀況好多了，恢復健康時的活力。一九六九年末到七〇年初的這個冬天，鈴木一直不斷地患流感，醫生的話讓他看到希望，希望自己能回到之前的狀態。然而，很快醫生帶來了壞消息。

醫生將鈴木夫婦叫到一起，告訴他們常規的切片檢查結果顯示，鈴木患了膽囊癌。醫生也沒料到會有這樣的結果，因為膽囊癌是非常罕見的。不過醫生很有把握地說，癌變部分已全部切除乾淨，四周的組織呈粉紅色，看上去很健康，癌細胞並未擴散，所以鈴木夫婦不用太擔心。可是，這仍是個打擊，讓人不安。鈴木本來覺得自己還能活個十年，現在一切都說不準了。他不是為自己感到害怕，而是為學生們憂心忡忡。他們決定不要聲張，沒必要鬧得人心惶惶。

幾天後，歐古桑把鈴木的郵件帶到醫院，除了一大堆的問候卡片和信箋，其中還有一封片桐寫來的信，信上說他打算很快就辭職。這一下打擊讓鈴木猝不及防，極大地震傷了他。

鈴木本來就已經擔憂禪修中心的規模變得太大，哪怕有片桐幫著他，自己也已經無法照應了。片桐來了有七年，已經成為主要老師，他的存在對整個團體而言也越來越重要。對鈴木來說，有片桐在身邊，幾乎是生命中至關重要的部分。可是鈴木一直沒有關心片桐的內心，既沒有給他空間，也沒向他表示讚許和欣賞。

片桐在塔薩加拉給立髮做翻譯，做他的助手，片桐恨死這份工作了。在片桐眼裡，立髮身上的每一處都代表了他所痛恨的日本舊禪宗。片桐眼中的立髮，是個傲慢無禮、居高臨下的老頭，成天盯著些陳腐的儀式不放。片桐無法忍受自己這千年老二的地位。他愛鈴木，尊敬鈴木，但他周圍有許多人也許是因為文化差異拉開的距離，把鈴木當成神一樣完美無缺的大師，長年累月地和這些人共事讓片桐越來越焦躁。鈴木曾提到他可能會從禪修中心大方丈的位置上退下來，以後只專心帶幾名弟子，讓理查當大方丈，片桐當禪修中心的資深傳法老師。可是片桐想要建立他自己的修行團體。

鈴木現在連床都下不了，他已經覺得很沒用了，片桐的來信讓他更加無助。歐古桑明白這對鈴木來說是多麼災難性的打擊，她覺得這消息本身就能要了鈴木的命。

鈴木出院後回到派奇街，但他的精力並沒有如眾人期盼的那樣迅速恢復。整個四月他都躺在床上等待康復，到了五月才出來走動。他做了一個晚間講座，也到食堂進行慣常的問答討論，他對學生們說他感覺很好，還掀起袍子給他們看自己手術的刀口。

鈴木的小兒子乙宥從越戰回來，度過了幾年抑鬱期，慢慢地恢復後，去日本航空公司上班了。陣亡將士紀念日這天，他到派奇街接鈴木和歐古桑去參加在科爾馬公墓舉行的一年一度的紀念儀式。鈴木在那裡看到了片桐，他倆站到人群的周邊談了一會兒。鈴木問片桐離開禪修中心後準備去哪裡，片桐說他還沒什麼打算。鈴木很吃驚，他和歐古桑都以為片桐已經和哪個修行團體談妥了。「請不要離開吧。」鈴木說。片桐沒有吭聲。

幾天後，片桐回塔薩加拉，他是來收拾東西準備走人的。鈴木正從城裡趕來的路上。鈴木的助理是尼爾斯．霍爾姆，一名來自丹麥的木匠和水手。片桐問過尼爾斯鈴木出城了沒有，尼爾斯讓他放心，說鈴木還沒動身呢。他在撒謊，鈴木已經打來電話，讓尼爾斯儘量拖住片桐，等他趕過去。片桐不想在塔薩加拉見到鈴木，因為在這裡面對面地談和在公墓那裡撞見時相談的性質不一樣。要片桐當面開口說「不」太難了，什麼都不說也很難。

然而鈴木突然就出現在片桐眼前，片桐瞪著尼爾斯，知道自己被他騙了。尼爾斯在鈴木的小宿舍裡為他們泡茶，他看著兩位老師，他們的舉動如此奇特，他以前從來沒有見過他倆這樣。他們彼此恭恭敬敬地向對方大拜磕頭，然後相對正坐，用非常正式的日語交談，出奇地彬彬有禮，語調抑揚頓挫，富有節奏，顯示出一種儀式性的誠摯。這對尼爾斯來說太陌生了，是異域的氣質，難以理解，但他能看出鈴木在表明自己為長者、尊者。片桐最後同意再留一段時間，等著參加即將召開的董事會議。

董事會議上，大家討論了關於立髮的議題。之前已經有三個修行期都由立髮主持，塔薩加拉也發出了邀請，請他繼續來主持下一個修行期。眾人對立髮頗多爭議，有的學生覺得他很好，許多人則是忍耐他，還有少數人乾脆因為有他在而離開了禪修中心。在他的引領下，塔薩加拉從一個公社性的組織越來越向修道院風格轉化，立髮盡其所能地按永平寺模式來改造塔薩加拉。

立髮把塔薩加拉當成他自己的地盤了。他依然看不起鈴木，認為鈴木只是個鄉村和尚，沒有接受過專門的培訓，其能力根本不足以運行一個道場。在他眼裡，鈴木不配擁有這樣的權威，他自己才配，他在永平寺當了十三年主事和尚，專門負責糾察僧人的風紀，主持儀式。有一次，立髮在永平寺開會的時候，向同僚及眾僧吹噓他「在美國的道場」，當時理查也在，而且正是理查最初起意邀請立髮去塔薩加拉的。立髮得意洋洋地吹牛皮，理查一聲不響，等他吹完了，理查站起來，代表塔薩加拉感謝立髮，感謝他去那裡做一名「客座老師」。

鈴木早就跟還在日本的理查說了，對邀請立髮來塔薩加拉這件事，自己一開始就不贊成，不過對別的學生鈴木則隻字不提。立髮當然有他的好處，鈴木也一次又一次邀請他再來。立髮就像個舞蹈編導，可以教整個團隊歌舞的基本舞步，基本規則，這樣鈴木能騰出手來和一些已經深入的學生進行更加細微的琢磨，進入精髓部分。也許立髮過分強調儀式了，但鈴木說「如果你的心態開放，且願意學習，如果你以這樣的心態仔細觀察立髮老師的修行方式」，那立髮就會產生好的影響；「如果你的心態是想有所得，那你從立髮那裡只能學到禪宗藝術，而不是真正的禪」，這樣他產生的影響就非常不好。

鈴木讓塔薩加拉自行演化，出來的形式不同於任何日本已有的佛教團體形式，立髮對此頗不以為然。立髮總是有意無意地對大家說，鈴木的禪修教法弱得很，這讓給他做翻譯的丹・韋爾奇十分惱火。鈴木曾說，他只能教導他自己知道的東西，那就是坐禪。同樣，立髮也只能教導他會的東西，那就是永平寺的寺廟規矩。不過就算鈴木對立髮的教導所產生的影響並不滿意，他那「老奸巨猾」的心裡也有盤算：讓這些學生去面對困惑和疑問吧，這不是壞事。

在五月份召開的這次董事會議上，片桐的辭職和眾人對立髮的不滿貌似兩個不同的問題，實則彼此相連。鈴木明確表示他希望片桐留下來，他利用董事會議這個機會說出他的想法，懇求片桐留下來幫忙，鈴木還從未表現得如此能言善辯過。片桐依舊堅辭。於是董事會的成員們一個個上去傾訴，他們本來就是學生，現在他們對著片桐說他們多麼愛他，他對他們意義重大，希望他留下來和鈴木老師一起教導大家。說得懇切之至，都流淚了。

然後鈴木打出了他的王牌。他請片桐來主持接下來的秋季修行期，說他將撤銷對立髮的邀請——這是個嚴重的信號，明確表示禪修中心和立髮一刀兩斷了。片桐終於做出回應，說：「好吧，我接受，但你一定要來塔薩加拉和我一起主持。」鈴木同意了。於是一瞬間，片桐回來了，立髮出局了。

在日本，格雷漢姆去拜訪立髮。格雷漢姆在塔薩加拉時看到了立髮給那裡帶來的影響，他一點都不喜歡，不過他從來沒說過什麼。立髮對格雷漢姆說，他日後準備在塔薩加拉終老了。他給格雷漢姆看一張照片，是個很有吸引力的年輕女人，他告訴格雷漢姆那是他在塔薩加拉的助理，他已經為這女人剃度了。顯然他們倆關係密切。立髮還跟格雷漢姆說，每次去塔薩加拉，他都帶不少東西去，然後留在那裡不拿回日本了。很快他就準備長住那裡，偶爾回日本看看老婆兒子吧，他自己的寺廟也準備傳給兒子了。可惜這一切都不會發生了。很快立髮就要收到塔薩加拉的來信，他們將撤銷對他的邀請。他那顆堅硬的心，估計也會碎了吧？

立髮第一次到美國時，鈴木和幾名學生去機場接他。他們眼瞅著立髮走下飛機，穿著旅行僧袍，趾高氣揚，春風得意，鈴木說：「我都能看到他有的罪好受了。」

我們的修行之道是看到自己在做什麼，一刻又一刻地看到。

儘管去日本學禪的學生們連遭慘敗，還是有許多學生前仆後繼地踴躍前往日本學禪，鈴木也一直在找尋合適的途徑。保羅．迪斯可和他的妻子兒子一起去了日本，結果還挺好，他在那裡一面學禪，也一面學習寺廟木藝。又有一對夫婦要去日本，鈴木剃度了他們，到日本後，妻子在一家庵堂學習，還算不錯，而丈夫的下場是不得不強行注射了鎮靜劑，被抬出永平寺。禪修中心的一名女學生在日本寺廟的修行經歷讓她徹底拒絕了佛教，她買了個假髮戴上，跑回了洛杉磯。

鈴木也和瑞伯說了去日本學習的事，瑞伯已經在學日語，為此做準備了。另有一名女生安琪·潤楊，鈴木也打算送她去日本，準備在秋季為她剃度。再還有丹·韋爾奇，鈴木也和他說了去日本的事。瑞伯、安琪和丹都是鈴木忠心耿耿的弟子，他們沒打算去和別的老師學習，尤其是現在，鈴木的健康讓人擔憂，誰也不知道他還能撐多久。但既然老師讓他們去，他們就會照做。

其他幾名學生，包括我，不怕和鈴木頂嘴，就堅決不同意去日本，至少現在不能去。看看那些去了的人的遭遇，就知道在日本學曹洞禪有多艱難了。曹洞宗裡只有特立獨行的內山興正和安谷白雲源源不斷地吸引著西方弟子前去學習。可是鈴木似乎寧可冒失去弟子的危險，也要堅持他的老想法，將學生送去日本學習，讓彼此間的知識和領悟得以互相交流。他認為自己和其他日本助教在塔薩加拉所教的不夠我們真正理解禪宗和日本文化，只有親身到日本去才行。

伊雯·蘭德和鈴木爭論過，她不同意再送女生去日本。鈴木說他自己不知道怎麼教導女性出家人，他覺得一位女性老師會更能理解她們。安琪不和鈴木硬頂，但她說她從不指望能遇見一個像鈴木一樣理解她的人。伊雯對鈴木說對女性修行者而言，日本不是個合適的地方，因為女性在那裡從來就是二等公民。伊雯是那樣一種女性，她曾對自己的一個朋友說，要是他堅持，她就橫在他面前的榻榻米上又哭又踢，直鬧到他回心轉意為止。最終，瑞伯、安琪和丹都沒去日本。不過還是有其他學生去了，而且漸漸地送學生去日本學習的好處也顯現出來了。

早些時候有一次，鈴木、歐古桑和一名叫做吉村的助理和尚一起商議丹·韋爾奇去日本學習的事，丹的妻子路易士·普賴爾也在場。丹已經出家，而且和臨濟宗的中川宗淵學習過很長時間，說得一口流利的日語，鈴木他們打算讓他去日本一間寺院待上兩年。幾個人在那裡只管商議，沒人問路易士的意見，彷彿她根本不在場。

「那我怎麼辦？」路易士問道。

吉村說路易士不能去，因為她不是日本人，人家照顧起她來很麻煩，會給寺院住持的太太增加負擔。她丈夫在日本學習的時候，她就自己在美國待個一兩年好了。

路易士怒了：「你想的是男人比女人重要，和尚比俗家人重要，日本人比美國人重要。但我就是個女人，我就是個俗家人，我就是個美國人。我就在這裡！」

誰都不響了。鈴木轉過身對路易士說：「你剛剛說的，恰恰是菩薩行的精神啊。」

＊

你無法從你的低層次上評判一位老師。

一九七〇年初，鈴木俊隆讀到了邱陽．創巴仁波切的《動中修行》（*Meditation in Action*），創巴是一位剛到美國的西藏上師。鈴木的一些學生聽過創巴的演講，和他見過面，回來和鈴木談起這位新上師，滿是景仰誇讚之辭。一天晚上，鈴木和學生在派奇街吃過晚餐，正一起打坐，他突然開口說：「有人要來了。等他來了，我猜禪修中心的人會跑個精光，只剩我一個囉。」然後他哈哈大笑起來。當時大家聽得丈二金剛摸不著頭腦。鈴木說的是創巴。

一九七〇年六月，創巴和鈴木在塔薩加拉見面，一見如故。那天晚上，創巴、他年輕的妻子，還有他的一些學生留下來吃晚飯。晚餐快結束的時候，鈴木進來了，就坐在創巴的對面。他們倆彼此對視，目光熱烈而凝注，他們的談話從容緩慢，中間不時有大段的沉默間隔。

鈴木請創巴第二天去禪堂為學生演講。創巴走進來的時候醉得腳步踉蹌，一屁股坐在佛龕講壇的邊上，兩隻腳垂下來一盪一盪的。可是他的講座真是了了分明！有人能感受到其中的特質，那是鈴木講話中同樣具有的特質——他們不僅是在講法，他們的話語本身就是法。之後，鈴木請創巴在自己回城裡待的時候去派奇街講法，創巴去了。鈴木和其他任何老師都沒有產生像他和創巴之間的靈犀。他們在一起時還談到作為一名上師的孤獨。創巴將鈴木稱為自己靈性上的父親，而鈴木也對他說過：「你像我的兒子。」

鈴木和創巴的密切關係讓很多人頗為不安，也許這是因為創巴的為人，他講起課來光芒四射，鼓舞人心，是一位深受許多弟子愛戴的上師，但同時也是個無可救藥的酒鬼，還和他的女弟子們上床。

一九七一年五月的一個下午，創巴突然登門，到派奇街找鈴木。他抱著自己剛出生的兒子，希望鈴木能祝福這小嬰兒。鈴木尚在術後恢復期，但他不顧身體的虛弱，來到佛堂做了個小小的祝福法事。他還專門穿上了色彩明亮的黃色僧袍，帶了高高的帽子，看上去非常適合西藏人的風格。法事結束後，他們倆到庭院裡喝茶。

後來，鈴木的不少學生都開始去創巴那裡學習。有些人還專門去了創巴最常待的波德，其中就有鮑勃·哈爾本；其他的人仍留在禪修中心，每次創巴來舊金山自己的道場時，他們就去那裡聽課。鈴木對此毫不介意，他甚至還建議某些學生去跟隨創巴學習。他和創巴經常通信聯繫，也通過來來往往的學生們傳遞資訊。對於創巴的很多想法鈴木都很有興趣，比如互相交流學生到對方那裡學習，開辦佛教大學，互通講座錄音及圖書館資料，建立一個修行中心，專門接受創巴說的「根器極高」的學生。

創巴的視野是嶄新的，振奮人心。他比鈴木年輕得多，充滿活力。不過鈴木也說過他的擔憂，創巴的生活方式太過沉溺，怕是短壽，沒時間完整地建立起自己的修行之道。鈴木自己的生活近似苦行僧，而創巴的人生則頗惹爭議，儘管如此，鈴木從未因創巴的生活方式而將他拒之在外，相反，他一直完全接納創巴，對他充滿了愛。一九七一年七月的一次講座中，鈴木提到了創巴：

空性無始亦無窮，因此我們可以完全地信賴它，對不對？這是很重要的一點。我不是在騙你們！明不明白？你要是真懂我的意思，你會流淚。你會真的快樂，因為自己是個佛教徒而快樂。如果你足夠努力，你就能真正地感受到這一點，感受到它是多麼重要。你如何才能努力呢？你需要幫助，要有東西能支持你，那東西是你所不明白的。我們是人，情感是我們必需的，我們要感受到情感，就在這城裡，就在這棟樓裡，就在我們的集體裡。所以不管是什麼樣的團體，都需要能提供這樣精神上的支援。這就是為什麼我尊敬創巴仁波切。他在支持我們。是，他喝起酒來就像我喝水那樣，你對此很看不慣，但那是細枝末節。他完全信任你。他知道只要他一直支持你，在真正的意義上支持你，你就不會批判他，無論他做什麼。而且隨便你說什麼，他都不會在意。這些都不重要，你知不知道？只有那個博大的精神，那種放下一切宗教形式、修行形式的精神，那才是人類所必需的精神。

你做的任何事情都是對的，沒什麼是錯的，儘管如此，你仍是要不斷地努力。

一九七一年六月，鈴木在城裡舉行攝心，在攝心過程中，鈴木做了膽囊手術後的第一次公開講座。

在這次講座中，鈴木老師說道：「我們的修行方式是只管打坐。」他說通常我們做事情總是為了些什麼，從這個角度來說，學生們日復一日地堅持打坐，他們的修行會更精深，他們的心理及身理的健康會得到改善，「但這樣理解修行是不全面的。我們還應該進一步去理解坐禪，那就是我們不是為了一兩年後的一個目標，此刻已經是我們的目標了。」他在講座中還繼續指出，真正的修行不是一種對真理的科學性的研究。我們不應該忽視真理有其客觀的一面，也要知道它同時是主觀的，佛陀的整個教法是專為你一個人的，是你可以品嘗到的。那不是某種讓你去相信的東西，而是要你去發現，去體驗的。

如果你並未體驗到真理，只是接受了一些關於真理的觀念，那是畫餅充饑。你沒嘗到味道，你就堅持不下去，因為那毫無意義，哪怕你一週七天每天都打坐。真正的坐禪不是那樣的。要是那就是禪，那麼禪老早就在這個世界上消失了。之所以禪一直流傳到現在，依然活著，是因為真理有其活著的一面。只有當我們每個人都感受到了真理，欣賞真理，接受真理，願意追隨真理，真理才會起用。如果一個人將自己置身於真理之外，以便能研究真理，那麼當事情來的時候他根本不知道何去何從。

你們有沒有聽說過真龍的故事？古代中國有一個人非常喜歡龍，他每天談的是龍，畫的是龍，花錢買的是各種龍的雕塑。於是有一條龍心想：「如果像我這樣活生生的真龍去拜訪這個人，他一定會高興壞了。」有一天真龍悄悄地進了他的房間。此人嚇壞了！嗚哇——！他動彈不得，逃都不會逃了。他連站都站不起來。嗚哇——！

我們就像這個人，在很長很長的時間裡我們都會像這個人一樣。我們不應該這樣，不應該只是龍的粉絲；我們永遠應該成為龍本身。到那時我們將不會懼怕任何真正的龍。

攝心的最後一日，鈴木在講座中回憶了兩年前他差點在塔薩加拉的「細澗」溺水的事情，他告訴大家那次體驗是他的轉捩點。

當時我領悟到除非我們真的非常認真，否則永遠不會有真正的修行。從那之後，我的修行精進了很多。現在，我對我的修行有信心了。那真是個有意思的體驗。那段時間的我彷佛身處美女堆裡，那讓我想到佛陀所說的克服心中魔障，但魔障未必是面目猙獰的，它們可能像美女那樣美好，可是如果我要死了，那美好的美女一點用都沒有。現在我真的快死了，不是淹死，是病死。所以你看，我們儘管坐禪，卻仍可能和魔障在一起，和美女在一起。要是我快死了，就連毒蛇都無法傷害我，它們會和我喜樂地在一起，我也會喜樂地和它們在一起。在這種情況下，一切都和我們在一起，我們和萬物在一起，非常喜樂，沒有任何堅強剛烈的態度，心頭無有一絲不安。通常要感受到這些是非常困難的，因為我們永遠想有所得，想即將成就些什麼。然而最要緊的事情是面對自己，成為自己。那樣你自然就能如其所是地看見事物，接受事物。那時，你自然會有圓滿的智慧。

鈴木不經意地談到了死亡，這讓大家不安。他看上去已經從手術後康復了，和學生的接觸也非常密切。可是總有些不對，他的笑聲中氣不足。那年六月份的另一次講座中，鈴木說到佛法在日本的衰亡，他停頓了一會兒後，語氣深沉地說：「然而，一切將死之時，是最好的教法。」

花園永遠不會有打理完的那天。

塔薩加拉。歐古桑和她的丈夫正一起作俳句，如此度過一個夜晚。這對夫妻難得有這樣共度的時刻。歐古桑住在鈴木隔壁的宿舍房裡，屋內佈置成了日式風格，她在那裡教學生茶道。她是到美國後開始學寫俳句、學習茶道的，都是她丈夫敦促她去學的。她說：「他就給我留下了這兩樣東西。」

吾與汝沿溪而行
覓花供茶室
小徑露水濕
塔薩加拉，一九七一年夏：方丈和我八月間住在塔薩加拉。
一夜又一夜的法性之談。血與汗的艱辛努力。方丈和我共寫俳句。
——摘自《寺廟的黄昏》，鈴木美津著

那個夏天鈴木精神十足。他從早到晚遵循時刻表的一切規定，坐禪，做功課，用應量器在靜默中吃早餐，在獨參時接見學生，幾乎每晚都做講座。每天上午和下午他都和一兩名學生一起在花園勞作。每次講座前他都不再多做準備，只待自己坐上坐墊時，看有什麼話自然要講出來。相反，在一些其他事情上，他反而精心準備。炎熱的午後，小睡醒來，或是晚餐後的空閒，他都會拿毛筆蘸墨水在白布絡子的背面寫字，在上面寫下關於僧袍的四句偈詞，標上日期，寫上他的名字，蓋上紅色印章，再寫上為每個學生起的四個漢字的法號。他在為五十五名學生做這些事，八月末回舊金山後，要給這五十五名俗家學生做皈依儀式。歐古桑依然徒勞地勸他多休息。

鈴木一個人俯身抓住一塊大石，略略調整它的位置，鈴木的助理尼爾斯站在橋上望風，密切觀察禪堂邊的道路。尼爾斯突然吹了聲口哨——他看見歐古桑從澡堂出來，正往回走。尼爾斯立刻替換了鈴木的位置，開始和石頭角力。鈴木回到宿舍旁陰涼的椅子上坐著，假裝一直在看尼爾斯幹活。歐古桑走過他倆身邊，一臉的懷疑。第二天歐古桑並未直接洗澡，而是偷偷溜了回來，將他倆逮了個現行。

「方丈桑！」她用日語大叫起來，「這麼熱的八月天，頂著毒日頭在花園幹活，拿的鍬比你個頭都高。你是作死不要命了吧？」

「我若不作死，我的學生又怎能成長。」

「那就作你的死去！隨你去吧！」她指著鈴木大罵。

「別發瘋了！」鈴木說著繼續幹他的活兒。

歐古桑當然要光火。她和鈴木都清楚，他根本沒有康復。鈴木的小便顏色很深，他的日式內衣上滿是棕色的印跡。歐古桑總是趕緊將衣服洗淨，不讓打掃宿舍的麥琪．克瑞斯察覺到異樣。不過她給麥琪看鈴木僧袍式的內衫，內衫浸透了汗水，都能擰出水來，歐古桑邊擰邊說：「你看看，這擰的都是血嘛，他應該多休息啊。」好像麥琪能有本事讓鈴木聽話似的。

一天，喝早茶的時候，鈴木和一些老學生們商定伙食安排，在大廚的請求下，他同意演示一番如何做日本的烏龍麵。很快，一堆人聚攏來，把水加到麵粉裡，開始和麵。涼爽的小風從掛了遮陽簾的窗戶吹進來。

一些人在梧桐木做的大工作臺上和麵糰，另一些人在瓷磚地上的麵包板上揉麵，鈴木還不停地往裡面加麵粉。歐古桑跑來了，看到眼前一片亂糟糟，就和鈴木用日語哇啦哇啦吵了起來，最後鈴木不畏歐古桑的氣勢，笑著將她推出廚房。又有更多的人參與進來——有些在準備午餐，有一個在給遊客做麵包，還有一個在角落洗鍋子，另一個給眾人端茶遞咖啡。鈴木不停地加水、加麵粉，這樣新加入的人也有活兒幹了。

「這塔薩加拉還有沒有人管啦？」一位管事的人說，「我們現在還在繁忙的遊客季啊。」

「你管嘛！」鈴木大笑著說。

大夥兒鬧騰了幾個鐘頭，麵糰擀薄了，切成細條，歐古桑回來了，怒氣衝天地把鈴木拽了出去。鈴木邊笑邊和大家揮手作別。本來只是十來個老生想做頓烏龍麵，結果弄出了夠六十人吃的晚餐，然後第二天，第三天，連著兩個晚上都吃了這樣的晚餐。

有一天晚上，歐古桑又被惹惱了，她恨恨地問鈴木：「你怎麼就不能和我好好講講話呢？你那腦子裡成天在想些什麼呀？」

「在美國弘揚佛法。」他說。

「你怎麼就不能和別的丈夫一樣？說你愛我？」

鈴木看著她，「哦，甜心甜心甜心啊。」他說。

「太噁心了。」歐古桑說著回自己的宿舍去了。

伊雯開車來塔薩加拉接鈴木回舊金山看醫生，歐古桑也跟著一起去。伊雯現在是禪修中心的主席，她提到最近琴．羅斯從董事會辭職的事。對琴來說，禪修中心的規模已經擴展得太大，也越來越機構化，琴覺得她自己在駱駝谷的小小禪堂已經很難再從禪修中心得到幫助了。可是，促使她從董事會辭職的主要原因是理查。儘管人在日本，理查的影子仍無處不在，他依然掌控著禪修中心的大小事務。琴一直很欣賞理查的活力和靈敏的頭腦，當初在一九六五年的時候，正是琴提名理查做禪修中心的主席，可現在的情形已經讓琴無法承受了。鈴木聽了伊雯的話，點點頭，但並沒有說什麼。

他問伊雯的孩子們好嗎？他開始講自己的家庭，語氣中滿是愧疚。「我一直把心思全用在當和尚上面了，可能我不成家的話會更好。作為有家室的男人，我糟透了。不是個好父親，不是個好丈夫。」

「對呀，非——常差的丈夫，」歐古桑說，「非——常好的和尚，可是非——常差的丈夫。」她總是這麼說。

有孩子的人們帶著自己的孩子來塔薩加拉參加「家庭修行」。寶玲．佩奇這個夏天也來了，帶著她的三個孩子。垮掉派詩人戴安．迪．普里馬是鈴木的老學生，也帶著她的四個孩子過來住了一個月。約翰森夫婦——托尼和托妮帶著他們的兩個孩子，在穀倉那裡開了個小小的夏日學校。在片桐的幫助下，孩子們還做了皈依，共有十二個孩子在父母的幫助下自己縫製了絡子，鈴木為他們舉行了皈依儀式，跟他們說他們都是佛陀的好孩子。

那年夏天，艾倫．瓦茨第一次來到塔薩加拉，他妻子迦娜和他一起來的。自打鈴木一到美國，艾倫就幫了他不少忙，許多學生都是經由艾倫才知道鈴木的，他還把鈴木介紹給自己舊金山亞洲研究會的同事們。禪修中心購買塔薩加拉的土地時，很多重要的捐助者都是通過艾倫和他在東海岸的人脈召集來的。艾倫喜愛宗教儀式，但蔑視戒律、坐禪，以及一切體制，那讓他聯想到古板僵化的英國寄宿學校。他成功地將禪宗譯介給幾百萬大眾，啟發了整整一代人的心智，然而，在鈴木的面前，艾倫手足無措，失去常態，儘管鈴木只是簡簡單單的尋常樣子。

艾倫酗酒，開車到塔薩加拉的旅程很長，艾倫一路上滴酒未沾。當天晚上，鈴木陪同他和迦娜坐在俯瞰溪水的石屋外的門廊那兒，石屋已經有百年歷史了。尼爾斯在一旁侍奉。艾倫本是那麼有口才的人物，就算喝得路都走不穩，照樣能上直播節目，張嘴就來，口若懸河滔滔不絕，不打腹稿就能講得天花亂墜。可現在他手腳沒處放，完全沒了自信，出於緊張，他越發喋喋不休，說得前言不搭後語。鈴木異常沉默，讓艾倫更是不斷地找話說。迦娜也很沉默。艾倫時不時地暫且告退，說要去「喝點你們這裡甘美的泉水」，每次回來的時候身上的酒味就越發濃重。尼爾斯受不了這尷尬的場面，開始和艾倫沒話找話，兩人亂七八糟說了一個鐘頭的廢話，鈴木和迦娜仍是沉默地坐著。

第二天，尼爾斯在花園幫鈴木幹活，聽到橋頭那邊傳來艾倫的高談闊論，只見他居高臨下地站在高臺上，一身寬衣大袍，手裡揮舞著一根手杖，正對著一群遊客發表演說，說他的「一切就是那」，直說得逸興遄飛，眾人聽得目眩神迷。他顯然恢復了神氣。尼爾斯對鈴木說自己昨晚那麼多廢話，真是不配當鈴木的學生。

鈴木說：「哦，不是那樣的，昨晚你很好，是個很好的學生。真是太謝謝你了。」

尼爾斯說：「想當初我們還覺得他好深刻，把他當成真貨了。」

鈴木一下子生氣了，語調激烈地說：「你完全沒看到艾倫．瓦茨的價值！你應當重視他所做的一切。他是個了不起的菩薩。」

一天，鈴木在塔薩加拉的菜園裡轉悠，發現一名學生坐在一塊石頭上，盯著身邊的向日葵看。鈴木走過去坐在她旁邊。

「你在做什麼呢？」

「和向日葵一起坐禪，」她說，「它跟著太陽轉。」

鈴木和她一起坐了很長時間。那天晚上，鈴木講到了他在菜園的經歷。

除非你了悟了空性，否則你談不上在修行。但如果你執著空性，你仍然不是個真正的佛教徒。今天有人坐在一株向日葵跟前，看著那花，那一樽陽光，於是我也過去跟它們坐在一起了。真美妙啊。我在一朵向日葵花裡感受到了整個宇宙。這就是我今天的經歷。向日葵禪定。奇妙的自在升起了。你能在一朵花中見到整個宇宙。可是如果你說：「啊，這是向日葵，而實際上並沒有向日葵。」（眾笑）那就不是我們說的坐禪修行了。

你太在意任運自然了。當你太要自然，那已經不自然了。

我正在鈴木的宿舍裡和他一起喝茶，看到他身後的經卷，我問他那上面寫的是什麼。

「空中之石。」

「空中之石？」

「對，是我的師父岸澤老師傳給我的。意思是說不要造出額外的問題。你現有的問題已經足夠了。」

我想起鈴木有時候用過的另一個比喻：「您是指不能在一匹馬之上再騎一匹馬？」你能夠騎在一匹馬上面，但你不能騎著一匹馬又再騎在另一匹馬上。鈴木用各種方式指出過這一點——如果我們不拿問題再生問題，就能真正處理問題了。

「是的，一回事。」鈴木回答說。

「哇噢！」我激動得大叫起來，「終於有我明白的東西了！」

鈴木笑了：「這麼開心啊？」

「是啊！我一直是什麼都搞不明白。」

「你搞不明白什麼？」

「比如您昨天晚上課上說的那些——理，第一義，每次您一說這個我就完了。我覺得我不可能搞懂這個。」

「不會的不會的，」他像媽媽哄著受挫的孩子，「我那可不是為了讓你灰心啊。你能懂的。你會完全明白的。你在努力理解，只是你努力的方式南轅北轍啊。」

那年夏天，鈴木在塔薩加拉幾乎夜夜講課，比以往任何一次都多。八月十七日，他離開塔薩加拉的前一晚，他又和學生們講起了第一義和第二義。

他警告大家不要把第一義和第二義弄混。他知道許多人都沒有明白他在說什麼。問題在於人不能同時講這兩面——空與色。他尤其強調，在說到戒律時，不能將這兩面混為一談。

有兩個截然不同的觀點。一個觀點認為人人都有佛性，萬物皆有佛性，沒有哪個比另一個更高貴或更卑下。當我們這樣說的時候，我們說的是本來性質，是從第一義的角度說的。萬物皆有佛性，到此結束。再無一念升起。不能再接著說「所以如何如何」或「但是如何如何」。這就是第一義。另一個觀點強調的是戒律，是實際的修行，是第二義。修行是為了能讓我們直接體驗到第一義。但是，當我們談事情的時候，不能同時將這兩面都放到一起講。

因此我們總是能發出微笑。儘管我們的修行很苦很艱難，可那是第二義啊，是來幫助我們的，就算老師對你發怒了，你也不必太在意（眾笑）。你們知道那是第二義，不是第一義。所以我說戒律的時候，我會笑眯眯地說，這樣你們就不會太在意了（笑）。

「您又說第一義啦，可我還是不知道啊。」我對鈴木說。

「我不知道，這就是第一義。」鈴木說。

❋

沒有任何一條具體的道路可以被稱作真實不虛。

五年前，一九六六年的四月，鈴木和理查一起踏上蜿蜒曲折、塵土飛揚的山路，第一次來到塔薩加拉。那一天，此地溪澗中的磊磊石頭，山坡上的植被和樹木，讓鈴木一見傾心。他喜愛這裡的自然風貌，曾登上山頂小徑，俯瞰山谷對面的瀑布，呼吸山野間清冽的空氣，也曾浸泡在蕩漾著礦物泉水的大池子裡。鈴木盡情享受了塔薩加拉的美景，這世外桃源裡的每一種聲音、每一縷芬芳都讓他心醉，然而，他之所以能到這裡，是因為追隨他的那些人，是他們幫助鈴木一起建立了他自己的修行之道。

塔薩加拉的每一樣東西都是鈴木所心愛的，他在這裡有鳥鳴可聽，有奇石可供佈置擺弄，有佛法道友一起坐禪，而坐禪之道延展到了座下，在在處處，時時刻刻永無窮盡地延展開來。塔薩加拉是上蒼給鈴木的獎勵，也是鈴木給世間的禮物。每次他坐車到達或離開的時候，學生們都會停下手頭的事情，跑到路邊站好，等著車子經過的時候向他鞠躬，他也向大家鞠躬致意。在那樣的時刻，人人都能感受到鈴木紮根在塔薩加拉了。

麥琪正在為鈴木收拾行裝。他預定午飯前動身，可是自從喝完早茶後，他就一直在花園幹活。麥琪跑進跑出好幾次，問他這樣可要拿？那樣可要帶？可要喝點茶？鈴木卻一句話都不回，連頭都不抬。他只顧將幾塊石頭挪來挪去，又將幾株植物移來移去。他在按自己的心思打點花園，帶著訣別的意味做這件事，就像在前一晚的講座上，他也是如此。最終，他罷手了。他站在那裡看了一會兒。至少此刻，他的工作告一段落了。

伊雯從城裡開車過來接鈴木夫婦。她和歐古桑一起拿行李去了。尼爾斯和麥琪跟著鈴木進了他的宿舍，最後收拾一下。鈴木脫下了工作服，任其滑落在地。室內昏暗的光線下，鈴木站在原地，只穿著白色的內衣，筋疲力竭，連動彈一下的氣力也沒有了。他好像一下子病了，虛弱不堪，皮膚蒼黃。仿佛在一瞬間，他耗盡了自己。甚至沒有力氣換上衣服。他緩緩地隨著尼爾斯去澡堂和禪堂敬香，那是他每次到達和離開時都必做的事情。

塔薩加拉的主任丹將伊雯的車開過小橋，他們把行李裝進後備箱，十幾名學生默不作聲地圍在那裡。鈴木從禪堂出來，笑眯眯地看看大家。他看上去分外虛弱，歐古桑助他坐進車裡。丹和他的太太路易士，還有安琪．潤楊也坐進去了。麥琪站在車邊，她在哭。鈴木一直在鞠躬，大家也都向他鞠躬。從打開的車窗飄出模糊的話語，他說他很抱歉，要離開了，盡可能快點回來。人們都說：「是啊，快點回來啊。」伊雯發動了汽車，鈴木一直面帶微笑。車子緩緩地駛過橫跨小溪的木橋，駛過坡上花園旁的狹窄小路，向上駛過石頭廚房和禪堂，轉過土路，駛過小賣部和遮了屏障的垃圾場，駛出大門的簷下，駛上顛簸不平的山路，汽車揚起漫天塵土。塔薩加拉消失在身後。

第十九章

暮秋 一九七一年

隨波，順流。

那天離開塔薩加拉後，當車子開到山脊最高處時，鈴木老師讓伊雯靠邊停下。此處風景最為壯麗，沿著海岸線群山連綿起伏，萬里長空碧藍明澈，遠處地平線那端顯出太平洋的一線身影。大家都下車野餐，腳下山野壯闊，流水沖出一帶帶崎嶇不平的流域，匯向塔薩加拉河。吃過午餐，又休息了一陣，鈴木覺得好多了。這裡就是當年他第一次來塔薩加拉時，讓理查停車，他走下來唱歌跳舞的地方。

他們一行到聖胡安包蒂斯塔附近時又停了下來，此地有一處閉關修行中心，正在舉行為期一週的攝心，已近尾聲，中村宗淵在那裡。塔薩加拉的一行人參加了最後幾個鐘頭的攝心及出關儀式。中村為他們和其他一些參加攝心的人員準備了抹茶，請他們飲茶。飲茶時每兩個人共用一只茶碗，這在茶道中很罕見。鈴木夫婦坐首席，他們共用了第一只茶碗，一起用心欣賞了一番，那是中村用耶路撒冷的陶土自己燒製而成的，他在耶路撒冷建了座禪堂。

第二天，已回到城裡的鈴木仍感覺虛弱，但他還是做了週六的講座。他說到此次拜訪中村的經歷。

在他攝心結束的時候，我們一起大拜磕頭，拜了有三十多次吧，一面口誦佛號一面磕頭。他稱頌了許多佛號，有日光佛、月光佛、死海佛、精進佛，那麼多的佛，我們磕了一個頭又一個頭。這樣的行為超越我們的理解。當他向所有這些佛磕頭時，這些佛超出了他自己的理解。他一次又一次，不停地做這件事。

他用他自己燒製的茶碗給我們喝抹茶。他在做些什麼，我並不明白，他自己也不明白。他看上去很快樂，但那種快樂和我們常人所謂的快樂完全不同。我們的修行應該抵達那樣的境界，那裡沒有人的問題，沒有佛的問題，一無所有。他的修行仿佛只是喝茶，吃餅，從一處到另一處的雲遊。他沒有助人之心。他的行為的確於人有益，但他自己卻全無助人之心。

鈴木俊隆停下來，從蘭瑟小姐送他的杯子裡啜了口茶，然後說出了當天講座的最後幾句話，也是他一生最後一場公開講座的結語：

佛法修行並不只是為了解決我們作為人的種種問題，我們也不知道這佛法之行何時方得圓滿。我們有如此多的行程：工作之行，太空之行，我們必須踏上各種各樣的行程。佛法之行是無比漫長的行程。這就是佛法。謝謝大家。

＊

於電光石火的瞬間看見事物——這就是非二元。

那年夏天，西拉斯在鈴木的要求下做了幾場講座。九月初，鈴木叫西拉斯來見他，他們坐在鈴木公寓的榻榻米房間裡談話。鈴木一邊說話一邊撫摸著念珠，那是用檀香木做的念珠，一顆顆大珠子被雕成骷髏的形狀。西拉斯看看骷髏，又看看鈴木，心中萬分不安。

鈴木病得很重，他的皮膚很黃，醫生說他得了肝炎。歐古桑在伊雯的幫助下照顧鈴木，伊雯也隨時向鈴木通報禪修中心的情況。她們倆很小心，不和鈴木一起進食，避免傳染，都已經形成習慣了。除了偶爾幾次去和大家一起坐禪，鈴木最後一次公開的活動是八月底為五十五名學生做皈依儀式。九月裡，另有四名弟子剃度出家，本該由鈴木親自舉行儀式，他也未能進行，只能託付片桐代他。在鈴木的要求下，大家現在已經稱呼片桐為「片桐老師」，他正在塔薩加拉負責秋季修行，從那裡趕來主持了剃度儀式。這次出家的四個人依次是艾德．布朗，我，劉易斯．李希蒙，他從一九六七年期就跟隨鈴木學習了，以及安琪．潤楊。

鈴木的缺席讓大家都很不安，這麼莊重的場合他都未能前來。儀式後，我們都到他的公寓看望他，站在他的床邊。他做出歡喜的樣子，好像這一天是他一生最開心的日子。從他的房間出來後，我走到屋頂花園，在盆栽間走來走去，看著腳下的舊金山，哭了。

九月末，禪修中心來了位從日本過來的年輕和尚，叫山田流芳。歐古桑與他一起喝茶的時候，得知他會穴壓，也會針灸。歐古桑讓他給自己治療一下，流芳通過了測試。本來他準備直接去塔薩加拉的，現在被留在城裡，每天下午，他都花上幾個小時為鈴木治療。

流芳是個天真爛漫的年輕僧人，戴著厚得像酒瓶底似的眼鏡，有著一副熱心腸，美國禪宗的新奇事物讓他覺得頗為新鮮刺激，兩隻眼睛都不夠看了。他懂不少英語，成天和學生們廝混交談。

「流芳桑啊，要是你想待在美國，想在美國取得成功，你就必須要真面目。你要是不真面目，你就不會被人欣賞。」鈴木坐在床上，用日語和這位新來的僧人聊天。這樣的話歐古桑也和流芳說過：「真面目就行，別的都不用多想。」

真面目是日語，意思可以翻譯成「認真」，但含有誠摯、熱情的意味。流芳知道，在日本，他只要做出點真面目的樣子，作為和尚就完全能混得過去了，日本歷經千百年之下的傳統有太多曖昧圓熟的做人機巧，讓人和光同塵。但美國不同，美國的學生簡單直接，行事分明。流芳很喜歡禪修中心的公社氣氛，食物樸實自然，女人和男人平等共處。就連鈴木的太太也那麼率性潑辣，和鈴木有什麼說什麼，不依不饒。而學生們也從流芳身上看到日本僧人的可貴品質，那種讓他們欽佩的品質。流芳心想，這美國對日本僧人而言真是個好地方，美國人可以從我們身上學到不少東西，我們同樣也從他們身上學到很多。

流芳也發現了鈴木的脾氣有時會很急躁。有一次流芳談到佛像，他不經意地說佛像不過是塊木頭嘛。鈴木立刻發脾氣了，罵他何等輕浮，若還未體會到佛像的真意，就應該閉上嘴巴。鈴木的怒氣來得快去得快，不留任何陰影。啊，流芳心想，他可真是個純真直率的人啊，像個孩子。

艾爾伯特．斯坦克德來看鈴木，伊雯對他說：「來看看我們黃色的老師吧。」一直到此時，斯坦克德才知道鈴木病了。

「黃色？」

「是，他得肝炎了。」

艾爾伯特．斯坦克德博士是賓夕法尼亞大學神經病學系的主任。一九七一年九月，他暫離大學去斯坦福醫院工作一年，主要是為了能夠更親近鈴木，他很早就開始和鈴木學習了。斯坦克德是美國最早的一批禪修者。一九四六年，他去東京為即將受審的日本戰犯做監獄醫生，從一名戰犯那裡聽說了鈴木大拙。後來他見到了鈴木大拙，成為這位偉大學者的學生，有時還是他的醫生。斯坦克德也和中村宗淵、安谷白雲以及其他的一些老師學習過。他第一次見到鈴木是在一九六七年的桑港寺，當時鈴木要他當晚就為學生做講座，讓他很是尷尬。

斯坦克德走進鈴木的臥室，看到鈴木正在抓癢。斯坦克德的心沉了下去。他知道有兩種黃疸，一種因感染引起（肝炎），一種因梗阻引起，因膽汁外流受到梗阻而引起的黃疸會引發皮膚瘙癢。鈴木顯然是梗阻性黃疸，而他的梗阻不可能是由於膽結石，因為他的膽囊已經切除了。斯坦克德有非常不好的感覺，但他並沒有說什麼，只是問他能不能和鈴木的醫生見個面。

如果你未在這個世界上出生，你自然不會死。生下來就是要死的，要消失的。（眾笑）

一九七一年十月十日，鈴木俊隆召集自己在灣區的弟子們開會，要求他們穿上僧袍前來。上午十點，他們來到鈴木的公寓，聚集在他的床前。鈴木的護理人員也都在，流芳坐在地上，歐古桑坐在門口，看上去很疲憊，伊雯則在床邊按鈴木的吩咐，悶著頭一個勁地搗弄答錄機。梅爾從柏克萊開車過來，比爾從米爾谷過來。到場的還有西拉斯、瑞伯、盧和安琪，他們幾個就住在派奇街的這座樓裡。克勞德也從舊金山他自己的家中趕來。每個人都很安靜，大家心裡都有不祥的預感，氣氛很緊張。

鈴木倚靠著枕頭坐在床上，他很消瘦，很虛弱，皮膚已經呈深黃色了，但精神很好。這麼多最親近的弟子們都來了，他很開心，最近六週的時間裡，他很少見到他們。他親切地笑著，大家也向他微笑，在床邊圍成了一個半圓。派奇街上傳來汽車駛過的聲音，窗外橡膠樹上有鳥兒鳴叫。

鈴木清了清嗓子，按下錄音鍵。他語調溫柔地說出了大家最怕聽到的消息。

你們都知道的，我的醫生認為我得的是肝炎，但過了這麼長時間，症狀一點都沒好轉，所以他覺得應該不是肝炎，而是癌症。三天前我又去蒙特錫安醫院檢查了，醫生們會診了。前天醫生告訴我：「你得了癌症。」他跟我詳細地解釋了病情。現在，我把這消息告訴你們。

馬上，鈴木轉了語氣，想讓氣氛緩和下來，他說起積極的話來，彷彿這消息不算什麼大事。他說知道自己得的不是肝炎，而是癌症，讓他大大鬆了口氣，因為他終於可以想吃什麼吃什麼，想喝什麼喝什麼，也不用小心翼翼地和大家分食了，再也不用擔心會傳染別人了。

從我自己自私的一面說來，我覺得很好，但從另一方面說，我覺得很對不起你們。不過我想我佛自會照顧大家的，所以也不是太擔心。我也不知道自己還能活多長時間，沒人能確切地知道。我問醫生：「兩年時間？」他說：「最多了。」我也沒把握。所以我希望你們要做好準備。要是我能活得久一些，那當然好，對我對你們都好。我感覺我肯定還能活一年，我覺得我現在還沒有那麼糟糕吧。所以我可能要你們允許我做個懶和尚啦，就是這樣。我會變成一個很爛的榜樣，不過（笑），那樣一來你們就能成為很好的榜樣了。好嗎？我想讓你們做的就是這個——準備好。許多事情你們都自己去拿主意吧，如果必要的話，也可以和我商量。我體力不行了，很容易累。謝謝你們啦。

他突然轉向最年長的克勞德，自從一九六三年他們倆初次相識以來，鈴木就一直很倚重克勞德的建議。「克勞德，我想讓你留下來，就算我不在了，你也留在禪修中心，好嗎？求你了。」克勞德不得不明確表態，他答應了鈴木的請求。「謝謝你，」鈴木說著，繼續他的叮囑，他指出眾人都是僧人了，僧人肩上是有責任的，對廣大的佛教團體負有責任。「你知道的，你不用覺得自己一定要和我一模一樣。你盡可以根據眾人的需要來發展我們的修行之道。這是菩薩行。」

說這幾句話時，鈴木特地靠近麥克風，磁帶是為理查錄製的，鈴木的這幾句話是特意說給他聽的。鈴木的語氣在告訴理查，你應該現在就回來，你要接過我的責任了。理查一去日本，鈴木就一直在伊雯的幫助下和他通信。從今年春天開始，鈴木就和理查商量要他在秋季或冬季回來，來幫著承擔一些責任。理查一直不同意，他覺得自己並沒有準備好。現在，鈴木在催他了。

鈴木和弟子們說笑了會兒，然後將錄音帶倒回去聽。當錄音帶放到他和克勞德交談的那段時，他聽得很仔細，聽到克勞德答應留下的時候，鈴木暫停了帶子，看著克勞德表示他很高興，儘管錄音帶裡克勞德的聲音低得幾乎聽不清。鈴木最後向自己的弟子們鞠躬，他們也向他鞠躬還禮，每個人都很低落，含著眼淚離開鈴木的房間，準備將這悲哀的消息通知大家。

前一天，伊雯去醫院接鈴木回來，看到他穿著醫院的病服坐在床邊，兩條腿從病服下面伸出來一蕩一蕩的。歐古桑在走廊那裡送走幾位來訪的朋友。護士剛給鈴木送進了午餐，鈴木拍拍床，讓伊雯坐過去。伊雯知道一定有什麼事情了。鈴木字斟句酌地開口了：「我得了癌症。」他臉上露出燦爛的笑容。伊雯糊塗了，癌症和笑容？這兩樣實在不該同時出現。伊雯坐在鈴木身邊，他拉過午餐盤，從盤子裡叉起一塊食物：「我得了癌症，這回我們可以一起吃東西了。」他讓伊雯張嘴，他來餵她。伊雯一下子抱住鈴木，大哭起來。

「這癌症是我的朋友，我的修行會照顧好我的病的。」鈴木對伊雯說。

斯坦克德博士是第一個意識到鈴木可能患癌的人，他向鈴木建議，可以去史丹福醫院癌症治療所醫治，那裡有最先進的癌症治療技術。鈴木拒絕了，說：「現在的這個醫生是我的醫生，我應該尊重他。撇開他去找另一個醫生是不對的。」斯坦克德試圖說服鈴木，美國的習俗和日本不同，但鈴木很堅決。後來斯坦克德向他在史丹福的同事深入諮詢了一下，覺得鈴木的決定是對的。鈴木所患的癌症對治療不起反應，也已經擴散，放療和化療只能讓鈴木更加衰弱。

「你還記得我們過去經常談起教法吧，」鈴木對斯坦克德說，「許多年輕人都怕死，現在我有了絕好的機會，可以教給他們看，你不必害怕死亡。」

「我真希望你可以教點別的。」斯坦克德說。

「是啊，我不想死。我也不知道我死的時候會是怎樣。沒人知道死的時候會怎樣。不過我死的時候，依然是佛。我也許會是個痛苦不堪的佛，也許會是極樂的佛，反正我死的時候就什麼都知道了。」

你在哪裡都能遇見老師，只要你有雙會看的眼睛和能聽的耳朵。

流芳繼續每天給鈴木做穴壓，他專心按壓鈴木背上的肝臟反應點，還按摩鈴木的腿腳及胳膊。鈴木雖然虛弱，但仍很警醒，如果流芳心不在焉，鈴木立刻就能感覺出來，會提醒他集中精力。

許多人都來看鈴木，他的弟子、學生、朋友，還有學者、藝術家、老師、和尚、桑港寺的日本廟眾及其他佛法老師等。這形形色色的人讓流芳大開眼界。洛杉磯禪修中心的前角博雄也來了，他從一九五九年起就認識鈴木了。還有洛杉磯禪修寺的方丈鷲見也來了。中川的弟子嶼野榮道是紐約禪學研究會的老師，也在路過舊金山的時候登門問候。

鮑勃・哈爾本也來了。他一直在波德和創巴仁波切學習。鈴木的床頭櫃上放著一張大大的明信片，是鮑勃寄來的。他在上面畫了一幅畫，畫的是創巴的佛龕，正中是一尊佛像，左邊是創巴在西藏時的上師，右邊是鈴木老師。幾天後創巴來看望鈴木，鈴木和他一起談論佛教在美國的未來，態度很樂觀。創巴坐在鈴木床邊談了一個多鐘頭，一直握著鈴木的手。

幾乎每天都有些老朋友來鈴木的房間，待上半個鐘頭——貝蒂、黛拉、琴、邁克・迪克森都來了，還有其他人。鈴木要菲力浦盡可能常來，菲力浦每隔幾天就從聖塔羅莎開車過來。歐古桑對他說，鈴木吩咐了，只要是菲力浦來，無論何時都要讓他來見自己。菲力浦說，要是不讓他進門，他就把門砸嘍。

艾倫・瓦茨和迦娜夫婦來的時候，流芳也在場。他聽不懂他們在說什麼，但顯然氣氛很活躍，以鈴木目前的身體狀況而言，他簡直是精神煥發。瓦茨這次狀態很好，迦娜不停地拿她丈夫開玩笑逗趣，鈴木哈哈大笑。他笑得那麼厲害，流芳簡直擔心他會當場笑斷氣。

路易士剛剛生下小女兒，胸前圍著小絡子，那是有鈴木手書的最後一塊絡子。小傢伙的名字叫瓊安娜。鈴木坐在榻榻米房間的矮桌上，面前放著他那本已經翻得稀爛的口袋字典，他從日本一路帶到美國，又成天帶著它在城裡和塔薩加拉之間兩頭跑。鈴木拿起字典：「它的壽命比我長呢。」

鈴木向露易絲說他對自己患癌症感到難過：「我的弟子們還是沒烤好的麵包，可惜我卻要先進爐子裡去了。」看到鈴木的哀傷，路易士很吃驚，她仍然覺得禪師是不應該有這樣的情緒的。

鈴木和比爾．關講的又是另一番話：「我在爐子裡烤小餅乾，餅乾都烤得不錯，出爐了，我卻要爬進爐子了。」不同的時候，他說的話都不一樣，但有一點很清楚，他考慮的是他的弟子們，在想自己死之前還能為他們做些什麼。

理查．貝克要回來了，鈴木即將為他舉行新任方丈的晉山式。從派奇街到塔薩加拉，人們都在議論紛紛。怎麼會傳給理查呢？他是受了法嗣，可是怎麼能把方丈的位置傳給他呢？那是鈴木的地位啊。為什麼不是片桐？為什麼不是其他人？像比爾．關，他差不多是最早的人了，幾乎從鈴木一到美國就跟隨他了。還有西拉斯，他已經開始講課了。還有駱駝谷的琴、柏克萊的梅爾，還有其他一些人哪，為什麼不是他們？

鈴木告訴克勞德，他想在死前為一批弟子傳法嗣。他強調說，尤其是比爾．關的傳法嗣儀式，一定要他來親自完成。他想讓野玖從日本過來，把這批弟子培訓上幾個月，好傳他們法嗣。克勞德問鈴木，傳給這些弟子的法嗣和傳給理查的有什麼不同？鈴木說：「和理查的一樣，沒有任何不同。」

克勞德和其他人商量，人人都說鈴木的身體吃不消，辦不成這事。歐古桑也反對她丈夫的計畫，說野玖需要特別飲食，他來了自己還得同時照顧他和鈴木兩個，她應付不了。鈴木明白地告訴大家他是多麼想做這件事情，可是歐古桑讓他把這事交給理查做吧，他快回來了，就讓他來完成鈴木的心願。歐古桑和克勞德商議定了，又跟鈴木說了他們的想法。鈴木放棄了自己的計畫，他再也沒提起，連後來跟理查都沒再提起。

鈴木請歐古桑回日本去，等他完成理查的晉山式後，就請歐古桑自己回日本去吧。他說他想要「再得度」，即再次出家。歐古桑知道鈴木想在餘下的日子裡和學生在一起，讓他們照顧自己，可以和他們盡可能地親近。片桐給鈴木看了一本澤木興道寫的書，片桐的第二位老師橋本惠光寫了序言，書上強調和尚應該獨身，不與女人同居。可是歐古桑認為那不切實際。

她說：「要是你身體正在好起來，我就成全你，可你現在這個樣子，我怎麼能離開？我走了，誰給你煮白米粥？誰給你做日本菜？你皺一下眉頭我就知道你想啥，你需要我。」

歐古桑立刻給包一寫信，回信馬上就到了，包一要歐古桑無論如何都待在鈴木身邊，不然家裡就只能另派人過來照顧他了。包一給鈴木也寫了信，說了同樣的意思。鈴木只得再次放棄自己的想法。他不得不放下一個又一個的願望。

他精力稍好的時候，就下樓去地下室，偶爾還坐禪，坐禪之後就沒力氣回去了。他竭力想自己走回去，卻辦不到。瑞伯和彼得有時候用手臂搭成轎子，抬鈴木回去，鈴木安然且歡喜地由他們抬著自己，還開著玩笑。他如此依賴他人的照顧，對此他柔順溫和。他的生命已經不在自己的手中了。

＊

禪修是要體會到所有的一切都和其它一切共同存在——星辰、月亮、太陽、山脈、河流，有情生命，無情之物。有時候我們和腿疼一起來坐禪。有時候和昏昏欲睡一起來坐禪，或坐在座蒲團上昏昏欲睡，或者在椅子上昏昏欲睡，甚至或者，在床上。

理查．貝克和他妻子佛吉尼亞及女兒薩莉一起回來了。理查一到美國就立即去看鈴木。很快鈴木老師就會將重大的責任交到他的肩上，要他負責整個禪修中心，要他照顧所有來到這裡的人。理查將成為負責和尚。「我真抱歉，要讓你做這一切。」鈴木對理查說道，他的眼中噙滿淚水。

歐古桑問鈴木：「像你這樣心跟明鏡似的人，怎麼會找我這麼個難對付的女人？」

鈴木回答：「因為你不可思議地誠實。」

「你死以後我該怎麼辦？」她問他。

「待在這兒吧，」他說，「千萬別回去。」他說她若留下來，每個人都會開心的，她在美國待了十年，回林叟院會有很多不習慣的地方。然而，歐古桑想不明白，她又如何能對禪修中心有所幫助呢？

「你有與人相處的天賦，到時候自然會明白的。」

「我是不是該出家做尼姑？」

「哦，那是最好了。」

「我太老囉，還是下輩子投胎當和尚吧。」

這話讓鈴木大笑起來，笑得又咳又喘，歐古桑趕緊讓他翻身趴在床上，拍他的背。鈴木止住了咳嗽。「你福氣好啊，有人能在身邊服侍你送終。」歐古桑嬌嗔地說。

鈴木趴在那裡舉起一隻手，做出合十的意思，然後放了個響屁，說：「哪，這個算是謝你的。」

✻

看見事物從生到滅，這就是涅槃。

鈴木的女兒安子和兒子包一得知父親隨時都有可能過世，便和繼親天野一起從日本趕來，準備見鈴木最後一面，這是他們第一次到美國。看到鈴木後，他們嚇了一跳，他全身黃疸，那麼衰弱。他們幾個站在鈴木的床前，說著客套話，不知該做些什麼。不過鈴木和以前大不一樣了，他現在隨和得多，也開朗得多了，很快安子他們就放鬆了，和鈴木輕鬆地交談起來，他們彼此間說話也自在了。歐古桑在狹窄的廚房裡為大家下麵條。接著菲力浦來了，他是他們熟悉的面孔。

鈴木的子女們先到了派奇街，後來又去了塔薩加拉，他們總算親眼見識到了自己的父親在美國的十二年做了些什麼，不禁大為吃驚。安子和包一怎麼想不到他們的父親竟然是個傳法老師，還有那麼多的弟子追隨，竟然還出了書，是他傳法開示的書，還賣得那麼好。每個人都尊稱他們的父親為「老師」，讓安子和包一深受震動。這些美國人還熱情洋溢地誇讚他們父親的講課，更讓他們驚訝，包一說：「母親一直都說，他的問題是不會宣講佛法，他口才不好。」他們的父親幾乎從來不跟他們說任何有關佛法的東西，所以他們根本沒想到他對佛法有深刻的理解。可現在，事實明明白白地擺在他們的眼前。

安子、包一和繼親天野來塔薩加拉的時候，正趕上參加比爾・關升任首座的儀式，由片桐主持。美國學生們一個個恭恭敬敬地雙手合十，上前請教首座關於法性和人生的問題。這些美國人將儀式做得如此認真，而這份認真乃出於無比誠摯的心，儀式的形式也有規有矩，分毫不差。包一看著眼前這難以置信的一切，眼淚湧了上來。

我從塔薩加拉回城裡，去看望病榻上垂死的老師。理查來開的門，我們已經在塔薩加拉見過面了，所以只略作寒暄。「老師現在正好方便，」理查說，他太瞭解我的脾性，就又正色叮囑道：「不許超過五分鐘，除非鈴木老師堅持要你多待會兒。」

「行，我保證。」

我換上僧袍，上樓去鈴木的房間。歐古桑領我進了他的臥室，帶我在他床邊的椅子上坐下。鈴木抬眼看到我，笑了。我們互相鞠躬。他看上去糟極了。他費力地起身，坐在床沿，好離我更近點。然後他開始拍打大腿，每次他一高興就會做這個動作。我什麼都沒說，就坐在那裡哭。「我感覺還好啊，」他說，「沒那麼糟吧？」他這麼說就夠了。「好。」我抹了把臉，結束了哭哭啼啼。

他問我在塔薩加拉做什麼呢？我說我在做副主任，他做出「真了不起啊」的樣子。然後他正經給我教導了。他說我已經是一名和尚了，作為和尚，我有兩個方面要去發展，一個是主要的，一個是次要的。主要的那方面是照顧好遊客，那是自從我一到塔薩加拉就開始從事的事情；次要的方面是可以做點學問。其實他真正要告訴我的並不是我該做什麼具體的事情，他相信禪修中心的各位師兄們會和我一起找到我的方向的。我覺得他關心的不是我到底做什麼，而是在殷切地希望，他知道我需要找到一樣能全心投入的事業，安身立命，年復一年地付出努力，既能讓我的本性得以發揮，又讓我遠離麻煩的惡習。

我感受到他的這份心，我非常感動。他眼看就要死了，而他記掛的卻都是別人，他在激勵我，他到生命的最後時刻都在支持我，要我立得住，對自己有信心。

我們又談了一會兒，然後我說我得走了，「別別別，你再待一會，」他說。我想起理查的囑咐，而且我覺得他的確該躺下休息了，於是我站起身向他鞠躬道別。可是他說：「你要是走了，我會很不開心的。你再待會兒，我高興。」「那好。」我說。他問我有沒有見過他家裡人？我說見過了，我還帶他們參觀塔薩加拉了呢。於是他把他們都叫進來，我們一起聊天，待了有半小時。我們聊得很開心，我完全忘記了鈴木快死的這件事，也忘了這將是我最後一次和他如此見面了。我甚至都不記得自己是怎麼和他說再見的。

「我這雙手這輩子也算做了不少事啦，」鈴木對包一說，「我都沒想到這雙手能在美國做那麼多事情。現在我的事情也做得差不多了，該回日本葉落歸根了。」

「您願意和我回日本？」包一問道。

「我爬都要爬回去。」他父親回答。

聽到父親這樣說，包一很吃驚。自從鈴木在美國待到第三年起，大家都知道他不會再回日本了。一定是這次見到他的子女和天野，讓他起了思鄉之情。理查的儀式下週就進行了，儀式一結束，他們就可以帶鈴木回去。包一和歐古桑、安子及天野商量。在歐古桑的幫助下，包一找鈴木的醫生諮詢，醫生說鈴木可以坐飛機回去。包一跑回來告訴父親。

「師父，醫生說您可以和我們一起回去。」

鈴木抬眼看著包一，大笑起來：「我根本沒可能離開這裡，你們連這都看不出？你們連開個玩笑都聽不出啦？」

「您只是揀好聽的話哄我們啊？」包一說。

「當然啦。我是要化作美國的土了。」

在美國，安子得以用新的目光看自己的父親。面對自己的癌症，鈴木跟安子說些不那麼喪氣的話，他說他已經比自己預期的活得長了，他師父祖溫五十五歲就去世了，他現在六十七歲，這多活的十二年就是他在美國的這些年。（鈴木對時間的記憶有時候不太準確，實際上祖溫享年五十七歲。）在安子的眼裡，父親現在瘦弱溫和，對她敞開胸懷，她從未感覺跟父親如此親近過。她很後悔自從他離開日本後，他們見面這麼少。她終於原諒了父親，不再為母親的死恨他，也不再視他在美國的拚命努力只是贖罪而已，她知道母親的死更是種激勵，讓鈴木獻身於弘揚佛法。

她想起自己五年級的時候，和父親一起去靜岡市，她是那麼尷尬，都不願意讓人看見他們在一起，結果走到街對面去了。現在，他們之間的那道鴻溝沒有了。

「父母和子女間的紐帶永遠不會消失。」鈴木對安子說。

繼親天野覺得此行的目的已經完成了，他已經見到了鈴木，看見了鈴木的寺院、鈴木的學生。他知道鈴木要死了。「我該回去啦。」他說。他也已經身患癌症，腸胃很不好，雖說還沒嚴重到和他的老朋友鈴木一樣，快死的地步，但遠離家鄉住在美國，對他還是非常困難的。可是鈴木想讓他留下，等看到理查的晉山式之後再回去。

「父親，」鈴木說，「我作為一名僧人，只剩下這一件重要的工作要完成了。請留下來看看吧，回去好告訴林叟院的鄉親，告訴他們我離開他們到美國後都做了些什麼。」

「父親，請滿足方丈桑的心願吧。」歐古桑懇求道。

最後，天野同意留下。

一天天地，鈴木說話越來越吃力，不過和歐古桑的交流不費多少力氣，她懂他。鈴木對他的妻子說：「一旦把禪修中心正式交給理查，我就什麼都不管了，成也好敗也好，都隨他去。」他甚至對歐古桑和理查兩人說，他不想再讓任何日本和尚到禪修中心當老師了，「從現在起，他們應該過來當學生。」

最重要的是要將我們的修行之道發揚光大，要有一位優秀的繼承人。

十一月二十一日，星期天，上午十點，禪修中心的各處廳堂和院子裡都擠滿了人，在輕聲細語中耐心等待。他們都是來參加理查．貝克的晉山式的，理查要成為禪修中心的大和尚了。儀式將在佛堂舉行，不過來客約有五百多人，佛堂容納不下，因此大廳和走廊上都擺滿了椅子。各宗派都有人來，包括中國和尚、日本和尚，還有西藏喇嘛，有的還帶著弟子一起來了。鈴木來到美國後，在他生命中出現過的許多重要人物都來了：加藤和光和他的太太惠美、小杭和尚、喬治．荻原，還有許多桑港寺的日僑廟眾。比爾．麥克尼爾也來了，穿了件皮夾克站在角落裡；以前嬉皮年代的垮掉派詩人和藝術家們也從前門湧進來。過去的十二年光陰把這麼多人緊密地聯繫在一起，他們的生命故事互相交織，他們中有那麼多人曾在鈴木的引領下打開了法性的大門，在生命轉折處受到過鈴木的推動。

樓下的鐘鈴每隔一分鐘就被敲響一次，告訴大家各就各位，眾人都在自己的位置上坐好或站好，耐心地等待著。他們聽到外面街上傳來隊伍行進的聲音，是從片桐的住處往這裡來的，隊伍進入樓裡，在各處佛龕參拜。深沉的佛鼓聲在各殿迴響，間雜著清越的手鈴聲和乾脆的響板聲，隊伍所到之處，音樂隨之響起。隊伍走到二樓鈴木的房間外停住，理查敬香後說道：「吾不知吾如何而來，吾師傾心之教中，吾早已在此。」

在片桐老師和弘文老師等資深和尚的陪同下，理查下樓來到鴉雀無聲的佛堂，他手執馬尾拂塵，穿著藍色金色交織的袍子，上面有豔麗的飛鳳圖案，這是鈴木替他為今天這個日子準備的。

樓上傳來一聲又一聲重物敲地的聲音，「篤」「篤」，每一聲都伴隨著一陣鈴鐺的鳴響，這聲音讓眾人心頭升起肅然寒意，不由自主地凝神屏息，默默等待。鈴木下樓了，他手中拄著艾倫．瓦茨送的手杖，杖頭套著綴有銅鈴的銅飾，包一和歐古桑分隨兩邊，扶持他走下樓梯，走過沿途或坐或立的眾人，來到佛堂的雙開門前。鈴木每走一步，手中的手杖都重重地敲擊地面，仿佛繼續在美國的土地上一步一步播撒佛法的種子。眾目睽睽下，鈴木身穿黃色僧袍，外披紅色與棕色交織的袈裟。許多人自打鈴木病後就沒見過他，然而即使在見過他的人眼裡，他現在的樣子也叫人心頭震顫。他面目深黃，憔悴不堪，身體似乎縮小了很多。可是他一步步走進佛堂，走向特製的晉山座佛龕，每一步都閃耀著無比的堅定和毅力。

來到鋪著織錦的佛龕前，歐古桑和包一在兩邊扶持，鈴木從寬大的袍袖中取出拜墊，他穩住力氣，仔細地將拜墊鋪在當地，跪下磕頭，直到額頭觸地，然後起身，那是從意志的深處聚集的力量，寧靜卻宏大，當年在永平寺，年老體弱的北野元峰老師同樣如此磕頭，起身，讓年輕的鈴木深深感動。在包一的幫助下，鈴木坐到佛龕右側一張鋪了墊子的椅子上，他坐下後雙目微睜，目光向下直視，猶如在坐禪。

眾人仿佛這才鬆下一口氣，重新呼吸起來。這時，理查·貝克上前了，他先背誦了《心經》，然後站到佛龕前，按傳統方式高聲說道：「吾前無數輩，升此晉山座，此座乃遍在，菩提曼荼羅，敬謝致吾師，及諸到會眾，十方與三界，我今升此座，決然更無疑。」

理查向佛陀敬香，向諸菩薩及祖師敬香，向楚迪·迪克森敬香，也向片桐老師敬香，最後，向「我精微慈悲的老師，鈴木俊隆大和尚」敬香，並對鈴木說了以下祝詞，這祝詞摘自一九六三年鈴木自己桑港寺的晉山式：

此香於我心頭燃之久矣，
我今雖敬此香，卻非用手敬奉，
我是如此以此香敬奉。
敬奉吾師吾友鈴木俊隆大和尚，
諸寺的創建者。
您的恩德難以計量。
和您一起沐浴在佛法甘霖中，
我們的僧袍浸透雨露。
然而那蓮花葉片，
曾無一滴雨水沾惹停留。

理查在佛龕前一張紅漆椅上坐下，片桐代鈴木朗聲說道：「龍象之尊，受下這佛之第一座！」接著，該理查致詞，他說出了他成為大方丈後的第一篇講話：「我無一語要說。」接下來是按儀式進行的問答，既是規定好的形式，也是每個人即興的發揮，理查用戲劇化的方式很快回答了。然後向大家讀了各處發來的賀電，念了正式的賀詞，儀式結束。

鈴木再次在包一他們的幫助下面對佛龕站好，他又做了一個緩慢而吃力的大拜，然後幾乎完全靠自己的力量站起身來，轉身沿著走道退場離開。走到一半時，他停住了，站在眾人中間，周圍是他的僧伽，有他的弟子、學生、過去的學生，也有景仰者、老朋友，和其他宗派來的老師、訪客。大家全都靜悄悄的。鈴木先向左看，然後堅定地搖動手杖，將杖頭搖動幾圈，綴在上面的鈴鐺發出響聲。他再向右看，搖動手杖，鈴聲再次響起。這是他生命最後的力量所發出的聲音，是愛與自由的聲音。人群中響起哭泣聲，人們流下眼淚，內心被打開了。在鈴木的臨在中，大家都沉浸在深切的情感裡，一切都停止了，街上傳來汽車喇叭聲，鴿子在屋頂咕咕地叫著，屋裡有抽泣聲，一切都在深深的靜默下。時間停止了。仿佛這一刻涵蓋了一切，他從日本到美國後這一刻就開始了，現在仍在延續。鈴木被人扶出房間，仍然是每走一步就敲擊一下地面，留在身後的人們紛紛合掌，說「謝謝您」，說「再見了」，說無法用語言說出來的話。

儀式結束後，鈴木召見了他的弟子們，共有二十多名弟子集中在他的和式房間裡。現在一切都結束了，他已經將禪修中心、派奇街和塔薩加拉都交給了禪達理查．貝克。理查以正坐姿勢坐在鈴木旁邊，依舊穿著那身華麗的僧袍，比鈴木高了一個頭。他垂著眼睛，現在他肩負重擔了。鈴木轉臉看著他，笑著。屋裡的人都一聲不響，鈴木開始用無力的聲音說話了，他說謝謝大家，謝謝理查，然後他向片桐點點頭，用氣聲說「謝謝你多年來做的一切，我非常感激。」片桐突然爆發出哀嚎，他一邊向鈴木爬過去，一邊大哭道：「不要死啊！」他哭泣著抱住虛弱的鈴木，鈴木啞聲說道：「Dajiobu，Dajiobu。」（日語，「不要緊」的意思。）

片桐告別了鈴木，趕回塔薩加拉，修行期還有最後幾週才結束。他心情悲傷，對自己的處境也心意難平。他幫了鈴木七年了，工作辛勞，報酬低得可憐，沒有一天休息的日子。片桐為人可靠，在修行上無有一刻間斷，在許多人的眼中他是另一位老師。這些年來，鈴木和片桐都沒有向彼此表達過感情，說的話也不多，在這次晉山式結束後的會面之前，鈴木從未對片桐明言表達過自己的感激之情。

片桐的去意依舊，這讓鈴木憂心，他想讓片桐留下，做眾人的資深佛法教師。晚上睡覺前，鈴木還在向歐古桑念叨：「也許片桐還能留下幫忙吧。」

讓鈴木操心的不止片桐一人，他心中未了的事還很多，比爾．關和西拉斯等人都在他心裡記掛著。他想要照顧好自己的弟子。鈴木歷來的風格是靜待事情發生，耐心等待，順勢點撥，細膩靈敏，而不是雷厲風行地衝擊。他沒料到病勢發展如此之快。有些弟子心慌意亂，有的甚至暫停自己的事業發展，或辭職，想要和將死的鈴木多待一點時間，儘量多學一些。他也許會留下最後的教導吧？

直到現在，鈴木並未給出對具體事務的指示，更多的是教導大家該如何富有尊嚴地面對死亡。對他的學生們來說，看到自己敬愛的老師日漸衰弱，讓人無比心痛，但與此同時，他們也看到了鈴木的泰然自若，他的內心全無任何軟弱動搖，這深深地激勵了他們。

包一馬上要回日本去了，鈴木和他最後一次談話，他再三叮囑包一：「幫我照顧比爾．關，一定要為他傳法嗣，由你來代我做。」

鈴木希望包一能幫助他的弟子，只要他們有需要，就能伸出援手，但包一也知道他父親不想讓他干涉理查。鈴木說過很多次：「把禪修中心交給理查。」包一知道領導者需要人幫扶，鈴木也很清楚。理查需要來自長輩的說明，如片桐和克勞德，也需要同儕的說明，如比爾和西拉斯。儘管他和他們見解不同，他仍應該與他們共事，要尊敬他們。鈴木知道他們之間有矛盾，但希望最後能向彼此合作的方向發展。「我能做的都做了，」鈴木對兒子說，「現在只有祈禱了。」

鈴木的心意，可能遠比弟子們猜測的更深。他信任理查，信任所有人，面對人事紛擾，他一直是耐心與接納的態度。如果某些弟子不能一起共事，那他們可以各幹各的。如果他們針鋒相對，時間也許能最終消弭紛爭。說到底，如果人們足夠誠摯，那麼什麼都不要緊。鈴木將死，從他的眼中看自己的弟子，也許他想說的和當年看到立髮走下飛機時他說的話一樣：「你們想不到自己將有多少罪要受呢。」

天野來到鈴木的床前向他道別，鈴木說：「我現在責任都做完了，請您回去告訴鄉親們我做的事情。」

「嗨依。」天野認真地答應。

鈴木把自己那串雕了骷髏頭的念珠送給天野。他讓歐古桑捲了一卷經書給安子，又把自己在晉山式上拿的手杖給了包一，連同杖頭上套的銅飾，那也是他一九五九年從林叟院帶出來的，是最後一件要交還的東西了。

「行，那我們就走了。」天野說。

「好，再見了，父親。一路順利。」鈴木柔聲說道。

包一不敢相信，這兩人如此輕鬆地道了永別，仿佛只是又一個平常日子而已。

飛機起飛前，安子一直坐在位置上哭，她想下去回到父親身邊。包一跟她說他們現在得回日本，幫著天野一起跟人們說他們的父親這十二年來做的一切，他創建了什麼，在身後留下了什麼。當初鈴木離開的時候，沒有誰真正理解他。現在，天野、安子和包一明白了，他們可以告訴大家，讓其他人也能感受到他們心中的驕傲。

挫折、貧窮、死亡，面對這些，古代的大菩薩們並不畏懼，而是一樣從中發現那喜樂。在瑣屑無聊的事物中，他們也同樣發現喜樂。

二樓的一間房間能看到院子，大家在那裡安放了一張醫院的病床，讓鈴木睡到那裡去，這樣他可以感受到整棟建築的日常節奏，也能曬到太陽。房間的底下就是佛堂，早課的時候，從打開的門窗那傳來誦經的聲音，還有鼓聲和鐘聲。歐古桑會給鈴木洗臉，給他喝一杯橙汁——這就是鈴木現在的早課。他已經下不了床了。

流芳為鈴木做穴壓的時候，看著鈴木的臉，會慢慢忘掉一切。他說鈴木的面容顯現出廣袤無邊的意味，而且一直在變幻，看上去一點都不像日本人。顯然，鈴木隨時都會死，歐古桑和醫生都這麼說。他的皮膚已經發黑，幾乎和棕色僧袍的顏色一樣。但流芳看到他眼中的目光，多麼有力的目光。

伊雯每天都來，歐古桑做飯、洗衣、打掃的時候，伊雯就陪著鈴木。她和歐古桑輪流照顧鈴木，給他按摩胳膊、腿腳和後背，只要是鈴木示意的地方，就替他按摩。伊雯坐在床邊，被子下伸出一條皮包骨頭的胳膊，伊雯撫摩著這條胳膊，過一會兒，這條胳膊收回被子裡。再過一會兒，另一條胳膊又伸出被子。伊雯和歐古桑不停地給鈴木按摩，挪動他，讓他換著姿勢躺著，防止生褥瘡。鈴木從不抱怨，對自己受到的照料總是很感恩。

床頭櫃上放著瓶止痛藥，但鈴木就像當初做完膽囊切除手術時那樣，不用止痛藥。以前遵照醫生的囑咐，他用過一次，但他不喜歡用藥後的心智狀態，就讓伊雯把止痛藥拿走了。不過，他對理查說過，有時候疼痛劇烈得像在受酷刑。

有一天，鈴木示意伊雯靠近他，伊雯湊了過去，鈴木說他很抱歉，沒為她剃度，他再次說自己對帶領婦女修行沒有信心。「我沒有意識到你對修行是那麼認真，」他說。

鈴木向伊雯詢問西拉斯的狀況，聽說他已經離開禪修中心，去波特蘭和溫哥華附近的奎德拉島主持攝心了，鈴木非常難過。西拉斯曾上門向鈴木告別，但當時鈴木正在睡覺，西拉斯在鈴木的床邊坐了一會便走了。西拉斯和理查有爭執，他也提出董事會成員對理查應該有考察期，來決定他是否能勝任新方丈的位置。可是董事會的成員都是學生，更願意遵循鈴木的意願，並未接受西拉斯的民主提議，走更合乎規章的程式。自從理查回來後，西拉斯和鈴木見面不多。現在，鈴木記掛著西拉斯了。

晉山式後的一週時間裡，鈴木幾乎完全不能開口說話了，慢慢地，他也不能再進食了。他的身體變得那麼瘦，那麼弱，軟軟的，就像八歲孩童的身量。他的身體本來就一直帶著孩童的樣子，但曾經充滿力量，精力無限，可以移動巨大的石頭。現在，它已經變成黯沉的、瀕死的孩童的軀體。歐古桑對流芳說，不必再麻煩他天天跑來為鈴木做穴壓了。鈴木身邊總是時刻有人陪著，不是歐古桑就是伊雯。她們仍然溫柔地撫摩鈴木，但伊雯覺得其實她們真正能做的，只是陪著鈴木一起呼吸，別的都沒什麼用了。她們只是陪他，別的無能為力，只能任由他自己經受。他偶有示意，她們便滿足他的要求。她們替他洗臉。當鈴木連飲水都沒有力氣時，她們用濕布潤濕他的嘴唇和口腔。

理查每天都來，有時在歐古桑的幫助下和鈴木說話。歐古桑說鈴木已經幾乎聽不到聲音了。理查在床腳站著，雙手合十，問：「我將到哪裡再見到您呢？」鈴木的雙手從被子底下伸出，合十，然後他伸出食指，在空中畫了一個圓，他向空中的圓鞠躬，再將手收回被中。理查鞠躬回禮。

我們在此，因此我們將消失。

十二月三日晚上，大家將鈴木從那張病床上移回他自己房間的床上。鈴木用嘶啞的聲音對歐古桑說：「明天，我一定要跟理查談談西拉斯的事。」

歐古桑來到和式房間，鋪下被褥，平生第一次沒換睡衣，直接和衣而臥，她累極了，睡著了。

鈴木的兒子乙宥來了好幾天了，他說他會一直待到最後的時刻，他知道快了。他睡在父親房間裡歐古桑睡的小床上。凌晨兩點，他跑來將歐古桑搖醒：「母親！母親！父親要洗澡。」

「不行不行，不行。」歐古桑跑進鈴木的房間，讓她丈夫繼續睡覺。可是鈴木一再堅持他要洗澡。歐古桑急壞了，鈴木已經有好長時間無法洗澡了。

「沒事的。」鈴木說。

乙宥沒有勸阻父親，他知道老人家直到最後一刻都會固執己見。歐古桑去浴室接水，乙宥慢慢地把父親抱進浴室，將他輕輕放進浴缸。鈴木開始喘不過氣，他急促地呼吸著，在喘息的間隙中他說：「我要完了。」

「靜下來，靜下來。」乙宥扶著父親，在他耳邊輕柔地說，「慢慢呼吸，慢點。」乙宥大聲而緩慢地呼吸，他父親的喘息漸漸平復，最後他倆的呼吸漸趨一致，都變得緩慢下來。

鈴木要他們把黛拉以前送他的香皂拿來，他從不使用任何有香味的潔膚品，但現在他用香皂抹得渾身都是泡沫。乙宥和歐古桑幫他沖洗乾淨，他又泡了一個澡，泡了很長時間，無比放鬆。

之後，鈴木回到床上，長長地舒了口氣，微弱地說：「啊，多麼舒服，」他臉上浮現出舒適的表情：「明天早晨不要吵醒我。」

「你口渴吧？」歐古桑說，「喝點橙汁？還是要霜淇淋？」

「橙汁。」他喝了橙汁，閉上眼睛，睡著了。

歐古桑回自己的床鋪睡覺了。乙宥在父親身邊躺下。沒多久就四點了，他聽到起床鈴聲——有人搖著手鈴在走廊巡迴，叫人們起床坐禪。今天不是普通的坐禪日子，是連續四天攝心的起始日，一直持續到十二月八日，佛陀成道紀念日。有一百多人來參加攝心。乙宥能聽到人們起來的聲音，他們輕輕地打開房門，又輕輕地關上房門，走廊那頭的洗手間傳來沖水的聲音。然後懸板被擊響，清脆的聲音宣告新方丈禪達．貝克老師（鈴木說應該如此稱呼）正在往各處佛龕敬香。他最後敬香處是禪堂，他將在那裡宣佈攝心開始，大家進入第一個坐禪時段。

禪堂離鈴木的房間很遠，從那裡傳來的鈴聲勉強可聞。乙宥覺得父親動了一下，鈴木從被子底下伸手抓住了乙宥的胳膊。

「叫貝克來。」鈴木的聲音細微。

乙宥從床上跳起，奔進和式房間：「母親！父親有動靜了！他說要貝克過去！」

歐古桑一句話都沒說，跳起來就向禪堂衝去。

歐古桑打開禪堂大門，理查剛剛在坐蒲上坐好，理直了僧袍。盧坐在離門口最近的地方，歐古桑對他急促地低語：「要禪達來！」

理查大步流星地走到門邊，一出禪堂就奔跑起來，三步兩步跑上樓梯進了鈴木的房間。歐古桑和乙宥走開，讓理查和鈴木單獨在一起。鈴木仍有意識，他用盡最後的力氣，向自己心愛的弟子伸出手去。理查半跪半坐在床邊，他握住鈴木的手，將額頭抵在鈴木的額頭上，他們就那樣待在一起。過了片刻，理查感覺到生命正在從他此生至愛的人身上流逝，鈴木放下了自己的生命。慢慢地，鈴木俊隆老師的生命消失了——消失得如此溫柔，理查無法確定他是哪一刻離去的；他只知道他走了。

理查放下鈴木的手。他又等了片刻，然後去摸鈴木的脈搏。接著，他走出房間，將一隻手放在胸口，聲音喑啞，用日語對歐古桑和乙宥說：「鈴木老師的生命結束了。」

後記

學生：老師，您在做什麼？
鈴木：沒做什麼大不了的事。

鈴木俊隆死後的二十七年裡，他的學生以及學生的學生繼續將鈴木帶到美國的教法和修行方式發揚光大，鈴木的影響力極大地傳播開來。如今，佛教禪宗已經成為美國文化的一部分，我能在美國當地的商店裡買到座蒲團，我冰箱裡的豆漿紙盒上，印著從《禪者的初心》上摘錄下來的話語。鈴木留下的精神體現在各地的坐禪團體中，也體現在眾多自己在家坐禪的修行者身上，他們可能和任何一個坐禪團體都沒有關係。同樣，許多心胸開闊、非極端片面的西方人也擁抱鈴木留下的精神遺產，儘管他們並不認為自己是佛教徒。在美國，鈴木的照片掛在許多地方的佛龕上，也擺在許多人家的櫥櫃上，但這並不是對鈴木俊隆迷信般的狂熱崇拜，而是對他的感激之情。他為美國現有的文化編織進了重要的經緯，他教導人們如何在這轉瞬即逝的無常世界中謙遜體面地活著，既有尊嚴，又能容納這世間的種種不完美。他並不要人紀念，可是他播下的修行種子已經落地生根，不斷地激勵我們去探求我們到底是誰。

鈴木老師曾希望能夠建立一處佛教農場，在他過世一年後，洛杉磯禪修中心得到了這樣一個農場，就在舊金山北面的馬林縣。一九九五年四月的一天，我和前角（大山）老師一起坐在綠谷農場禪中心的訪客室中，前角沒有告訴我任何關於鈴木老師的遺聞軼事，他也反對對過去的歷史進行分析。但他對我說的話卻一直讓我記在心頭：「沒人能告訴你過去究竟發生了什麼，重要的不是以前發生了什麼或沒發生什麼，而是現在，我們現在有了什麼——這農場多麼好，還有大大的穀倉改建的禪堂，有會議中心可以讓大家相聚，那麼多人來這裡做講座，坐禪。我們還有舊金山城裡的派奇街，還有塔薩加拉。美國有這麼多人坐禪，連歐洲也有許多人坐禪。當年鈴木來的時候，什麼都沒有。在他之前已經有許多和尚來美國了，甚至早在十九世紀，各色禪宗和尚都已來過美國。但從來沒有一個人能建立起某種能夠延續下去的東西，直到鈴木出現。這到底是什麼原因，我們也搞不清楚。在他之後，一切都起來了。這是我最敬佩他的地方。」

一九七二年春天，鈴木美津來到塔薩加拉參加她丈夫的骨灰安放儀式，她腳上穿了鈴木的草履，因為鈴木曾經說過他想再度踏上塔薩加拉的土地。美津已經決定暫時不回日本，「直到他的學生們不再流淚的那天」。她一直待在城裡的禪修中心，寫俳句，教茶道課，又住了整整二十二年。一九九三年秋，她回日本和女兒一起住在離林叟院不遠的靜岡市。

在日本，鈴木俊隆並不廣為人知，曹洞宗也從不認為他是什麼重要的老師。但當年「高草山集會」的成員們對鈴木一直無比地愛戴和懷念，其中的幾個至今仍和林叟院的包一有往來。這些當年的年輕人散佈在各行各業，成為木匠、農民、藝術家、官員、政客、商人，還有一位成了出版商。現在他們中的有些人已經過世，大部分人都退休了。他們中的末常桑曾在鈴木俊隆生前到訪過舊金山的禪修中心。這些人都不是僧人，卻是鈴木最想念的在日本的好友，尤其是他們曾經患難與共地度過了艱難的二戰時期。

上月茂夫是財務省文書課課長，一九七四年他在日本主要財經報紙《日經新聞》上發表文章，紀念鈴木俊隆。文章標題為《心之故鄉》，上月在其中寫道：「有一個人遠赴舊金山，開啟了年輕的美國人的心靈，為他們的心找到了家園。在美國，他教導坐禪，以自然的方式告訴大家日常生活的重要性。他就是我們的方丈桑，高草山林叟院這開滿美麗茶花的地方就是我們心的家園。我們曾在那裡和他一起坐禪，聽到過年輕的方丈桑誦經的聲音。他從不說教，從不要我們跟著教條，因為他本身就是個活生生的行動的榜樣。在戰爭時期那痛苦的混亂中，方丈桑散發出的皎潔的光吸引了年輕人的心。他不能滿足於僅在林叟院照顧檀家，於是他前往美國了。」

鈴木美津在丈夫死後給廟眾主席雨田泰昌寫了信，雨田將美津的信和他自己寫的信一起公開發表，他在信中代表廟眾們向鈴木道別：「俊隆桑，我們想對您說的是：您是我們的老師，是我們的兄長，我們的朋友，您教會我們人性與慈悲。我們要以無比的敬意對您說：『幹得漂亮，方丈桑！太棒了！』」

毛筆劃的圓圈出自鈴木俊隆之手

關於本書內容

關於「歪瓜」一詞的日文詞彙，經年來我一直試圖確定，想像中那應該是某種完整的蔬果，我在前言中也如此描述，可是最終我只找到「magatta kyuri」（日文意思是「彎曲的黃瓜」這一日文詞彙。在本書出版後，鈴木包一說他想起小時候，曾聽到大人們會說「hebo kyuri」）一詞（不過他父親從未說過），指發育不良的黃瓜，形態細小，蜷縮，古怪，無用，結在彎曲藤蔓的末端。我猜應該就是這個詞。

書中每一章節前的引文及其它未加說明的引文都來自鈴木俊隆，引用順序不按年代先後。引文內容未做增刪修飾。

有關書中注解、訪談、人物表、地圖及其它相關資料，請參見http://www.cuke.com（網站至一九九九年一月仍在建設中）。

致謝

本書最終能面世，皆是仰賴眾人的無私仁慈，在過去五年半的時間裡給予我巨大的幫助。我首先要向鈴木俊隆的家人致以最誠摯的謝意，他們全力支持我的寫作，慷慨地付出時間精力，隨時滿足我的請求。我向鈴木美津獻上無盡謝意，感謝她與我及其他一些人做了無數次訪談，還親自請求朋友們幫助我。我感謝鈴木包一和千惠（Chie）在燒津市林叟院對我的地主之誼。感謝鈴木包一為我聯絡各種訪談，還有其它種種幫助。感謝大石（鈴木）安子（Yasuko Oishi）、立髮（Tatsusan，已逝世）和內山（鈴木）愛子（Aiko Uchiyama），感謝在舊金山的鈴木乙宥（Otohiro Suzuki）和鈴木光代（Mitsuyo Suzuki）。

我要特別感謝我的太太愛琳·查德威克（Elin Chadwick），多年來她辛苦操勞，支持我，提出寶貴建議。感謝我的經紀人兼朋友Michael Katz，在本書寫作過程中，他以極大的耐心與能力對我進行指導。感謝舊金山禪修中心的Michael Wenger和Bill Redican為本書寫作所做的一切。感謝Bill Schwob多年來幫助我在美國與日本攝影。感謝Liz Tuomi多年來的聽記工作。感謝Fred Harriman抽出大量時間，在日語和日本歷史文化方面給予我的幫助。

我要向以下提到的諸位特別致謝，他們的幫助我無以為報。同時，我還要感激其他諸位的幫助，因篇幅所限無法在此一一致謝。我要向所有這些人，以及不可避免的因疏忽而遺漏的朋友，向你們致以九次頂禮。

感謝：愛琳·查德威克、Michael Katz、Jisho Cary Warner、Linda Hess、Holly Hammond、Bill

Redican、Carol Williams，以及Broadwy Books的Charlie Conrad，感謝以上諸位辛勤的主編工作。

感謝：理查．貝克（Richard Baker，特別是他編輯了鈴木俊隆的引文）、艾德．布朗（Ed Brown）、Ananda Dalenberg、亞瑟．戴克曼（Arthur Deikman）、麥克．迪克森（Mike Dixon）、黛拉．格爾茨（Della Goertz）、Daya Goldschlag、Janet Goldstein、Bob Mipham Halpern、西拉斯．霍德利（Silas Hoadley）、加藤和光（Wako Kato）、Bill Lane、Taigen Dan Leighton、Gwynn O'Gara、小杭好臣（Koshin Ogui）、格雷漢姆．佩奇（Grahame Petchey）、寶玲．佩奇（Pauline Petchey）、露易絲．普賴爾（Louise Pryor）、伊雯．蘭德（Yvonne Rand）、盧．裡奇蒙德（Lew Richmond）、安琪．潤楊（Angie Runyon）、彼得．史耐德（Peter Schneider）、簡．史耐德（Jane Schneider）、艾爾伯特．斯坦克德（Albert Stunkard）、John Tarrant、史蒂夫．提普頓（Steve Tipton）、貝蒂．沃倫（Betty Warren）、梅爾．威茨曼（Mel Weitsman）、丹．威爾奇（Dan Welch）、Michael Wenger、菲力浦．威爾森（Philip Wilson）、Marian Wisberg。感謝以上諸位所做的其它編輯、勘誤工作，感謝他們在閱讀全部及部分書稿後提出的建議。

感謝加州大學柏克萊分校圖書館日文資料部的館員Yuki Ishimatsu的殷勤幫助。感謝Kirk Rhodes在燒津市給予我的所有幫助。感謝諾娜．蘭瑟（Nona Ransom）的養子哈利．蘭瑟．羅斯（Harry Ransom Rose）的慷慨幫助，回答我關於蘭瑟小姐的諸多問題。感謝格雷漢姆．佩奇、秀子．佩奇（Hideko Petchey）、馬克．佩奇（Mark Petchey）和寶玲．佩奇的諸多幫助。感謝Toshikazu Yasui有關日本松崗寺天氣及諸般細節上的幫助。感謝Elsie Mitchell在信件及其它方面的各項幫助。

感謝：Carl Bielefeldt、Jeff Broadbent、Angelika Cedzich、Rick Fields（已逝世）、Richard Jaffe、加藤和光、Taigen Dan Leighton、北美曹洞宗教育中心（Soto Zen Education Center of North America）的

Shohaku Okamura和Taiken Yokoyama、彼得・史耐德（Peter Schneider）、Frank Joseph Shulman、Kazuaki Tanahashi、Philip Yampolsky（已逝世）。感謝以上諸位在學術資訊方面所給予的建議。感謝Brian Victoria對本書有關鈴木俊隆於日本軍國主義時期的章節所給予的指正，對於我非學術性的敘述方式，他展現了持保留態度的容忍，對此我萬分感激。

感謝Carl Bielefeldt和Fumiko Bielefeldt在錄音訪談中的同聲翻譯。感謝Fred Harriman對史耐德的訪談及他自己的有關訪談做了書面翻譯。感謝Kyoko Furuhashi對她自己的訪談所做的翻譯，還有感謝她和Shizuko Takatsuka對我於一九九三年在日本所做的各個訪談的翻譯，她們還翻譯了Kaz Tanahashi對鈴木美津的訪談。感謝Takayo Harriman和秀子・佩奇所做的額外翻譯工作。

感謝：Liz Tuomi、Jose Escobar、Layla Bockhorst、Bill Redican、Gary Brandt，感謝他們所做的聽記工作。還有在過去多年裡，Brian Fikes、Katherine Thanas、Barry Eisenberg、Tom Cabarga和其他人等所做的聽記工作，感謝所有諸位。

感謝：Mark Watts、Bill Redican、Jim Wheeler、Peter Schneider、Michael Katz、Tony Johnson、Mike Dixon、Emma Bragdon、Michael Wenger、Howard Hammerman、Dan Gurley、Stan Jacox、Kenji Muro。感謝以上諸位或協助或致力於整理鈴木老師的開示及各種訪談的錄音資料。

感謝：Bill Schwob與Raymond Rimmer提供檔案照片，Pat McFarlin提供原文版封面照片，Tim Buckley提供原文版封底照片，Robert Schilling提供作者照片。感謝：鈴木包一、鈴木乙宥和哈利・蘭瑟・羅斯提供鈴木俊隆日本時期的照片。感謝：舊金山禪修中心、克萊斯通山野禪修中心（Crestone Mountain Zen Center）、舊金山桑港寺曹洞宗、Katrina Boni、黛拉・格爾茨、寶玲・佩奇、彼得・史耐德與丹・威爾奇提供鈴木俊隆美國時期的照片。感謝：理查・貝克、Rosalie Curtis、Christina Lehnherr、Ikki

Nambara、Susan O'Connell、Bill Redican、Russell Smith、Jeannie Stern、Meiya Susan Wender、Michael Wenger提供其它照片。特別感謝Robert Boni（已逝世）。我竭盡所能確認本書所用照片的攝影者，對未能確認的攝影者，謹在此致以謝意。

感謝：David Bullen為本書的裝幀設計，Frances Thompson的創意。其它平面設計的幫助則來自Mark Wiley和位於賽巴斯托波爾市（Sebastopol）斯普林特印製中心（Sprint Copy Center）的員工們。

感謝：Gil Fronsdal、Jane Hirshfield、Shozen Hosokawa、Dan Kaplan、Michele Lesure、Paul Maxwell、Misha Merrill、Jun Mink、Ikki Nambra、Briann Power、Diane Renshaw、Laurie Schley、Akemi Shinomiya、Steve Snyder、Shigematsu Soiku、Reiko Takahashi、Steve Tipton、Brian Unger、貝蒂．沃倫、丹．威爾奇、舊金山禪修中心圖書館的Celeste West、Daphne Woodall和Shin Yoshifuku。感謝以上諸位的各種支持與建議。

感謝來自Broadway Books的Rebecca Holland、Roberto de Vicq de Cumptich、Ted Sammons和Rebecca Cole。

感謝：Donald Allen、Bernd Bender、Ahdel Chadwick（做了大量工作）、Bob Halpern、Bichard Jaffe、Rick Levine（也做了大量工作）、Andrew Main、Britton Pyland、Bill Redican、Liz Tuomi與其他人等。感謝以上諸位所做的勘誤工作。

資料來源

本書最重要的資料來源是我的記憶——鈴木俊隆老師歷年來的開示，許多年裡我與他的談話，和他的其他弟子、他的家人、朋友的談話。我細研了所有現存的有關鈴木開示的文字稿（約三百份左右），其中包括瑪麗安．德比（Marian Derby）記錄的二十一次開示的原始文字稿，後來集結整理成《禪者的初心》一書（我也多次重讀此書並重新聆聽錄音帶，但並未使用其中的詞句做為本書的引文）。我還在舊金山禪修中心的圖書館和檔案庫找到更多的有用資料，包括董事會記錄、信件和各種資料手冊。

以下這些資料來源對本書寫作幫助最大：一九六九年彼得．史耐德對鈴木俊隆的訪談，同一年裡他也對鈴木的大弟子們做了一系列訪談；一九七一年及一九七二年，彼得．史耐德、簡．史耐德和Fmiko Bielefeldt在舊金山及日本燒津市對鈴木一家、天野源一（Gen'ichi Amano）和野圦孝純（Kojun Noiri）的訪談；一九九五年Fred Harriman在日本對鈴木包一、加藤太郎（Taro Kato）、加藤真花（Tsuna Kato）進行的訪談；一九九三年Kan Kimpara、Kyoko Furuhashi對鈴木包一和山田正治（Masaji Yamada）的訪談；以及其它散見於《風鈴》雜誌、舊金山禪修中心檔案庫及其它出版物上的有關人物回憶的訪談與記錄。

除了鈴木俊隆的家人外，我在日本還採訪了藏雲院的祖光（Soko）和岡本夫人（Mrs Okamoto），瑞應寺（Zuioji）的杉山廣道（Kando Sugiyama）和杉山富美子（Tomiko Sugiyama），Seison Suzuki，小山田熊太郎（Yamaka Kumataro），山田夫人，山田正治，山口春光（Shunko Yamaguchi），山村正熊，Kin'ichi

Sugizaki，松崗寺的Takei Yuzo，山田流芳，Sadayoshi Asaoka，雨田泰昌（Yasumasa Amada），以及高草山集會的末常泰男（Yasuo Suetsune）。

在撰寫本書的過程中，我在美國做了超過一百五十人的訪談或進行了非正式的談話，其中有些人曾多次對談，時間長達好幾個小時，有些則是幾分鐘的交流。以下名單的一半是這一百五十多人的名字，另外一半則是曾與我通信的人，或是曾在《風鈴》及《俳句禪堂年鑒》（the Chronicles of Haiku Zendo）上發表過回憶文字的人，還有在此書寫作計畫之前曾向我講述過故事的人，我曾在集會中親耳聽到他們講述的人，舊金山禪修中心檔案庫中留存有信件的寫信人，以及我通過他人輾轉耳聞其回憶鈴木俊隆故事的人。其中一些人本人從未見過鈴木，但卻有關於他的二手資訊和背景資料。他們是：Mark Abrams、Robert Aiken、Marc Alexander、保羅·亞歷山大、Donald Allen、Jonathan Altman、Peg Anderson、瑞伯·安德森、Rusa Chiu Anderson、Frank Anderton、Antoinette Artino、Tony Artino、Tim Aston、Art Atkinson、John Bailes、Peter Bailey（已逝世）、理查·貝克、維吉尼亞·貝克、Marty Balin、David Barrow（已逝世）、Joshua Bear、Anna Beck、Bob Beck、Lucy Bennett、Bill Benz、Ken Berman、Layna Berman、Craig Boyan、Emma Bragdon、Jeff Broadbent、Annapurna Broffman（Georgianne Coffey）、艾德·布朗、Tim Buckley、Joanna Bull、斯特林·本尼爾、Tim Burkett、Susan Burns、Katy Butler、Del Carlson、Ahdel Chadwick、Susan Chadwick、乙川弘文、Milton Clapp III、Darlene Cohen、Don Collins、Bill Colvig、Kathy Cook、Peter Coyote、Linda Ruth Cutts、Arthur Dahl、Ananda Dalenberg、Dave Davenport、Gertrude Davenport、Kent Davis、Donn DeAngelo（Donnie Crockin）、Lee deBarros、Arther Deikman、Eetta Deikman、Gene DeSmidt、Peter DiGesu、Lorraine Dieudonne、保羅·迪斯可、Ruthie

Discoe、Mike Dixon、Pam Dixon、楚迪・迪克森（已逝世）、Issan Tommy Dorsey（已逝世）、Margo Patterson Doss、Jane Dunaway、Jack Elias、Rick Fields、Jacob Fishman、Stephanie Flagg、Tim Ford、June French、Mark Frisch、Robert Front（Roovane Ben Yumin）、Jerry Fuller（已逝世）、黛拉・格爾茨、Herb Gold、Jack Goldberg、戴安・戈爾奇萊格、Eva Goldsheid、Richard Gomez、Edmond Gordillo、Robert Halpern、Jerry Halpern、Gladys Halprin、Larry Hanson、羅・哈里森、Trudy Hartman、Blanche Hartman、Lou Hartman、Mitzi Hartman、Dave Hazelwood、Roy Henning、Pat Herreshoff、Harriet Hiestand、Barbara Hiestand（已逝世）、西拉斯・霍德利、Ned Hoke、尼爾斯・霍爾姆、Irene Horowits、Liz Horowitz、托妮・約翰森、Molly Jones、Barbara Kaiser、Dahlia Kamesar、Jack Kamesar、片桐大忍（已逝世）、Tomoe Katagiri、加藤和光、萊斯・凱爾、Mary Kaye、Fran Keller、Durand Kiefer、Fred Kimball、Richard King、Taiji Kiyokawa、Allen Klein、Howard Klein、Arnie Kotler、Margret Kress、Rowena Pattee Kryder、比爾・關（Bill Kwong）、Laura Kwong、喬安・凱戈、Myo Denis Lahey、Lewis Lancaster、Bill Lane、Pal Lee、Rick Levine、Mark Lewis、Yvonne Lewis、Jim Lewingson、Jed Linde、Maria Linde、Margo Locke、Juan Lopez、Dot Luce、David Lueck、Deborah Madison、前角博雄（Taizan Maezumi，已逝世）、Andrew Main、阿蘭・馬婁（已逝世）、Barrie Mason、Toni（Johansen）McCarty、Willard McCarty、Pat McFarlin、Grace McLeod、Chris Miller、Elsie Mitchell、Russ Mitchell、Reb Monaco、Daigyo Moriyama、Carolyn Morton、Jim Morton、Rick Morton、Kenji Muro、邁克爾・墨菲、Toshiaka Nakahara、John Nelson、小杭好臣、Phil Ohlson、Ann Wverton、Peter Overton、David Padua、Caroline Page、Charles Page、Susan Page、Loring Palmer、Tony Patchell、格雷漢姆・佩奇、寶玲・佩奇、Jerone Peterson、Rene Petit、Pat Phelan、Brian Power、Larry Prager、露易絲・普賴爾、Brit Pyland、Mary Quagliata、伊雯・蘭德、Norman Randolf、Jerry

Ray、Carole Raymond、Richard Raymond、Charles Reeder、Eric Remington、Amy Richmond、盧・裡奇蒙德、Doug Roberts、Sue Roberts、Sue Roberts、Fred Roscoe（已逝世）、Nancy Roscoe、哈利・蘭瑟・羅斯、Paul Rosenblum、琴・羅斯（已逝世）、Loly Rosset、安琪・潤楊、Sue Satermo、Ed Sattizahn、Elizabeth Sawyer、肯・索耶、Jill Schireson、Jane Schneider、Peter Schneider、Kenneth Schnelle、Bob Shuman、Holly Schwarz、Mary Lou Schwarz、夏洛特・賽弗、Helen Seward、Henry Shafer、Ippo Shaku、Jim Shriner、Noboru Shumizu、Bill Shurtleff、David Silva、Amy Simpson、Bill Smith、休斯頓・史密斯、蓋瑞・史耐德、Mary Kate Spencer、約翰・斯泰納、Brother David Steindl-Rast、Jeanie Stern、Norman Stiegelmeyer、Will Stocker、巴頓・斯通、Erik Storlie、Steve Stroud、Teah Strozer、艾爾伯特・斯坦克蘭、Jim Sullivan、Kazuaki Tanahash、Katherine Thanas、Frances Thompson、史蒂夫・提普頓、Al Tribe、Fran Tribe（已逝世）、Ted Tripp、Elizabeth Tuomi、Helen Tworkov、Edward van Tassel、Jack van Allen、Helen Walker、貝蒂・沃倫、Bob Watkins、Sandy Watkins、Judyth Weaver、Steve Weintraub、梅爾・魏茨曼、丹・威爾奇、Jack Weller、Bill Wenner、菲力浦・華倫、Gerald Wheeler、Stan White、Tom Wright、David Whitaker、Wesley Williams、J.J. Wilson、菲力浦・威爾森、Stephen Wiltse、Marian Wisberg（Derby、Mountain）、Daphne Woodall、Tom Wright、Barbara Young。

書中所有人物都用了真名。出於必要的原因，許多與鈴木親近的人並未在書中出現，個別書中人物進行了細微調整，將幾個人物合成了一個，例如天野源一（實際上鈴木有兩位繼親），末常泰男（這一人物是他自己和高草山集會中的另一位人物雨田泰昌的合成），還有第二部中出現的喬治・荻原（George Hagiwara）和鮑勃・哈爾本（Bob Halpern）。

若有更多有關鈴木俊隆的回憶故事及散佚的開示錄音和記錄，或願意為檔案收集進行經濟資助，可以聯繫：舊金山派奇街300號禪修中心鈴木俊隆教言保存收集計畫，CA 94102（The Archive Project to Preserve Shunryu Suzuki's Teachings、Zen Center、300 Page Street、San Francisco、CA 94102）。

This edition published by arrangement with Harmony Books, an imprint of Random House, a division of Penguin Random House LLC

成就者傳記　JS0020

歪瓜：一代禪師鈴木俊隆的平凡與不凡
CROOKED CUCUMBER: The Life and Zen Teaching of Shunryu Suzuki

作　　者／大衛・查德威克（David Chadwick）
譯　　者／薛亞冬
責任編輯／張婥婷
業　　務／顏宏紋

總 編 輯／張嘉芳
出　　版／橡樹林文化
城邦文化事業股份有限公司
104 台北市民生東路二段 141 號 5 樓
電話：(02)2500-7696 ext2738　傳真：(02)2500-1951
發　　行／英屬蓋曼群島商家庭傳媒股份有限公司城邦分公司
104 台北市中山區民生東路二段 141 號 5 樓
客服服務專線：(02)25007718；25001991
24 小時傳真專線：(02)25001990；25001991
服務時間：週一至週五上午 09:30 ～ 12:00；下午 13:30 ～ 17:00
劃撥帳號：19863813　戶名：書虫股份有限公司
讀者服務信箱：service@readingclub.com.tw
香港發行所／城邦（香港）出版集團有限公司
香港灣仔駱克道 193 號東超商業中心 1 樓
電話：(852)25086231　傳真：(852)25789337
Email：hkcite@biznetvigator.com
馬新發行所／城邦（馬新）出版集團【Cité (M) Sdn.Bhd. (458372 U)】
41, Jalan Radin Anum, Bandar Baru Sri Petaling,
57000 Kuala Lumpur, Malaysia.
電話：(603) 90578822　傳真：(603) 90576622
Email：services@cite.my

內　　文／菩薩蠻電腦科技有限公司
封　　面／周家瑤
印　　刷／漾格科技股份有限公司

初版一刷／ 2023 年 10 月
ISBN ／ 978-626-7219-62-1
定價／ 760 元

城邦讀書花園
www.cite.com.tw

國家圖書館出版品預行編目（CIP）資料

歪瓜：一代禪師鈴木俊隆的平凡與不凡 / 大衛 . 查德威克 (David Chadwick) 著；薛亞冬譯 . -- 初版 . -- 臺北市：橡樹林文化，城邦文化事業股份有限公司出版：英屬蓋曼群島商家庭傳媒股份有限公司城邦分公司發行，2023.10
面；　公分 . -- (成就者傳記 ; JS0020)
譯自 : Crooked cucumber : the life and Zen teaching of Shunryu Suzuki
ISBN 978-626-7219-62-1(平裝)

1.CST: 鈴木 (Suzuki, Shunryu, 1904-1971)
2.CST: 佛教傳記　3.CST: 日本

229.478　　112014697

廣　告　回　函
北區郵政管理局登記證
北台字第10158號
郵資已付　免貼郵票

104 台北市中山區民生東路二段 141 號 5 樓

城邦文化事業股分有限公司

橡樹林出版事業部　收

請沿虛線剪下對折裝訂寄回，謝謝！

橡樹林

書名：歪瓜：一代禪師鈴木俊隆的平凡與不凡　書號：JS0020

橡樹林文化

讀者回函卡

感謝您對橡樹林出版社之支持，請將您的建議提供給我們參考與改進；請別忘了給我們一些鼓勵，我們會更加努力，出版好書與您結緣。

姓名：________________ □女 □男 生日：西元________年

Email：________________________________

● 您從何處知道此書？

□書店 □書訊 □書評 □報紙 □廣播 □網路 □廣告 DM □親友介紹

□橡樹林電子報 □其他________

● 您以何種方式購買本書？

□誠品書店 □誠品網路書店 □金石堂書店 □金石堂網路書店

□博客來網路書店 □其他________

● 您希望我們未來出版哪一種主題的書？（可複選）

□佛法生活應用 □教理 □實修法門介紹 □大師開示 □大師傳紀

□佛教圖解百科 □其他________

● 您對本書的建議：

____

____

____

____

____

非常感謝您提供基本資料，基於行銷及客戶管理或其他合於營業登記項目或章程所定業務需要之目的，家庭傳媒集團（即英屬蓋曼群商家庭傳媒股分有限公司城邦分公司、城邦文化事業股分有限公司、書虫股分有限公司、墨刻出版股分有限公司、城邦原創股分有限公司）於本集團之營運期間及地區內，將不定期以MAIL訊息發送方式，利用您的個人資料於提供讀者產品相關之消費與活動訊息，如您有依照個資法第三條或其他需服務之務，得致電本公司客服。

我已經完全瞭解左述內容，並同意本人資料依上述範圍內使用。

________________（簽名）